Langenscheidt

Geschäftsbriefe Spanisch

Mustersätze und Briefe
im Baukastensystem

Neubearbeitung

Von
Birgit Abegg
und
Julián E. Moreno

LANGENSCHEIDT

BERLIN · MÜNCHEN · WIEN · ZÜRICH · NEW YORK

Herausgegeben von der Langenscheidt-Redaktion

© 2000 Langenscheidt KG, Berlin und München
Druck: Druckhaus Langenscheidt, Berlin-Schöneberg
Printed in Germany

ISBN 3-468-**40942**-7

00 01 02 03 4. 3. 2. 1.

Vorwort

Weit mehr noch als bei der privaten Korrespondenz folgen Briefe geschäftlichen Inhalts bestimmten Modellen oder beziehen sich auf ständig wiederkehrende Standardsituationen. So lassen sich in einer großen und guten Auswahl von Briefanlässen und Korrespondenzsituationen rund 95 % aller gängigen Geschäftsbriefe erfassen. Die aktuelle Neubearbeitung des vorliegenden Titels enthält eine solche Zusammenstellung und bietet einen Vorentwurf für die meisten der im Geschäftsleben anfallenden Briefe.

Mit Hilfe der nach Sachgebieten geordneten Geschäftsbriefe und der spanischen Paralleltexte lassen sich spanische Geschäftsbriefe, Faxe und E-Mails schnell und korrekt abfassen. Der Benutzer profitiert dabei von der Breite der Auswahl, der Vielzahl der behandelten Einzelpunkte und der praktischen Verwendbarkeit der Vorlagen.

Bei der Neubearbeitung blieb die bewährte Systematik erhalten: Der erste Teil bietet Briefbeispiele für die wichtigsten Geschäftsbereiche, der zweite, weit umfangreichere bringt – auf Deutsch und Spanisch – Mustersätze, die es Ihnen erlauben, Ihren Brief individuell im Baukastensystem zusammenzustellen.

Sprache und Inhalt wurden modernisiert und aktualisiert, die vielfältigen Neuerungen der letzten Jahre wurden eingearbeitet, und auch die einzelnen Sachgebiete wurden ihrer jetzigen Bedeutung entsprechend neu gewichtet und ergänzt.

Beim Arbeiten mit diesem Titel, der die im Spanischen gebräuchlichen Ausdrücke und Wendungen wiedergibt, können Sie sich im Laufe der Zeit einen umfassenden Wortschatz und einen natürlichen Umgang mit den spanischen Satzkonstruktionen aneignen, die Ihnen im täglichen Geschäftsleben von großem Nutzen sein werden.

Die Verfasser, die sich auf langjährige Erfahrung in Wirtschaft und Praxis stützen, sind Birgit Abegg, Gerichtsdolmetscherin und Dozentin in verschiedenen Industrieunternehmen, und Julián E. Moreno, langjähriger Mitarbeiter einer deutschen Großbank in den Bereichen Auslands- und Emissionsgeschäft. Beide Autoren sind seit vielen Jahren im Prüfungsausschuss der Industrie- und Handelskammer in Düsseldorf tätig und erarbeiten die Prüfungsaufgaben für die spanische Wirtschaftssprache. Sie sind ferner Verfasser der im gleichen Verlag erschienenen Neubearbeitung von «Spanisch für Kaufleute» und des «Handbuchs der Wirtschaftssprache Spanisch».

Wir möchten uns bei allen Personen und Firmen bedanken, die durch ihre Zuschriften einen Beitrag zur vorliegenden Neubearbeitung geleistet haben.

Autoren und Verlag

Hinweise für den Benutzer

Briefbeispiele

Der erste Teil des vorliegenden Buches enthält Beispiele für Briefe in deutscher und spanischer Sprache, wie sie in der täglichen Geschäftspraxis vorkommen. Darin werden die wichtigsten Bereiche der Geschäftskorrespondenz angesprochen: Anfrage, Angebot (verlangt und unverlangt), Referenzen, Lieferkonditionen, Aufträge und ihre Abwicklung, Abweichungen in der Lieferung, Reklamationen, Vertretungen und Kommissionsgeschäfte, besondere Anlässe (Einladungen, Geschäftseröffnungen, Besuchstermine usw.), Hotelkorrespondenz, Schriftverkehr im Bankwesen, Marketing und Werbung, Empfehlungs- und Bewerbungsbriefe, Einstellung und Kündigung sowie das Transportwesen.

Selbstverständlich ist eine vollständige Erfassung aller in der Geschäftspraxis vorkommenden Gebiete nicht angestrebt, doch bietet uns dieser Teil Beispiele für möglichst viele Gelegenheiten des täglichen Berufslebens anhand im jeweiligen Fall tatsächlich geschriebener Briefe.

Austauschsätze

Der zweite Teil enthält eine Reihe von Austauschsätzen, die im Baukastensystem mit den Briefen aus Teil 1 kombiniert oder zu neuen Briefen zusammengestellt werden können. Die Aufteilung der Kapitel erfolgt analog zur Aufteilung des ersten Teils, so dass der Benutzer des vorliegenden Buches die Möglichkeit hat, Austauschsätze für einen Brief aus dem ersten Teil im entsprechenden Kapitel des zweiten Teils zu suchen und zu verwenden. Die Austauschsätze sind zusätzlich in weitere Unterkapitel eingeteilt, um dem Benutzer die Suche nach dem „richtigen" Satz zu erleichtern und die Auswahlmöglichkeiten zu vergrößern.

Bei der Übersetzung der Satzbeispiele vom Deutschen ins Spanische ist nicht immer die wörtliche Entsprechung im *strengen* Sinn gewählt worden. Vielmehr haben wir versucht, den Sinn des jeweiligen Austauschsatzes in der Zielsprache korrekt wiederzugeben. So kommt es durchaus vor, dass ein Tempus im Deutschen (beispielsweise Futur) sich im Spanischen ändert (Konditional), weil dies im Kontext des spanischen Satzes sinnvoller erscheint, den Empfänger direkter anspricht und grammatisch richtiger oder auch stilistisch besser ist. Gleichwohl wurden alle Sätze so übersetzt, dass sie die Aussage des Ursprungstextes inhaltlich genau und sprachlich adäquat wiedergeben.

Formale Besonderheiten

Am Anfang des Buches schließlich findet sich eine allgemeine Einführung in die Formalien, die bei der Abfassung eines spanischen Geschäftsbriefes zu beachten sind: Anhand von Mustern eines Briefes, eines Faxes und einer E-Mail werden Besonderheiten kommentiert und Hinweise auf die äußere Form gegeben, Unterschiede in der lateinamerikanischen Geschäftskorrespondenz herausgestellt und Musteradressen spanischer und lateinamerikanischer Adressaten präsentiert. Des Weiteren finden sich postalische Angaben und eine Übersicht über das System der spanischen Postleitzahlen. Im Anhang folgt dann eine Liste wichtiger Handelsabkürzungen sowie ein Länderverzeichnis mit Angabe der Landeswährung und der jeweiligen Handelssprache.

Der Zugriff zu Briefbeispielen und Austauschsätzen wird durch ein ausführliches Inhaltsverzeichnis am Anfang des Buches und ein umfassendes alphabetisches Glossar am Schluss erleichtert.

Inhaltsverzeichnis

13

Der korrekte spanische Geschäftsbrief

Fax und E-Mail
Fax y correo electrónico/e-mail

FAX

De: Patrick Neuss GmbH, Düsseldorf, −49 211 5560395
A: Banco Germánico, Panamá, (00507) 63 50 55

Fecha: 11 de enero de 19..

Por la presente confirmo que ayer les envié los documentos solicitados.

Atentamente,

Patrick Neuss

---

e-mail

De:	gónzalez@electrogarcía.es
Para:	b.meyer@intertech.de
Fecha:	26 juin 2000, 10:29
Copia a:	Gómez Vicente, Morales Rosa
Asunto:	Ofertas especiales

Estimado cliente:

En el archivo anexo encontrará un listado con nuestros precios más especiales. Para sus pedidos, envíenos un e-mail o utilice nuestro servicio de on-line.

http:// www.electrogarcía.es

Debido al éxito de nuestra gama actual de productos, le aconsejamos que realice sus pedidos lo antes posible.

Saludos Cordiales
María González Suárez
Departamento de Ventas

Beispiel eines spanischen Geschäftsbriefes

MALDONADO & CIA.
Fábrica de Aceite
Apartado 23091
28008 Madrid

Teléfono: (91) 568 81 11 · Fax: (91) 562 34 12
Internet: www.maldonado.es · E-Mail: info@maldonado.es

Madrid, 28 de enero de... ②

PINTO & CASPAR
Rambla de Cataluña, 42 ③
37003 GERONA

S/ref.:   s/escrito: n/ref.: PD/68/50   n/escrito: ④

Solicitud de informes comerciales ⑤

Señores: ⑥

Dado que tenemos el propósito de establecer relaciones comerciales con la empresa citada en el volante adjunto, nos permitimos dirigirnos a ustedes por indicación de la misma, para rogarles nos proporcionen información detallada sobre sus prácticas comerciales. En particular nos interesaría saber si su situación financiera puede considerarse lo suficientemente sólida para transacciones de hasta 1 millón de pesetas. ⑦

Huelga decir que cualquier información que nos faciliten será tratada por nosotros con absoluta discreción.

Dándoles las gracias de antemano por su amabilidad y ofreciéndoles a la recíproca en casos similares, les saludamos muy atentamente. ⑧

MALDONADO & CIA.
Fábrica de Aceite
⑨

Ruiz Maldonado
Director Comercial

Anexo: 1 volante ⑩

Übliche Struktur eines spanischen Geschäftsbriefes
Estructura usual de una carta comercial en español

1 Briefkopf (gedruckt)
Firmenname
Firmenanschrift mit Postleitzahl
Telefon- und Faxnummer(n)
Internet- und/oder E-Mail-Adresse

Membrete (impreso)
Razón social
dirección con código postal
números del teléfono y del fax
dirección internet o e-mail

2 Datum
(dieses kann auch rechts stehen)

Fecha
(puede igualmente colocarse a la derecha)

3 Adresse des Empfängers
(hierzu gehört die Postleitzahl des Empfängerorts und, falls der Brief ins Ausland geht, ebenso das Bestimmungsland)

Dirección del destinatario
(ésta incluye el código postal del lugar de destino y, si la carta va al extranjero, también el país de destino)

4 Referenz
(oft vorgedruckt, sie enthalten Abkürzungen und Identifikationsnummern und -initialen. Manchmal stehen sie in span. Briefen auch am Briefende.)

Referencia
(a menudo impresa, contiene abreviaciones y números e iniciales de identificación. En cartas españolas a veces también van al final.)

5 Bezug
(ist fakultativ, wird aber häufig angegeben, um einen Hinweis auf den Briefinhalt zu geben)

Asunto
(es facultativo, pero se indica muchas veces para dar una idea sobre el contenido de la carta)

6 Anrede
(noch häufig in der männlichen Form, die Einführung von señoras, señores gibt es aber bereits; auch: estimado, distinguido, apreciado señor oder estimada, distinguida, apreciada señora)

Saludo
(todavía muchas veces en forma masculina, aunque se empiezan a introducir las formas *señoras, señores*; también *estimado, distinguido, apreciado señor* o *estimada, distinguida, apreciada señora*)

7 Briefinhalt

Cuerpo de la carta

8 Grußformel
(verschiedene Möglichkeiten)

Despedida
(varias posibilidades)

9 Unterschrift
(dieser folgt normalerweise der ausgeschriebene Name sowie Titel oder Position des Unterzeichnenden und der Firmenname. Man findet auch Unterschriften p. p. (p. p. per Prokura), i. A. (im Auftrag) oder i. V. (in Vertretung)

Firma
(ésta aparece normalmente seguida del nombre escrito así como del título o de la función del firmante y de la razón social de la sociedad. También se encuentran firmas con p. p. (por poder), p. o. (por orden) o p. d. (por delegación)

10 Anlagen

Anexos

11 PS (Postscriptum)
(gibt es im Zuge der PC-Verarbeitung praktisch nicht mehr)

PD (Posdata)
(prácticamente ya no existe, debido al uso del ordenador)

Muster korrekter Anschriften
Modelos de direcciones correctas

Herrn
Richard Schreiber
Neusser Str. 10

D-80711 München

Sr. D. Ricardo López
Conde de Peñalver, 59
E-28006 MADRID

Maschinenfabrik Hansen AG
Kronengasse 47
A-1020 Wien

Sra. Dª Fátima Rodríguez
Edificio Manuel Avila
Camacho no. 1-650
Torre Baja, 6º piso
11560 MEXICO, D. F.
MEXICO

Frau
Dr. Erna Müller
Postfach 331

CH-8021 Zürich

Solares & Hijos S.a.r.l.
Av. Corrientes 311, 11º piso
1043 BUENOS AIRES
ARGENTINA

Centroamericana S. A.
Apartado 57-F
01901 GUATEMALA
GUATEMALA C. A.

Besonderheiten in lateinamerikanischen Geschäftsbriefen
Particularidades en cartas comerciales de Latinoamérica

Diese beschränken sich in der Regel auf
die Modalitäten der Anrede, die man – in
Abweichung von Spanien – auch in den
folgenden Formen findet:

Respetable señor:
Honorable señor:
Muy estimado cliente:
Estimado cliente:
Estimado señor cliente:

Auch bei der Grußformel gibt es einige
Wendungen, die von den in Spanien gebräuchlichen abweichen, wie z. B.:

De usted sinceramente,
Quedo de usted atentamente,
Respetuosos y atentos saludos,
Suyo afectísimo,
Sinceros afectos,
Con la mayor consideración, muy
atentamente

Im Übrigen ähnelt die Struktur eines
lateinamerikanischen Geschäftsbriefes
dem eines spanischen weitestgehend.

Postalische Vermerke und Ausdrücke
Indicaciones y expresiones postales

Absender
Remitente

per Adresse, bei
A la atención .../Para ...

Annahme verweigert
Envío rehusado

Brief
Carta

Datum des Poststempels
Fecha del matasellos

Dringend
Urgente

Drucksache
Impresos

Per Eilboten
*Correo exprés/urgente (Am. Entrega
inmediata)*

Eilbrief
Carta urgente

Eilzustellung
Entrega por expreso

Einschreibebrief
Carta certificada

Einschreiben
Certificada (Am. Registrada)

Empfänger (unbekannt)
Destinatario (desconocido)

Falls unzustellbar, bitte zurück
*Caso de no hallar al destinatario,
devuélvase al remitente*

Nicht falten
No doblar

(Per) Fax
(Por) fax

Internationaler Antwortschein
Cupón-respuesta internacional

(Per) Luftpost
Por avión

Muster ohne Wert
Muestra sin valor

(Gegen) Nachnahme
(contra) Re(e)mbolso

Bitte nachsenden
Remítase al destinatario

Päckchen
Paquete pequeño

Paketpost
Servicio postal de paquetes

Persönlich
Personal (Particular)

Persönlich zu übergeben
Entrega en mano

Porto
Franqueo

Portofrei
Libre de franqueo

Postamt
(Oficina de) Correos

Postanweisung
Giro postal

Postfach
Apartado de Correos (Am. Casilla postal)

Postkarte
Tarjeta postal

Postlagernd
Lista de Correos

Postleitzahl
Código postal

Poststempel
Matasellos

Postwurfsendung
Envío publicitario

Mit bezahlter Rückantwort
Con respuesta pagada

Telegramm
Telegrama

Vertraulich
Confidencial

Verzollt
Pagado

Vorsicht, zerbrechlich!
(Atención) frágil

Wert(brief)
Valores declarados

Zollfrei
Extento de aduana

Zurück an Absender
Devuélvase al remitente

Die spanischen Postleitzahlen
Código postal español

Die spanischen Postleitzahlen, die seit dem 1. Juli 1984 in Kraft sind, bestehen aus einer fünfstelligen Zahl.

Die ersten drei Ziffern bezeichnen in alphabetischer Reihenfolge die Provinzhauptstadt, die immer eine Null am Ende hat, oder eine Stadt der entsprechenden Provinz.

Die letzten zwei Ziffern bezeichnen einen Postbezirk der Hauptstadt oder Stadt.

El Código postal español, en vigor desde el 1 de julio de 1984, se compone de un número de cinco dígitos.

Los tres primeros designan, en orden alfabético, la capital de provincia, siempre con un cero al final, o una ciudad de la provincia correspondiente. Los dos últimos dígitos designan un distrito postal de la capital o ciudad.

01	Álava	18	Granada	35	Las Palmas
02	Albacete	19	Guadalajara	36	Pontevedra
03	Alicante	20	Guipúzcoa	37	Salamanca
04	Almería	21	Huelva	38	Sta. Cruz de Tenerife
05	Ávila	22	Huesca	39	Santander
06	Badajoz	23	Jaén	40	Segovia
07	Baleares	24	León	41	Sevilla
08	Barcelona	25	Lérida	42	Soria
09	Burgos	26	Logroño	43	Tarragona
10	Cáceres	27	Lugo	44	Teruel
11	Cádiz	28	Madrid	45	Toledo
12	Castellón	29	Málaga	46	Valencia
13	Ciudad Real	30	Murcia	47	Valladolid
14	Córdoba	31	Navarra	48	Vizcaya
15	La Coruña	32	Orense	49	Zamora
16	Cuenca	33	Oviedo	50	Zaragoza
17	Gerona	34	Palencia		

Beispiel:

28003   Madrid, Hauptstadt, Postbezirk Nr. 3

28770   Colmenar Viejo (Provinz Madrid) [Ortskennzahl 7] Postbezirk Nr. 70

Ejemplo:

28003   Madrid, capital, distrito postal n 3

28770   Colmenar Viejo (provincia de distrito postal n 70 Madrid)

Briefbeispiele
Ejemplos de cartas

Die Anfrage
La demanda

Angebotsanforderungen

Angebot für Elektromotoren

1 Sehr geehrte Damen und Herren,

als Hersteller von vollautomatischen Waschmaschinen haben wir einen großen Bedarf an elektrischen Motoren von 0,1 bis 0,5 PS.

Können Sie uns für solche Motoren ein Angebot unterbreiten? Bitte kalkulieren Sie dabei unter Zugrundelegung eines Jahresbedarfs von ... Motoren äußerste Preise.

Dem Eingang Ihrer ausführlichen Offerte sehen wir mit Interesse entgegen.

Mit freundlichen Grüßen

2 Sehr geehrte Damen und Herren,

wir haben Ihre Anschrift von der Telekommunikationsfirma ... in ... erhalten. Herr/Frau ... sagte uns, dass Sie für den Vertrieb von Mobiltelefonen der Marke ... im EU-Markt zuständig seien. Wir würden gern Ihr Produkt in unser Telefonprogramm aufnehmen.

Sollten Sie an einer längerfristigen Geschäftsverbindung mit uns interessiert sein, bitten wir Sie, uns nähere Informationen zukommen zu lassen.

Gern hören wir wieder von Ihnen.

Mit freundlichen Grüßen

Solicitudes de oferta

Oferta de motores eléctricos

1 (Estimados) Señores:

Somos fabricantes de máquinas lavadoras completamente automáticas y necesitamos grandes cantidades de motores eléctricos de 0,1 a 0,5 c. v.

¿Podrían hacernos una oferta relativa a tales motores? Por favor, calculen los precios mínimos absolutos sobre la base de una demanda anual de ... motores.

Esperamos con interés la llegada de su oferta detallada.

Atentamente,

2 Estimados señores:

La empresa de telecomunicaciones ... de ... nos ha proporcionado su dirección. Según nos dijo la señora/el señor ..., ustedes tienen a su cargo la comercialización de teléfonos móviles marca ... en el mercado de la Unión Europea. Quisiéramos incluir su línea de productos en nuestro programa de teléfonos.

En caso de que estuvieran interesados en establecer relaciones comerciales a largo plazo con nosotros, les rogamos nos envíen información más detallada al respecto.

En espera de sus noticias, les saludamos muy atentamente,

23

3 Sehr geehrte Damen und Herren,

wir haben in den letzten Jahren verschiedene ausländische ...marken auf
dem Markt eingeführt und für die Lieferfir-
men beträchtliche Umsätze erzielt.

Ihr Verkaufsprogramm hat bei der Ausstellung in ... überzeugt und unser
besonderes Interesse gefunden. Deshalb
bitten wir Sie, uns alle Unterlagen über
Ihre ... zu übersenden.

Wir möchten noch darauf hinweisen, dass
unsere Abnehmer über eine ausgezeichnete Kundendienstorganisation verfügen.

Ihrer Nachricht sehen wir mit großem
Interesse entgegen.

Mit freundlichen Grüßen

3 (Estimados) Señores:

Durante los últimos años hemos introducido distintas marcas extranjeras de ...
en el mercado y hemos contribuido a
aumentar considerablemente el volumen
de ventas de las empresas suministrado-
ras.

Su programa de ventas, que pudimos ver
en la exposición de ..., ha despertado
nuestro interés especial. Por ello les rogamos que nos envíen toda la documentación sobre sus ...

Quisiéramos también indicarles que
nuestros compradores cuentan con una
buena organización de servicio postventa.

Esperamos sus noticias con gran interés.

Atentamente,

Das Angebot
La oferta

Antwort auf Angebots-anforderungen

Ablehnung

1 Sehr geehrte Damen und Herren,

vielen Dank für Ihr Schreiben vom ... und das darin zum Ausdruck gebrachte Interesse an unseren Erzeugnissen.

Wir waren aus Wettbewerbsgründen jedoch leider gezwungen, die Vielfalt unserer Produktpalette zu beschränken. Wir stellen deshalb den von Ihnen genannten Artikel nicht mehr her.

Soviel uns bekannt ist, wird er in der gesamten EU nur noch von der Firma ... in ... gefertigt.

Bei dieser Gelegenheit dürfen wir Ihnen jedoch, um Ihnen einen Überblick über die von uns nunmehr gefertigten Waren zu geben, als Anlage einen illustrierten Prospekt überreichen. Sollte ein ähnlicher Artikel für Sie interessant sein, sind wir gern bereit, Ihnen ein ausführliches Angebot mit Lieferfristen, Preisen, Zahlungsbedingungen usw. zuzusenden.

Mit freundlichen Grüßen

Anlage
1 Prospekt

Respuesta a solicitudes de oferta

Negativa

1 Estimados señores:

Les damos las gracias por su carta del ... y por su interés en nuestros productos.

Lamentablemente, debido a la competencia que existe en el mercado, nos hemos visto obligados a restringir la variedad de nuestra gama de productos y ya no fabricamos el artículo que ustedes mencionan.

Hasta donde sabemos, la empresa ..., con sede en ..., es la única que aún lo elabora en toda la Unión Europea.

Sin embargo, nos permitimos enviarles como anexo un prospecto ilustrado para que puedan formarse una idea de la gama de productos que actualmente ofrecemos. Si encontraran allí un artículo similar al que buscan y que pudiera interesarles, estamos dispuestos a enviarles una oferta detallada con plazos de entrega, precios, condiciones de pago, etc.

Atentamente,

Anexo
1 prospecto ilustrado

2 Sehr geehrte Damen und Herren,

auf Ihre Anfrage vom … müssen wir Ihnen mitteilen, dass wir uns nicht in der Lage sehen, Ihnen ein Angebot zu unterbreiten, da wir mit Aufträgen für die nächsten … Monate voll ausgelastet sind. Eine kurzfristige Kapazitätsausweitung ist leider nicht möglich.

Wir bitten um Ihr Verständnis

Mit freundlichen Grüßen

2 (Estimados) Señores:

Lamentablemente tenemos que responder a su solicitud del … que no nos encontramos en condiciones de hacerles una oferta por tener que servir muchos pedidos pendientes que cubren los próximos … meses. Desgraciadamente, no podemos aumentar la capacidad de producción a corto plazo.

Esperamos que comprendan la/nuestra situación.

Sin otro particular, les saludamos muy atentamente

3 Sehr geehrte Damen und Herren,

besten Dank für Ihre Anfrage vom … Dazu müssen wir Ihnen leider mitteilen, dass wir selbst keine Exportgeschäfte tätigen. Wir beliefern nur den … Markt.

Alle von uns hergestellten Erzeugnisse werden von der Firma … exportiert. Wir haben Ihre Anfrage dorthin weitergeleitet und gebeten, Ihnen das gewünschte Angebot zu unterbreiten. Sie werden in Kürze von dort Nachricht erhalten.

Mit freundlichen Grüßen

3 (Estimados) Señores:

Muchas gracias por su solicitud del … Lamentablemente, tenemos que informarles que no nos dedicamos al comercio de exportación. Nosotros sólo suministramos en el mercado …

Todos los productos que fabricamos los exporta la firma … Por este motivo hemos transmitido su solicitud a esta firma con la petición de que les haga la oferta deseada. Pronto recibirán de ella noticias al respecto.

Muy atentamente,

4 Sehr geehrte Damen und Herren,

Wir danken Ihnen für Ihre Anfrage vom …

Leider sind wir nicht in der Lage, Ihnen ein direktes Angebot zu unterbreiten.

Wir werden seit vielen Jahren durch die Firma … vertreten. Mit diesem Unternehmen haben wir vertragliche Vereinbarungen. Wir können daher in das dortige Gebiet keine unmittelbaren Lieferungen vornehmen.

Wenden Sie sich deshalb bitte – unter Bezugnahme auf dieses Schreiben – an die Firma …

Mit freundlichen Grüßen

4 (Estimados) Señores:

Les damos las gracias por su solicitud de oferta del …

Lamentablemente, no estamos en condiciones de hacerles directamente una oferta.

Desde hace muchos años estamos representados por la firma … Con esta empresa tenemos convenios comerciales. Por lo tanto no podemos realizar suministros directos en esa zona.

Por este motivo, les rogamos que se dirijan a la firma … con referencia a esta carta.

Muy atentamente,

Angebot entsprechend der Anfrage

1 Sehr geehrte Damen und Herren,

wir danken Ihnen für Ihre Anfrage vom ... Als Anlage erhalten Sie ein Muster der nachgefertigten ... Diese bieten wir Ihnen wie folgt an:

... aus Kunststoff: per ... Stück

Mindestabnahme: ... Stück

Lieferung: frachtfrei Grenze

Verpackung: wird nicht berechnet

Zahlung: durch unwiderrufliches Akkreditiv.

Wir würden uns sehr freuen, von Ihnen den Auftrag zu erhalten, und sichern Ihnen schon heute eine prompte Abwicklung zu.

Mit freundlichen Grüßen

Anlage
1 Muster

2 Sehr geehrte Damen und Herren,

Ihrem Wunsch, Ihnen unsere Musterkollektion zu übersenden, kommen wir gern nach. Gleichzeitig erhalten Sie die Preisliste für alle von uns hergestellten Artikel.

Wir sind sehr daran interessiert, Sie zu beliefern und möchten daher mit einem Probeauftrag unsere Leistungsfähigkeit unter Beweis stellen. Sie dürfen versichert sein, dass wir evtl. Aufträge sorgfältig ausführen werden.

Bitte geben Sie uns bald Bescheid.

Mit freundlichen Grüßen

Anlagen
1 Musterkollektion
1 Preisliste

Oferta corresponde a la solicitud

1 (Estimados) Señores:

Muchas gracias por su solicitud del ... Adjunto reciben ustedes una muestra de ... Ofrecemos este artículo en la forma siguiente:

... de material plástico en lotes de ... unidades

Cantidad mínima de adquisición: ... unidades

Suministro: franco de porte en la frontera

Embalaje: no se carga en cuenta

Pago: mediante crédito documentario irrevocable.

Nos alegraría mucho recibir su pedido y les aseguramos desde ahora una pronta ejecución.

Muy atentamente,

Anexo
1 muestra

2 (Estimados) Señores:

Con sumo gusto complacemos su deseo de recibir nuestro muestrario. Adjunta les enviamos la lista de precios de todos los artículos que fabricamos.

Estamos muy interesados en proveerles y nos agradaría que ustedes pusieran a prueba nuestra capacidad, haciéndonos un primer pedido. Pueden tener la seguridad de que los pedidos que nos pasen serán servidos con sumo cuidado.

Por favor, contéstennos cuanto antes.

Muy atentamente,

Anexos
1 muestrario
1 lista de precios

3 Sehr geehrte Damen und Herren,

wir danken Ihnen für Ihre Anfrage vom ... und bestätigen den Erhalt Ihres Warenmusters.

Nach Prüfung können wir Ihnen mitteilen, dass wir jederzeit in der Lage sind, den uns vorgelegten Artikel in gleicher Qualität und Ausführung zu liefern.

Sie wünschen ein Angebot auf der Basis eines Jahresbedarfs von ... Stück, das wir wie folgt detaillieren:

Preis: ab Werk je Stück ...

Verpackung: wird zu Selbstkosten (nicht) berechnet

Zahlung: durch unwiderrufliches Akkreditiv

Liefertermin: ... Tage nach Auftrag.

Wir versichern Ihnen, dass unter Zugrundelegung der genannten Jahresmengen unsere Preise äußerst kalkuliert sind.

Über die technischen Details informiert Sie der beigefügte Prospekt. Sollten Sie noch Einzelfragen haben, bitten wir Sie um Nachricht.

Mit freundlichen Grüßen

3 Señores:

Agradecemos su solicitud del... y acusamos recibo de la muestra enviada.

Examinada la muestra podemos informarles que estamos en todo momento en condiciones de suministrarles el artículo en la misma calidad y modelo.

Ustedes desean una oferta sobre la base de un suministro anual de ... unidades, que detallamos en la forma siguiente:

Precio: en fábrica ... por unidad

Embalaje: (no) se carga al importe de la factura.

Pago: mediante crédito documentario irrevocable

Plazo de suministro: ... días a partir de la recepción del pedido.

Les aseguramos que nuestros precios han sido calculados al mínimo absoluto teniendo en cuenta la compra de las cantidades anuales señaladas.

Adjunto reciben ustedes un prospecto detallado en el que aparecen todos los datos técnicos. En caso de que aún tenga alguna pregunta en particular, les rogamos que nos lo comuniquen.

Muy atentamente,

4 Sehr geehrte Damen und Herren,

vielen Dank für Ihre Anfrage vom ...

In der Anlage erhalten Sie einen detaillierten Prospekt über das von Ihnen angefragte Dienstleistungsprogramm mit genauen Preisen und Bedingungen.

Unser Herr .../Unsere Frau ... steht Ihnen für weitere Auskünfte jederzeit unter der Tel.Nr. ... oder unter der E-Mail-Adresse ... zur Verfügung.

Weitere Informationen entnehmen Sie bitte unserer Homepage www ...

Mit freundlichen Grüßen

4 Estimados señores:

Les agradecemos su solicitud de oferta del ...

Adjunto les enviamos un prospecto detallado con toda la información solicitada por ustedes con respecto a nuestro programa de servicios, precios y condiciones.

El señor ... /La señora ... está a su disposición para responder a cualquier pregunta que tengan. Pueden llamar al teléfono ... o enviar un mensaje por correo electrónico/un e-mail a la siguiente dirección: ...

En nuestra página Web en www ... encontrarán Uds. más información.

Atentamente,

Angebot von der Anfrage abweichend

Andere Ausführung

Sehr geehrte Damen und Herren,

zu unserem Bedauern müssen wir Ihnen mitteilen, dass wir Waren in der von Ihnen geforderten Ausführung nicht herstellen.

Über unser Fertigungsprogramm gibt Ihnen der beigefügte Prospekt Auskunft. Es würde uns freuen, wenn einige Artikel für Ihr Verkaufsprogramm geeignet wären.

Wir sehen Ihrer weiteren Nachricht mit Interesse entgegen und verbleiben

mit freundlichen Grüßen

Anlage
1 Prospekt

Oferta distinta de la solicitada

Otro tipo

(Estimados) Señores:

Lamentamos tenerles que participar que nosotros no producimos artículos del tipo solicitado por ustedes.

El folleto adjunto les ofrece información sobre nuestro programa de producción. Estaríamos encantados si algunos artículos fueran apropiados para su programa de ventas.

Esperamos sus noticias con interés y quedamos

muy atentamente,

Anexo
1 prospecto

Qualitätsabweichung

Sehr geehrte Damen und Herren,

Ihre Anfrage vom ... haben wir mit Interesse zur Kenntnis genommen. Wir mussten aber leider feststellen, dass die von Ihnen gewünschten Waren in gleicher Qualität von uns nicht produziert werden.

Zu Ihrer Information übersenden wir Ihnen Qualitätsmuster unserer Erzeugnisse und bitten Sie zu prüfen, ob diese Ihren Ansprüchen genügen. Sollte für Ihr Programm nur die von Ihnen geforderte Qualität infrage kommen, so wären wir nach Anlaufzeit von ca. ... Monaten in der Lage, auch diese Ausfertigung zu liefern.

Für die Preiskalkulationen sind genaue Angaben über Abnahmemengen erforderlich. Sobald wir Ihre Mitteilung erhalten haben, können wir Ihnen ein Angebot unterbreiten.

Wir freuen uns auf Ihre Nachricht.

Mit freundlichen Grüßen

Diferencia de calidad

(Estimados) Señores:

Con interés hemos recibido su demanda del ... Lamentablemente, pudimos comprobar que no fabricamos las mercancías con la calidad que ustedes desean.

Para su información les enviamos muestras de las calidades de nuestros productos y les rogamos que comprueben si satisfacen sus deseos. En el caso de que sólo consideren en su programa la calidad solicitada, también estamos en condiciones de suministrarla si se nos concede un plazo de unos ... meses.

Para el cálculo de precios son necesarios los datos exactos sobre las cantidades que habrán de adquirirse. Tan pronto dispongamos de esa información podremos hacerles una oferta precisa.

A la espera de sus noticias, atentamente,

Probelieferungen können nicht ausgeführt werden

Sehr geehrte Damen und Herren,

leider müssen wir Ihnen mitteilen, dass wir Lieferungen auf Probe nicht durchführen.

Unsere Produkte haben sich in vielen Ländern einen ausgezeichneten Ruf erworben, deshalb bitten wir Sie für diese Entscheidung um Verständnis.

Wir sind an einem Export in Ihr Land durchaus interessiert und möchten Ihnen in der Weise entgegenkommen, dass wir Ihnen für die ersten ... Lieferungen einen Einführungsrabatt von ... % gewähren.

Lassen Sie uns bitte wissen, ob wir auf dieser Basis eine Vereinbarung treffen können. Ihrem Bescheid sehen wir gern entgegen.

Mit freundlichen Grüßen

No se pueden efectuar suministros a prueba

(Estimados) Señores:

Lamentamos tener que informarles que no efectuamos suministros a prueba.

Nuestros productos gozan de una excelente reputación en muchos países, por cuyo motivo les rogamos que comprendan nuestra decisión.

Estamos muy interesados en exportar a su país por lo que quisiéramos tener con ustedes la atención especial siguiente: les concedemos un descuento del ... % como venta de promoción en los primeros ... suministros.

Por favor, infórmennos si podemos llegar a un acuerdo sobre esta base. En espera de su respuesta, les saludamos

atentamente,

Angebot mit Einschränkungen

1 Sehr geehrte Damen und Herren,

in Beantwortung Ihrer Anfrage vom ... müssen wir Ihnen leider mitteilen, dass wir die von Ihnen gewünschten Warenposten nicht in vollem Umfang liefern können.

Wir sind jedoch in der Lage, innerhalb von ... Tagen eine Teillieferung von ... vorzunehmen.

Bitte lassen Sie uns umgehend wissen, ob wir Ihnen hiermit dienen können.

Mit freundlichen Grüßen

2 Sehr geehrte Damen und Herren,

wir freuen uns über Ihre Anfrage vom ... Die von Ihnen verlangte Lieferung können wir nur durchführen, wenn Sie den Warenposten, der gerade verfügbar ist, bis spätestens zum ... abnehmen.

Bitte geben Sie uns Ihre Entscheidung so bald wie möglich bekannt.

Mit freundlichen Grüßen

Oferta con limitaciones

1 (Estimados) Señores:

En respuesta a su solicitud del ... lamentamos tener que informarles que no podemos suministrar la totalidad de los lotes que ustedes desean.

Sin embargo, estamos dispuestos a realizar un suministro parcial de ... dentro de ... días.

Por favor, infórmennos cuanto antes si les podemos servir de esta forma.

Muy atentamente,

2 (Estimados) Señores:

Con gusto recibimos su solicitud del ... Sólo podemos llevar a cabo el suministro deseado si ustedes adquieren, antes del ..., el lote actualmente disponible.

Por favor, hágannos saber cuanto antes lo que decidan al respecto.

Muy cordialmente,

3 Sehr geehrte Damen und Herren,

vielen Dank für Ihre Anfrage.

Als Anlage überreichen wir Ihnen wunschgemäß unsere zurzeit gültige Exportpreisliste. Da die Preise auf dem Rohstoffmarkt seit einigen Monaten ständig steigen, können wir das Angebot nur dann aufrechterhalten, wenn Sie uns in den nächsten ... Tagen Ihren Auftrag erteilen.

Nach diesem Zeitpunkt werden unsere Vorräte restlos erschöpft sein, und wir werden unter Berücksichtigung eventueller Bewegungen auf dem Rohstoffmarkt unsere Preise überprüfen, gegebenenfalls auch neu festsetzen müssen.

Bitte haben Sie Verständnis. Wir erwarten gern Ihren weiteren Bescheid.

Mit freundlichen Grüßen

Anlage
1 Exportpreisliste

3 (Estimados) Señores:

Muchas gracias por su demanda.

Adjunto les enviamos nuestra lista de precios de exportación válida actualmente. Debido a que los precios en el mercado de materias primas aumentan continuamente desde hace varios meses, sólo podemos mantener la oferta si ustedes hacen su pedido dentro de los próximos ... días.

Después de esta fecha nuestras existencias estarán completamente agotadas y tendremos que revisar nuestros precios tomando en consideración los movimientos eventuales del mercado de materias primas para, caso que sea necesario, fijar nuevos precios.

Les rogamos que comprendan esta circunstancia. En espera de su decisión, les saludamos

muy atentamente,

Anexo
lista de precios de exportación

4 Sehr geehrte Damen und Herren,

in Ihrem Schreiben vom ... fehlt leider der Vermerk, welche Mengen der angebotenen Waren für Sie infrage kommen.

Als Anlage überreichen wir Ihnen eine Preisliste unseres Sortiments, müssen aber dazu bemerken, dass alle Preise auf der Abnahme von ... Stück pro Artikel basieren. Aufträge von geringerem Umfang können wir aus kalkulatorischen Gründen und wegen der verwendeten Verpackungseinheiten nicht annehmen.

Bitte unterrichten Sie uns, ob Sie mit unseren Bedingungen einverstanden sind. Wir könnten Ihnen die Ware binnen ... liefern.

Mit freundlichen Grüßen

Anlage
1 Preisliste

4 (Estimados) Señores:

En su carta del ... falta, lamentablemente, la indicación de las cantidades que desean de las mercancías ofrecidas.

Adjunto les enviamos una lista de precios de nuestro surtido, pero debemos señalarles que sólo tienen validez para una adquisición de ... unidades de cada artículo. No podemos aceptar pedidos por cantidades menores tanto por razones de costo de producción como por el tipo de embalaje que empleamos.

Les rogamos que nos hagan saber si están de acuerdo con nuestras condiciones. En ese caso podríamos suministrarles la mercancía dentro de ...

Muy atentamente,

Anexo
1 lista de precios

Unverlangtes Angebot

1 Sehr geehrte Damen und Herren,

Ihre Anschrift entnahmen wir der Homepage im Internet.

Mit dieser E-Mail dürfen wir uns Ihnen als Hersteller von ... vorstellen. Durch weltweit steigende Absatzzahlen unseres Unternehmens konnten wir in den letzten Jahren unser Produktionsnetz ständig ausbauen.

Aus diesem Grund sind wir sehr daran interessiert, auch in Ihrem Land Fuß zu fassen und unsere Produkte auf Ihren Markt zu bringen.

Um Ihnen einen Einblick in die Leistungsfähigkeit unseres Unternehmens zu geben, erhalten Sie als Anlage eine Aufstellung unserer Produktpalette mit Preisen und Beschreibungen.

Wir würden uns freuen, von Ihnen zu hören.

Mit freundlichen Grüßen

2 Sehr geehrte Damen und Herren,

da Sie seit Jahren zu unseren besten Kunden gehören, möchten wir nicht versäumen, Sie heute von unserem Sonderangebot als Erste zu informieren.

Sie haben Gelegenheit, vom ... bis ... in unserem Lager in ... alle Produkte mit einem außergewöhnlichen Nachlass von ... % zu erwerben.

Wir denken, dass Sie sich diese einmalige Gelegenheit nicht werden entgehen lassen, und freuen uns auf Ihren Besuch.

Mit freundlichen Grüßen

Anlage

Oferta no solicitada

1 Señores:

Hemos obtenido su dirección de su página Web.

Somos fabricantes de ... y quisiéramos presentarnos por medio de este correo electrónico/del presente e-mail. Debido al aumento de las cifras de distribución de nuestra empresa en todo el mundo, hemos podido ampliar constantemente nuestra red de producción en los últimos años.

Por esta razón, estamos muy interesados en establecernos en su país e introducir nuestros productos en el mercado local. Para que puedan formarse una idea de la capacidad de nuestra empresa, les enviamos adjunta a este mensaje una especificación de nuestra gama de productos con las descripciones y los precios correspondientes.

A la espera de sus noticias les saludamos, atentamente

2 Señores:

Dado que ustedes figuran entre nuestros mejores clientes, queremos que sean los primeros en tener conocimiento de nuestra oferta especial.

Desde el ... hasta el ... tienen ustedes oportunidad de adquirir en nuestro almacén todos los productos con un descuento del ... %

Suponemos que ustedes no dejarán de aprovechar esta ocasión excepcional y esperamos tener el placer de su visita.

Muy atentamente,

Anexo

3 Sehr geehrte Damen und Herren,

unsere Erzeugnisse erfreuen sich im In- und Ausland wachsender Beliebtheit. Wir haben die Absicht, in Ihrem Land ein bis zwei gut gehende Importunternehmen mit unseren Waren zu beliefern.

Vor einigen Tagen haben wir bei der Handelsvertretung Ihres Landes festgestellt, welche Firmen dort für den Import von ... infrage kämen. Unter anderem wurde uns auch Ihre Adresse genannt, und wir erlauben uns, Ihnen heute ein Angebot zu unterbreiten.

Mit gesonderter Post lassen wir Ihnen von unseren diversen Modellen Muster zugehen. Exportpreislisten sind ebenfalls beigefügt.

Falls Sie sich für unser Angebot interessieren, wären wir Ihnen für einen baldigen Bescheid dankbar, damit Verhandlungen aufgenommen werden können.

Mit freundlichen Grüßen

3 (Estimados) Señores:

Nuestros productos disfrutan de creciente popularidad tanto en nuestro país como en el extranjero. Tenemos el propósito de suministrar nuestras mercancías en su país a una o dos empresas importadoras acreditadas.

Hace algunos días indagamos en la representación comercial de su país qué firmas nacionales podrian estar interesadas en la importación de ... Entre otras, recibimos su dirección y nos permitimos hacerles hoy una oferta.

Por correo aparte les remitimos muestras de nuestros diversos modelos. También incluimos listas de los precios de exportación.

En el caso de que estuvieran interesados en nuestra oferta les agradeceríamos una pronta respuesta, a fin de iniciar las conversaciones pertinentes.

Atentamente,

---

4 Sehr geehrte Damen und Herren,

anlässlich der Ausstellung für ... in ... hatten wir auf unserem Stand Gelegenheit zu einem längeren Gespräch mit Ihrem Vertreter, Herrn ...

Dabei war vereinbart worden, dass Sie uns kurzfristig mitteilen, ob unsere Erzeugnisse für Ihren Markt infrage kommen. Leider sind wir bis heute ohne Nachricht von Ihnen geblieben.

Nachdem auch mit verschiedenen anderen Interessenten verhandelt wurde, müssen wir jetzt zu einer Entscheidung kommen. Wir wären Ihnen deshalb dankbar, wenn Sie uns Ihren Entschluss umgehend wissen ließen.

Wir dürfen Sie nochmals auf die Qualität unserer Erzeugnisse, auf günstige Preise und Konditionen hinweisen.

Wir erwarten mit Interesse Ihre Nachricht.

Mit freundlichen Grüßen

4 (Estimados) Señores:

Con ocasión de la exposición de ... en ... tuvimos oportunidad de conversar largamente, en nuestro stand, con su representante, el señor ...

Llegamos al acuerdo de que ustedes nos informarían en breve si nuestros productos serían interesantes para su mercado. Lamentablemente, hasta ahora no hemos recibido noticia alguna de ustedes.

Debido a que hemos tratado con varios interesados, debemos tomar ahora una decisión. Por tanto, les agradeceríamos que nos informaran cuanto antes sobre lo que hayan resuelto al respecto.

Quisiéramos llamarles la atención, una vez más, sobre la calidad de nuestros productos y los ventajosos precios y condiciones.

Esperando con interés sus noticias, les saludamos

muy atentamente,

Antwort auf Angebot

Eingangsbestätigung

Sehr geehrte Damen und Herren,

verbindlichen Dank für Ihr Angebot vom
... über ..., das wir sofort zur Überprüfung an unsere technische Abteilung weiterleiteten.

Bitte haben Sie einige Tage Geduld; wir kommen so schnell wie möglich auf die Angelegenheit zurück.

Mit freundlichen Grüßen

Negative Antwort

Sehr geehrte Damen und Herren,

wir danken für Ihr Angebot vom ... Leider entspricht es nicht unseren Erwartungen, da Ihre Preise wesentlich über denen anderer vergleichbarer Konkurrenzartikel liegen.

Wir bedauern, Ihnen keinen günstigeren Bescheid geben zu können.

Mit freundlichen Grüßen

Positive Antwort

Sehr geehrte Damen und Herren,

auf Grund Ihres Angebots geben wir hiermit gemäß separatem Bestellschein Nr. ... die angeführten Dienstleistungen zu den von Ihnen genannten Preisen und Zahlungsbedingungen in Auftrag.

Die Termine ergeben sich aus dem Bestellschein.

Mit freundlichen Grüßen

Anlage: 1 Bestellschein

Respuesta a oferta

Acuse de recibo

(Estimados) Señores:

Muchas gracias por su oferta del ...
sobre ... que enviamos inmediatamente a nuestro departamento técnico para su examen.

Les rogamos que esperen unos días; volveremos sobre el asunto cuanto antes.

Muy atentamente,

Respuesta negativa

(Estimados) Señores:

Agradecemos su oferta del ... Lamentablemente no es como esperábamos, ya que sus precios son muy superiores a los de los artículos comparables de los competidores.

Sentimos no poderles dar una respuesta más favorable.

Muy atentamente,

Respuesta positiva

Estimados señores:

Les solicitamos la prestación de los servicios indicados en la nota especial de pedido N° ... adjunta según su oferta, y conforme a los precios y condiciones de pago indicados por ustedes.

Las fechas y plazos están señalados en la nota de pedido.

Atentamente,

Anexo: 1 nota de pedido

Bitte um Änderung des Angebots

Sehr geehrte Damen und Herren,

in Ihrem uns vorliegenden Angebot vom ... fehlen leider die Angaben über abzunehmende Mindestmengen.

Senden Sie uns bitte ein überarbeitetes Angebot zu und vermerken Sie darin auch, welche Garantieleistungen Sie gewähren.

Mit freundlichen Grüßen

Solicitud de cambio de oferta

(Estimados) Señores:

En su oferta del ... que tenemos delante, lamentablemente, faltan los datos sobre las cantidades mínimas que deben adquirirse.

Por favor, envíennos una nueva oferta y señalen también los servicios comprendidos en la garantía que ustedes ofrecen.

Muy atentamente,

Ablehnung des Wunsches auf Angebotsänderung

Sehr geehrte Damen und Herren,

mit Ihrem Schreiben vom ... bitten Sie um eine Änderung unseres Angebotes vom ... hinsichtlich des Umfanges unserer Software-Dienstleistungen zum angegebenen Festpreis.

Wir müssen Ihnen leider mitteilen, dass dies auf Grund unserer sehr scharf kalkulierten Preise leider nicht möglich ist, wenn wir die Qualität unserer Software aufrechterhalten wollen.

Bitte haben Sie hierfür Verständnis.

Mit freundlichen Grüßen

No puede satisfacerse el deseo de cambio

Señores:

En su carta del ... nos solicitaban una modificación de nuestra oferta del ... con respecto al volumen y alcance de nuestros servicios de software según el precio fijo que ya les habíamos indicado.

Sin embargo, si queremos mantener la calidad de nuestro software, nos resulta imposible poder acceder a su pedido, debido a que calculamos nuestros precios de modo muy justo.

Esperamos que sepan comprender nuestras razones.

Atentamente,

Dem Wunsch kann entsprochen werden

Sehr geehrte Damen und Herren,

mit der von Ihnen im Schreiben vom ... gewünschten Änderung unseres Angebots sind wir einverstanden.

Wir werden den Auftrag Ihren Weisungen entsprechend prompt ausführen.

Mit freundlichen Grüßen

Puede satisfacerse el deseo

(Estimados) Señores:

Estamos de acuerdo en modificar nuestra oferta en la forma que ustedes solicitan en su escrito del ...

Serviremos el pedido inmediatamente, de acuerdo con sus indicaciones.

Atentamente,

Dem Wunsch kann bedingt entsprochen werden

Sehr geehrte Damen und Herren,

mit Ihrem Schreiben vom … wünschen Sie eine Änderung unseres Angebotes.

Soweit wir zu Änderungen in der Lage sind, haben wir diese in unserem neuen, beiliegenden Angebot entsprechend berücksichtigt.

Wir hoffen, Ihnen hiermit gedient zu haben.

Mit freundlichen Grüßen

Anlage
1 Angebot

Puede satisfacerse el deseo hasta cierto punto

(Estimados) Señores:

En su escrito del … solicitan ustedes una modificación de nuestra oferta.

En esta nueva oferta que adjunta les enviamos, hemos introducido modificaciones en la medida que esto nos ha sido posible.

Confiamos haberles servido así y les saludamos

atentamente,

Anexo
1 oferta

Referenzen
Referencias

Bitte um Referenzen

Beim Geschäftspartner

Sehr geehrte Damen und Herren,

wir danken Ihnen sehr für den uns erteilten Auftrag.

Da wir bis heute noch nicht in Geschäftsverbindung mit Ihnen gestanden haben, bitten wir Sie höflich, uns einige Referenzen anzugeben.

Wir hoffen, dass Sie unserer Bitte Verständnis entgegenbringen.

Mit freundlichen Grüßen

Solicitud de referencias

A la relación comercial

Señores:

Les agradecemos mucho el pedido que nos pasaron.

Dado que hasta la fecha no hemos tenido relaciones comerciales con ustedes, les rogamos tengan la amabilidad de proporcionarnos algunas referencias.

Esperando tengan comprensión respecto a nuestra solicitud, les saludamos

muy atentamente,

Bei Dritten

Sehr geehrte Damen und Herren,

die Firma ... beabsichtigt, uns einen größeren Auftrag zu erteilen.

Wie wir erfahren haben, stehen Sie seit Jahren mit diesem Unternehmen in Geschäftsverbindung. Wir wären Ihnen sehr dankbar, wenn Sie uns kurz über seinen Ruf und seine Kreditwürdigkeit unterrichten könnten.

Wir sichern Ihnen selbstverständlich äußerste Diskretion zu und sind jederzeit zu entsprechenden Gegendiensten bereit.

Mit freundlichen Grüßen

A un tercero

(Estimados) Señores:

La firma ... tiene la intención de pasarnos un pedido de consideración.

Según tenemos entendido, ustedes mantienen desde hace muchos años relaciones comerciales con dicha empresa. Les agradeceríamos mucho nos informaran brevemente sobre reputación y crédito de la misma.

Como es natural, les garantizamos absoluta discreción y en todo momento estamos dispuestos a servirles recíprocamente.

Muy atentamente,

Antwort auf Referenzersuchen

Positive Auskunft

Sehr geehrte Damen und Herren,

Ihre Anfrage über die Firma ... liegt uns vor. Wir haben mit diesem Unternehmen gute Erfahrungen gemacht und können es bestens empfehlen. Die Geschäftsführung ist korrekt und fachlich versiert. Bisher hatten wir keinerlei Beanstandungen.

Wir hoffen, Ihnen mit dieser Auskunft geholfen zu haben.

Mit freundlichen Grüßen

Vage Auskunft

1 Sehr geehrte Damen und Herren,

wir haben Ihr Schreiben vom ... mit der Bitte um Auskunft über die Firma ... erhalten.

Leider können wir Ihrer Bitte nicht entsprechen, da wir mit ... seit Jahren keine Geschäftsbeziehungen mehr unterhalten.

Wir bedauern, Ihnen in dieser Angelegenheit nicht weiterhelfen zu können.

Mit freundlichen Grüßen

2 Sehr geehrte Damen und Herren,

vielen Dank für Ihr Schreiben vom ...

Wir sehen uns leider nicht in der Lage, Ihrer Bitte um Auskunft über diese Firma zu entsprechen, da der Umfang unserer Geschäfte zu gering ist.

Wir würden Sie bitten, sich in dieser Angelegenheit an eine andere Firma oder Bankverbindung zu wenden.

Mit freundlichen Grüßen

Respuesta a solicitud de referencias

Referencia positiva

Señores:

Tenemos a la vista su solicitud en relación con la firma ... Hemos tenido buenas experiencias con dicha empresa, pudiendo, por ello, recomendarla plenamente. La gerencia es correcta y experta. Hasta ahora no hemos tenido dificultad alguna con ella.

Esperamos que esta información les sea útil.

Atentamente,

Referencia vaga

1 Señores:

Hemos recibido su carta del ... rogándonos proporcionarles información sobre la casa ...

Desgraciadamente no podemos corresponder a su petición, dado que desde hace años no mantenemos relaciones comerciales con ...

Sintiendo no poder ayudarles en este asunto, les saludamos

muy atentamente,

2 Señores:

Agradecemos mucho su carta del ...

Por desgracia, no nos vemos en condiciones de corresponder a su petición de informes sobre la casa en cuestión, debido a que el volumen de nuestros negocios es muy reducido.

Les rogamos se sirvan contactar en este asunto a otra firma o relación bancaria.

Muy atentamente,

Negative Auskunft

1 Sehr geehrte Damen und Herren,

zu Ihrer Anfrage über die Firma ... müssen wir Ihnen leider mitteilen, dass wir mit diesem Unternehmen keine guten Erfahrungen gemacht haben. Die Geschäftsführung erwies sich als äußerst unzuverlässig. Bereits vor zwei Monaten ist deshalb die Geschäftsverbindung abgebrochen worden.

Da diese Auskunft nicht für Dritte bestimmt ist, bitten wir, volle Diskretion zu wahren.

Mit freundlichen Grüßen

2 Betreff: Fa. ...

Sehr geehrte Damen und Herren,

auf Ihre Anfrage müssen wir Ihnen leider mitteilen, dass wir mit diesem Unternehmen sehr schlechte Erfahrungen gemacht haben.

Termingebundene Verpflichtungen wurden nicht eingelöst; unsere Forderungen konnten nur auf dem Rechtsweg eingezogen werden. Die Geschäftsverbindung ist abgebrochen worden.

Wir bitten Sie um volle Diskretion.

Mit freundlichen Grüßen

Auskunft nicht möglich

Betreff: Fa. ...

Sehr geehrte Damen und Herren,

das Unternehmen ist uns nicht bekannt, deshalb sind wir nicht in der Lage, Ihnen die gewünschte Auskunft zu erteilen.

Wir bedauern, Ihnen nicht behilflich sein zu können.

Mit freundlichen Grüßen

Referencia negativa

1 Señores:

A su solicitud de información sobre la firma ... sentimos tener que participarles que no hemos tenido buenas experiencias con ella, habiéndose puesto de manifiesto la absoluta falta de seriedad de su gerencia. Como consecuencia de ello, hemos interrumpido hace dos meses nuestras relaciones comerciales con ella.

Dado que esta información no está destinada a terceros, les rogamos absoluta discreción.

Muy atentamente,

2 Asunto: Firma ...

Señores:

A su solicitud, lamentamos tener que informarles que hemos tenido muy malas experiencias con la empresa en cuestión.

Las obligaciones estipuladas a plazo fijo no fueron cumplidas. Sólo pudimos obtener el pago de las deudas por vía judicial, habiendo sido interrumpidas las relaciones comerciales como consecuencia de ello.

Rogándoles absoluta discreción, les saludamos

muy atentamente,

Imposibilidad de dar referencias

Asunto: Firma ...

Señores:

Dado que la empresa en cuestión no nos es conocida, no estamos en condiciones de proporcionarles la información deseada.

Lamentando no poder servirles en esta ocasión, les saludamos

muy atentamente,

Konditionen
Condiciones

Lagerung

Sehr geehrte Damen und Herren,

für die voraussichtlich am 10. August dieses Jahres im Hafen von Rotterdam ankommenden Waren, die in der beiliegenden Liste im Einzelnen aufgeführt sind, benötigen wir ein Freilager von ca. ... m². Die Freifläche müsste mit Maschendraht eingezäunt sein, um die Güter vor Diebstahl oder missbräuchlicher Benutzung zu schützen.

Bitte machen Sie uns ein Angebot unter Angabe des Quadratmeterpreises für Teil- und Ganzflächen. Gewähren Sie Nachlässe auf längerfristige Mietverträge?

Wir freuen uns auf Ihre baldige Nachricht.

Mit freundlichen Grüßen

Almacenaje

Señores:

Para las mercancías especificadas en la lista adjunta, que llegarán probablemente al puerto de Rotterdam el 10 de agosto del año en curso, necesitamos un depósito franco de aproximadamente ... m². La superficie libre deberá estar cercada con malla metálica a fin de proteger los géneros contra robo o uso impropio.

Les rogamos nos hagan una oferta con indicación del precio por metro cuadrado para superficies parciales y globales. ¿Conceden ustedes descuentos en caso de contratos de alquiler a largo plazo?

Esperando con agrado sus prontas noticias, les saludamos

muy atentamente,

Lieferung

1 Sehr geehrte Damen und Herren,

in Ihrem Akkreditiv, das uns von der avisierenden Bank unserer Stadt vorgelegt wurde, verlangen Sie die Preisangabe für Lieferung CIF ...

In unserem Kaufvertrag einigten wir uns jedoch auf Lieferung FOB ...

Wir bitten Sie entweder um Änderung der Lieferbedingung im Akkreditiv oder um Mitteilung, ob Sie jetzt doch eine Lieferung CIF ... wünschen, was natürlich eine Preisänderung nach sich ziehen würde.

Mit freundlichen Grüßen

Suministro

1 Señores:

En su crédito documentario, que nos fue presentado por el banco notificador de ésta, ustedes exigen cotización para entrega CIF ...

En nuestro contrato de compraventa convinimos, sin embargo, entrega FOB ...

Les rogamos efectuar un cambio de la condición de entrega en el crédito documentario o comunicarnos si ustedes, no obstante, desean ahora una entrega CIF ..., lo cual implicaría naturalmente una modificación del precio.

Muy atentamente,

2 Sehr geehrte Damen und Herren,

Ihrem Wunsche gemäß haben wir den Preis, der ab Werk kalkuliert war, in FOB Bremerhaven umberechnet.

Sollten Sie eine über diese Incoterm-Klausel hinausgehende zusätzliche Transportversicherung bis Bremerhaven wünschen, bitten wir um einen entsprechenden Bescheid.

Mit freundlichen Grüßen

2 Señores:

De conformidad con sus deseos, hemos modificado el precio calculado "puesto en fábrica" en "FOB Bremerhaven".

En caso de que ustedes deseen un seguro adicional de transporte a Bremerhaven, no cubierto por esta cláusula Incoterm, les rogamos nos pasen sus noticias al respecto.

Muy atentamente,

Menge

Sehr geehrte Damen und Herren,

Ihre Anfrage nach unseren Konditionen liegt uns vor.

Mit Rücksicht auf die äußerst kalkulierten Preise sind wir gezwungen, Mindestabnahmen von ... zu verlangen. Wir erklären uns jedoch bereit, einem Jahresabschluss in Höhe von ... zuzustimmen, der dann in Teillieferungen von mindestens ... abgerufen werden kann.

Nehmen Sie die vereinbarte Stückzahl nicht voll ab, so wird der Preis berechnet, der sich für die tatsächlich gelieferte Menge ergibt, zuzüglich ... % Aufschlag vom Rechnungsbetrag.

Wir hoffen auf Ihr Verständnis für diese Maßnahme.

Mit freundlichen Grüßen

Cantidad

Señores:

Obra en nuesto poder su solicitud de información sobre nuestras condiciones.

En consideración a unos precios calculados al mínimo absoluto, nos vemos obligados a exigir adquisiciones mínimas de ... Sin embargo, estamos dispuestos a concluir un contrato anual por la suma de ..., pudiéndose efectuar entonces suministros parciales de ... como mínimo.

En caso de que ustedes no adquieran la cantidad total convenida, se calculará el precio correspondiente a la cantidad realmente suministrada, más un aumento del ... % sobre el importe de la factura.

Confiando en que tendrán comprensión respecto a esta medida, les saludamos

muy atentamente,

Verpackung

Sehr geehrte Damen und Herren,

der Versand der von Ihnen bestellten Waren erfolgt in speziellen Kisten, die nach Ihren Vorschriften markiert werden.

Die Verpackung ist im Preis inbegriffen. Eine Rückgabe der Kisten ist nicht erforderlich.

Mit freundlichen Grüßen

Embalaje

Señores:

La expedición de las mercancías ordenadas por ustedes se efectuará en cajas especiales, marcadas según sus instrucciones.

El embalaje está incluido en el precio, por lo que no hay que devolver las cajas.

Muy atentamente,

Versicherung

Sehr geehrte Damen und Herren,

für den Transport einer Warensendung nach ... benötigen wir eine Versicherungspolice, die alle Risiken abdeckt, also den Institute Cargo Clauses, Klausel A entspricht.

Da wir den Vertrag für Lieferung von Haus zu Haus abgeschlossen haben, benötigen wir, abgesehen von der Seetransportversicherung, noch eine Zusatzpolice für den Weitertransport vom Bestimmungshafen nach ...

Bitte machen Sie uns ein günstiges Angebot. Die weiteren Einzelheiten über die zu versichernden Waren entnehmen Sie bitte der beiliegenden Auftragskopie.

Mit freundlichen Grüßen

Anlage

Seguro

Señores:

Para el transporte de una expedición de mercancías a ... necesitamos una póliza de seguro que cubra todos los riesgos, es decir que corresponda a la cláusula A de Institute Cargo Clauses.

Dado que hemos concluido el contrato para una entrega franco domicilio, precisamos, aparte del seguro de transporte marítimo, una póliza adicional para el transporte desde el puerto de destino a ...

Les rogamos se sirvan hacernos una oferta favorable. De la copia adjunta del pedido podrán desprender los demás detalles referentes a los géneros a asegurar.

Muy atentamente,

Anexo

Zahlungsbedingungen

1 Sehr geehrte Damen und Herren,

Auf Ihre Anfrage nach unseren Zahlungsbedingungen teilen wir Ihnen mit, dass wir an neue Kunden nur per Nachnahme liefern können.

Im Falle regelmäßiger Lieferungen ist eine Änderung dieser Bedingung in ein offenes Zahlungsziel möglich.

Wir bitten um Ihr Verständnis.

Mit freundlichen Grüßen

2 Sehr geehrte Damen und Herren,

zu Ihrer Anfrage hinsichtlich unserer Zahlungsbedingungen teilen wir Ihnen Folgendes mit:

Unsere Konditionen sind Barzahlung mit ... % Skonto oder innerhalb von ... Tagen netto.

Mit freundlichen Grüßen

Condiciones de pago

1 Estimados señores:

Con respecto a su pregunta referida a nuestras condiciones de pago, les informamos que los suministros a los nuevos clientes sólo pueden efectuarse contra reembolso.

En caso de pedidos regulares, existe la posibilidad de modificar esta condición por la de plazo de pago abierto.

Esperamos que sepan comprendernos.

Atentamente,

2 Señores:

En relación con su solicitud de información sobre nuestras condiciones de pago, les participamos lo siguiente:

Nuestras condiciones son pago al contado con ... % de descuento, o el importe neto dentro de ... días.

Muy atentamente,

Auftrag
Pedido

Auftragserteilung

1 Sehr geehrte Damen und Herren,

wir beziehen uns auf Ihr Angebot vom ...
und erteilen Ihnen folgenden Auftrag:

... Stück zum Preis von ... Ausführung
gemäß Ihrem Prospekt und den uns übergebenen Proben.

Die Lieferung hat bis ... frachtfrei zu
erfolgen. Verpackung in Kisten (...) und
ohne gesonderte Berechnung.

Zahlung erfolgt sofort nach Eingang bzw.
Prüfung der Ware.

Wir bitten Sie um Auftragsbestätigung.

Mit freundlichen Grüßen

Otorgamiento de pedido

1 Señores:

Con referencia a su oferta del ... les
pasamos el siguiente pedido:

... unidades al precio de ... El modelo
corresponderá al indicado en su prospecto así como a las muestras que nos
enviaron.

El suministro debe realizarse a más tardar
el ... franco de porte. Embalaje en cajas
(...), sin cargarlo en cuenta.

El pago se efectuará a la recepción o
comprobación de la mercancía respectivamente.

Rogándoles confirmen este pedido, les
saludamos

muy atentamente,

2 Sehr geehrte Damen und Herren,

gemäß Ihrem Angebot vom ... bitten wir
um Lieferung von ... Der Versand muss
bis zum ... CFR ... erfolgen. Zahlung bei
Eingang der Ware unter Abzug von ... %
Skonto.

Vereinbarungsgemäß werden uns bei
Rücksendung des Verpackungsmaterials
innerhalb von ... Wochen ... % des dafür
berechneten Betrags gutgeschrieben.

Wir bitten um kurze Auftragsbestätigung.
Bei einwandfreier Lieferung können Sie
mit regelmäßigen Aufträgen rechnen.

Mit freundlichen Grüßen

2 Señores:

Conforme con su oferta del ... les rogamos el suministro de ... El envío debe
realizarse a más tardar el ..., coste y flete
... Pago a la recepción de la mercancía,
con descuento de un ... %.

Según lo acordado, a la devolución del
material de embalaje dentro de ... se nos
abonará un ... % de su importe.

Les rogamos nos confirmen brevemente
el pedido. Si los suministros son satis-
factorios, pueden contar con pedidos
regulares.

Atentamente,

3 Sehr geehrte Damen und Herren,

wir danken für Ihre E-Mail vom … Gemäß Ihren Allgemeinen Lieferbedingungen bestellen wir hiermit folgende Artikel:
… Stück zum Preis von …
Gesamtpreis: …

Lieferung: Per Nachnahme an unsere obige Adresse.

Zahlung: Netto Kasse innerhalb von 30 Tagen.

Mit freundlichen Grüßen

3 Estimados señores:

Les damos las gracias por su mensaje del … Sírvanse tomar nota del siguiente pedido según sus Condiciones Generales de Entrega:
… unidades; precio unitario …
Precio total: …

Envío contra reembolso a la dirección arriba indicada.

Pago neto al contado dentro de 30 días.

Atentamente,

Auftragsannahme

Sehr geehrte Damen und Herren,

wir bestätigen dankend den Erhalt Ihres Auftrags vom … zur Lieferung von …

Die bestellten Artikel werden pünktlich an Sie ausgeliefert werden. Der Versand erfolgt zu den in unserem Angebot vom … mitgeteilten Konditionen.

Wir sind sicher, dass Sie mit unseren Waren gute Umsätze erzielen werden.

Mit freundlichen Grüßen

Aceptación del pedido

Señores:

Agradecidos acusamos recibo de su pedido del … para el suministro de …

Les entregaremos puntualmente los artículos ordenados, cuya expedición se efectuará de acuerdo con las condiciones expresadas en nuestra oferta del …

Estamos seguros de que tendrán éxitos de venta con nuestros artículos.

Les saludan muy atentamente,

Auftragsablehnung

Sehr geehrte Damen und Herren,

wir haben Ihren Auftrag zur Lieferung von … erhalten.

Leider sehen wir uns im Augenblick nicht in der Lage, die Bestellung zum angegebenen Termin auszuführen, da wir für die nächsten … Monate restlos ausverkauft sind.

Bitte teilen Sie uns mit, ob wir Ihre Bestellung für den Monat … vormerken sollen.

Wir bedauern, Ihnen vorerst keinen anderen Bescheid geben zu können.

Mit freundlichen Grüßen

Rechazamiento del pedido

Señores:

Hemos recibido su pedido para el suministro de …

Lamentamos mucho tener que participarles que en la actualidad no estamos en condiciones de servir el pedido en el plazo señalado, debido a que tenemos vendida toda nuestra producción con … meses de anticipación.

Hagan el favor de informarnos si debemos tomar nota de su pedido para el mes de …

Sintiendo mucho no poderles dar otra respuesta, les saludamos

muy atentamente,

Ordnungsgemäße Auftragsabwicklung
Ejecución reglamentaria del pedido

Anzeige des Produktionsbeginns

Sehr geehrte Damen und Herren,

wir beziehen uns auf Ihren Auftrag vom ... für die Lieferung von ... FOB ... und teilen Ihnen wie vereinbart mit, dass wir mit der Fertigung der Artikelserie Nr ... heute begonnen haben. Die Waren werden voraussichtlich am ... versandbereit sein.

Sie erhalten dann sofort weitere Nachricht. Sollten Sie noch Versandwünsche haben, teilen Sie uns diese bitte rechtzeitig mit.

Mit freundlichen Grüßen

Aviso de inicio de la producción

Estimados señores:

Nos referimos a su pedido del ... para el suministro de ... FOB ... Les informamos, según habíamos convenido, que el día de hoy hemos iniciado la producción de los artículos de la serie N° ... Las mercancías estarán listas para el envío previsiblemente el día ... Llegado el momento, nos comunicaremos con Uds. inmediatamente. Si tuvieran otros deseos con respecto al envío, sírvanse informarnos al respecto a tiempo.

Atentamente,

Versandanzeige

1 Sehr geehrte Damen und Herren,

wir teilen Ihnen mit, dass wir die Waren gemäß Ihrer Bestellung Nr. ... vom ... heute an Sie versandt haben.

Der Transport erfolgt per Lastkraftwagen durch die Spedition ... frei ...

Wir hoffen, dass Sie mit unserer Lieferung zufrieden sind, und erwarten gern Ihre weiteren Aufträge.

Mit freundlichen Grüßen

Aviso de envío

1 Señores:

Les participamos que hoy hemos enviado a ustedes los géneros, según su pedido núm. ... del ...

El transporte se efectuará en camión por la agencia de transportes ... franco ...

Esperando queden satisfechos con nuestro suministro y nos pasen pedidos sucesivos, les saludamos

muy atentamente,

2 Sehr geehrte Damen und Herren,

unsere Bank hat uns am ... von der Eröffnung Ihres Akkreditivs unterrichtet, das die Lieferung von ... abdeckt.

Wir haben sofort das Nötige veranlasst und erfahren von unserem Spediteur, dass die Ware sich bereits an Bord der „Patricia" befindet, die am ... nach ... ausgelaufen ist.

Die entsprechenden Dokumente einschließlich des reinen Konnossements haben wir unserer Bank zur Weiterleitung an Ihre Bank vorgelegt.

Wir hoffen, dass der Überweisung des Betrages von ... nichts mehr im Wege steht, und wünschen Ihnen einen guten Empfang der Ware.

Mit freundlichen Grüßen

2 Señores:

Nuestro banco nos ha avisado con fecha ... la apertura de su crédito documentario que cubre el suministro de ...

Tomadas inmediatamente las medidas pertinentes, fuimos informados por nuestro transportista que las mercancías se encuentran ya a bordo del "Patricia", que zarpó el ... dirección ...

Hemos presentado los documentos correspondientes, incluido el conocimiento limpio, a nuestro banco para su reexpedición al banco de ustedes.

Esperando que no haya ya ningún inconveniente para efectuar la transferencia del importe de ... y deseando que reciban los géneros en perfecto estado, les saludamos

muy atentamente,

Rechnungsstellung

Sehr geehrte Damen und Herren,

die von Ihnen bestellten Waren sind heute an Sie versandt worden.

Als Anlage erlauben wir uns, Ihnen unsere Rechnung für die Gesamtlieferung zu übersenden.

Wir würden uns freuen, weitere Aufträge von Ihnen zu erhalten.

Mit freundlichen Grüßen

Facturación

Señores:

Con fecha de hoy les fueron enviadas las mercancías ordenadas por ustedes.

Nos permitimos remitir a ustedes con la presente nuestra factura sobre el suministro total.

Mucho nos complacería vernos favorecidos con ulteriores pedidos.

Muy atentamente,

Anlage
1 Rechnung

Anexo
1 factura

Warenempfangs-
bestätigung

Sehr geehrte Damen und Herren,

die uns mit Ihrem Avis vom ... ange-
kündigte Warensendung ist heute bei uns
eingetroffen.

Eine sofortige Nachprüfung hat ergeben,
dass die Bestellung ordnungsgemäß ausgeführt wurde.

Mit freundlichen Grüßen

Acuse de recibo de
mercancías

Señores:

En el día de hoy hemos recibido las mercancías a las que refiere su aviso del ...

El examen realizado inmediatamente a la
llegada del envío ha demostrado que el
pedido fue ejecutado a nuestra entera
satisfacción.

Muy atentamente,

Abweichungen und Störungen
Diferencias e irregularidades

Lieferverzug

1 Sehr geehrte Damen und Herren,

laut Kaufvertrag vom ... sollte die bestellte Ware bis spätestens ... bei uns eintreffen.

Leider haben wir bis heute von Ihnen keine Lieferung erhalten. Auch liegt uns die Versandanzeige noch nicht vor.

Da wir die Waren dringend benötigen, stellen wir Ihnen hiermit eine Nachlieferfrist bis zum ... Sollte diese Frist von Ihnen nicht eingehalten werden, müssten wir unseren Auftrag stornieren.

Mit freundlichen Grüßen

2 Sehr geehrte Damen und Herren,

wir müssen Ihnen mitteilen, dass wir die bei Ihnen bestellte Ware nicht abnehmen werden.

Sie haben zu unserer Überraschung die Ihnen mit Schreiben vom ... gesetzte angemessene Nachfrist nicht eingehalten. Deshalb waren wir gezwungen, uns anderweitig einzudecken. Über die uns dadurch entstandenen Mehrkosten fügen wir eine Rechnung bei und bitten Sie um baldige Überweisung des Betrages.

Mit freundlichen Grüßen

Anlage
1 Rechnung

Demora en el suministro

1 Señores:

De acuerdo con el contrato de compraventa del ..., la mercancía ordenada debería habernos llegado, a más tardar, el ...

Lamentablemente, hasta hoy no hemos recibido suministro alguno de ustedes, así como tampoco aviso de envío.

Debido a que necesitamos la mercancía urgentemente, por la presente les damos un plazo de entrega suplementario hasta el ... En el caso de no cumplir este plazo, tendremos que cancelar nuestro pedido.

Atentamente,

2 (Estimados) Señores:

Sentimos tener que participarles que no aceptaremos la mercancía ordenada.

Con gran sorpresa de nuestra parte, ustedes no cumplieron el razonable plazo suplementario que les concedimos con nuestro escrito del ..., por cuyo motivo nos vimos obligados a abastecernos de otra forma. Adjunto encontrarán la cuenta por los gastos adicionales que se nos originaron por ello, rogándoles una rápida transferencia del importe.

Atentamente,

Anexo
1 cuenta

3 Sehr geehrte Damen und Herren,

die Ihnen mit unserem Schreiben vom ... gesetzte Nachfrist zur Lieferung der bestellten Waren ist leider ungenützt verstrichen.

Wir annullieren hiermit den Ihnen von uns erteilten Auftrag.

Mit freundlichen Grüßen

3 Señores:

El plazo suplementario fijado a ustedes en nuestro escrito del ... para la entrega de las mercancías pedidas ha transcurrido, por desgracia, sin ser utilizado.

Por la presente cancelamos nuestro pedido.

Atentamente,

Zahlungsverzug

Sehr geehrte Damen und Herren,

am ... haben wir Ihnen aufgrund Ihrer Bestellung vom ... die Waren über die Speditionsfirma ... zugehen lassen.

Nach unseren Zahlungsbedingungen war die Rechnung innerhalb von ... Tagen nach Eingang der Lieferung zu begleichen. Leider können wir bis heute keinen Kontoausgleich feststellen.

Wir bitten Sie deshalb dringend, uns umgehend den Betrag von ... zu überweisen, und erwarten Ihre Bestätigung der erfolgten Zahlung.

Mit freundlichen Grüßen

Demora en el pago

(Estimados) Señores:

El ... les hicimos llegar los géneros mediante la agencia de transportes ..., de conformidad con su pedido del ...

Según nuestras condiciones de pago, la cuenta debía liquidarse dentro de los ... días siguientes a la recepción del suministro. Lamentablemente, no podemos constatar que ustedes hayan liquidado la cuenta hasta la fecha.

Por lo tanto, les rogamos encarecidamente transferir urgentemente el importe de ... y esperamos su confirmación una vez realizada la liquidación.

Atentamente,

Mängelrüge

1 Sehr geehrte Damen und Herren,

Ihre Sendung ist am ... bei uns eingegangen. Bei Überprüfung musste eine Mindermenge von ... Stück festgestellt werden. Wir nehmen an, dass es sich hierbei um ein Versehen Ihrer Versandabteilung handelt.

Bitte liefern Sie die fehlenden Stücke umgehend nach. Weitere Frachtkosten dürfen uns jedoch nicht entstehen.

Mit freundlichen Grüßen

Reclamación por defectos

1 (Estimados) Señores:

Su envío nos llegó el ... Del examen del mismo se constató la falta de ... unidades. Suponemos que se trata de un error de su departamento de expedición.

Les rogamos nos envíen inmediatamente las unidades faltantes. Los gastos suplementarios de flete no correrán a nuestro cargo.

Atentamente,

2 Sehr geehrte Damen und Herren,

bei Überprüfung Ihrer heute eingegangenen Teillieferung mussten wir feststellen, dass die Qualität der gelieferten
Ware weder Ihrem Angebot noch den
uns übersandten Mustern entspricht.

Wir bedauern deshalb, Ihnen den gesamten Warenposten wieder zur Verfügung stellen zu müssen. Geben Sie uns
bitte hierzu Ihre Versandanweisungen.

Im Übrigen erwarten wir Ihre umgehende
Stellungnahme, ob und gegebenenfalls
bis zu welchem Zeitpunkt Sie eine
mustergetreue Ersatzlieferung leisten
können.

Bis zur Klärung dieser Angelegenheit
bitten wir Sie, keine weiteren Sendungen
an uns zu richten.

Mit freundlichen Grüßen

2 Señores:

Hemos examinado el suministro parcial
que recibimos hoy y hemos advertido que
la calidad de la mercancía enviada no
corresponde con su oferta ni tampoco a
la muestra enviada previamente.

Por lo tanto, lamentamos mucho tener
que poner a su disposición todo el lote, a
cuyo efecto, les rogamos nos pasen sus
instrucciones en cuanto al envío.

Por lo demás, les rogamos nos comuniquen inmediatamente si pueden efectuar
un suministro de reemplazo que se ajuste
a las muestras y, en caso afirmativo, en
qué plazo.

Hasta quedar aclarado este asunto les
rogamos no nos envíen más mercancías.

Atentamente,

3 Sehr geehrte Damen und Herren,

bei Überprüfung Ihrer ersten Lieferung
stellten wir fest, dass diese nicht dem von
uns bestellten Sortiment entspricht.
Ohne Frage liegt hier ein Irrtum Ihrerseits
vor. Wir bitten Sie um sofortige Stellungnahme.

Bis zum Erhalt Ihrer Nachricht haben wir
die Waren zu Ihrer Verfügung eingelagert.

Mit freundlichen Grüßen

3 (Estimados) Señores:

Al examinar su primer suministro, hemos
comprobado que no corresponde al surtido que ordenamos. Con toda seguridad
se trata de un error de su parte, por lo
que les rogamos nos hagan saber inmediatamente su opinión al respecto.

Hasta que recibamos noticias de ustedes,
tendremos almacenadas las mercancías a
su disposición.

Atentamente,

4 Sehr geehrte Damen und Herren,

bei der heute bei uns eingegangenen
Sendung von ... mussten wir leider feststellen, dass ein Karton vollkommen
durchnässt war. Dadurch sind ... Stück
für den Verkauf unbrauchbar geworden.

Wir lassen Ihnen diese Stücke heute
wieder zugehen und bitten um sofortige
Ersatzlieferung.

Mit freundlichen Grüßen

4 (Estimados) Señores:

Desgraciadamente, al examinar el envío
del ..., recibido hoy, hemos comprobado
que un cajón estaba completamente
húmedo. Por este motivo, se estropearon
... unidades, siendo invendibles.

Les devolvemos hoy las unidades en
cuestión, rogándoles nos hagan inmediatamente un suministro de reemplazo.

Atentamente,

Antwort auf Reklamationen

Bitte um Verständnis

Sehr geehrte Damen und Herren,

wir beziehen uns auf Ihr Schreiben vom ... , in dem Sie uns eine Nachfrist bis zum ... stellen.

Wie Ihnen vielleicht durch Pressenotizen bekannt geworden ist, haben die Arbeiter unserer Branche ... Tage gestreikt, wodurch sich unsere gesamte Produktion verzögerte. Aus diesem Grund waren wir auch nicht in der Lage, fristgemäß zu liefern.

Wir setzen jetzt aber alles daran, die versäumten Arbeitsstunden aufzuholen und die Lieferung innerhalb der von Ihnen gesetzten Frist vorzunehmen.

Für die von uns nicht verschuldete Verzögerung erbitten wir Ihr Verständnis.

Mit freundlichen Grüßen

Beanstandung wird überprüft

Sehr geehrte Damen und Herren,

wir bedauern, von Ihnen zu erfahren, dass die an Sie gelieferte Ware Sie nicht zufrieden stellt, weil verschiedene Stücke Mängel aufweisen.

Wir haben unseren dortigen Vertreter, Herrn ..., beauftragt, Sie unverzüglich aufzusuchen und die Mängel festzustellen. Sobald uns sein Bericht vorliegt, kommen wir auf die Angelegenheit unaufgefordert zurück.

Bitte gedulden Sie sich einige Tage. Bis dahin verbleiben wir

mit freundlichen Grüßen

Respuesta a reclamaciones

Solicitud de comprensión

(Estimados) Señores:

Nos referimos a su escrito del ... en el que nos conceden un nuevo plazo hasta el ...

Como quizás ustedes ya sepan por informaciones de prensa, los trabajadores de nuestro ramo han estado en huelga durante ... días, por lo que toda nuestra producción se retardó. Por este motivo, no estuvimos en condiciones de suministrar su pedido en el plazo fijado.

No obstante, estamos haciendo todo lo posible para recuperar las horas de trabajo perdidas y para efectuar el suministro dentro del plazo fijado por ustedes.

Les rogamos tengan comprensión por este retraso, ajeno a nuestra voluntad.

Muy atentamente,

Se comprobará la reclamación

(Estimados) Señores:

Mucho lamentamos que, como ustedes nos informan, la mercancía suministrada a ustedes no encuentre su aprobación, debido a que varias unidades presentaban defectos.

Hemos encargado a nuestro representante en ésa, Sr. ..., que les visite inmediatamente y que compruebe los defectos. Tan pronto como hayamos recibido su informe, volveremos sobre el asunto.

Les rogamos aguardar unos días. Hasta entonces, quedamos

muy atentamente,

Beanstandung wird zurück-gewiesen

1 Sehr geehrte Damen und Herren,

Ihre Beschwerde hinsichtlich der Qualität der von uns gefertigten Waren müssen wir zurückweisen. Eine genaue Nachprüfung hat ergeben, dass unsere Lieferung voll dem Muster entspricht, das Sie uns anlässlich der Auftragserteilung übersandten.

Wir bitten Sie um nochmalige Überprüfung der Beanstandung.

Mit freundlichen Grüßen

2 Sehr geehrte Damen und Herren,

hiermit teilen wir Ihnen vorsorglich vorab per E-Mail mit, dass die von Ihnen gemäß unserem Auftrag ... vom ... erbrachte Dienstleistung nicht den gewünschten Erfolg gebracht hat. Sie erhalten in den nächsten Tagen eine ausführliche Darstellung der an unseren Geräten nach der Wartung durch Ihre Monteure noch festgestellten Mängel.

Von einer Bezahlung müssen wir bis zur Klärung der Angelegenheit Abstand nehmen.

Mit freundlichen Grüßen

Se rechaza la reclamación

1 (Estimados) Señores:

Tenemos que rechazar sus quejas en relación con la calidad de las mercancías fabricadas por nosotros. Una cuidadosa revisión ha demostrado que nuestra entrega se ajusta por completo a la muestra que ustedes nos enviaron al hacernos el pedido.

Les rogamos examinar nuevamente sus objeciones.

Muy atentamente,

2 Señores:

Por medio de este correo electrónico les informamos anticipadamente, y para prevenirles, que los servicios prestados por ustedes según nuestra orden N° ... del ... no han tenido el éxito deseado. En los próximos días recibirán una exposición detallada de las deficiencias que hemos constatado en nuestros aparatos después de que sus técnicos realizaron los trabajos de mantenimiento.

Hasta que no se aclare esta situación, no efectuaremos pago alguno.

Atentamente,

Die Firmen und ihre Vertreter
Las firmas y sus representantes

Vertretungsangebot

Sehr geehrte Damen und Herren,

wir sind ein bedeutender Hersteller von
... und exportieren unsere Waren bei steigenden Umsätzen in bereits ... Länder.

Vor einiger Zeit haben wir ein Marktforschungsinstitut damit beauftragt, festzustellen, ob auch in Ihrem Land für uns
ein interessanter Absatzmarkt vorhanden
ist. Das Ergebnis dieser Untersuchung ist
sehr positiv ausgefallen.

Wir haben Ihre Adresse dem Katalog der
... Messe entnommen und möchten gern
wissen, ob Sie an der Übernahme unserer
Vertretung in Ihrem Land interessiert sind.
Wie wir aus Ihrer Anzeige ersehen, deckt
sich Ihr Programm weitgehend mit unseren Produkten.

Bitte setzen Sie sich so bald wie möglich
mit uns in Verbindung.

Mit freundlichen Grüßen

Oferta de representación

(Estimados) Señores:

Somos una importante empresa dedicada
a la fabricación de ... y exportamos nuestros artículos ya a ... países con crecien-
tes volúmenes de venta.

Hace algún tiempo encargamos a un
instituto de investigación de mercados
indagar si podríamos encontrar también
en su país un mercado atractivo. El resultado de esta investigación ha sido muy
positivo.

Por tanto, estamos interesados en exportar igualmente nuestras mercancías a ...

Hemos obtenido su dirección del catálogo de la Feria ... Quisiéramos saber si
están interesados en asumir la representación de nuestra empresa en su país. A
juzgar por su anuncio, tenemos la seguridad de que su programa se ajusta casi
totalmente a nuestros productos.

Sírvanse ponerse en contacto con nosotros a la mayor brevedad posible.

Atentamente,

Bewerbung

Sehr geehrte Damen und Herren,

vielen Dank für Ihr Schreiben vom ..., das ich mit großem Interesse gelesen habe.

Ich würde Ihre Vertretung gern übernehmen, möchte jedoch verständlicherweise mit Ihnen persönlich über alle Einzelfragen, wie zum Beispiel Gebiet, Provisionen, Kundenschutz usw., sprechen. Deshalb hielte ich es für zweckmäßig, wenn ich Sie aufsuchen würde, um alle anstehenden Probleme zu erörtern.

Ich könnte in der Woche vom ... bis ... zu Ihnen kommen und gehe davon aus, dass Sie mir die für die Reise entstehenden Kosten gegen Vorlage der üblichen Belege ersetzen werden.

Bitte teilen Sie mir mit, ob Ihnen der Termin recht ist, oder schlagen Sie einen anderen vor.

Ich sehe Ihrer Antwort gern entgegen.

Mit freundlichen Grüßen

Solicitud

Señores:

Agradezco mucho su carta del ..., la cual he leído con gran interés.

Con sumo gusto me encargaría de su representación, pero, como comprenderán, quisiera discutir personalmente con ustedes todos los detalles, como, por ejemplo, región, comisiones, garantía a clientes, etc. Por ello, considero conveniente visitarles a fin de tratar todos los problemas que se planteen.

Podría hacerles una visita en la semana del ... al ... Supongo que ustedes me reembolsarán, contra presentación de los comprobantes correspondientes, los gastos de viaje que se me ocasionen.

Les ruego que me informen si están de acuerdo con esta fecha o me propongan otra.

Esperando con agrado su respuesta, les saludo

muy atentamente,

Antwort auf angebotene Vertretung

Sehr geehrter Herr ...
(Sehr geehrte Frau ...),

vielen Dank für Ihr Schreiben vom ..., in dem Sie uns Ihre grundsätzliche Bereitschaft zur Übernahme unserer Vertretung in ... mitteilten.

Mit dem von Ihnen vorgeschlagenen Besprechungstermin am ... sind wir einverstanden. Wir erwarten Sie am ... um ... am Flughafen in ... Sie werden dort von unserem Vertreter/Mitarbeiter, Herrn/Frau ..., abgeholt.

Da Sie uns noch nicht persönlich bekannt sind, bitten wir Sie, sich am Informationsschalter zu melden und nach Herrn/Frau ... zu fragen. Die Besprechung kann dann in unserem Haus sofort beginnen. Die maßgebenden Mitglieder unserer Geschäftsleitung stehen Ihnen zur Verfügung.

Mit freundlichen Grüßen

Respuesta a representación ofrecida

Estimado señor ...
(Estimada señora ...):

Muchas gracias por su carta del ... informándonos estar, en principio, dispuesto(a) a hacerse cargo de nuestra representación en ...

Estamos de acuerdo con la fecha del ... propuesta por ustedes para una entrevista personal. Le esperaremos el ... a las ... en el aeropuerto de ..., a donde irá a recibirle nuestro colaborador, el señor/la señora ...

Como aún no tenemos el placer de conocerle personalmente, le rogamos pregunte en la ventanilla de información por el señor/la señora ... La conversación podrá empezar entonces, inmediatamente, en nuestra casa. El personal competente de nuestra dirección estará a su disposición.

Cordiales saludos,

Vertretungsgesuch

Sehr geehrte Damen und Herren,

Ihre Anzeige nach der Suche eines Vertreters im EU-Raum habe ich im Internet gelesen.

Ich bin seit Jahren auf dem Gebiet ... tätig und wäre sehr daran interessiert, Ihre Erzeugnisse in mein Programm aufzunehmen. Ich habe ein EU-weites Vertriebsnetz mit Vertragspartnern in allen EU-Ländern, die untereinander in Verbindung stehen und bestens kooperieren.

Durch dieses dichte EU-Netz bin ich in der Lage, überdurchschnittliche Umsätze zu erzielen. In meinem Hauptbüro in ... verfüge ich über einen Stab guter Mitarbeiter sowie ausreichende Lagerkapazitäten und Lieferfahrzeuge.

Falls bei Ihnen Interesse besteht, wäre ich gern bereit, Sie zu besuchen und Ihnen weitere Einzelheiten darzulegen.

Ich stehe Ihnen jederzeit für ein Gespräch zur Verfügung.

Mit freundlichen Grüßen

Solicitud de representación

Señores:

He leído en Internet su anuncio en el que buscan un representante para el mercado de la Unión Europea.

Desde hace años trabajo en el ramo/área de ... y estoy muy interesado en incluir sus productos en mi programa. Dispongo de una amplia red de distribución con socios bajo contrato en todos los países de la Unión Europea. Ellos no sólo están en permanente contacto sino que, además, cooperan muy eficientemente.

Gracias a esta amplia red de distribución en la Unión Europea estamos en grado de conseguir facturaciones por encima de la media. En mi oficina principal con sede en ... dispongo de un equipo de buenos colaboradores, de suficiente capacidad de almacenaje y de vehículos de suministro.

Si tuvieran interés, estaría dispuesto a visitarles y explicarles personalmente más detalles al respecto.

Estoy a su disposición para una entrevista cuando Ud. lo desee.

Atentamente,

Antwort der zu vertretenden Firma

Sehr geehrte Frau ...
(Sehr geehrter Herr ...),

wir freuen uns Ihnen mitzuteilen, dass wir an Ihrem Angebot, uns EU-weit zu vertreten, sehr interessiert sind.

Zur Besprechung weiterer Einzelheiten würden wir sehr begrüßen, Sie in unserem Hause zu empfangen.

Bitte setzen Sie sich per E-Mail oder telefonisch mit dem/der Unterzeichneten in Verbindung, damit wir einen genauen Termin vereinbaren können.

Wir erwarten gern Ihre baldige Nachricht.

Mit freundlichen Grüßen

Respuesta de la firma a representar

Estimada señora ...: Estimado señor ...:

Nos alegramos de poder comunicarle que estamos muy interesados en su ofrecimiento de representarnos en toda la Unión Europea.

Con el fin de hablar más detalladamente sobre este asunto, creemos conveniente que nos visite en nuestra casa.

Sírvase ponerse en contacto con el firmante de la presente por correo electrónico/e-mail o por teléfono para poder concertar una cita.

A la espera de sus prontas noticias, le saludamos,

muy atentamente,

Vertretungsvertrag

Zwischen der Firma ..., im Folgenden kurz Firma genannt,

und Herrn ..., nachstehend kurz Generalvertreter (GV) genannt, kommt folgender Generalvertretungsvertrag zustande:

a) Der GV übernimmt ab ... für die Firma die Generalvertretung für deren Erzeugnisse in ...

b) Das Gebiet der Generalvertretung umfasst ...

c) Für seine Tätigkeit erhält der GV Provision. Die Höhe der Provisionen ergibt sich aus beigefügter Provisionsliste, die Bestandteil des Vertrags ist.

d) Der GV erhält ein monatliches Fixum von ... für alle ihm für diese Vertretung entstehenden Kosten, wie z. B. Telefon, Fax, E-Mail, Lager usw. Weitere Vergütungen werden nicht bezahlt. Die Reisespesen trägt der GV selbst.

e) Die Firma ist bereit, den GV durch entsprechende Werbemaßnahmen zu unterstützen. Wie die Werbung durchgeführt wird, ist mit dem GV im Einzelnen abzusprechen. Die Gesamtwerbungskosten dürfen den Betrag von ... im Jahr nicht überschreiten. Darüber hinausgehende Kosten trägt der GV selbst.

f) Dem GV ist es während der Dauer dieses Vertrags nicht erlaubt, Konkurrenzfirmen zu vertreten.

g) Dieser Vertrag wird zunächst auf die Dauer von fünf Jahren abgeschlossen. Nach Ablauf dieser Zeit kann er von beiden Teilen unter Einhaltung einer Frist von sechs Monaten zum Ende des Kalenderjahres gekündigt werden.

h) Alle Vertragsänderungen bedürfen der Schriftform.

Gerichtsstand ist ... (Ort, Land)

Contrato de representación

Entre la firma ..., en lo sucesivo denominada La Firma,

y el señor ..., en lo sucesivo denominado El Representante General (RG), se firma el siguiente contrato de concesión de representación general.

a) El RG se hace cargo, a partir del ..., a nombre de La Firma, de la representación general de sus productos en ...

b) La zona de la representación general abarca ...

c) El RG percibe comisiones por su actividad. Su cuantía se establece en la lista de comisiones adjunta, que forma parte integrante del contrato.

d) El RG recibe una cantidad fija mensual de ... para todos los gastos que le surjan por esta representación como, por ejemplo, llamadas telefónicas, fax, correo electrónico/e-mail, almacenaje, etc. No se pagarán otras remuneraciones. Los gastos de viaje corren por cuenta del RG.

e) La Firma está dispuesta a promover las ventas del RG mediante la propaganda correspondiente. Los detalles de ésta serán convenidos entre La Firma y el RG. El total de los gastos de propaganda no excederá al año la cantidad de ... La parte de gastos superior a esa suma correrá a cuenta del RG.

f) Durante la vigencia de este contrato, el RG no podrá representar firmas competidoras.

g) Este contrato será válido inicialmente durante 5 años. Transcurrido este tiempo puede ser rescindido por cualquiera de las partes. La rescisión tendrá lugar a fines del año civil correspondiente y deberá solicitarse con una anticipación de seis meses.

h) Cualquier modificación del contrato debe efectuarse por escrito.

Las partes se someten a la competencia de los tribunales de ... (lugar, país).

Bekanntgabe des Vertreters

Sehr geehrte Damen und Herren,

wir erlauben uns, Ihnen mitzuteilen, dass wir ab ... Herrn/Frau ... mit der Vertretung unserer Interessen in ... betraut haben. Wir bitten Sie, sich mit allen Fragen vertrauensvoll an ihn zu wenden. Er wird Sie in jedem Fall bestens beraten.

Mit freundlichen Grüßen

Aviso de concesión de representación

(Estimados) Señores:

Por medio de la presente nos permitimos comunicarles que a partir del ... hemos conferido al señor/a la señora ... la representación de nuestros intereses en ... Les rogamos se dirijan, con toda confianza, a nuestro representante, el cual les aconsejará, en todo caso, lo mejor posible.

Atentamente,

Vertragskündigung durch den Vertreter

1 Sehr geehrte Damen und Herren,

aus gesundheitlichen Gründen bin ich leider gezwungen, Ihre Vertretung, die ich seit ... innehabe, mit Wirkung vom ... zu kündigen.

Ich bedaure dies außerordentlich, umso mehr, als aus der jahrelangen Verbindung ein Vertrauensverhältnis erwuchs, das zu schönen Erfolgen führte.

Ich bin sicher, dass Sie für meinen Entschluss Verständnis haben werden.

Mit freundlichen Grüßen

Rescisión del contrato por el representante

1 (Estimados) Señores:

Siento mucho informarles que, por motivos de salud, me veo obligado a rescindir, con efecto a partir del ..., la representación que de ustedes tengo desde el ...

Este paso lo lamento infinitamente, tanto más cuando en el transcurso de los años se crearon vínculos de confianza recíproca que condujeron a magníficos éxitos.

Confiando que comprenderán mi decisión, quedo de ustedes

muy atentamente,

2 Sehr geehrter Herr ...
(Sehr geehrte Frau ...),

wie Sie wissen, vertrete ich seit ... Jahren außer Ihrem Haus auch die Firma ...

Diese hat mir nunmehr eine sehr attraktive Exklusivvertretung für den gesamten Raum ... angeboten, die ich gern übernehmen möchte.

Ich bitte Sie daher, meine fristgemäße Kündigung zum ... anzunehmen.

Ich danke Ihnen für das in mich bisher gesetzte Vertrauen und wünsche Ihrem Haus weiterhin alles Gute.

Mit freundlichen Grüßen

2 Muy estimado Sr. ...
(Muy estimada Sra. ...):

Como usted sabe, represento desde hace ... años, además de su casa, a la firma ...

Ésta me ha ofrecido ahora una representación en exclusiva, muy atractiva, para toda la zona de ..., de la cual quisiera hacerme cargo.

Le (la) ruego, por ello aceptar mi cese, dentro del plazo convenido, con efecto del ...

Le doy las gracias por la confianza depositada en mí hasta la fecha y deseo a su casa mucho éxito en el futuro.

Muy atentamente,

Vertragskündigung durch die Firma

Sehr geehrter Herr ...,

wir müssen Ihnen heute zu unserem Bedauern mitteilen, dass wir gezwungen sind, das mit Ihnen am ... geschlossene Vertretungsverhältnis zum ... zu kündigen. Wir haben alle Lieferungen nach ... eingestellt. Der Markt in Ihrem Land ist für uns in den letzten Jahren stetig rückläufig gewesen.

Wir danken Ihnen für die gute Zusammenarbeit. Unser(e) Herr (Frau) ... wird Sie anlässlich seines (ihres) nächsten Aufenthalts in ... aufsuchen.

Mit freundlichen Grüßen

Rescisión del contrato por la firma

Estimado señor:

Lamentamos tener que informarle que en el día de hoy nos vemos obligados a rescindir, a partir del ..., el contrato de representación firmado con usted el ... Hemos suspendido todos los suministros a ... El mercado en su país nos ha resultado durante los últimos años cada vez más adverso.

Les damos las gracias por su buena colaboración. El señor .../La señora ... aprovechará su próxima estadía en ... para visitarles.

Atentamente,

Kommissionsgeschäft

Sehr geehrte Damen und Herren,

wir bitten Sie um Mitteilung, ob Sie bereit sind, auf Kommissionsbasis die Produkte Ihres Verkaufsprogramms nach ... zu liefern.

Wir arbeiten in dieser Weise seit Jahren mit bedeutenden Herstellern zusammen. Lagerräume, Lieferfahrzeuge, Kundendienstmonteure usw. stehen ausreichend zur Verfügung.

Falls Sie im Prinzip an einer solchen Zusammenarbeit interessiert sind, lassen Sie uns dies bitte wissen.

Auf Wunsch sind wir auch bereit, die Kommissionsware gegen Feuer und Diebstahl versichern zu lassen und Ihnen für den Warenwert entsprechende Sicherheiten zur Verfügung zu stellen.

Mit freundlichen Grüßen

Operaciones en comisión

(Estimados) Señores:

Les rogamos nos informen si están dispuestos a suministrar, en comisión, los productos de su programa de ventas a ...

Desde hace años trabajamos de esta forma con fabricantes importantes. Disponemos de suficientes almacenes, vehículos para el transporte, especialistas para el servicio postventa, etc.

En caso de estar ustedes interesados en principio en una cooperación, les rogamos nos lo hagan saber.

Si así lo desearan, estamos también dispuestos a asegurar la mercancía en comisión contra fuego y robo y a proporcionarles las correspondientes garantías sobre su valor.

Muy atentamente,

Provisionsgeschäft

Sehr geehrte Damen und Herren,

ein langjähriger Kunde von uns benötigt im Augenblick einen größeren Posten von ... Da wir diese Ware nicht in unserem Programm führen, bitten wir Sie, dem Kunden unter Berufung auf uns ein entsprechendes Angebot zu unterbreiten, wovon wir eine Kopie erbitten.

Für unsere Bemühungen erwarten wir eine Provision in Höhe von ...%. Geben Sie uns bitte bekannt, ob Sie den angegebenen Warenposten umgehend liefern können und ob Sie mit unserem Vorschlag hinsichtlich der Provisionsvergütung einverstanden sind.

Wir werden Ihnen dann unverzüglich die Adresse des Kunden mitteilen.

Mit freundlichen Grüßen

Traspaso de pedido contra comisión

(Estimados) Señores:

Un antiguo cliente nuestro necesita en estos momentos un gran lote de ... Debido a que no tenemos esta mercancía en nuestro programa, les rogamos hagan, con referencia a nosotros, una oferta a nuestro cliente, enviándonos copia de la misma.

Por nuestra intervención, esperamos una comisión de un ...%. Rogamos nos hagan saber si ustedes pueden suministrar el lote mencionado inmediatamente y si están de acuerdo con nuestra proposición relativa al pago de la comisión.

En tal caso, les comunicaremos acto seguido la dirección del cliente.

Muy atentamente,

Schreiben zu besonderen Gelegenheiten
Escritos para ocasiones especiales

Dankschreiben

1 Sehr geehrte Damen und Herren,

wir möchten das heutige Schreiben zum Anlass nehmen, uns herzlich für die freundliche Aufnahme unseres Mitarbeiters/unserer Mitarbeiterin, Herrn (Frau) ..., in Ihrem Hause zu bedanken.

Wie wir erfuhren, waren die Gespräche und die dabei erzielten Vereinbarungen sehr erfolgreich. Wir sind überzeugt, dass sich dies positiv auf unsere Zusammenarbeit auswirken wird.

Wir haben vorgemerkt, dass Herr (Frau) ... Ende des Monats zu weiteren Besprechungen zu uns nach ... kommen wird. Selbstverständlich wird Herr (Frau) ... für die Dauer seines (ihres) Aufenthaltes unser Gast sein.

Mit freundlichen Grüßen

2 Sehr geehrte Damen und Herren,

wir haben gestern die Besprechungen mit Herrn (Frau) ... abgeschlossen und sind sicher, dass für beide Seiten gute Ergebnisse erzielt wurden.

Bei dieser Gelegenheit möchten wir uns für den Besuch von Herrn (Frau) ... herzlich bedanken, vor allen Dingen auch für die Aufgeschlossenheit, mit der er (sie) die Verhandlungen mit unserer Geschäftsleitung führte.

Mit freundlichen Grüßen

Cartas de agradecimiento

1 Estimados Señores:

Por medio de la presente aprovechamos la oportunidad para expresar a ustedes nuestro cordial agradecimiento por la amable acogida que dispensaron en su casa al señor (a la señora) ...

Como fuimos informados, las conversaciones sostenidas así como los acuerdos obtenidos en el curso de éstas, fueron muy fructíferas, por lo que estamos convencidos de que ello tendrá un efecto positivo sobre nuestra cooperación.

Hemos tomado buena nota de que su colaborador(a), el señor (la señora) ... vendrá a ... a finales del mes para continuar las conversaciones con nosotros. Ni que decir tiene que el señor (la señora) ... será nuestro(a) huésped durante su estancia.

Muy atentamente,

2 (Estimados) Señores:

Ayer finalizamos las conversaciones con su colaborador(a), el señor (la señora) ..., estando seguros, por nuestra parte, de que se obtuvieron buenos resultados para ambas partes.

Con esta ocasión, quisiéramos expresar a ustedes nuestro cordial agradecimiento por la visita del señor (de la señora) ... y, muy en especial, por la franqueza de que él (ella) hizo muestra durante las negociaciones con nuestra gerencia.

Muy atentamente,

Glückwünsche

Firmenjubiläum

Sehr geehrte Damen und Herren,

zum 25-jährigen Bestehen Ihres Unternehmens erlauben wir uns, Ihnen unsere herzlichen Glückwünsche zu übermitteln.

Wir möchten diese Gelegenheit wahrnehmen, Ihnen zugleich für die jahrelange vertrauensvolle Zusammenarbeit unseren besten Dank auszusprechen.

Mit freundlichen Grüßen

Geburtstag

Sehr geehrte(r) Herr (Frau) ...,

zu Ihrem ... Geburtstag erlauben wir uns, Ihnen unsere besten Glückwünsche auszusprechen.

Wir wünschen Ihnen viele Jahre bei bester Gesundheit und hoffen, dass Ihre unermüdliche Schaffenskraft Ihrem Unternehmen noch lange erhalten bleibt.

Mit freundlichen Grüßen

Filialeröffnung

Sehr geehrte Damen und Herren,

der Tagespresse haben wir entnommen, dass Sie in ... eine neue Zweigstelle eröffnet haben. Dazu möchten wir Ihnen viel Erfolg wünschen.

Wir verbinden damit die Hoffnung, dass sich unsere geschäftliche Zusammenarbeit auch in Zukunft in der gleichen vertrauensvollen Weise weiterentwickeln wird.

Mit freundlichen Grüßen

Felicitaciones

Aniversario de firma

(Estimados) Señores:

Con motivo del 25° aniversario de la existencia de su empresa, nos permitimos enviarles nuestras más cordiales felicitaciones.

Quisiéramos aprovechar esta ocasión para expresar a ustedes, al mismo tiempo, nuestro agradecimiento por la confianza que durante largos años de cooperación depositaron en nosotros.

Muy atentamente,

Cumpleaños

Estimado señor (Estimada señora) ...:

Con motivo de su ... cumpleaños, nos permitimos expresarle nuestra más sincera felicitación.

Le deseamos cumpla muchos años más en plena salud y esperamos que su infatigable fuerza creadora continúe mucho tiempo al servicio de su empresa.

Le saludan afectuosamente,

Apertura de sucursal

(Estimados) Señores:

Por la prensa nos hemos enterado de que ustedes han inaugurado una nueva sucursal en ..., por cuyo motivo quisiéramos desearles mucho éxito.

Esperamos que nuestras relaciones comerciales continuarán desarrollándose en el futuro sobre la misma base de confianza que hasta ahora.

Muy atentamente,

Berufsjubiläum

Sehr geehrter Herr (Frau) ...,

heute sind es 25 Jahre, dass Sie an der Spitze des von Ihnen gegründeten Unternehmens stehen.

In diesen langen Jahren haben Sie das Unternehmen durch persönliches Engagement und bedachtsame Leitung dank Ihrer großen Erfahrungen zu seiner heutigen Bedeutung geführt.

Wir möchten Ihnen hierzu unsere herzlichen Glückwünsche aussprechen, verbunden mit dem Wunsch für weitere Erfolge und Gesundheit.

Mit verbindlichen Empfehlungen

Aniversario en la profesión

Estimado señor (Estimada señora) ...:

Hoy cumple usted 25 años de gestión a la cabeza de la empresa fundada por usted.

En estos largos años, usted, con su dedicación personal y su prudente administración, gracias a su amplia experiencia, ha llevado la empresa a su actual prestigio.

Mediante la presente, quisiéramos expresar a usted nuestras más cordiales felicitaciones deseándole, al mismo tiempo, nuevos éxitos y buena salud.

Muy atentamente,

Anzeige der Geschäftseröffnung

Sehr geehrte Damen und Herren,

wir freuen uns Ihnen mitzuteilen, dass wir hier in ... eine Verkaufsstelle für unsere Produkte eröffnet haben.

Dem Betrieb ist ein eigenes Callcenter angeschlossen. Ferner verfügen wir über fachlich geschulte Kundendienstmonteure, die alle bei uns gekauften Geräte turnusmäßig überprüfen.

Unser Callcenter erreichen Sie unter:
Tel.-Nr.:
Fax-Nr.:
E-Mail-Adresse:

Wir würden uns freuen, wenn Sie von den Diensten und den günstigen Einkaufsmöglichkeiten regen Gebrauch machten. Für beste Qualität unserer Erzeugnisse übernehmen wir volle Gewähr.

Mit freundlichen Grüßen

Anuncio de apertura de comercio

(Estimados) Señores:

Nos agrada informarles que hemos abierto aquí en ... un despacho de ventas para nuestros productos.

Este punto de venta dispone de centro de llamadas propio/Call-Center así como de expertos instaladores para el servicio posventa que examinan regularmente los equipos que vendemos.

Puede ponerse en contacto con el centro de llamadas/el Call-Center llamando al ..., enviando un fax al ... o un correo electrónico a ...

Nos alegraría si ustedes utilizaran frecuentemente los servicios y las cómodas facilidades de compra que ofrecemos. Garantizamos la mejor calidad de nuestros productos.

Muy atentamente,

Änderung von Firmennamen und Anschrift

Sehr geehrte Damen und Herren,

bei unserer Gesellschafterversammlung am ... wurde die Änderung des Firmennamens in ... beschlossen. Gleichzeitig haben wir den Sitz unseres Unternehmens von ... nach ... verlegt.

Bitte unterrichten Sie hiervon Ihre entsprechenden Abteilungen. Besten Dank.

Mit freundlichen Grüßen

Cambio de razón y domicilio social

(Estimados) Señores:

En nuestra junta de socios, celebrada el ..., se acordó modificar la razón social en ... Al mismo tiempo trasladamos el domicilio de nuestra empresa de ... a ...

Les rogamos se sirvan informar al respecto a sus departamentos pertinentes. Expresándoles nuestro agradecimiento,

les saludan muy atentamente,

Übernahme einer Gesellschaft

Sehr geehrte Damen und Herren,

wie Sie sicher aus den Medien erfahren haben, sind alle Gesellschaftsanteile unserer Firma mit Wirkung vom ... von der ... übernommen worden.

Ab ... firmiert unser Unternehmen daher unter dem Namen ... Unser(e) bisheriger (bisherige) alleiniger (alleinige) Geschäftsführer(in), Herr (Frau)..., wird mit sofortiger Wirkung von Herrn (Frau) ... unterstützt, der (die) gleichberechtigte(r) Geschäftsführer(in) ist.

Alle übrigen Geschäfte werden wie bisher weitergeführt. Wir sichern Ihnen auch in Zukunft unseren bewährten Kundendienst zu und hoffen auf weitere gute Zusammenarbeit.

Mit freundlichen Grüßen

Aquisición/Absorción de una sociedad

Estimados señores:

Como habrán sabido a través de los medios de comunicación, ... se ha hecho cargo de todas las participaciones de nuestra empresa desde el ...

Por lo tanto, a partir del ..., la razón social de nuestra empresa será "...". Con efecto inmediato, el señora/la señora ... respaldará y apoyará como gerente con igualdad de derechos al señor/a la señora ..., quien había sido hasta la fecha nuestro/-a único/-a gerente.

Todas las demás operaciones continuarán como hasta ahora. Les garantizamos también para el futuro nuestro acreditado servicio técnico pos(t)venta y esperamos que nuestras buenas relaciones con ustedes se mantengan.

Atentamente,

Austritt eines Gesellschafters

Sehr geehrte Damen und Herren,

wir möchten Ihnen mitteilen, dass mit Wirkung vom ... unser langjähriger Gesellschafter (unsere langjährige Gesellschafterin) ... aus gesundheitlichen Gründen aus der Gesellschaft ausgeschieden ist.

Seine (ihre) Anteile wurden von unseren anderen Gesellschaftern zu gleichen Teilen übernommen.

Auf die Geschäftsführung unserer Gesellschaft hat diese Maßnahme jedoch keinerlei Einfluss, und wir hoffen, dass unsere bestehenden Geschäftsverbindungen weiterhin erfolgreich und zum gegenseitigen Nutzen aufrechterhalten werden.

Mit freundlichen Grüßen

Dimisión de un socio

(Estimados) Señores:

Nos permitimos participarles que, con efecto del ..., nuestro(a) socio(a) de muchos años ha renunciado a su cargo en la compañía por motivos de salud.

Su participación ha sido adquirida por los otros socios por iguales cuotas.

Esta medida no tiene influencia alguna en la gestión de nuestra compañía, por lo que esperamos que las relaciones comerciales existentes entre nosotros continuarán siendo fructíferas en beneficio de ambas partes.

Muy atentamente,

Ernennung zum Direktor

Sehr geehrte Damen und Herren,

wir freuen uns, Ihnen heute bekannt geben zu können, dass unser(e) langjähriger(e) verdienter(e) Mitarbeiter(in), Herr (Frau) ..., mit Wirkung vom ... zum Direktor (zur Direktorin) unseres Unternehmens bestellt wurde. Er (sie) leitet verantwortlich die Abteilungen ... und ... (z.B. Einkauf, Verkauf, Personalwesen usw.).

Wir würden es sehr begrüßen, wenn sich das gute Einvernehmen zwischen unseren beiden Häusern durch diese Maßnahme noch vertiefte.

Mit freundlichen Grüßen

Nombramiento de director

(Estimados) Señores:

Tenemos el agrado de poderles participar hoy que nuestro(a) colaborador(a) de muchos años, el señor (la señora) ..., fue nombrado(a) director(a) de nuestra compañía con efecto del ... A su cargo estarán los departamentos de ... y ... (por ejemplo: de Compras, de Ventas, de Personal, etc.)

Mucho celebraríamos si esta medida contribuyera a estrechar aún más las buenas relaciones entre nuestras casas.

Muy atentamente,

Anzeige eines Besuchstermins

Sehr geehrte Damen und Herren,

wir erlauben uns Ihnen mitzuteilen, dass unser Mitarbeiter, Herr (unsere Frau) ... Sie am ... im Laufe des Vormittags in Ihrem Hause aufsuchen wird.

Der Besuch soll dazu dienen, beiderseits interessierende Fragen zu besprechen und Möglichkeiten zu schaffen, unsere Geschäftsverbindung weiter auszubauen. Herr (Frau) ... ist von uns mit allen Vollmachten ausgestattet.

Wir wären Ihnen dankbar, wenn Sie uns den vorgeschlagenen Zeitpunkt kurz bestätigten. Sollte er nicht in Ihre Pläne passen, bitten wir um Mitteilung eines anderen Gesprächstermins.

Mit freundlichen Grüßen

Anuncio de fecha de visita

(Estimados) Señores:

Nos permitimos comunicarles que el señor (la señora) ... les visitará en la mañana del ... en su empresa.

La visita servirá para discutir asuntos de interés mutuo y las posibilidades de intensificar nuestras relaciones comerciales. El señor (la señora) ... cuenta con plenos poderes.

Les quedaríamos muy agradecidos si nos confirmaran brevemente la fecha propuesta. En caso de que no les conviniera, les rogamos nos propongan otra fecha.

Muy atentamente,

Bestätigung eines Besuchstermins

Sehr geehrte Damen und Herren,

wir danken Ihnen für die Mitteilung, dass Ihr Direktionsmitglied, Herr (Frau) ..., uns am ... besuchen wird. An diesem Tag stehen wir gern zu einem ausführlichen Gespräch zur Verfügung.

Mit freundlichen Grüßen

Confirmación de una fecha de visita

(Estimados) Señores:

Les agradecemos su información de que el miembro de su Dirección, el señor (la señora) ..., nos hará una visita el ... Con sumo gusto estaremos a su disposición ese día para celebrar una larga conversación.

Muy atentamente,

Einladung zu einer Ausstellung

Sehr geehrte Damen und Herren,

in der Zeit vom ... bis zum ... findet in ... die ... Messe statt.

Wir möchten Ihnen mitteilen, dass wir an dieser Messe teilnehmen werden, und erlauben uns, Sie herzlich zu einem Besuch an Stand ... in Halle ... einzuladen.

In der Anlage finden Sie zwei Eintrittskarten, die Sie zum Besuch der Messe und unseres Standes berechtigen.

Wir freuen uns, Sie an unserem Stand begrüßen zu dürfen.

Mit freundlichen Grüßen

Anlagen
2 Eintrittskarten

Invitación a una exposición

(Estimados) Señores:

Del ... al ... se celebrará en ... la Feria de ...

Quisiéramos hacerles saber que estaremos representados en esta Feria, permitiéndonos al efecto invitarles cordialmente a que nos visiten en el stand ... del pabellón ...

Como anexo encontrarán ustedes dos billetes de entrada que les dan derecho para visitar la Feria y nuestro stand.

Esperando con agrado poderles saludar en nuestro stand, quedamos de ustedes

muy atentamente,

Anexo
2 billetes de entrada

Annahme der Einladung zu einer Ausstellung

Sehr geehrte Damen und Herren,

über Ihre Einladung zum Besuch Ihres Stands ... in Halle ... auf der ... Messe habe ich mich sehr gefreut und werde die Gelegenheit nicht versäumen, bei Ihnen vorzusprechen.

Ich hoffe, Sie werden mir dann Ihre neue Maschine ... vorführen können, für die ich bereits ein Angebot erhalten habe. Besonders interessiert mich zu erfahren, wie das neue System ... in dieser Maschine arbeitet.

Ich sehe unserem Treffen mit Interesse entgegen.

Mit freundlichen Grüßen

Aceptación de invitación a una exposición

Señores:

Le agradezco su invitación para visitar su stand ... en el pabellón ... de la Feria del (de la) ... y, naturalmente, aprovecharé la oportunidad para hablar con ustedes personalmente.

Espero que me puedan demostrar entonces su nueva máquina de ..., de la cual ya recibí una oferta. En especial me interesaría saber cómo funciona el nuevo sistema ... en esta máquina.

Aguardo con mucho interés nuestra entrevista.

Mitteilung über Umstellung auf neues Software-System

Sehr geehrte Damen und Herren,

unsere Direktionszentrale hat am ... die Einführung einer neuen Software verfügt, die in Zukunft unseren Geschäftsablauf wesentlich vereinfachen wird.

Aus diesem Grund werden alle Abteilungen unseres Hauses in den nächsten Wochen mit dieser neuen Software ausgestattet. Wir bitten Sie daher höflich, etwaige Verzögerungen in der Übersendung von Rechnungen und sonstigen Unterlagen zu entschuldigen.

Für alle Fragen, die Sie in diesem Zusammenhang haben, wenden Sie sich bitte an Herrn (Frau) ...

Im übrigen steht Ihnen wie immer unser Callcenter, das Sie unter der Tel.-Nr. ... erreichen, jederzeit zur Verfügung.

Wir sind sicher, dass diese Umstellung unsere gute Geschäftsbeziehung in keiner Weise beeinträchtigen wird. Wir werden alles tun, um die Störungen im normalen Geschäftsablauf auf ein Mindestmaß zu reduzieren.

Nach Abschluss der Umstellung werden wir Sie noch schneller und reibungsloser bedienen können als bisher.

Mit freundlichen Grüßen

Aviso de cambio a un nuevo sistema de software

Señores:

Nuestra dirección general ha dispuesto el día ... la introducción de un nuevo software que simplificará sustancialmente el desarrollo de nuestras operaciones en el futuro.

Todos los departamentos de nuestra casa serán equipados con este nuevo software en el transcurso de las próximas semanas. Por esta razón, les rogamos que disculpen los eventuales retrasos en el envío de las facturas y otros documentos.

En caso de que tuvieran preguntas a este respecto, sírvanse ponerse en contacto con el señor/la señora ...

Por lo demás, nuestro centro de llamadas/Call-Center, con el que pueden comunicarse llamando al ..., está a su disposición en todo momento.

Estamos seguros de que este cambio no afectará en modo alguno nuestras buenas relaciones comerciales. Haremos todo lo posible para reducir a un mínimo las molestias que pudieran surgir durante el desarrollo de nuestras operaciones.

Cuando haya concluido esta reorganización, podremos servirles más rápida y eficientemente que hasta ahora.

Atentamente,

Bitte um Auskunft an eine offizielle Stelle

Sehr geehrte Damen und Herren,

wir wenden uns an Sie als Deutsch-Niederländische Handelskammer mit der Bitte um Auskunft.

Wir überlegen, ob die ... Messe, die vom ... bis ... in ... stattfindet, für unsere Produkte geeignet ist.

Da wir den Veranstalter nicht kennen und auch keine Kontaktadresse für die Messe haben, wären wir Ihnen dankbar, wenn Sie uns mitteilen würden, an wen wir uns wenden können.

Anliegend überreichen wir Ihnen eine Broschüre unseres Produktionsprogramms.

Mit freundlichen Grüßen

Anl.

Solicitud de informes a una entidad pública

(Estimados) Señores:

Nos dirigimos a ustedes en su calidad de Cámara de Comercio Germano-Neerlandesa para rogarles nos proporcionen informes.

Estamos considerando si la Feria de ..., que se celebrará del ... al ... en ..., es apropiada para nuestros productos.

Dado que no conocemos a los organizadores ni tenemos una dirección con la que contactar en la Feria, les agradeceríamos enormemente que nos comunicaran a quién podríamos dirigirnos.

Adjunto les remitimos un folleto de nuestro programa de producción.

Les saludamos cordialmente,

Anexo

Hotelkorrespondenz
Correspondencia con hoteles

Anfrage

1 Sehr geehrte Damen und Herren,

wir beabsichtigen, Anfang ... eine Vertretertagung durchzuführen. Dafür benötigen wir vom ... bis ...
... Einzel- und ... Doppelzimmer, alle mit Bad oder Dusche, möglichst mit Fernseher und Minibar.

Wir möchten alle Teilnehmer bei Ihnen unterbringen.

Bitte lassen Sie uns Ihre Preise für Übernachtung, Frühstück, einschließlich aller Nebenkosten wissen.

Für ... haben wir ein Abendessen für ca. ... Personen in einem gesonderten Raum vorgesehen. Gern erwarten wir Ihre Menüvorschläge (Menüpreis zwischen ca. ... und ...).

Mit freundlichen Grüßen

2 Sehr geehrte Damen und Herren,

unser(e) Direktor(in), Herr ... (Frau ...), wird am ... die ... Messe in Ihrer Stadt besuchen.

Wir bitten Sie, vom ... bis ... ein ruhiges Einzelzimmer mit WC und Bad oder Dusche für ihn (sie) zu reservieren.

Könnten Sie uns auch bitte einen Lageplan Ihres Hotels beifügen mit der Angabe, wie man von dort am schnellsten mit öffentlichen Verkehrsmitteln das Messegelände erreichen kann.

Besten Dank im Voraus.

Mit freundlichen Grüßen

Solicitud

1 Estimados señores:

Nuestra firma proyecta la celebración de un congreso de representantes a principios de ... Para ello necesitamos: desde el ... hasta el ...
... habitaciones individuales y ... habitaciones dobles, todas con baño o ducha, a ser posible con televisión y minibar.

Queremos que todos los participantes se alojen en su hotel.

Les rogamos que nos informen de los precios de las habitaciones, del desayuno, incluidos todos los gastos.

El ... queremos celebrar una cena en una sala aparte para unas ... personas. Nos gustaría recibir su ofrecimiento de distintos menús (precios entre ... y ...).

Muy atentamente,

2 Estimados señores:

Nuestro(a) director(a), el Sr. (la Sra.) ... visitará el ... la Feria del (de la) ... en su ciudad.

Les rogamos reserven para él (ella) una habitación individual tranquila con WC y baño o ducha del ... al ...

¿Podrían ustedes remitirnos, por favor, un plano con la situación de su hotel, indicando cómo se puede llegar de la forma más rápida de allí al recinto ferial con transportes públicos?

Con gracias anticipadas, les saludamos muy atentamente,

Reservierung Einzelperson

Sehr geehrte Damen und Herren,

bitte reservieren Sie für unseren Kunden
(unsere Kundin), Herrn (Frau) ..., aus ...,
vom ... bis zum ... ein Einzelzimmer mit
Bad, möglichst Seeseite.

Herr (Frau) ... wird mit dem Flugzeug
(Flug Nr. ...) aus ... kommen und gegen
... Uhr im Hotel eintreffen.

Wir bitten Sie, uns die Rechnung (Zimmer
und alle Extras) zur Begleichung zuzusenden. (Die Rechnung wird vom Gast
bezahlt.)

Gern erwarten wir Ihre Bestätigung und
grüßen Sie inzwischen freundlich

Reserva individual

Estimados señores:

Por favor, reserven para nuestro(a)
cliente, el Sr. (la Sra.) ..., de ... desde el
... hasta el ... una habitación individual
con baño, de ser posible con vista al mar
(al lago).

El Sr. (la Sra.) ... llegará en el vuelo n° ...
de la compañía ..., procedente de ...,
y estará en el hotel alrededor de las ...

Les rogamos que nos envíen la cuenta
(habitación y todos los gastos suplementarios) para su pago. (El huésped pagará
la cuenta).

Con saludos afectuosos, quedamos en
espera de su confirmación.

Reservierung Tagung

Betr.: Unsere Tagung

Sehr geehrter Herr ...
(Sehr geehrte Frau ...),

wir danken Ihnen für Ihren freundlichen
Empfang (das gestrige Telefongespräch).
Nach Rücksprache mit der Direktion bestätigen wir Ihnen heute die Reservierung
für obige Tagung wie folgt:

Zimmer:
... Einzelzimmer
... Doppelzimmer, alle mit Bad oder
Dusche, Minibar und Fernseher,
vom ... bis zum ...

Konferenzräume:
Montag bis Samstag K III
Konferenzbestuhlung
Blocktisch

Dienstag, Mittwoch und Freitag K I
für ... Personen

Die Konferenzräume werden jeweils von
8.00 bis 18.00 Uhr benötigt.

Zusätzlich bitten wir, die Konferenzräume
mit folgenden Geräten auszurüsten:
Overheadprojektor, Flipchart,
Videorekorder, Tonbandgerät.

Reserva para Congreso

Asunto: Nuestro Congreso

Estimado señor ...
(Estimada señora ...):

Mucho le agradecemos su amable recibi-
miento (la llamada telefónica de ayer).
Después de haber consultado con nuestra dirección, le confirmamos hoy la
reserva para el Congreso arriba indicado,
en los términos siguientes:

Habitaciones:
... individuales
... dobles, todas con baño o ducha,
minibar y TV, desde el ... hasta el ...

Salones de conferencias:
de lunes a sábado K III
asientos para conferencia
mesa larga

martes, miércoles y viernes K I
para ... personas

Los salones de conferencias se necesi-
tarán desde las 8 de la mañana hasta las
6 de la tarde.

Además, les rogamos equipar los salones
de conferencias con los siguientes aparatos: proyector de luz diurna, proyector
de diagramas, (grabador de) vídeo,
magnetófono.

Wir wären Ihnen dankbar, wenn Sie auch eine Multivisionsanlage (Telefonanlage mit Konferenzschaltung, Kopfhörerkabine für Simultandolmetschen) zur Verfügung stellen könnten. Die Kosten hierfür bitten wir gesondert aufzuführen.

Gemeinsame Mahlzeiten:
Frühstück ab 7 Uhr am Büfett

Kaffeepausen täglich 10.00 und 16.00 Uhr

Arbeitsessen (Mittagessen) im Restaurant um 13.00 Uhr

Abendessen 20.00 im Hotelrestaurant

Bitte schicken Sie die Rechnung direkt an uns.

Wir haben die Gäste darauf hingewiesen, dass Telefongespräche, die vom Zimmer aus geführt werden, sowie Getränke aus der Minibar von ihnen selbst bezahlt werden müssen.

Wir werden Ihnen Ende ... eine Teilnehmerliste zukommen lassen.

Wir bitten um baldige Bestätigung.

Mit freundlichen Grüßen

Les agradeceríamos si pudieran poner a nuestra disposición igualmente un equipo multivisión (equipo telefónico con conexión múltiple, cabina de auriculares para interpretación simultánea). Al efecto, rogamos especificar estos gastos aparte.

Comidas comunes:
Desayuno a partir de las 7 en bufet

Pausas para tomar café diariamente a las 10 de la mañana y 4 de la tarde

Comida en el restaurante
Comida de trabajo a la 1 de la tarde

Cena a las 8 de la tarde en el restaurante del hotel

Sírvanse enviarnos la cuenta directamente.

Hemos indicado a los huéspedes que las llamadas telefónicas efectuadas desde la habitación así como las bebidas tomadas del minibar deberán ser pagadas por ellos mismos.

A fines de ... les haremos llegar una lista de participantes.

Esperando una pronta confirmación,

les saludamos muy atentamente.

Reservierung Gruppe

Sehr geehrte Damen und Herren,

wir beziehen uns auf Ihre E-Mail-Anfrage und bestätigen Ihnen heute die Reservierung wie folgt:

... Einzel- und ... Doppelzimmer, alle mit Bad oder Dusche, für die Zeit vom ... bis zum ...

Unsere Gäste treffen im Laufe des ... – teilweise sehr spät – ein. Die Rechnungen begleichen sie selbst. Wir bitten Sie, die beigefügten Mappen in den Zimmern auszulegen.

Mit freundlichen Grüßen

Reserva grupo

Muy estimados señores:

En relación con su solicitud por correo electrónico, les confirmamos hoy la reserva en la forma siguiente:

... habitaciones individuales y ... habitaciones dobles, todas con baño o ducha, desde el ... hasta el ...

Nuestros huéspedes llegarán el ..., algunos bastante tarde. La cuenta la pagarán los propios huéspedes. Les rogamos que coloquen las carteras adjuntas en las habitaciones.

Atentamente,

Anlagen
Mappen

Anexos
Carteras

Antwort des Hotels

Absage

Sehr geehrte Damen und Herren,

für Ihre Anfrage vom ... danken wir Ihnen sehr. Leider tagt zu diesem Zeitpunkt eine größere Gruppe in unserem Haus. Wir verfügen deshalb nicht mehr über genügend Zimmer und Konferenzräume, um Ihre Tagung bei uns durchführen zu können.

Wir können Ihnen jedoch ein Angebot für eine Woche später – vom ... bis ... – zum Preis von ... pro Person und Tag machen.

Ein Konferenzraum für maximal ... Personen ist in dieser Zeit ebenfalls frei. Preis pro Tag: ...

Es würde uns sehr freuen, Ihre Tagung in unserem Haus durchführen zu dürfen. Gern erwarten wir Ihre Stellungnahme.

Mit freundlichen Grüßen

Respuesta del hotel

Negativa

Estimados señores:

Les agradecemos mucho su carta del ... Lamentablemente, en la fecha indicada un grupo numeroso celebra una reunión en nuestra casa. Por este motivo no dispondremos de suficientes habitaciones y salas de conferencias para que celebren aquí su congreso.

No obstante, para una semana después, es decir desde el ... hasta el ..., les podemos ofrecer habitaciones al precio de ... por persona, por día.

Para ese tiempo también se encuentra libre una sala de conferencias con una capacidad máxima para ... personas. Precio por día: ...

Nos alegraría mucho poder celebrar su congreso en nuestra casa. Esperamos sus noticias al repecto.

Muy atentamente,

Positive Antwort

Sehr geehrte Damen und Herren,

für Ihre Anfrage vom ... danken wir Ihnen bestens. Gern stellen wir Ihnen für Ihre Reisegruppe vom ..., den ... bis ..., den ... ... Doppel- und ... Einzelzimmer zum Preis von ... netto pro Person und Tag zur Verfügung. Frühstück, ... % Bedienungsgeld, Mehrwertsteuer und Taxen sind inbegriffen. Auf je 20 zahlende Gäste ist eine Person frei.

Alle unsere Zimmer sind mit Bad und Dusche, Toilette, Telefon, Rundfunk- und Fernsehempfänger, Safe-Schublade sowie Kühlschrank ausgerüstet. Das Hallenschwimmbad kann kostenlos benützt werden.

Wir freuen uns sehr auf Ihre baldige Bestätigung und versichern Ihnen schon heute, dass wir Ihnen den Aufenthalt so angenehm wie möglich gestalten werden.

Mit freundlichen Grüßen

Respuesta positiva

Estimados señores:

Les agradecemos su carta del ... Con sumo gusto les ofrecemos para su grupo desde el ... hasta el ..., ... habitaciones dobles y ... individuales al precio neto de ... por persona, por día, incluyendo desayuno, ... % de servicio, IVA e impuestos. Por cada 20 personas que paguen, habrá una que recibirá los servicios gratuitamente.

Todas nuestras habitaciones tienen baño y ducha, servicios, teléfono, radio y televisor, caja de seguridad y refrigerador. La utilización de la piscina cubierta es gratuita.

Nos alegraría mucho su pronta confirmación y les aseguramos desde ahora que haremos todo lo posible para que pasen unos días agradables en nuestra casa.

Muy atentamente,

Bestätigung einer Konferenz

Sehr geehrte Damen und Herren,

gern bestätigen wir Ihnen heute unsere Unterredung vom ... (unser gestriges Telefongespräch) wie folgt:

Zimmerreservierung:
... Einzelzimmer
... Doppelzimmer, wie gewünscht, zum Preis von ... pro Person und Tag.

Wir berechnen für die Bewirtung pauschal einen Preis von ... pro Tag und Person.

Konferenzräume:
K III wie gewünscht Preis pro Tag: ...
K I wie gewünscht Preis pro Tag: ...

Beide Konferenzräume sind mit den nötigen technischen Geräten ausgerüstet.

Für eine Multivisionsanlage (Telefonanlage mit Konferenzschaltung, Kopfhörerkabine für Simultandolmetschen) müssten wir ... pro Tag in Rechnung stellen.

Wir haben zur Kenntnis genommen, dass die Gäste ihre im Zimmer geführten Telefonate und die Minibar-Bedienung selbst zahlen müssen.

Wir freuen uns auf Ihren Besuch und hoffen, dass Sie mit unserem Service zufrieden sein werden.

Bitte teilen Sie uns rechtzeitig (bis spätestens ...) die genaue Teilnehmerzahl der Konferenz mit.

Mit freundlichen Grüßen

Anlagen

Confirmación de una conferencia

Señores:

Nos complace confirmarles hoy nuestra conversación del ... (nuestra conversación telefónica de ayer) como sigue:

Reserva de habitaciones:
... habitaciones individuales
... habitaciones dobles, como deseaban, al precio de ... por persona y día.

Por la pensión calculamos un precio global de ... por día y persona.

Salones de conferencias:
K III, según sus deseos, precio por día: ...
K I, según sus deseos, precio por día: ...

Ambos salones están equipados con los aparatos técnicos necesarios.

Por un equipo multivisión (equipo telefónico con conexión múltiple, cabina de auriculares para interpretación simultánea) cobramos ... por día.

Hemos tomado nota de que los huéspedes deberán pagar ellos mismos las llamadas telefónicas efectuadas desde la habitación y el servicio minibar.

Esperamos con sumo agrado su visita y estamos seguros de que quedarán satisfechos con nuestro servicio.

Sírvanse comunicarnos a tiempo (a más tardar el ...) el número exacto de participantes a la conferencia.

Muy atentamente,

Anexos

Bankkorrespondenz
Correspondencia bancaria

Kontoeröffnung

Anfrage

Sehr geehrte Damen und Herren,

um unsere Geschäfte in Ihrem Land abwickeln zu können, haben wir die Absicht, bei Ihrer Bank ein Girokonto zu eröffnen. Aus diesem Grunde wären wir Ihnen sehr dankbar, wenn Sie uns Ihre Bedingungen hinsichtlich der Zahlung von Zinsen, Provisionen, die Kontoführungsgebühren usw. mitteilen würden.

Außerdem bitten wir Sie um Angabe der Formalitäten, die für eine solche Handlung erforderlich sind.

Wir hoffen, bald von Ihnen zu hören.

Mit freundlichen Grüßen

Apertura de cuenta

Solicitud

Señores:

Para poder llevar a cabo nuestras operaciones en su país, tenemos la intención de abrir una cuenta corriente en su Banco, por lo que apreciaríamos mucho nos informen sobre sus condiciones referentes al pago de intereses, comisiones, derechos de teneduría de libros, etc.

Asimismo les rogamos nos indiquen las formalidades a cumplir a tal efecto.

Esperando sus prontas noticias, les saludamos

muy atentamente,

Anfrage auf Durchführung von Inkassoaufträgen

Sehr geehrte Damen und Herren,

wir tätigen seit einiger Zeit laufend Geschäfte mit Firmen in Ihrem Land auf Akkreditivbasis, und Sie waren dabei mehrmals als Emissionsbank für uns tätig.

Wären Sie bereit, in Zukunft auch Inkassoaufträge für uns zu bearbeiten?

In der Anlage erhalten Sie einen Jahresbericht unseres Hauses, der Ihnen Aufschluss über den Umfang unserer Geschäfte geben wird.

Mit freundlichen Grüßen

Demanda de información respecto a la ejecución de órdenes de cobro

Señores:

Desde hace algún tiempo efectuamos continuamente negocios con empresas de su país sobre la base de crédito documentario, habiendo actuado ustedes repetidas veces como banco emisor.

¿Estarían ustedes dispuestos a tramitar para nosotros también órdenes de cobro en el futuro?

Como anexo reciben ustedes una memoria anual de nuestra casa, la cual les proporcionará información sobre el volumen de nuestros negocios.

Muy atentamente

Auftrag

Sehr geehrte Damen und Herren,

in Beantwortung Ihres Schreibens vom ... bitten wir Sie, ein Girokonto auf den Namen unserer Firma mit der Bezeichnung ... zu eröffnen.

Zur Eröffnung dieses Kontos übersenden wir Ihnen als Anfangssumme einen Scheck in Höhe von ...

Zeichnungsberechtigt für dieses Konto ist Herr/Frau ... allein oder sind die Herren/Damen ... und ... gemeinschaftlich. Wir bitten Sie, die Unterschriften dieser Herren/Damen, die wir am Schluss dieses Briefes angeben, zur Kenntnis zu nehmen.

Mit freundlichen Grüßen

Herr/Frau ... unterschreibt: ...
Herr/Frau ... unterschreibt: ...
Herr/Frau ... unterschreibt: ...

Anlage
1 Scheck

Orden

Señores:

En contestación a su carta del ... les rogamos abran una cuenta corriente a nombre de nuestra entidad bajo la denominación: ...

Como suma inicial para la apertura de esta cuenta, adjunto les remitimos un cheque por importe de ...

Sobre esta cuenta podrá girar el Sr./la Sra. ..., sólo, o los señores/las señoras ... y ..., mancomunadamente. Rogamos tomar nota de las firmas de estos señores/señoras, las cuales aparecen al pie de la presente.

Muy atentamente,

El Sr./la Sra. ... firmará: ...
El Sr./la Sra. ... firmará: ...
El Sr./la Sra. ... firmará: ...

Anexo:
1 cheque

Kontoschließung

Sehr geehrte Damen und Herren,

seit der Einführung des Euro in unseren Ländern halten wir es nicht mehr für erforderlich, das Konto, das wir bei Ihrem Geldinstitut hatten, weiterzuführen.

Bitte überweisen Sie den Saldo, den dieses Konto aufweist, zu unseren Gunsten an die Bank, Konto Nr. ..., Bankleitzahl: ....

Wir danken für Ihre Bemühungen.

Mit freundlichen Grüßen

Cierre de cuenta

Estimados señores:

Debido a que ya se ha introducido el euro en nuestro país, no consideramos necesario mantener la cuenta que teníamos en su banco.

Sírvanse transferir el saldo que arroja dicha cuenta a nuestro favor a la cuenta N° ... del banco ..., número de identidad bancaria (BLZ) ...

Les damos las gracias por la atención que le brinden a la presente y quedamos, atentamente,

Kreditanträge

Kontokorrentkredit

Sehr geehrte Damen und Herren,

die globale Tätigkeit unseres Unternehmens macht es für uns erforderlich, an mehreren Plätzen der Welt gleichzeitig präsent zu sein. Aus diesem Grunde möchten wir bei Ihrem Geldinstitut anfragen, ob Sie bereit wären, uns einen ständigen Kredit in Höhe von ... zu gewähren.

Wie Sie wissen, unterhalten wir bei Ihnen mehrere Konten in ... und ... Zusätzliche Referenzen erhalten Sie jederzeit von ...

Wir bitten um Mitteilung, in welcher Höhe und zu welchen Bedingungen Sie bereit wären, uns einen solchen Kontokorrentkredit zu gewähren.

Herr .../Frau ... steht Ihnen jederzeit unter der Tel./Fax- Nr. .../E-Mail-Adresse ... zur Verfügung, um weitere Auskünfte zu erteilen.

Mit freundlichen Grüßen

Sehr geehrte Damen und Herren,

um günstige Notierungen des Marktes ausnützen zu können, wären wir gelegentlich daran interessiert, größere Käufe zu tätigen, die wir zum gegebenen Zeitpunkt aus Mangel an Barmitteln nicht durchführen können.

Wir bitten Sie uns mitzuteilen, unter welchen Bedingungen Sie bereit wären, uns einen Kredit bis zur Höhe von ... im Rahmen unseres Girokontos zu gewähren.

Als Garantie bieten wir Ihnen die Wertpapiere an, die wir bei Ihrem Bankinstitut im Depot aufbewahren.

Wir erwarten gern Ihre Nachricht.

Mit freundlichen Grüßen

Solicitudes de crédito

Crédito en cuenta corriente

Señores:

Debido a la actividad global de nuestra empresa, es indispensable que estemos presentes en diferentes partes del mundo al mismo tiempo. Por tal motivo, quisiéramos saber si su banco estaría dispuesto a concedernos un crédito permanente de ...

Como ustedes saben, mantenemos en su banco varias cuentas en ... y ... Si necesitaran otras referencias, pueden dirigirse a ... cuando lo crean conveniente.

Sírvanse informarnos hasta qué monto y bajo qué condiciones estarían ustedes dispuestos a concedernos este crédito en cuenta corriente.

El señor/La señora ... está a su disposición para proporcionarles la información que requieran llamando al ...; también pueden enviar un fax al ... o un mensaje por un correo electrónico a ...

Atentamente,

Señores:

Para aprovechar cotizaciones favorables del mercado, nos interesaría en ocasiones efectuar compras de consideración, las cuales no podemos efectuar en el momento dado por falta de efectivo.

Les rogamos nos informen bajo qué condiciones estarían dispuestos a concedernos un crédito hasta la suma de ... dentro de nuestra cuenta corriente.

Como garantía ofrecemos los títulosvalores que mantenemos en custodia en su Institución.

Esperando con interés sus noticias,

les saludamos muy atentamente,

Kontoüberziehung

Sehr geehrte Damen und Herren,

durch die besonderen Eigenschaften unseres Geschäfts ist der Stand unseres Kontos großen Schwankungen unterworfen, wodurch sich gelegentlich Sollsalden ergeben.

Unter Berücksichtigung unserer guten Geschäftsbeziehungen erlauben wir uns Sie zu fragen, ob Sie bereit wären, uns einen Überziehungskredit zu gewähren. Sollte dies der Fall sein, bitten wir Sie um Mitteilung der Provision, die Sie für eine Überziehung des Kontos berechnen würden.

Wir erwarten gern Ihre baldige Nachricht.

Mit freundlichen Grüßen

Crédito de descubierto (sobregiro)

Señores:

Las características especiales de nuestro negocio hacen que el saldo de nuestra cuenta corriente esté sujeto a grandes fluctuaciones, produciéndose por ello en algunas ocasiones saldos deudores.

Teniendo en consideración nuestras agradables relaciones, nos permitimos preguntarles si estarían dispuestos a concedernos un crédito en concepto de sobregiro. En caso afirmativo, les rogamos indicarnos qué comisión calcularían por los descubiertos en cuenta.

En espera de su pronta contestación,

les saludamos muy atentamente,

Blankokredit

Sehr geehrte Damen und Herren,

da wir in Kürze große Mengen Lebensmittel aus Ihrem Land importieren möchten, wären wir Ihnen sehr dankbar, wenn Sie uns mitteilen könnten, ob Sie bereit wären, uns bis Ende des laufenden Jahres einen Blankokredit bis zu einem Höchstbetrag von ... zu gewähren.

Wie Sie sich erinnern werden, hat unser Unternehmen vor einigen Jahren bereits die Dienste Ihrer Bank für Importgeschäfte von ... in Anspruch genommen. Wenn Sie jedoch noch zusätzliche Referenzen benötigen, bitten wir Sie, sich mit der Handelskammer in ... in Verbindung zu setzen.

Wir hoffen, dass Sie unserer Bitte entsprechen und uns in diesem Falle Ihre Bedingungen mitteilen werden.

Mit freundlichen Grüßen

Crédito en blanco

Señores:

Teniendo la intención de importar próximamente grandes cantidades de productos alimentarios de su país, les agradeceríamos nos informen si estarían dispuestos a concedernos un crédito en blanco hasta un importe máximo de ... hasta finales del año en curso.

Como recordarán, hace algunos años nuestra empresa hizo uso de los servicios de su Institución en relación con operaciones de importación de ... No obstante, para más referencias, les rogamos ponerse en contacto con la Cámara de Comercio de ...

Esperando que ustedes correspondan a nuestros deseos, haciéndonos saber en caso afirmativo sus condiciones,

les saludamos muy atentamente,

Übersendung von Dokumenten

Eröffnung eines Dokumenten-akkreditivs

Sehr geehrte Damen und Herren,

der zwischen unserem Lieferanten, der Firma ..., und unserem Unternehmen geschlossene Kaufvertrag für die Lieferung von ... CIF ... im Werte von ... sieht die Zahlung gegen unwiderrufliches Dokumentenakkreditiv, zahlbar bei Sicht, vor.

Wir wären Ihnen sehr dankbar, wenn Sie zulasten unseres Kontos ein unwiderrufliches Akkreditiv zugunsten unseres Lieferanten für den Gegenwert in Landeswährung eröffnen würden. Es soll gegen Vorlage der folgenden Dokumente zahlbar gestellt werden:

– Handelsfaktura im Original mit drei Kopien,

– vollständiger Satz reiner Bordkonnossemente,

– Versicherungspolice oder -zertifikat, das die gewöhnlichen Transportrisiken abdeckt,

– Ursprungszeugnis.

Der Kredit ist gültig bis ... Teilverschiffungen sind nicht zugelassen.

Als avisierende Bank für das zu eröffnende Akkreditiv wird auf Wunsch unseres Lieferanten die ... Bank in ... fungieren.

Wir hoffen, dass Sie uns bald Ihre Antwort zukommen lassen.

Mit freundlichen Grüßen

Remesa de documentos

Apertura de crédito documentario

Señores:

El contrato de compraventa realizado entre nuestro suministrador, la casa ..., y nuestra empresa para el suministro de ... CIF ..., por valor de ..., estipula pago sobre la base de crédito documentario irrevocable, pagadero a la vista.

Apreciaríamos mucho por ello se sirvan abrir con cargo a nuestra cuenta un crédito irrevocable a favor de nuestro suministrador por el contravalor en moneda nacional, pagadero contra presentación de los siguientes documentos:

– factura comercial en original y tres copias,

– juego completo de conocimientos de embarque, limpio a bordo,

– póliza o certificado de seguro, cubriendo riesgos ordinarios de transporte,

– certificado de origen.

El crédito será válido hasta el ... No se permiten embarques parciales.

Como banco notificador de la apertura del crédito actuará, según deseos de nuestro suministrador, el Banco ... de ...

Esperando vernos favorecidos con su pronta respuesta,

les saludamos muy atentamente,

Vorlage von Dokumenten zum Inkasso

Sehr geehrte Damen und Herren,

im Zusammenhang mit einer Lieferung von ... mit dem Motorschiff ..., CIF ..., übersenden wir Ihnen anbei die folgenden Dokumente:

- Konnossement,
- Versicherungspolice,
- Rechnungsdoppel,
- Ursprungszeugnis,
- Ladeschein,
- Analysezertifikat.

Wir bitten Sie, die genannten Dokumente dem Empfänger ... gegen Barzahlung unserer Rechnung Nr. ... im Gesamtbetrag von ... zu übergeben.

Bitte schreiben Sie diesen Betrag unserem Konto bei Ihnen nach Abzug Ihrer Gebühren gut.

Wir danken Ihnen im Voraus für Ihre Unterstützung.

Mit freundlichen Grüßen

Anlagen

Remesa de documentos al cobro

Señores:

En relación con un suministro de ... con la motonave ..., CIF ..., les remitimos adjunto los siguientes documentos:

- conocimiento de embarque,
- póliza de seguros,
- duplicado de factura,
- certificado de origen,
- recibo de carga,
- certificado de análisis.

Les rogamos entregar los documentos citados al consignatario ... contra pago al contado de nuestra factura n° ... por un importe total de ...

Abonen, por favor, dicho importe en nuestra cuenta con ustedes, previa deducción de sus gastos.

Agradeciéndoles de antemano su atención,

les saludamos muy atentamente,

Anexos

Vorlage von Dokumenten gegen Akzept

Sehr geehrte Damen und Herren,

zur Begleichung unserer Handelsrechnung Nr. ... vom ... fügen wir einen 30-Tage-Sichtwechsel zulasten von ... über den Betrag von ... zum Akzept bei. Ebenso erhalten Sie anliegend den sich auf die erfolgte Lieferung beziehenden Frachtbrief.

Wir wären Ihnen dankbar, wenn Sie den Bezogenen den Frachtbrief und die Rechnung nach Akzeptierung unseres Wechsels mit 30 Tagen Sicht aushändigen und diesen bis zum Datum der Vorlage zum Inkasso im Portefeuille halten würden.

Bitte schreiben Sie zu gegebener Zeit den infrage stehenden Betrag unter Avis dem Konto gut, das wir bei Ihnen führen.

Wir danken Ihnen im Voraus für Ihre Mitarbeit.

Mit freundlichen Grüßen

Anlagen
1 Wechsel
1 Handelsrechnung
1 Frachtbrief

Remesa de documentos contra aceptación

Señores:

Para su aceptación adjunto les remitimos una letra de cambio a 30 días vista a cargo de ... por importe de ..., en cancelación de nuestra factura comercial n° ... del ... Acompañamos igualmente a la presente la carta de porte relativa al suministro efectuado.

Agradeceremos entreguen carta de porte y factura a los librados, previa aceptación a 30 d/v de nuestra letra, conservando la misma en cartera hasta la fecha de presentación para su cobro.

Rogamos abonar oportunamente el importe en cuestión en la cuenta que mantenemos con ustedes, bajo aviso.

Dándoles las gracias por anticipado por su cooperación,

les saludamos muy atentamente,

Anexos:
1 letra de cambio
1 factura comercial
1 carta de porte

Einziehung eines Wechsels

Sehr geehrte Damen und Herren,

wir wären Ihnen dankbar, wenn Sie unseren Wechsel zulasten von ... über ... aus dem Verkehr ziehen würden, den Ihre Bank mit Datum von ... diskontiert hat, da wir heute vom Bezogenen die Mittel zur Deckung dieses Wechsels erhalten haben.

Wir danken Ihnen für Ihre Bemühungen.

Mit freundlichen Grüßen

Retirada de letra

Señores:

Agradeceremos hagan el favor de retirar de la circulación nuestro giro a cargo de ... por ..., que con fecha ... nos descontó su Banco, dado que hemos recibido hoy mismo del girado los fondos para cubrir dicho efecto.

Expresándoles nuestro agradecimiento por su atención,

les saludamos muy atentamente,

Zahlungsauftrag

Sehr geehrte Damen und Herren,

wir wären Ihnen dankbar, wenn Sie Ihre Filiale in ... baldmöglichst anweisen würden, den Betrag von ... dem Konto Nr. ... ., das die Firma ... bei Ihnen unterhält, gutzuschreiben und im Rubrum anzugeben: „Zahlung der Rechnung Nr. ... vom ...".

Wir bitten Sie, uns mit dem genannten Betrag zuzüglich der Überweisungskosten zu belasten.

Wir hoffen auf eine baldige Ausführung dieses Auftrags.

Mit freundlichen Grüßen

Orden de pago

Señores:

Agradeceremos se sirvan dar instrucciones a la mayor brevedad posible a su sucursal de ... de abonar la cantidad de ... en la cuenta núm. ..., que allí mantiene la casa ..., indicando como concepto: "pago de la factura núm. ... del ...".

Les rogamos cargarnos en cuenta el citado importe más sus gastos de transferencia.

Esperando una pronta ejecución de esta orden,

les saludamos muy atentamente,

Kontoauszug

Bitte um Zusendung

Sehr geehrte Damen und Herren,

anlässlich einer bevorstehenden Revision unserer Bücher bitten wir Sie, uns so bald wie möglich einen Kontoauszug mit Gut- und Lastschriften für den Zeitraum vom 1. Januar bis 30. Juni zu übersenden.

Wir danken Ihnen im Voraus für Ihre Bemühungen.

Mit freundlichen Grüßen

Extracto de cuenta

Solicitud de envío

Señores:

Con motivo de una próxima revisión de nuestros libros, les rogamos nos remitan a la mayor brevedad un estado de cuenta con cargos y abonos para el período comprendido entre el 1 de enero y el 30 de junio.

Con gracias anticipadas por su atención

les saludamos muy atentamente,

Übereinstimmung mit Auszug

Sehr geehrte Damen und Herren,

wir danken Ihnen für die Zusendung Ihres Kontoauszugs zum 31. Dezember ..., der einen Saldo zu unseren Gunsten in Höhe von ... ausweist.

Nach Prüfung desselben stellten wir fest, dass er in Ordnung ist.

Mit freundlichen Grüßen

Conformidad con extracto

Señores:

Les agradecemos su extracto de cuenta, al cierre del 31 de diciembre de ..., que arroja un saldo a nuestro favor de ...

Una vez examinado el mismo, lo hemos encontrado de conformidad.

Atentamente,

Nichtübereinstimmung mit dem Kontoauszug

Sehr geehrte Damen und Herren,

in Ihrem Kontoauszug Nr. ... vom ... belasten Sie uns unter anderem mit dem Betrag von ...

Da wir in unseren Büchern keinen Zahlungsauftrag über diese Summe haben, bitten wir Sie, diese Lastschrift zu überprüfen. Falls die Eintragung unrichtig ist, bitten wir um entsprechende Stornierung.

Wir erwarten Ihre diesbezügliche Stellungnahme.

Mit freundlichen Grüßen

Desconformidad con extracto

Señores:

En su extracto de cuenta núm. ... del ..., ustedes nos cargan entre otras cantidades, la suma de ...

Dado que en nuestros libros no aparece una orden de pago por esa cuantía, les rogamos revisen dicho cargo y, de no proceder, cancelar el asiento.

En espera de sus comentarios al respecto,

les saludamos muy atentamente,

Geschäfte mit Schecks

Vorlage eines Schecks

Sehr geehrte Damen und Herren,

wir fügen einen Scheck, der auf die ... Bank ausgestellt ist, über den Betrag von ... bei und bitten Sie, den infrage stehenden Betrag unserem Girokonto Nr. ... gutzuschreiben.

Mit freundlichen Grüßen

Operaciones relativas a cheques

Presentación de cheque

Señores:

Adjuntamos un cheque sobre el Banco ..., por importe de ..., rogándoles abonar el importe en cuestión en nuestra cuenta corriente núm. ...

Muy atentamente,

Rücksendung eines Schecks

Sehr geehrte Damen und Herren,

zu unserem großen Erstaunen wurde uns der beiliegende Scheck Nr. ... über den Betrag von ... mit dem Vermerk „ohne Deckung" zurückgesandt.

Da wir überzeugt sind, dass es sich um einen Irrtum handelt, bitten wir Sie, die Angelegenheit zu prüfen und uns Ihre diesbezügliche Stellungnahme umgehend mitzuteilen.

Mit freundlichen Grüßen

Cheque devuelto

Señores:

Con gran sorpresa de nuestra parte, el cheque adjunto, núm. ..., por importe de ..., nos fue devuelto con la observación "sin cobertura".

Dado que estamos convencidos que se trata de un error, les rogamos examinen la cuestión, pasándonos sus comentarios al respecto a vuelta de correo.

Muy atentamente,

Annullierung eines Schecks

Sehr geehrte Damen und Herren,

da der Scheck Nr. ... vom ... zugunsten von ... offensichtlich auf dem Postweg verloren gegangen ist, bitten wir Sie um Sperrung der Zahlung.

Wir erwarten Ihre Bestätigung, bevor wir einen neuen Scheck ausstellen, damit er nicht doppelt ausgefertigt wird.

Mit freundlichen Grüßen

Cancelación de cheque

Señores:

Dado que, aparentemente, el cheque núm. ..., de fecha ..., a favor de ..., se extravió en el correo, rogamos bloquear su pago.

Quedamos en espera de su confirmación, antes de extender un nuevo cheque, evitando así una duplicidad.

Muy atentamente,

Verlust der Kreditkarte

Sehr geehrte Damen und Herren,

hiermit bestätige ich das Telefongespräch von heute mit Herrn ..., in welchem ich Sie über den Verlust meiner Kreditkarte Nr. ... in Kenntnis setzte und Sie bat, diese sofort zu annullieren.

Ich hoffe, dass Sie mir, wie versprochen, bald eine neue Karte zusenden.

Mit freundlichen Grüßen

Extravío de tarjeta de crédito

Señores:

Confirmo mi conversación telefónica de hoy con el Sr. ..., informándoles del extravío de mi tarjeta de crédito núm. ... y rogándoles su cancelación inmediata.

Confiando recibir, como me prometieron, una nueva tarjeta en breve, quedo de ustedes

muy atentamente,

Anschluss an elektronisches Bankensystem

Sehr geehrte Damen und Herren,

wir freuen uns Ihnen mitzuteilen, dass ab 1. Januar ... alle Kunden an unser elektronisches Bankensystem angeschlossen sind.

In der Anlage erhalten Sie unsere Broschüre, die Sie über alle wichtigen Einzelheiten informiert.

Ebenso erhalten Sie ein entsprechendes Anmeldeformular.

Conexión al sistema electrónico de un banco

Estimados señores:

Nos alegramos de poder comunicarles que a partir del 1 de enero de ... todos los clientes estarán conectados al sistema electrónico de nuestro banco.

Adjunto les enviamos un folleto con todos los pormenores esenciales.

También les hacemos llegar el formulario de inscripción correspondiente.

Falls Sie unserem E-Banking-System beitreten wollen, senden Sie uns dieses Formular bitte ausgefüllt zurück. Sie erhalten dann unsere TAN (Transaction number) sowie Ihre geheime PIN (personal identification number). Aus Sicherheitsgründen wird diese Ihnen getrennt zugesandt.

Wir stehen Ihnen jederzeit für weitere Auskünfte zur Verfügung.

Mit freundlichen Grüßen

En caso de que deseen afiliarse a nuestro Sistema de Banco Electrónico, sírvanse rellenar el formulario y remitírnoslo. Recibirán nuestro TAN (número de transacción) y su NIP secreto (número de identificación personal; personal identification number, PIN). Por razones de seguridad, este último le será enviado por correo aparte.

Estamos a su disposición para cualquier consulta que consideren pertinente.

Atentamente,

Anlage von Kapital

1 Sehr geehrte Damen und Herren,

die Entwicklung der Zinssätze in Ihrem Land scheint uns zurzeit recht günstig zu sein, um eine kurzfristige Kapitalanlage zu tätigen.

Da wir schon bei anderen Gelegenheiten mit Ihrer sachgerechten Beratung in Fragen der Kapitalanlage sehr zufrieden waren, wären wir Ihnen dankbar, wenn Sie uns mitteilen würden, wie wir zurzeit einen Betrag von ungefähr ... günstig anlegen könnten.

Wir erwarten mit Interesse Ihre Stellungnahme.

Mit freundlichen Grüßen

Inversión de capital

1 Señores:

La evolución de los tipos de interés en su país nos parece bastante propicia en la actualidad para efectuar una inversión de capital a corto plazo.

Dado que ya en otras ocasiones estuvimos muy satisfechos con su competente asesoramiento en materia de inversiones de capital, les agradeceríamos nos informen en qué forma podríamos colocar hoy en día ventajosamente una cantidad de aproximadamente ...

Esperando con interés sus comentarios,

les saludamos muy atentamente,

2 Sehr geehrte Damen und Herren,

die Öffnung des Geldmarktes innerhalb der EU und die Globalisierung der Weltmärkte machen es m. E. attraktiv, eine andere Kapitalanlage zu suchen als ein Festgeldkonto oder die Investition in Schuldverschreibungen.

In Ihrer Broschüre habe ich gelesen, dass Sie als Bankinstitut eine Möglichkeit des Portfolio-Sparens in Verbindung mit dem Kauf von Wertpapieren anbieten.

Ich wäre Ihnen dankbar, wenn Sie mich näher darüber informieren würden. Sie erreichen mich auch telefonisch unter der Nr. ... oder der Handy-Nr. ...

Mit freundlichen Grüßen

2 Señores:

La apertura del mercado monetario dentro de la Unión Europea y la globalización de los mercados mundiales hacen aconsejable buscar inversiones de capital alternativas a los depósitos a plazo o las inversiones en obligaciones de deuda/ bonos del Tesoro.

En su folleto he leído que su banco ofrece una posibilidad de ahorro en (portfolio junto con la venta de) títulos.

Les estaría muy agradecido si pudieran enviarme información más detallada al respecto. Pueden llamarme al teléfono ... o a mi móvil ...

Atentamente,

Börsengeschäfte

Ankauf von Effekten

Sehr geehrte Damen und Herren,

wir wären Ihnen dankbar, wenn Sie zulasten unseres Kontos an der Börse von ... folgende Effekten zur bestmöglichen Notierung („billigst") kaufen würden.

Aktien: ...

Staatsschuldpapiere: ...

Investmentfonds: ...

Obligationen: ...

Wir bitten Sie, diese Wertpapiere auf unsere Rechnung im Depot aufzubewahren.

Wir erwarten Ihre Mitteilung, dass der Auftrag ausgeführt worden ist.

Mit freundlichen Grüßen

Verkauf von Effekten

Sehr geehrte Damen und Herren,

wir bitten Sie, zum besten Kurs („bestens") folgende Aktien zu verkaufen, die Sie auf unseren Namen in Ihrem Depot haben:

...

Da der Markt für diese Effekten in den letzten Tagen zur Hausse tendiert, hoffen wir, dass Sie einen guten Preis bekommen können.

Bitte schreiben Sie den Verkaufserlös unserem Konto gut.

Wir erwarten Ihre Mitteilung, dass der Auftrag ausgeführt worden ist.

Mit freundlichen Grüßen

Operaciones bursátiles

Compra de valores

Señores:

Apreciaríamos enormemente que con cargo a nuestra cuenta compren a la mejor cotización posible, en la Bolsa de ..., los siguientes valores:

Acciones: ...

Títulos de Deuda Pública: ...

Fondos de inversión: ...

Obligaciones: ...

Les rogamos mantener en custodia estos títulos, por nuestra cuenta.

En espera de su aviso de ejecución,

les saludamos muy atentamente,

Venta de valores

Señores:

Rogamos se sirvan vender al mejor cambio las siguientes acciones que mantienen ustedes en custodia a nuestro nombre:

...

Dado que el mercado en estos títulos acusa una tendencia al alza en los últimos días, esperamos que puedan obtener un buen precio.

Sírvanse abonar el producto de la venta en nuestra cuenta.

En espera de su aviso de ejecución,

les saludamos muy atentamente,

Korrespondenz in Marketing und Werbung

Correspondencia relativa a marketing y publicidad

Anfrage auf Erstellung einer Marktstudie

Sehr geehrte Damen und Herren,

wir verdanken Ihre Adresse unseren Geschäftsfreunden ... aus ..., die letztes Jahr eine Marktstudie durch Sie erstellen ließen und mit dem Ergebnis sehr zufrieden waren.

Anbei erhalten Sie eine genaue Beschreibung unseres Hauses und der von uns hergestellten Produkte.

Wir haben vor, diese im Zuge des Zusammenwachsens der EU-Länder zu einem einheitlichen Markt verstärkt EU-weit zu vertreiben, und möchten Sie bitten uns mitzuteilen, ob Sie grundsätzlich bereit wären, eine komplette Marktstudie für uns zu erstellen. Wie sind Ihre Konditionen?

Bei Interesse würden wir einen Besuchstermin bei uns durch eine Fachperson Ihres Hauses begrüßen.

Wir freuen uns, bald von Ihnen zu hören.

Mit freundlichen Grüßen

Anlage

Solicitud de elaboración de un estudio de mercado

Señores:

Debemos su dirección a nuestros corresponsales ... de ..., los cuales les encargaron hacerles un estudio de mercado el año pasado y con cuyo resultado quedaron muy satisfechos.

Adjunto les remitimos una descripción detallada de nuestra casa así como de los productos que fabricamos.

En el curso de la integración de los países de la UE en un mercado único, tenemos la intención de vender éstos de manera creciente en el ámbito de la UE y, por ello, quisiéramos rogarles nos comuniquen si estarían dispuestos en principio a elaborar para nosotros un estudio completo de mercado. ¿Cuáles son sus condiciones?

En caso de estar ustedes interesados, mucho nos complacería fijar una fecha para que una persona competente de su casa nos visite.

Esperando tener pronto el placer de sus noticias,

les saludamos muy atentamente,

Anexo

Antwort auf Anfrage zur Erstellung einer Marktstudie

Sehr geehrte Damen und Herren,

vielen Dank für Ihre Anfrage vom ... Es hat uns sehr gefreut zu erfahren, dass wir von der Firma ... empfohlen worden sind.

Wir sind gern bereit, mit Ihnen näher ins Gespräch zu kommen, um die von Ihnen gewünschte Marktstudie zu erstellen.

Da dies jedoch umfangreiche Vorgespräche erfordert, schlagen wir vor, dass der Unterzeichner Sie im Laufe der nächsten Woche anruft, um einen Besuchstermin zu vereinbaren.

Sie könnten uns dann auch ausführlich mitteilen, welche Vertriebsvorstellungen Sie haben.

Wir werden uns nächste Woche telefonisch bei Ihnen melden.

Mit freundlichen Grüßen

Respuesta a solicitud de elaboración de un estudio de mercado

Señores:

Gracias por su demanda del ... Nos ha complacido sumamente enterarnos que hemos sido recomendados a ustedes por la firma ...

Con gusto estamos dispuestos a discutir con ustedes los pormenores referentes a la elaboración del estudio de mercado deseado por ustedes.

Dado que, sin embargo, ello requiere llevar a cabo amplias conversaciones previas, les proponemos que el firmante de la presente les llame por teléfono en el curso de la semana próxima a fin de concertar la fecha para una visita.

Ustedes nos podrían entonces comunicar asimismo cuáles son sus ideas en cuanto a las ventas.

La próxima semana nos pondremos en contacto telefónico con ustedes.

Muy atentamente,

Einschaltung einer Werbeagentur

Sehr geehrte Damen und Herren,

gemäß Ihrem Wunsch haben wir für das neue Vertretungsgebiet die Werbeagentur ... mit der Werbung für Ihre Produkte beauftragt.

Die Werbung soll alle Werbeträger, die sich an die Öffentlichkeit wenden, einschließen, also sowohl Rundfunk, Fernsehen, Presse als auch alle Werbemöglichkeiten des Internet.

Sobald wir nähere Einzelheiten von der Werbeagentur erhalten haben, werden wir diese unverzüglich an Sie weiterleiten.

Mit freundlichen Grüßen

Mediación de una agencia publicitaria

Señores:

Según sus deseos, hemos encargado a la agencia publicitaria ... la publicidad de sus productos para la nueva zona de representación.

La publicidad debe abarcar todos los medios de publicidad dirigidos al público, es decir, la radio, la televisión, la prensa escrita, así como todas las posibilidades de publicidad que ofrezca Internet.

Tan pronto recibamos pormenores de la agencia publicitaria, les pasaremos a ustedes los mismos sin demora.

Muy atentamente,

Werbung und Publicrelations

Bitte um Ausarbeitung einer Anzeigenkampagne

Sehr geehrte Damen und Herren,

zur Imagepflege unseres Unternehmens wollen wir zum Jahresende eine groß angelegte Anzeigenkampagne in der lokalen Presse starten.

Wir wären Ihnen sehr verbunden, wenn Sie uns ein detailliertes Angebot ausarbeiten könnten, das alle Aspekte einer solchen Kampagne bestmöglich berücksichtigt.

Sie haben freie Wahl bezüglich der Ideen. Wir verlassen uns hier auf Ihren werbefachlichen Rat. Der Kostenrahmen dürfte jedoch den Betrag von ... nicht übersteigen.

Wir freuen uns, bald Ihr Angebot zu erhalten.

Mit freundlichen Grüßen

Publicidad y Relaciones Públicas

Solicitud de preparación de una campaña de publicidad

Señores:

A fin de fomentar la imagen pública de nuestra empresa, queremos iniciar a finales de año una campaña publicitaria en gran escala con anuncios en la prensa local.

Les quedaríamos muy agradecidos si nos pudieran preparar una oferta detallada que tenga en cuenta lo mejor posible todos los aspectos de tal campaña.

Confiamos en su experiencia profesional en el ramo de la publicidad, por lo que pueden dar rienda suelta a sus ideas. No obstante, el margen de gastos no debería superar el importe de ...

Esperando recibir pronto su grata oferta,

les saludamos muy atentamente,

Übersendung von Werbematerial

Mitteilung der Werbeagentur

Sehr geehrte Damen und Herren,

in der Anlage erhalten Sie das von uns inzwischen fertig gestellte Verkaufsförderungsprogramm (die neue Werbebroschüre) für die Produkte ... Ihres Hauses.

Sollten Sie noch Fragen oder Änderungswünsche haben, bitten wir um umgehende Mitteilung.

Wir danken Ihnen für das in uns gesetzte Vertrauen und stehen Ihnen jederzeit gern wieder zur Verfügung.

Mit freundlichen Grüßen

Anlage

Envío de material publicitario

Comunicación de la agencia publicitaria

Señores:

Adjunto les remitimos el programa de fomento de ventas (el nuevo folleto publicitario) elaborado por nosotros para los productos ... de su casa.

En caso de que tengan aún alguna pregunta o deseen modificaciones, les rogamos nos lo comuniquen inmediatamente.

Les agradecemos la confianza que nos han dispensado y quedamos siempre con gusto a su entera disposición.

Muy atentamente,

Anexo

Werbung im Internet

Bitte um Ausarbeitung einer Homepage

Sehr geehrte Damen und Herren,

wir haben Ihre Anschrift aus dem Internet, wo Sie sich als Spezialisten für die Gestaltung von Firmen-Homepages darstellen.

Da wir uns in Zukunft für Absatz- und Werbezwecke dieses Mediums bedienen möchten, bitten wir um Ihre detaillierten Vorschläge.

In der Anlage erhalten Sie nähere Informationen über unser Unternehmen, unsere Produkte und unsere Hauptabsatzmärkte.

Bitte senden Sie Ihr Angebot an unsere Abteilung Werbung und Öffentlichkeitsarbeit.

Mit freundlichen Grüßen

Publicidad en Internet

Solicitud de producción de una página Web.

Estimados señores:

Hemos obtenido su dirección de Internet, donde se anuncian como especialistas para la confección de páginas Web y páginas principales de empresas.

Como estamos interesados en utilizar este medio tanto para nuestras ventas como también para la publicidad, quisiéramos que nos presentaran proyectos detallados concernientes a este asunto.

Adjunta les enviamos información más pormenorizada sobre nuestra empresa, nuestros productos y nuestros principales mercados de salida.

Sírvanse enviar su oferta a nuestro departamento de Publicidad y Relaciones Públicas.

Con atentos saludos,

Beantwortung einer Homepage-Anfrage

Sehr geehrte Damen und Herren,

in der Anlage erhalten Sie unseren allgemeinen Werbeprospekt über Homepages mit unserer neuesten Preisliste.

Unser(e) Spezialist(in) für Homepages, Herr (Frau) ... wird sich in den nächsten Tagen mit Ihrer Abteilung Werbe- und Öffentlichkeitsarbeit in Verbindung setzen, um einen Gesprächstermin zur Ausarbeitung eines detaillierten Vorschlags für Ihre Homepage zu vereinbaren.

Wir danken für Ihr Interesse.

Mit freundlichen Grüßen

Respuesta a una demanda de producción de una página Web

Señores:

Adjunto les enviamos nuestro prospecto general sobre páginas Web junto con nuestra lista de precios más reciente.

Nuestro/-a especialista de páginas Web, el señor/la señora ..., se pondrá en contacto con su departamento de Publicidad y Relaciones Públicas en los próximos días para concertar una cita destinada a elaborar con ustedes un proyecto detallado para su página Web.

Les damos las gracias por su interés y les saludamos, atentamente,

Anlage

Anexos

Empfehlungsbriefe, Einführungsbriefe, Bewerbungen

Cartas de recomendación, cartas de presentación, solicitudes de empleo

Ankündigung eines Besuchers

Sehr geehrte Damen und Herren,

wie ich Ihnen schon telefonisch mitteilte, wird mein Kollege (Freund), Herr ..., (meine Kollegin, Partnerin, Frau ...) vom ... bis ... in Ihrer Stadt sein.

Ich wäre Ihnen sehr dankbar, wenn er (sie) sich im Falle von Problemen oder Fragen an Sie wenden könnte, und habe mir erlaubt, ihm (ihr) Ihre Anschrift und Telefonnummer zu geben.

Ich danke im Voraus für Ihre freundliche Unterstützung.

Mit freundlichen Grüßen

Notificación de una visita

Señores:

Como les comuniqué telefónicamente, mi colega (amigo), el Sr. ... (mi colega, socia, la Sra. ...) estará en su ciudad del ... al ...

Les quedaría muy agradecido si en caso de tener problemas o preguntas, el Sr. ... (la Sra. ...) se pudiera dirigir a ustedes, a cuyo efecto me he permitido darle su dirección y número de teléfono.

Agradeciendo de antemano su atención,

les saluda muy atentamente,

Beantwortung eines Einführungsbriefes

Sehr geehrter Herr ...
(Sehr geehrte Frau ...),

vielen Dank für Ihr Schreiben vom ... Ihr(e) Kollege(in), Herr (Frau) ..., hat sich am ... an mich gewandt.

Es freut mich Ihnen mitzuteilen, dass ich Herrn (Frau) ... bei einer mir bekannten Firma als Praktikant(in) einführen konnte.

Herr (Frau) ... kann sich auch weiterhin stets an mich wenden.

Mit freundlichen Grüßen

Contestación a una carta de presentación

Muy estimado(a) Sr. (Sra.) ...:

Muchas gracias por su carta del ... Su colega, el Sr. (la Sra.) ..., se dirigió a mí el ...

Me complace comunicarle que me fue posible introducir al Sr. (a la Sra.) ... como meritorio(a) en una firma que conozco.

El. Sr. (la Sra.) ... puede dirigirse a mí, en todo momento, también en el futuro.

Muy atentamente,

Positive Referenz

Sehr geehrte Damen und Herren,

Herr ... (Frau ...), dessen (deren) Lebenslauf ich beifüge, hat mich gebeten, für Sie eine Referenz zu verfassen.

Herr ... (Frau ...) hat vom ... bis ... in meinem Unternehmen als ... gearbeitet. Während dieser Zeit konnte ich mich von seinen (ihren) hervorragenden Fähigkeiten überzeugen. Herr ... (Frau ...) war stets pünktlich, fleißig und zuverlässig, und ich habe keine Bedenken, ihn (sie) für eine entsprechende Position zu empfehlen.

Mit freundlichen Grüßen

Anl.

Referencia positiva

Señores:

El Sr. ... (La Sra. ...), del (de la) cual adjunto un currículum vitae (historial personal/profesional), me ha rogado proporcionar a ustedes referencias.

El Sr. ... (La Sra. ...) ha trabajado en mi empresa del ... al ..., habiendo podido por mi parte convencerme durante este tiempo de sus excelentes aptitudes. El Sr. ... (La Sra. ...) fue siempre persona puntual, diligente y de confianza, por lo que no veo ningún inconveniente en recomendarle (recomendarla) para un puesto similar.

Muy atentamente,

Anexo

Vage Referenz

Sehr geehrte Damen und Herren,

Sie baten mich mit Schreiben vom ... um Abgabe einer Referenz über Herrn ... (Frau ...).

Leider kann ich nur bestätigen, dass Herr ... (Frau ...) ca. ... Monate für uns tätig war. Diese Zeit war zu kurz, um mir einen wirklich gründlichen Eindruck von Herrn ... (Frau ...) zu vermitteln.

Ich bedaure, Ihnen die gewünschte Auskunft in diesem Fall nicht geben zu können.

Mit freundlichen Grüßen

Referencia vaga

Señores:

Con su escrito del ..., me rogaron proporcionarles referencia sobre el Sr. ... (la Sra. ...).

Desgraciadamente, sólo puedo confirmarles que el Sr. ... (la Sra. ...) estuvo a nuestros servicios cerca de ... meses, siendo este espacio de tiempo demasiado corto para hacerme una idea verdaderamente a fondo del Sr. ... (de la Sra. ...).

Sintiendo no poder darles en este caso la información deseada,

les saluda muy atentamente,

Bewerbungsschreiben

Sehr geehrte Damen und Herren,

Ihrer Anzeige vom ... in ... habe ich entnommen, dass Sie einen ... (eine ...) suchen.

In der Anlage füge ich einen Lebenslauf sowie Zeugnisse und Bescheinigungen meiner schulischen und beruflichen Laufbahn bei.

Wie Sie diesen Unterlagen entnehmen können, habe ich bereits eine mehrjährige Berufserfahrung auf dem Gebiet des ... (der ...).

Ich wäre Ihnen dankbar, wenn Sie mir Gelegenheit zu einem persönlichen Vorstellungsgespräch geben würden, und stehe jederzeit zu Ihrer Verfügung.

Mit freundlichen Grüßen

Anl.

Solicitud de empleo

Señores:

Por su anuncio en ... del ... me he enterado de que ustedes buscan un ... (una ...).

Adjunto les remito mi currículum vitae así como calificaciones y certificados, tanto escolares como profesionales.

Como podrán desprender de esta documentación, poseo una experiencia profesional de muchos años en el sector del ... (de la ...).

Les agradecería me dieran la oportunidad de concederme una entrevista personal, a cuyo efecto estoy en todo momento a su disposición.

Muy atentamente,

Anexo

Einladung zum Vorstellungsgespräch

Sehr geehrter Herr ...
(Sehr geehrte Frau ...),

vielen Dank für Ihre Bewerbung vom ...

Wir sind interessiert, Sie persönlich kennen zu lernen, und laden Sie ein, am ... um ... Uhr zu uns zu kommen.

Bitte melden Sie sich am genannten Tag bei Herrn ... (Frau ...) in der Abteilung ...

Sollte Ihnen der Termin nicht zusagen, bitten wir Sie, mit Herrn ... (Frau ...) einen anderen Termin zu vereinbaren.

Wir freuen uns auf Ihren Besuch.

Mit freundlichen Grüßen

Invitación a una entrevista

Estimado Sr. ...
(Estimada Sra. ...):

Mucho le agradecemos su oferta de servicios del ...

Estamos muy interesados en conocerle (conocerla) personalmente, por lo que le (la) invitamos a visitarnos el ... a las ... (horas).

Rogamos se presente el día indicado al Sr. ... (a la Sra. ...) en el Departamento (en la Sección) ...

En caso de que esta fecha no sea de su conveniencia, le (la) rogamos acordar otra con el Sr. ... (la Sra. ...).

Esperando tener el placer de su visita,

le (la) saludamos muy atentamente,

Einstellung

Sehr geehrter Herr ...
(Sehr geehrte Frau ...),

wir freuen uns Ihnen mitzuteilen, dass wir Ihnen die Stelle als ... ab ... anbieten.

In der Anlage erhalten Sie unseren Arbeitsvertrag in 2facher Ausfertigung. Bitte unterschreiben Sie diesen und schicken Sie ein Exemplar an uns zurück.

Sollten Sie noch Fragen haben, stehen wir Ihnen gern zur Verfügung.

Ihr 1. Arbeitstag ist der ... Wir wünschen Ihnen und uns eine gute Zusammenarbeit.

Mit freundlichen Grüßen

Anl.

Aceptación de servicios

Estimado Sr. ...
(Estimada Sra. ...):

Nos complace comunicarle que podemos ofrecerle el puesto de ... a partir del ...

Adjunto le remitimos nuestro contrato de colocación/de trabajo por duplicado, rogándole (rogándola) firmar ambos ejemplares y devolvernos uno de ellos.

En caso de que tenga alguna pregunta que hacer, estamos con mucho gusto a su disposición.

Su primer día de trabajo será el ... Deseándonos una agradable cooperación para ambas partes,

le (la) saludamos muy atentamente,

Anexo

Absage auf Bewerbung

Sehr geehrte Herr ...
(Sehr geehrte Frau ...),

zu unserem Bedauern müssen wir Ihnen mitteilen, dass wir Ihre Bewerbung leider nicht berücksichtigen konnten.

In der Anlage erhalten Sie Ihre Bewerbungsunterlagen zurück.

Wir danken für das von Ihnen gezeigte Interesse.

Mit freundlichen Grüßen

Anl.

Rehusamiento de oferta de servicios

Estimado Sr. ...
(Estimada Sra. ...):

Muy a pesar nuestro, tenemos que manifestarle que no nos fue posible atender su solicitud de servicios.

Adjunto le devolvemos la documentación que nos remitió al efecto.

Agradeciendo su interés,

le (la) saludamos muy atentamente,

Anexo

Kündigung

Sehr geehrter Herr ...
(Sehr geehrte Frau ...),

wir müssen Ihnen leider mitteilen, dass
wir den zwischen Ihnen und uns am ...
geschlossenen Arbeitsvertrag aus ...
Gründen nicht verlängern können.

Die gegenwärtige Lage auf dem Arbeits-
markt lässt uns im Augenblick keine
andere Wahl.

Ihre Anstellung endet mit dem ... nach
der gesetzlichen Kündigungsfrist von ...
Wochen (... Monaten).

Wir danken für Ihre geleistete Mitarbeit
und wünschen Ihnen für die Zukunft alles
Gute.

Mit freundlichen Grüßen

Rescisión de contrato/despido

Estimado Sr. ...
(Estimada Sra. ...):

Lamentamos tener que comunicarle que
por razones de ... no nos es posible pro-
longar/prorrogar el contrato de trabajo
que firmamos mutuamente el ...

La actual situación en el mercado de
trabajo no nos ofrece otra alternativa por
el momento.

De conformidad con el plazo legal de
rescisión/cese de ... semanas (... meses),
su empleo terminará el ...

Agradeciéndole la cooperación prestada
y deseándole mucha suerte en el futuro,

le (la) saludamos muy atentamente.

Korrespondenz im Transportwesen
Correspondencia relativa a los transportes

Luftfracht

Anfrage an Spediteur (Ausfuhr)

Sehr geehrte Damen und Herren,

gemäß Kaufvertrag vom ... sollen wir am ... eine Sendung ... nach ... per Luftfracht versenden.

Wir bitten Sie, uns für den entsprechenden Lufttransport ein Angebot zu machen und gleichzeitig für die Zollabfertigung in unserem Land Sorge zu tragen.

Wir erwarten bis zum ... Ihr Angebot für den Lufttransport sowie für die deutsche und ausländische Zollabfertigung.

Mit freundlichen Grüßen

Flete aéreo

Solicitud al transportista (exportación)

Señores:

Según contrato de compraventa del ... debemos enviar el ... una expedición de ... a ... por flete aéreo.

Les rogamos nos hagan una oferta para el correspondiente transporte aéreo y se encarguen al mismo tiempo del despacho aduanero en nuestro país.

Esperamos hasta el ... su oferta para el transporte aéreo así como para el despacho aduanero alemán y extranjero.

Muy atentamente,

Anfrage an Spediteur (Inland)

Sehr geehrte Damen und Herren,

wir werden in Zukunft eilige Luftfrachtsendungen von Pharmazeutika haben, die innerhalb von 12–24 Stunden ihren Empfänger erreichen müssen.

Sind Sie in der Lage, die nötigen Vorkehrungen zu treffen, damit eine schnelle Beförderung per Kurier gewährleistet ist?

Wir würden Sie jeweils per Fax, E-Mail oder telefonisch so früh wie möglich vorab informieren.

Gern erwarten wir Ihre Antwort mit einem entsprechenden Angebot.

Mit freundlichen Grüßen

Solicitud al transportista (interior)

Señores:

En el futuro, tendremos que efectuar remesas urgentes de productos farmacéuticos por flete aéreo, los cuales deberán llegar al destinatario dentro de 12 a 24 horas.

¿Están ustedes en condiciones de tomar las medidas pertinentes para garantizar un transporte rápido por mensajero?

Les informaríamos, en cada caso específico, por anticipado, lo más pronto posible, por fax, correo electrónico/E-Mail o por teléfono.

Esperando con agrado su respuesta con la correspondiente oferta, les saludamos muy atentamente.

Auftrag an Spediteur (Einfuhr)

Sehr geehrte Damen und Herren,

wir erwarten am ... mit Luftfrachtbrief Nr. ... die Ankunft einer Sendung von ... aus ... Die Flug-Nr. ist ... der ... Luftfahrtgesellschaft.

Da dies eine Wareneinfuhr aus Drittländern darstellt, überreichen wir Ihnen in der Anlage die Kopie der Einfuhrgenehmigung gemäß § 30 Abs. 1 der Außenwirtschaftsverordnung.

Der Wert der Sendung beträgt ... Die Originalrechnungen liegen der Sendung bei.

Bitte erledigen Sie für uns alle Zollformalitäten und veranlassen Sie den sofortigen Weitertransport an unsere Anschrift.

Mit freundlichen Grüßen

Anlage

Orden al transportista (importación)

Señores:

Esperamos el ..., con carta de porte aéreo núm. ... la llegada de un envío de ... procedente de ... El número de vuelo es el ... de la compañía aérea ...

Dado que se trata de una importación procedente de terceros países, les remitimos adjunto copia de la licencia de importación, según § 30 apartado 1 de la AWV (orden ministerial alemana de comercio exterior).

El valor de la expedición se eleva a ... Las facturas originales van incluidas en el envío.

Les rogamos cumplimentar para nosotros todas las formalidades aduaneras y dar instrucciones para efectuar una reexpedición inmediata a nuestra dirección.

Muy atentamente,

Anexo

Antwort des Spediteurs

Sehr geehrte Damen und Herren,

wir danken für Ihre Anfrage vom ... und sind gern bereit, alle Zollformalitäten für die Luftfrachtsendung Nr. ... zu übernehmen.

Sobald dies geschehen ist, werden wir Sie per Fax oder E-Mail benachrichtigen und den genauen Lieferzeitpunkt mitteilen.

Mit freundlichen Grüßen

Respuesta del transportista

Señores:

Les agradecemos su demanda del ... y, con sumo gusto, estamos dispuestos a hacernos cargo de todas las formalidades aduaneras para la expedición por vía aérea núm. ...

A su debido tiempo les avisaremos por fax o correo electrónico/E-Mail, indicándoles la fecha exacta de la entrega.

Muy atentamente,

Seefracht und Binnen-schifffahrtsfracht

Anfrage an Reederei

Sehr geehrte Damen und Herren,

wir sind im Begriff, eine Sendung von ca. 10 Tonnen gebrauchter Maschinenteile nach Beirut zu verschiffen. Die Ware wird in insgesamt 15 Kisten mit den Abmessungen ... und ... und einem Bruttogewicht von je ... kg verpackt.

Bitte teilen Sie uns mit, zu welchen Sätzen (von FOB bis CFR) Sie eine solche Verschiffung durchführen können.

Ferner bitten wir Sie, uns die Abfahrtszeiten Ihrer Schiffe, die den Hafen Beirut in den nächsten 6 Monaten anlaufen, mitzuteilen.

Unser Schiffsagent, die Fa. ..., ist mit der Wahrung unserer Interessen beauftragt worden und wird sich um die Beibringung der erforderlichen Papiere kümmern.

Wir erwarten umgehend Ihr Angebot.

Mit freundlichen Grüßen

Anfrage an Reederei auf Übernahme einer Voyage-Charter

Sehr geehrte Damen und Herren,

da wir regelmäßig größere Mengen von Waren nach Lateinamerika verschiffen, fragen wir an, ob Sie ggf. daran interessiert sind, uns für die Dauer von jeweils 6 Monaten eine günstige Voyage-Charter zu besorgen.

Das Schiff müsste zwischen Rotterdam und einem mittelamerikanischen Hafen verkehren.

Bitte teilen Sie uns mit, zu welchen Bedingungen und Preisen und wann Sie eine solche Voyage-Charter übernehmen würden.

Wir sind an einer baldigen Antwort interessiert.

Mit freundlichen Grüßen

Flete marítimo y flete de navegación fluvial

Solicitud a la compañía naviera

Señores:

Estamos a punto de embarcar una expedición de cerca de 10 toneladas de piezas usadas de maquinaria con destino a Beirut. Las mercancías serán embarcadas en un total de 15 cajas de las dimensiones ... y ... con un peso bruto cada una de ... kgs.

Les rogamos informarnos a qué tarifas (desde FOB a CFR) pueden ustedes efectuar tal embarque.

Además, les rogamos nos comuniquen los horarios de salida de sus buques que hagan escala en el puerto de Beirut en los próximos 6 meses.

Nuestro agente naviero, la firma ..., se encargará de salvaguardar nuestros intereses y de presentar la documentación pertinente.

Esperando su oferta a vuelta de correo,

les saludamos muy atentamente,

Solicitud a la compañía naviera en relación con un flete transatlántico

Estimados señores:

Dado que embarcamos regularmente grandes cantidades de mercancías a Latinoamérica, quisiéramos preguntarles si, en caso dado, estarían ustedes interesados en procurarnos un flete transatlántico con buenas condiciones para un periodo de 6 meses cada vez.

El barco debería navegar entre Rotterdam y un puerto centroamericano.

Les rogamos nos comuniquen a qué condiciones y precios, y cuándo, se harían cargo de tal flete transatlántico.

Estamos muy interesados en recibir una pronta respuesta.

Muy atentamente,

Antwort der Reederei

Sehr geehrte Damen und Herren,

wir danken für Ihre Anfrage vom ... und fügen unsere Seefrachttabelle sowie die Schiffabfahrtslisten für das nächste Jahr bei.

Bei der vorgesehenen Sendung lohnt sich die Verschiffung in einem 10 ft-Container.

Wir fügen einen Fragebogen unserer Reederei mit der Bitte bei, diesen ausgefüllt an uns zurückzusenden. Wir können dann eine genaue Berechnung der Seefracht vornehmen.

Da wir ständig sowohl eigene als auch gecharterte Schiffe nach Beirut einsetzen, wird es kein Problem sein, innerhalb von 4 Wochen eine geeignete Seetransportmöglichkeit für Ihre Ware nach Beirut zu finden.

Mit freundlichen Grüßen

Respuesta de la compañía naviera

Señores:

Les agradecemos su demanda del ... y adjuntamos a la presente nuestra tabla de fletes marítimos así como las listas de las líneas navieras del próximo año.

Para la expedición prevista merece la pena realizar el embarque en un contenedor de 10 pies.

Adjuntamos un cuestionario de nuestra compañía naviera, el cual les rogamos devolvernos una vez rellenado, para poder efectuar entonces un cálculo exacto del flete marítimo.

Dado que hacemos permanentemente la travesía a Beirut, tanto con buques propios como fletados, no presentará problema alguno encontrar en un período de 4 semanas una posibilidad adecuada de transporte marítimo para su mercancía a Beirut.

Les saludamos muy atentamente,

Auftragserteilung an Binnenschifffahrtsunternehmen

Sehr geehrte Damen und Herren,

wir beauftragen Sie hiermit, die Partie, die per Tanker ... im Binnenhafen von ... eingetroffen ist und dort zwischenlagert, nach ... weiterzutransportieren.

Wie Sie uns telefonisch mitteilten, können Sie ein Tankschiff von ca. 1000 BRT für diesen Transport zur Verfügung stellen und uns die Ankunft der Ware in ... zusagen.

Der Charterpreis von ..., den Sie uns per Fax am ... durchgegeben haben, entspricht unseren Vorstellungen und wird hiermit bestätigt.

Bitte teilen Sie uns rechtzeitig mit, wann mit der Ankunft der Sendung genau gerechnet werden kann.

Mit freundlichen Grüßen

Otorgamiento de pedido a compañía de navegación fluvial

Señores:

Con la presente les encomendamos efectuar el retransporte a ... de la partida que llegó con el buque cisterna ... al puerto fluvial de ... y se encuentra allí depositada provisionalmente.

Como ustedes nos comunicaron telefónicamente, pueden poner a disposición un buque de aprox. 1000 TRB para este transporte y garantizarnos el arribo de la mercancía en ...

El precio de fletamiento de ..., que nos indicaron por fax el ..., corresponde a nuestros cálculos, por lo que les damos con la presente nuestra conformidad.

Les rogamos nos comuniquen a tiempo cuándo se puede contar exactamente con la llegada de la expedición.

Muy atentamente,

Straßentransport und Bahnfracht

Anfrage an Spediteur

Sehr geehrte Damen und Herren,

die Erweiterung unseres Transportnetzes in der Europäischen Union hat es mit sich gebracht, dass wir einen versierten Spediteur benötigen, der unsere Waren sorgfältig behandelt und per Lkw (per Bahn) pünktlich in alle Teile der EU transportiert.

Hierzu gehört selbstverständlich die Beschaffung bzw. Zusammenstellung der noch erforderlichen Dokumente, soweit sie nicht vom Absender mitgeliefert werden.

Bitte teilen Sie uns mit, für welche Gebiete Sie einen entsprechenden Dienst anbieten und zu welchen Konditionen Sie bereit sind, für uns regelmäßig Straßen-(Bahn-)Transporte durchzuführen.

Eine spätere Erweiterung auf Transporte in weitere europäische Länder, mit denen Interimsabkommen bestehen, ist möglich.

Wir fügen in der Anlage einen Prospekt bei, der Ihnen einen Überblick über die Produktpalette unseres Unternehmens gibt.

Alle weiteren Einzelheiten könnten in einem persönlichen Gespräch erörtert werden.

Wir hören gern wieder von Ihnen.

Mit freundlichen Grüßen

Anlage

Transporte por carretera y ferrocarril

Solicitud al transportista

Señores:

La ampliación de nuestra red de transportes en la Unión Europea ha tenido como consecuencia la necesidad de recurrir a los servicios de un transportista versado que trate nuestros géneros cuidadosamente y los transporte puntualmente por carretera (ferrocarril) a todas las partes de la UE.

Ello implica, por supuesto, la aportación y compilación de toda la documentación aún necesaria, siempre y cuando ésta no haya sido entregada por el consignador.

Les rogamos nos comuniquen para qué regiones ofrecen ustedes un servicio pertinente y en qué condiciones estarían dispuestos a efectuar para nosotros transportes regulares por carretera (ferrocarril).

Consideramos la posibilidad de ampliar posteriormente estos transportes a otros países europeos con los que existan acuerdos interinos.

Incluimos a la presente un prospecto que les permitirá hacerse una idea general de la gama de los productos de nuestra empresa.

Todos los demás detalles podrían ser discutidos en una conversación personal.

Esperando con agrado sus noticias,

les saludamos muy atentamente,

Anexo

Angebot des Spediteurs

Sehr geehrter Herr ...
(Sehr geehrte Frau ...),

wir danken für Ihre Anfrage vom ..., mit der Sie uns fragen, ob wir für Sie Lkw-(Bahn-)Transporte in die EU und ggf. in weitere europäische Länder durchführen können.

Seit der Erweiterung der EU haben wir in allen größeren Städten des Binnenmarktes Agenturen oder Kontaktstellen eingerichtet, so dass wir im gesamten EU-Raum sofort erreichbar sind.

Unsere Lkw-Transporte (Bahntransporte) werden von uns persönlich überwacht, die Lieferung wird von Haus-zu-Haus (von Bahnanschlussgleis zu Bahnanschlussgleis) durchgeführt. Wir kümmern uns in Ihrem Auftrag um alle Formalitäten.

Wir fügen einen Prospekt unseres Hauses bei, aus dem Sie a) die Leistungen unserer Spedition und b) die zz. gültigen Tarife für Frachtsendungen per Lkw (per Bahn) ersehen können.

Für ein detailliertes Gespräch zur Klärung aller weiteren Fragen, die insbesondere mit dem Transport Ihrer Produkte zu tun haben (wie z. B. die Handhabung der Güter, Verpackung, Umladung usw.), stehen wir jederzeit gern zur Verfügung.

Wir werden Sie in den nächsten Tagen anrufen, um einen Termin zu vereinbaren. Da wir uns auf dieses Gespräch gut vorbereiten wollen, bitten wir Sie, uns den beiliegenden Fragebogen ausgefüllt zurückzuschicken.

Mit freundlichen Grüßen

Anlage

Oferta del transportista

Estimado Sr. ...
(Estimada Sra. ...):

Agradecemos su demanda del ... con la que nos pregunta si podemos efectuar para usted transportes por camión (ferrocarril) a la UE y, en caso dado, a otros países europeos.

Desde la ampliación de la UE hemos establecido agencias u oficinas de contacto en todas las grandes ciudades del Mercado Único, por lo que se nos puede contactar inmediatamente en todo el ámbito de la UE.

Vigilamos personalmente nuestros transportes por carretera (ferrocarril) y efectuamos el suministro de puerta a puerta (de estación de empalme a estación de empalme), encargándonos por su cuenta de todas las formalidades.

Adjuntamos un prospecto de nuestra casa, del cual desprenderán a) las prestaciones de nuestra agencia de transportes y b) las tarifas actualmente en vigor para expediciones por carretera (ferrocarril).

Estamos, en todo momento, con gusto a su disposición para aclarar en una conversación detallada todas las demás cuestiones relacionadas especialmente con el transporte de sus productos (como, por ejemplo, el manejo de los géneros, embalaje, trasbordo, etc.).

En los próximos días les llamaremos por teléfono para ponernos de acuerdo en cuanto a una fecha de visita. Dado que quisiéramos preparanos bien para esta conversación, les rogamos devolvernos, una vez cumplimentado, el fomulario adjunto.

Muy atentamente,

Anexo

Auftrag an Lkw-Spediteur

Sehr geehrte Damen und Herren,

wir beziehen uns auf Ihr fernmündliches Angebot vom ... und übertragen Ihnen hiermit die Durchführung des Transportes von ... bis ... für ...

Wie Sie uns zusicherten, werden Sie uns einen Sattelauflieger von ... m Ladefläche zur Verfügung stellen.

Sie übernehmen neben dem Transport die Abwicklung sämtlicher Formalitäten, soweit diese in der EU noch erforderlich sind.

Nach Durchführung des Transports bitten wir um Übersendung der Rechnung in 4facher Ausfertigung an obige Anschrift.

Mit freundlichen Grüßen

Orden al agente de transportes por carretera

Señores:

Refiriéndonos a su oferta telefónica del ... les encomendamos con la presente realizar el transporte de ... a ... de ...

Como nos aseguraron, ustedes pondrán a nuestra disposición un semi-remolque de ... metros de longitud de carga.

Aparte del transporte, ustedes se hacen cargo de la tramitación de todas aquellas formalidades que sean aún necesarias en el ámbito de la UE.

Una vez realizado el transporte, les rogamos enviarnos la factura en 4 ejemplares a la dirección arriba indicada.

Muy atentamente,

Auftrag an Bahn-Spediteur

Sehr geehrte Damen und Herren,

hiermit möchten wir Sie bitten, für uns eine Schüttgutladung per Containerwaggon von ... nach ... zu übernehmen.

Wir bitten Sie, die Ladung am ... ab ... Uhr in unserem Werk, Tor 3, zu übernehmen. Unser Lagerleiter, Herr ..., ist bereits unterrichtet.

Der Container wird am Bestimmungsbahnhof ... von unserem Kunden, der Firma ..., übernommen. Sie sorgt auch für die Umladung der Ware und die Rückgabe des geleerten und gesäuberten Containers an den Containerbahnhof ...

Bitte teilen Sie uns per Fax mit, wann Sie diesen Transport genau durchführen, damit wir unserem Kunden den genauen Ankunftstermin durchgeben können.

Die Rechnung erbitten wir an unsere Anschrift.

Mit freundlichen Grüßen

Orden al agente de transportes ferroviarios

Señores:

Por la presente quisiéramos rogarles hacerse cargo en nuestro nombre de una carga a granel por vagón-contenedor de ... a ...

Les rogamos que recojan la carga el ... a partir de las ... horas en nuestra fábrica, entrada 3. El encargado del almacén, Sr. ..., está al corriente de ello.

Nuestro cliente, la firma ..., se hará cargo del contenedor en la estación de destino ..., cuidándose igualmente del trasbordo de la mercancía y devolución del contenedor, vacío y limpio, a la estación de contenedores ...

Sírvanse informarnos por fax cuándo efectuarán este transporte a fin de que podamos comunicar a nuestro cliente la fecha exacta de la llegada.

Rogándoles enviar la factura a nuestra dirección,

les saludamos muy atentamente,

Austauschsätze
Frases intercambiables

Die Anfrage
La demanda

Allgemeine Nachfrage

1 Bitte senden Sie uns ein Angebot Ihrer Erzeugnisse.
2 Wir sind regelmäßige Abnehmer von ... und würden gerne wissen, welches Angebot Sie uns unterbreiten können.
3 Wir sind hier in ... der größte Verteiler von ... und würden gern mit Ihrer Firma in Geschäftsverbindung treten.
4 Bitte lassen Sie uns wissen, welche Produkte Sie uns hier in ... anbieten können.
5 Zurzeit disponieren wir unser kommendes Wintersortiment und benötigen daher schon jetzt Ihr Angebot.
6 Bitte teilen Sie uns mit, ob Sie Ihre Produkte nach ... exportieren.
7 Wir haben soeben eine Einfuhrlizenz für ... erhalten. Bitte unterbreiten Sie uns Ihr günstigstes Angebot.
8 Bitte lassen Sie uns wissen, welche Produkte Sie herstellen.
9 Teilen Sie uns bitte mit, ob Sie in der Lage sind, uns ... zu liefern.
10 Eine Ihrer Konkurrenzfirmen hat uns ein ausführliches Angebot zugehen lassen.
11 Wir sind daran interessiert, unsere lange und gute Geschäftsverbindung mit Ihnen aufrechtzuerhalten, und sehen Ihrem Angebot entgegen.

Demanda general

1 Envíennos, por favor, una oferta de todos sus productos.
2 Somos compradores habituales de ... y quisiéramos conocer la oferta que nos pudieran hacer.
3 Somos aquí en ... el distribuidor más importante de ... y quisiéramos entablar relaciones comerciales con su firma.
4 Por favor, infórmennos qué productos nos podrían ofrecer aquí en ...
5 Actualmente estamos ordenando nuestro próximo surtido de invierno y, por tanto, necesitamos ya su oferta.
6 Por favor, infórmennos si exportan sus productos a ...
7 Acabamos de recibir una licencia de importación para ... Por favor, hágannos llegar su mejor oferta.
8 Por favor, infórmennos qué productos fabrican.
9 Infórmennos, por favor, si se encuentran en condiciones de suministrarnos ...
10 Una firma de competencia con ustedes nos ha enviado una detallada oferta.
11 Tenemos interés en conservar nuestra larga y buena relación comercial que nos une, y esperamos su oferta.

Prospektanforderung

1 Wir sind sehr an Ihren Produkten interessiert. Bitte lassen Sie uns umgehend Ihr Prospektmaterial zugehen.
2 Können Sie uns einen Prospekt zusenden?
3 Senden Sie uns bitte ... Prospekte. Wir benötigen sie für mehrere Abteilungen unserer Firma.
4 Ihr Informationsmaterial erreichte uns in beschädigtem Zustand. Bitte lassen Sie uns neue Prospekte zukommen.

Solicitud de folletos

1 Estamos sumamente interesados en sus productos. Por favor, envíennos cuanto antes sus folletos.
2 ¿Nos pueden enviar un folleto?
3 Les rogamos nos envíen ... folletos. Los necesitamos para varios departamentos de nuestra firma.
4 El material informativo que nos enviaron llegó dañado. Por favor, envíennos nuevos folletos.

5 Können Sie uns einen Prospekt in . . .
(Sprache) senden?
6 Ihre Prospekte sollten alle wichtigen
Einzelheiten und die Konditionen
enthalten.

5 ¿Nos pueden enviar un prospecto en . . .
(idioma)?
6 Sus prospectos deberán contener todos
los detalles importantes y las condiciones.

Preis- und Preislistenanforderung

1 Bitte senden Sie uns eine ausführliche
Preisliste.
2 Teilen Sie uns bitte Ihren Preis mit.
3 Bitte faxen Sie uns Ihren äußersten Preis.
4 Geben Sie uns bitte Ihren niedrigsten
Preis an.
5 Bitte berechnen Sie Ihren Preis auf der
Basis einer Mindestabnahme von jährlich . . .
6 Bitte geben Sie Ihre Preise in . . .
(Währung) an.
7 Bitte berechnen Sie Ihre Preise CIF . . .
8 Bitte kalkulieren Sie Ihren äußersten Preis,
da es hier in . . . eine starke Konkurrenz
gibt.
9 Geben Sie uns bitte Ihre Preise netto
(brutto, FOB, CIF) an.
10 Berücksichtigen Sie bitte bei Ihren
Preisen den hohen Zoll, den wir zu
entrichten haben.
11 Bitte teilen Sie uns mit, wie lange Ihre
Preise gültig sind.

Solicitud de precios y de listas de precios

1 Por favor, envíennos una lista de precios
detallada.
2 Les rogamos nos informen sobre su
precio.
3 Les rogamos nos manden por fax su
último precio.
4 Les rogamos nos den su precio más bajo.
5 Les rogamos calculen su precio sobre la
base de una adquisición anual mínima de
. . .
6 Les rogamos nos den sus precios en . . .
(moneda).
7 Les rogamos facturen sus precios CIF . . .
8 Les rogamos calculen su último
precio, ya que aquí en . . . existe una
fuerte competencia.
9 Les rogamos nos den sus precios netos
(brutos, FOB, CIF).
10 Les rogamos que, en sus precios, tengan
en consideración los altos derechos de
aduana que tenemos que pagar.
11 Les rogamos nos informen sobre el
tiempo de validez de sus precios.

Anforderung von Qualitäts- und Garantieangaben

1 Bitte geben Sie uns genaue Qualitätsangaben Ihrer Produkte.
2 Teilen Sie uns bitte mit, ob Sie noch immer die gleiche Qualität auf Lager haben.
3 Für uns kommen nur Waren bester Qualität infrage.
4 Teilen Sie uns bitte mit, ob Sie langfristig
in der Lage sind, die gleiche Qualität zu
liefern.
5 Bitte lassen Sie uns wissen, ob Ihre Erzeugnisse Qualitätsschwankungen unterliegen.
6 Unsere Kunden legen größten Wert auf
erstklassige Qualität.
7 Für uns ist die Qualität wichtiger als der
Preis.
8 Teilen Sie uns bitte mit, ob Sie Garantie
auf Ihre Produkte geben.

Solicitud de información de calidad y de garantía

1 Les rogamos nos den información detallada sobre la calidad de sus productos.
2 Les rogamos nos informen si todavía
tienen la misma calidad en existencia.
3 Nosotros solamente consideramos
mercancías de la mejor calidad.
4 Les rogamos nos informen si se encuentran en condiciones de suministrarnos la
misma calidad a largo plazo.
5 Les rogamos nos informen si sus productos se encuentran sujetos a variaciones
en la calidad.
6 Nuestros clientes sólo consideran la calidad de primera.
7 Para nosotros, la calidad es más importante que el precio.
8 Les rogamos nos informen si ofrecen
garantía de sus productos.

9 Lassen Sie uns bitte wissen, ob Sie Ihre Garantieleistungen erhöhen können.
10 Ihre Produkte finden auf dem EU-Binnenmarkt nur Absatz, wenn Sie entsprechende Garantieleistungen geben.
11 Wir führen nur Waren von erstklassiger Qualität und mit langfristigen Garantiezusagen.

Anforderung von Mengen- und Größenangaben

1 Teilen Sie uns bitte mit, welche Mengen Sie auf Lager haben.
2 Von diesem Artikel setzen wir große Mengen ab. Können Sie unseren Bedarf in Höhe von ... monatlich decken?
3 Nennen Sie uns bitte die Mindestabnahmemenge pro Order.
4 Welche Mengen des besorgten Artikels können Sie uns ständig kurzfristig liefern?
5 Wir benötigen in nächster Zeit eine große Menge von ... Können Sie liefern?
6 Machen Sie uns bitte genaue Angaben über Abmessungen und Gewicht der Artikel.
7 Lassen Sie uns bitte wissen, ob Sie in der Lage sind, Ihre Maße und Gewichte zu ändern.

Musteranforderung

1 Führen Sie Muster Ihrer Artikel?
2 Senden Sie uns bitte einige Muster Ihrer Erzeugnisse.
3 Grundsätzlich erfolgen unsere Bestellungen anhand von Mustern.
4 Ihre Muster sollten uns einen Begriff von Farbe und Qualität Ihrer Produkte vermitteln.
5 Bitte senden Sie uns ohne Berechnung einige Muster Ihrer Produktion.
6 Bitte achten Sie darauf, dass Ihre Muster korrekt gekennzeichnet sind.
7 Teilen Sie uns bitte mit, ob die uns vor ... gesandten Muster heute noch Gültigkeit haben.
8 Wir lehnen jede Lieferung ab, die nicht genau Ihrem Muster entspricht.

9 Les rogamos nos informen si pueden mejorar los términos de la garantía.
10 Sus productos sólo tienen salida en el mercado de la UE si ofrecen términos de garantía adecuados.
11 Nosotros solamente tenemos artículos de primera calidad y con garantía a largo plazo.

Solicitud de indicaciones de cantidades y de tamaños

1 Les rogamos nos participen las cantidades que tienen en existencia.
2 Vendemos grandes cantidades de este artículo. ¿Pueden ustedes cubrir mensualmente nuestra demanda ascendente a ...?
3 Les rogamos nos informen sobre la cantidad mínima por pedido.
4 ¿Qué cantidades del artículo mencionado nos podrían suministrar continuamente a corto plazo?
5 Necesitamos en breve una gran cantidad de ... ¿Pueden suministrarla?
6 Les rogamos nos den los datos exactos sobre las medidas y el peso de los artículos.
7 Les rogamos nos informen si se encuentran en condiciones de modificar sus tamaños y pesos.

Pedido de muestras

1 ¿Tienen ustedes muestras de sus artículos?
2 Les rogamos nos envíen algunas muestras de sus productos.
3 En principio, ordenamos nuestros pedidos tomando como base las muestras recibidas.
4 Sus muestras deberán proporcionarnos una idea del color y de la calidad de sus productos.
5 Les rogamos nos envíen algunas muestras de su producción, sin facturación.
6 Por favor, tengan cuidado de que sus muestras estén bien marcadas.
7 Les rogamos nos informen si las muestras que nos enviaron hace ... tienen todavía validez.
8 No aceptamos pedido alguno que no corresponda exactamente con sus muestras.

Probelieferung

1 Wir sind an einer Probelieferung Ihres Artikels interessiert.
2 Teilen Sie uns bitte mit, ob Sie uns eine Probelieferung von ... senden können.
3 Geben Sie uns bitte Ihren Preisnachlass für Probelieferungen bekannt.
4 Lassen Sie uns bitte wissen, ab welcher Menge Sie zu einer Probelieferung bereit sind.
5 Sollte Ihre Probelieferung zu unserer Zufriedenheit ausfallen, können Sie mit größeren Bestellungen rechnen.
6 Ihre Probelieferung sollte uns Aufschluss über die Qualität Ihrer Artikel und die exakte Ausführung des Auftrags geben.

Kauf auf Probe

1 Teilen Sie uns bitte mit, ob Sie mit einem Kauf auf Probe einverstanden sind.
2 Können Sie uns zum Kauf auf Probe Ihre ... senden?
3 Lassen Sie uns bitte Ihre Bedingungen zum Kauf auf Probe wissen.
4 Wie lange können Sie uns Ihre ... zur Probe überlassen?
5 Grundsätzlich bestellen wir Maschinen nur, nachdem wir sie einem gründlichen Test unterworfen haben.

Nachfrage nach Sonderangebot

1 Wir benötigen für unsere Geschäftser-öffnung ein zugkräftiges Sonderangebot.
2 Bitte teilen Sie uns mit, welches Sonder-angebot Sie uns unterbreiten können.
3 Wir benötigen einen Restposten von ... Sind Sie in der Lage, uns einen solchen zu liefern?
4 Können Sie uns auf der Basis einer Ab-nahmemenge von ... ein Sonderangebot zukommen lassen?
5 Teilen Sie uns bitte mit, ob Sie daran interessiert sind, uns ständig mit Sonder-angeboten zu beliefern.
6 Können Sie uns zur Einführung Ihrer Artikel auf unserem Markt Sonder-angebote machen?
7 Können Sie uns hier in ... ein ent-sprechendes Sonderangebot machen wie in ...?

Envío a prueba

1 Estamos interesados en recibir un envío a prueba de su artículo.
2 Les rogamos nos informen si nos pueden enviar ... a prueba.
3 Les rogamos nos informen sobre la rebaja de precio de los artículos enviados a prueba.
4 Les rogamos nos informen a partir de qué cantidad están en disposición de hacer un envío a prueba.
5 En el caso de que estemos satisfechos con su envío a prueba, pueden contar con pedidos mayores.
6 Su envío a prueba nos deberá proporcio-nar una idea sobre la calidad de sus artí-culos y la exacta ejecución del pedido.

Compra a prueba

1 Les rogamos nos informen si están de acuerdo con una compra a prueba.
2 ¿Pueden enviarnos su ... en calidad de compra a prueba?
3 Les rogamos nos informen sobre sus condiciones para la compra a prueba.
4 ¿Qué tiempo nos pueden dejar a prueba su ...?
5 En principio, sólo hacemos pedidos de máquinas después de haberlas sometido a un minucioso test.

Solicitud de oferta especial

1 Para la inauguración de nuestro negocio necesitamos una oferta especial atrac-tiva.
2 Por favor, infórmennos sobre la oferta especial que nos puedan hacer.
3 Necesitamos una partida de restos de ... ¿Están ustedes en condiciones de sumi-nistrárnosla?
4 ¿Pueden hacernos una oferta especial sobre la base de la adquisición de una cantidad de ...?
5 Por favor, infórmennos si están intere-sados en suministrarnos continuamente sus ofertas especiales.
6 ¿Pueden hacernos ustedes ofertas espe-ciales con el fin de introducir sus artículos en nuestro mercado?
7 ¿Pueden ustedes hacernos aquí en ... una oferta especial adecuada como en ...?

Nachfrage nach Lieferungs- und Zahlungsbedingungen

1 Bitte teilen Sie uns Ihre Lieferungsbedingungen mit.
2 Geben Sie uns bitte Ihre kürzeste Lieferfrist an.
3 Können Sie uns ... per sofort ab Lager liefern?
4 Wir bitten Sie um genaue Angabe Ihrer Lieferfristen.
5 Um größeren Schaden zu vermeiden, ist die Einhaltung der Lieferfrist unerlässlich.
6 Für sofortige Lieferung sind wir bereit, einen Zuschlag von ... zu bezahlen.
7 Sollte die Lieferung nicht pünktlich erfolgen, behalten wir uns vor, die Annahme zu verweigern.
8 Können Sie uns die Lieferung bis ... garantieren?
9 Wir können nur eine Lieferfrist von ... Monaten akzeptieren.
10 Sollten Sie nicht innerhalb von ... liefern können, ist Ihr Angebot für uns ohne Interesse.
11 Nennen Sie uns bitte Ihre möglichen Lieferorte.
12 Nennen Sie uns bitte Ihre Zahlungsbedingungen.
13 Teilen Sie uns bitte mit, ob Sie Aufträge nur auf der Basis von Barzahlungen annehmen.
14 Falls Sie uns ein Zahlungsziel bis zu neun Monaten gewähren können, sind wir bereit, Ihnen umfangreiche Aufträge zu erteilen.
15 Können Sie uns einen Kredit von ... gewähren?
16 Wären Sie bereit, gegen Dokumenteninkasso zu liefern?
17 Können Sie uns, wie Ihre Konkurrenz, ein Zahlungsziel bis zu ... einräumen?
18 Sollen Zahlungen durch unwiderrufliches Akkreditiv getätigt werden?
19 Können auch Lieferungen gegen bankbestätigten Auftrag erfolgen?

Solicitud de condiciones de suministro y de pago

1 Por favor, infórmennos sobre sus condiciones de suministro.
2 Por favor, dénnos su más corto plazo de suministro.
3 ¿Pueden ustedes suministrarnos inmediatamente ... en almacén?
4 Les rogamos nos den información detallada sobre sus plazos de suministro.
5 Para evitar daños mayores es imprescindible el cumplimiento del plazo de suministro.
6 Por suministro inmediato estamos dispuestos a pagar un recargo de ...
7 En el caso de que el suministro no se realice puntualmente, nos reservamos el derecho de rehusar la aceptación.
8 ¿Nos pueden garantizar el suministro a más tardar el ...?
9 Sólo podemos aceptar un plazo de suministro de ... meses.
10 En el caso de que no puedan efectuar el suministro en el término de ..., no nos interesa su oferta.
11 Indíquennos, por favor, sus posibles lugares de suministro.
12 Indíquennos, por favor, sus condiciones de pago.
13 Infórmennos, por favor, si sólo aceptan pedidos sobre la base de pagos al contado.
14 En el caso de que nos puedan conceder un plazo de pago de hasta nueve meses, estamos dispuestos a hacerles pedidos importantes.
15 ¿Pueden concedernos un crédito de ...?
16 ¿Estarían dispuestos a suministrarnos (sus productos/ artículos) contra cobro sobre documentos?
17 ¿Pueden concedernos, al igual que su competencia, un plazo de pago de ...?
18 ¿Deben hacerse los pagos mediante créditos documentarios irrevocables?
19 ¿Pueden efectuarse también suministros contra orden bancaria confirmada?

Das Angebot
La oferta

Antwort auf Angebots-
anforderung

1 Vielen Dank für Ihre Anfrage vom ...
2 Wir danken Ihnen für Ihre Anfrage vom ...
und teilen Ihnen mit, dass wir sehr daran
interessiert sind, mit Ihnen in Geschäftsverbindung zu treten.
3 Ihre Anfrage vom ... haben wir mit Dank
erhalten und gestatten uns, Ihnen folgendes Angebot zu unterbreiten: ...
4 In Beantwortung Ihrer Anfrage vom ...
teilen wir Ihnen mit, dass wir uns schon
lange bemühen, auf dem dortigen Markt
Fuß zu fassen.

Keine Angebotsabgabe

1 Leider müssen wir Ihnen mitteilen, dass
wir den genannten Artikel nicht führen.
2 Aus markttechnischen Gründen haben
wir die Produktion besagter Erzeugnisse
eingestellt.
3 Unsere Produktion des angegebenen
Artikels ist ausgelaufen.
4 Wir müssen Ihnen leider mitteilen, dass
technische Schwierigkeiten uns ver-
anlassten, die Produktion des verlangten
Artikels einzustellen.
5 Da unsere gesamte Produktion bereits auf
... Monate verkauft ist, können wir Ihnen
leider kein Angebot unterbreiten.
6 Unser Zulieferbetrieb ist zurzeit nicht in
der Lage, uns zu beliefern. Deshalb
können wir Ihnen heute leider kein
Angebot unterbreiten.
7 Wir werden auf Ihre Anfrage zurückkommen, sobald wir Ihnen ein günstiges
Angebot unterbreiten können.
8 Wir sind leider nicht in der Lage, Ihnen ein
Angebot zu unterbreiten, da wir keine
Auslandsgeschäfte tätigen.

Respuesta a solicitud de
oferta

1 Les agradecemos su solicitud del ...
2 Les agradecemos su solicitud del ... y les
participamos que estamos sumamente
interesados en iniciar relaciones comerciales con ustedes.
3 Hemos recibido su solicitud del ..., y nos
permitimos hacerles la siguiente oferta:
4 En respuesta a su solicitud del ... les informamos por medio de la presente que,
desde hace tiempo, estamos tratando de
introducirnos en ese mercado.

Ninguna oferta

1 Lamentamos tener que informarles que
no tenemos el artículo mencionado.
2 Debido a motivos técnicos de mercado
hemos suspendido la fabricación de los
productos mencionados.
3 Ya no producimos más el artículo indicado.
4 Lamentamos tener que informarles que
dificultades técnicas nos han obligado
a suspender la producción del artículo
solicitado.
5 Lamentablemente no podemos hacerles
ninguna oferta, pues nuestra producción
total ya se encuentra vendida con ...
meses de anticipación.
6 Nuestros suministradores no están, en la
actualidad, en condiciones de proveernos.
Por este motivo, lamentamos no poderles
hacer, por el momento, oferta alguna.
7 Nos ocuparemos de su solicitud tan
pronto como podamos ofrecerles una
oferta ventajosa.
8 Lamentablemente, no nos encontramos
en disposición de hacerles una oferta
debido a que no nos dedicamos a negocios en el extranjero.

9 Unsere gesamte Produktion wird durch die Firma ... exportiert.
10 Gebietsabsprachen mit der Firma ... erlauben es uns nicht, Ihnen ein Angebot vorzulegen.
11 Leider können wir Ihnen kein direktes Angebot unterbreiten, da die Firma ... die Generalvertretung unserer Produkte für Ihr Land hat.
12 Der Artikel ist augenblicklich vergriffen. Deshalb können wir Ihnen leider kein Angebot zugehen lassen.
13 Bitte haben Sie Verständnis dafür, dass wir nicht in der Lage sind, Ihnen ein Angebot zu unterbreiten.
14 Wegen geringer Lagerbestände können wir Ihnen leider kein Angebot für sofortige Lieferung unterbreiten. Bitte fragen Sie in ... Wochen erneut bei uns an. Wir hoffen, dass wir zu diesem Zeitpunkt wieder voll lieferfähig sein werden.
15 Wir werden in ... Wochen auf die Angelegenheit zurückkommen.

9 La totalidad de nuestra producción se exporta mediante la firma ...
10 Convenios regionales con la firma ... no nos permiten hacerles una oferta.
11 Lamentamos no poderles ofrecer una oferta directa, ya que la firma ... posee la representación general de nuestros productos en ese país.
12 El artículo se encuentra agotado por el momento. Por ese motivo, lamentablemente, no les podemos hacer ninguna oferta.
13 Les rogamos que comprendan que no nos encontramos en condiciones de hacerles una oferta.
14 Debido a las exiguas existencias no les podemos hacer oferta alguna que implique un suministro inmediato. Les rogamos que nos escriban de nuevo en ... semanas sobre este particular. Confiamos que entonces podamos estar otra vez en condiciones normales de suministro.
15 En ... semanas nos ocuparemos de nuevo de este asunto.

Angebot entsprechend der Nachfrage

Einführungssätze

1 Wir erlauben uns, Ihnen folgendes Angebot zu unterbreiten: ...
2 Wir danken Ihnen für Ihre Anfrage und gestatten uns, Ihnen anzubieten: ...
3 Wir bedanken uns für Ihre Anfrage und senden Ihnen das gewünschte Angebot.
4 Wir hoffen auf eine baldige und gute Geschäftsverbindung und senden Ihnen heute unser günstigstes Angebot.
5 Gestatten Sie uns, Ihre besondere Aufmerksamkeit auf Punkt ... unseres Angebots zu lenken.
6 Dies ist das beste Angebot, das wir Ihnen machen können.
7 Um Ihnen entgegenzukommen, sind wir bereit, Ihnen ein Sonderangebot zu unterbreiten.

Oferta de acuerdo con la solicitud

Frases de introducción

1 Nos permitimos hacerles la siguiente oferta:
2 Les agradecemos su solicitud y nos permitimos ofrecerles: ...
3 Les agradecemos su solicitud y les enviamos la oferta deseada.
4 Confiamos en una pronta y buena relación comercial y les enviamos hoy nuestra más favorable oferta.
5 Permítannos que señalemos a su atención el punto ... de nuestra oferta.
6 Esta es la mejor oferta que les podemos hacer.
7 Con el fin de complacerles estamos dispuestos a hacerles una oferta especial.

Preisangabe

1 Bitte ersehen Sie unsere Preise aus der beigefügten Preisliste.
2 Mit gleicher Post erhalten sie unsere neueste Preisliste.
3 In Beantwortung Ihrer Anfrage vom ... teilen wir Ihnen folgende Preise mit: ...

Indicación de precios

1 Les rogamos vean nuestros precios en la lista adjunta.
2 Por correo separado reciben nuestra última lista de precios.
3 En respuesta a su solicitud del ..., les participamos los siguientes precios:

4 Unser Preis würde ... (ohne Abzüge) betragen.	4 Nuestro precio ascendería a ... (sin descuentos).
5 Unsere Preise sind Festpreise.	5 Nuestros precios son precios fijos.
6 Die Preise sind augenblicklich sehr niedrig.	6 En este momento los precios son muy bajos.
7 Dies sind Einführungspreise.	7 Estos son precios de introducción.
8 Unsere Preise sind nach Abnahme-mengen gestaffelt.	8 Nuestros precios se encuentran escalo-nados de acuerdo con la cantidad que se compre.
9 Wir können den Posten zu stark ermäßigten Preisen an Sie abgeben.	9 Podemos venderle el lote a un precio sumamente reducido.
10 Unsere Preise sind auf den Mustern angegeben.	10 Nuestros precios están indicados en las muestras.
11 Unsere Preise verstehen sich ohne (mit) Verpackung.	11 Nuestros precios se entienden sin (con) embalaje.
12 Unsere Preise beinhalten keine (die) Versicherung.	12 Nuestros precios no comprenden (comprenden) el seguro.
13 Unsere Preise verstehen sich inklusive Verpackung, Versicherung und Fracht.	13 Nuestros precios se entienden con embalaje, seguro y porte incluidos.
14 Aufgrund unserer ausgezeichneten Qualität liegen unsere Preise höher als die der Konkurrenz.	14 Debido a nuestra magnífica calidad, nuestros precios son más altos que los de la competencia.
15 Unsere Preise liegen erheblich unter denen der Konkurrenz.	15 Nuestros precios se encuentran muy por debajo de los de la competencia.
16 Trotz Verbesserung der Qualität berech-nen wir nach wie vor dieselben Preise.	16 A pesar de haber mejorado la calidad, mantenemos los mismos precios.
17 Unsere Preise sind äußerst scharf kalkuliert.	17 Nuestros precios se encuentran calcula-dos con una gran precisión.
18 Unsere Preise sind deshalb so niedrig, weil wir mit der kleinsten Gewinnspanne der Branche arbeiten.	18 Nuestros precios son tan bajos porque trabajamos con el margen de ganancia más pequeño del ramo.
19 Wir berechnen Ihnen die niedrigsten Exportpreise.	19 Les cobramos los precios de exportación más bajos.
20 Trotz der ständig steigenden Her-stellungskosten sind unsere Preise stabil geblieben.	20 A pesar del continuo aumento en los costos de producción, nuestros precios se han mantenido estables.
21 Die Preise werden in nächster Zukunft steigen (fallen).	21 Los precios subirán (bajarán) en el futuro inmediato.
22 Trotz der hervorragenden Qualität sind unsere Preise niedriger als die anderer Fabrikanten.	22 A pesar de la superior calidad, nuestros precios son más bajos que los de otros fabricantes.
23 Sie müssen sich verpflichten, zu den oben genannten Preisen zu verkaufen.	23 Ustedes deben comprometerse a vender a los precios mencionados arriba.
24 Sollten Sie sich an unsere gebundenen Preise nicht halten, wären wir gezwungen, jegliche Lieferung an Sie einzustellen.	24 En el caso de que ustedes no observaran nuestros precios obligatorios, nos vería-mos forzados a suspenderles los envíos.
25 Ihre Preispolitik unterliegt keinerlei Beschränkungen.	25 Su política de precios no se encuentra sujeta a limitación alguna.
26 Unsere Preise verstehen sich:	26 Nuestros precios se entienden:
27 EXW ab Werk	27 EXW (en fábrica)
28 EXW ab Werk einschließlich Verpackung (Container, seetüchtig usw.)	28 EXW en fábrica incluso embalaje (contenedor, para transporte marítimo, etc.)
29 FAS frei Längsseite Seeschiff (benannter Verschiffungshafen)	29 FAS franco costado del barco (indicación puerto de embarque)

30 FOB frei an Bord	30 FOB franco a bordo
(benannter Verschiffungshafen)	(indicación puerto de embarque)
31 CFR Kosten und Fracht	31 CFR coste y flete
(benannter Bestimmungshafen)	(indicación puerto de destino)
32 CIF Kosten, Versicherung, Fracht	32 CIF coste, seguro y flete
(benannter Bestimmungshafen)	(indicación puerto de destino)
33 frei Grenze	33 franco frontera
34 frei Haus	34 franco domicilio
35 frei Bahnstation ...	35 franco estación ...
36 frei Hafen ...	36 franco puerto ...
37 verpackt	37 embalado
38 unverpackt	38 sin embalar
39 frei Lager	39 franco almacén

Preisnachlässe und -zuschläge

1 Wir gewähren Ihnen ... % Skonto (Rabatt, Nachlass).
2 Wir können Ihnen einen Sonderrabatt von ... % einräumen.
3 Die Preise verstehen sich ohne Abzug.
4 Bei Barzahlung gewähren wir ... % Skonto.
5 Wir sind bereit, Ihnen einen Einführungs-rabatt von ... % einzuräumen.
6 Unsere Exportpreise sind um ... % niedriger als die Inlandspreise.
7 Sie erhalten eine Exportvergütung von ... %.
8 Bei einer Abnahmemenge von ... reduziert sich der Preis um ... %.
9 Bei Inanspruchnahme eines Ziels von mehr als ... Monaten erhöhen sich unsere Preise um ... %.

Rebajas y aumentos de precios

1 Les concedemos un (una) descuento (rebaja, bonificación) del ... %.
2 Les podemos conceder un descuento especial de un ... %.
3 Los precios se entienden sin deduccio-nes.
4 Concedemos un ... % de descuento por pago al contado.
5 Estamos dispuestos a concederles una rebaja de introducción de un ... %.
6 Nuestros precios de exportación son alrededor de un ... % más bajos que nuestros precios domésticos.
7 Ustedes reciben un descuento de exportación de un ... %.
8 Mediante una adquisición de la cantidad de ... se reduce el precio en un ... %.
9 Mediante la utilización de un plazo de más de ... meses se aumentan nuestros precios en un ... %.

Gültigkeit des Angebots

1 Unsere Preise sind verbindlich bis zum ...
2 Unser Angebot zum gegenwärtigen Preis ist verbindlich (unverbindlich).
3 Unsere Preise gelten nur für den Fall postwendender Bestellung (Antwort).
4 Die Preise sind nur unter der Vorausset-zung gültig, dass die gegenwärtigen Roh-stoffpreise unverändert bleiben.
5 Wir halten uns an dieses Angebot ... Wochen gebunden.
6 Wir fakturieren zu dem am Versandtag gültigen Marktpreis.

Validez de la oferta

1 Nuestros precios son obligatorios hasta el ...
2 Nuestra oferta al precio actual es obliga-toria (sin compromiso).
3 Nuestros precios rigen sólo en el caso de pedido (respuesta) a vuelta de correo.
4 Los precios son válidos solamente a con-dición de que los actuales precios de las materias primas permanezcan inaltera-dos.
5 Mantenemos la obligatoriedad de esta oferta durante ... semanas.
6 Facturamos al precio válido en el mercado el día de la remesa.

Qualität und Garantie

1 Wir liefern nur Ware von bester Qualität.
2 Wir sind in der Lage, Ihnen eine absolute Qualitätsgarantie zu geben.
3 Wir sind bemüht, die Qualität unserer Produkte ständig zu verbessern.
4 Alle unsere Artikel werden vor Verlassen der Fabrik einer sorgfältigen Qualitätskontrolle unterzogen.
5 Bitte überzeugen Sie sich von der Qualität unserer Produkte anhand der beigefügten Muster.
6 Unsere modernen Maschinen erlauben uns, bei niedrigem Preis beste Qualität zu liefern.
7 Die Verwendung neuer Rohstoffe und Fertigungsverfahren ermöglicht es uns, Waren von so ausgezeichneter Qualität zu liefern.
8 Wir versichern Ihnen, dass wir unser Bestes tun werden, um Sie hinsichtlich der Qualität zufrieden zu stellen.
9 Wir sind davon überzeugt, dass die Qualität unserer Erzeugnisse höchsten Ansprüchen gerecht wird.
10 Unsere Erzeugnisse sind im In- und Ausland stark gefragt.
11 Dank der Qualität erfreuen sich unsere Erzeugnisse im Ausland reger Nachfrage.
12 Wir sind die einzige Firma, die Ihnen diesen Artikel liefern kann.
13 Unsere Maschine ist technisch perfekt und überraschend einfach zu bedienen.
14 Die Benutzung unserer Maschine spart sowohl Zeit als auch Geld.
15 Wir gewähren ... Jahre Garantie auf unsere Maschinen.
16 Alle unsere Erzeugnisse werden mit schriftlicher Garantie geliefert.
17 Die Garantie erstreckt sich nicht auf ...
18 Wir garantieren die Beständigkeit der Farben gegen Licht- und Feuchtigkeitseinflüsse.
19 Wir garantieren den kostenlosen Ersatz defekter Teile für die Dauer von ... Monaten ab Liefertermin.
20 Unsere Garantieleistung erstreckt sich auch auf Temperaturwechsel zwischen – ...° und + ...° Celsius.
21 Bei falscher Bedienung der Maschinen kann keine Garantie geleistet werden.

Calidad y garantía

1 Sólo suministramos artículos de la mejor calidad.
2 Estamos en condiciones de proporcionarles una absoluta garantía de calidad.
3 Procuramos la continua mejoría de la calidad de nuestros productos.
4 Todos nuestros artículos se someten a un riguroso control de calidad antes de salir de la fábrica.
5 Por las muestras adjuntas podrán ustedes convencerse de la calidad de nuestros productos.
6 Nuestras modernas máquinas nos permiten suministrar la mejor calidad a los precios más bajos.
7 La utilización de nuevas materias primas y modernos sistemas de producción nos permiten suministrar artículos de tan excelente calidad.
8 Les aseguramos que haremos todo lo posible para satisfacerles en lo que respecta a calidad.
9 Estamos convencidos que la calidad de nuestros productos satisface las más altas exigencias.
10 Nuestros productos son muy solicitados en el país y en el extranjero.
11 Por su calidad, nuestros productos disfrutan de gran demanda en el extranjero.
12 Somos la única firma que puede suministrarles este artículo.
13 Nuestra máquina es técnicamente perfecta y extraordinariamente fácil de manejar.
14 La utilización de nuestra máquina ahorra tiempo y dinero.
15 Nuestras máquinas tienen una garantía de ... años.
16 Todos nuestros productos se suministran con garantía por escrito.
17 La garantía no se extiende a ...
18 Garantizamos la persistencia de los colores y su resistencia a los efectos de la luz y la humedad.
19 Garantizamos la sustitución gratuita de las partes defectuosas hasta ... meses después de la entrega.
20 Nuestro servicio de garantía se extiende hasta cambios de temperatura de entre – ... grados y + ... grados centígrados.
21 La garantía no cubre la manipulación incorrecta de las máquinas.

22 Die genaue Einhaltung unserer Bedie-
   nungsanleitungen garantiert Ihnen eine
   lange Nutzungsdauer der Maschine.
23 Dank der Qualität unserer Artikel sind wir
   in der Lage, eine Garantie von ... zu
   gewähren.
24 Wir garantieren, dass die Artikel in bestem Zustand versandt werden.

Mengen- und Größenangaben

1 Wir haben ... auf Lager.
2 Die Mindestabnahmemenge beträgt ...
3 Ihr Bestellvolumen ist keinen Beschränkungen unterworfen.
4 Wir haben stets ein großes Lager in allen
  Größen.
5 Wir könnten Ihren Auftrag sofort ausführen.
6 Nachbestellungen können regelmäßig
  ausgeführt werden.
7 Augenblicklich ist unsere Produktion
  keinerlei Beschränkungen unterworfen.
8 Wir haben große Schwierigkeiten, die
  lebhafte Nachfrage nach diesem Artikel
  zu befriedigen.
9 Wir raten Ihnen, Ihren Bedarf zu decken,
  ehe das Lager ausverkauft ist.
10 Wir nehmen nur Bestellungen in Höhe von
   ... an.
11 Bitte ersehen Sie Gewichte und Maße
   unserer Artikel aus beigefügtem Prospekt.
12 Unsere Maße sind in ... Einheiten angegeben.

Verpackung

1 Die Verpackung unserer Artikel erfolgt
2 in Kisten.
3 in Containern.
4 in Fässern.
5 in Pappschachteln.
6 in Körben.
7 in Ballen.
8 in Kisten auf Paletten.
9 Die Verpackung ist im Preis inbegriffen.
10 Die Verpackung geht zu Ihren Lasten.
11 Die Verpackung berechnen wir zum
   halben Preis.
12 Die Waren sind in Kisten mit Wachstuch-
   einlage verpackt.
13 Die Pakete sind gekennzeichnet und fort-
   laufend nummeriert.
14 Die Verpackung – Kisten mit Blecheinsatz
   – ist seetüchtig.

22 El cumplimiento estricto de nuestras instrucciones de manejo garantiza una larga
   utilización de la máquina.
23 Gracias a la calidad de nuestros artículos
   estamos en condiciones de ofrecer una
   garantía de ...
24 Garantizamos que los artículos se envían
   en las mejores condiciones.

Indicaciones de cantidades y de tamaños

1 Tenemos ... en almacén.
2 La cantidad mínima de venta es de ...
3 La cantidad de sus pedidos no está
  sujeta a límite alguno.
4 Siempre disponemos de un gran surtido
  en todos los tamaños.
5 Podríamos servir inmediatamente su
  pedido.
6 Los pedidos posteriores pueden servirse
  regularmente.
7 Por el momento, nuestra producción no
  tiene límites.
8 Tenemos grandes dificultades en satisfacer la gran demanda de ese artículo.
9 Les aconsejamos que cubran sus necesidades antes de que se agoten las
  existencias.
10 Sólo aceptamos pedidos por ...
11 El peso y tamaño de nuestros artículos
   están indicados en el prospecto adjunto.
12 Nuestros tamaños son indicados en
   unidades ...

Embalaje

1 El embalaje de nuestros artículos se
  efectúa
2 en cajas.
3 en containers/contenedores.
4 en barriles.
5 en cajas de cartón.
6 en cestos.
7 en pacas.
8 en cajas sobre paletas.
9 El embalaje está incluído en el precio.
10 El embalaje corre por su cuenta.
11 Cargamos el embalaje a mitad de precio.
12 Los artículos son embalados en cajas con
   telas enceradas.
13 Los paquetes son marcados y numera-
   dos consecutivamente.
14 El embalaje – cajas con cintas de hojalata
   – es apropiado para el transporte marítimo.

15 Wir achten auf sorgfältige Verpackung der Waren.
16 Unsere Artikel sind in Geschenkschachteln verpackt.
17 Die Ware wird bruchsicher in Holzwolle verpackt.
18 Die Verpackung wird nicht berechnet, wenn sie innerhalb von ... Tagen unbeschädigt zurückgesandt wird.
19 Kisten können nicht zurückgenommen werden.
20 Die Verpackung wird zur Hälfte des berechneten Preises zurückgenommen.
21 Bezüglich der Verpackung halten wir uns streng an Ihre Anweisungen.
22 Wir verpacken den gesamten Posten in einer Kiste.
23 Unsere Verpackung ist für den langen Transport bestens geeignet.
24 Unsere Verpackung hat sich im Exportgeschäft seit langer Zeit bewährt.

Lieferfrist

1 Die Waren können sofort geliefert werden.
2 Die Lieferung kann Ende nächster Woche erfolgen.
3 Wir können frühestens in einem Monat liefern.
4 Mit der von Ihnen gewünschten Lieferzeit erklären wir uns einverstanden.
5 Die Waren werden sofort nach Eingang Ihrer Bestellung versandt.
6 Wir können kein bestimmtes Lieferdatum zusagen.
7 Für die Anfertigung der Artikel benötigen wir ... Tage.
8 Wir sichern Ihnen schnellstmögliche Lieferung zu.
9 Zur Abwicklung größerer Aufträge benötigen wir ... Tage.
10 Die Lieferung kann zu jedem von Ihnen gewünschten Zeitpunkt erfolgen.

Versandanzeige von Prospekten

1 Mit gleicher Post senden wir Ihnen unsere neuesten Prospekte.
2 Sie erhalten als Anlage den gewünschten Katalog.
3 Als Anlage erhalten Sie unseren erheblich erweiterten Prospekt.
4 Wir weisen Sie darauf hin, dass der Artikel Nr. .... unseres Prospekts zurzeit nicht lieferbar ist.

15 Los artículos son embalados cuidadosamente.
16 Nuestros artículos son embalados en cajas apropiadas para regalos.
17 La mercancía se embala en virutas para protegerla contra roturas.
18 No se cobrará el embalaje si se devuelve en buenas condiciones en el término de ... días.
19 No se admite la devolución de las cajas.
20 Se admitirá la devolución del embalaje a la mitad del precio facturado.
21 Respecto al embalaje nos ajustamos estrictamente a sus indicaciones.
22 Embalamos todo el lote en una caja.
23 Nuestro embalaje es particularmente apropiado para el transporte a grandes distancias.
24 Nuesto embalaje se ha acreditado desde hace mucho tiempo en el comercio de exportación.

Plazo de suministro

1 Los artículos pueden suministrarse inmediatamente.
2 El suministro puede efectuarse a fines de la semana próxima.
3 No podemos efectuar el suministro antes de un mes, por lo menos.
4 Aceptamos el plazo que ustedes desean para el suministro.
5 Los artículos se expedirán tan pronto como se reciba su pedido.
6 No nos podemos comprometer a efectuar el suministro en una fecha determinada.
7 Para la fabricación de los artículos necesitamos ... días.
8 Les aseguramos que efectuaremos el suministro lo antes posible.
9 Para poder servir grandes pedidos necesitamos ... días.
10 El suministro puede efectuarse en cualquiera de las fechas deseadas por Uds.

Anuncio de envío de prospectos

1 Adjunto reciben nuestros últimos prospectos.
2 Adjunto reciben el catálogo deseado.
3 Adjunto reciben nuestro prospecto, que ha sido ampliado considerablemente.
4 Señalamos a su atención que el artículo número ... de nuestro prospecto no puede suministrarse por el momento.

5 Die Prospekte für die kommende Saison sind zz. im Druck. Wir werden Ihnen in . . . Wochen die neuesten Unterlagen zugehen lassen.

6 Leider können wir Ihrem Wunsch nach Prospekten nicht nachkommen, da wir über Unterlagen dieser Art nicht verfügen.

7 Als Anlage erhalten Sie unser Prospektmaterial, das Sie ausführlich über unser gesamtes Fertigungsprogramm informiert.

Versandanzeige von Preislisten

1 Sie erhalten mit gleicher Post unsere neuesten Preislisten.

2 Unsere Preislisten sind gültig bis zum . . .

3 Mit gleicher Post senden wir Ihnen unsere neuesten Exportpreislisten.

4 Wir gewähren auf die in unserer Preisliste angegebenen Preise eine Exportvergütung von . . . %.

Versandanzeige von Mustern

1 Sie erhalten mit getrennter Post die angeforderte Musterkollektion.

2 Die diesem Schreiben beigefügten Muster geben Ihnen eine Vorstellung von der ausgezeichneten Qualität unserer Waren.

3 Unsere beigefügten Muster sind korrekt gekennzeichnet und mit Exportpreisen versehen.

4 Wir werden morgen die gewünschten Muster an Sie absenden.

5 Sie erhalten mit getrennter Post unsere Musterkollektion für die kommende Saison.

6 Leider können wir Ihren Wunsch nach einer Musterkollektion nicht erfüllen.

7 Wir möchten Sie darauf hinweisen, dass wir Ihnen die Muster berechnen müssen, wenn sie uns nicht innerhalb von . . . Tagen zurückgeschickt werden.

8 Bei einer Bestellung von . . . werden die Muster nicht berechnet.

9 Bitte haben Sie dafür Verständnis, dass wir nur einige typische Muster unseres Sortiments an Sie geschickt haben.

10 Bitte senden Sie uns die Muster wieder zurück.

11 Wir haben Ihnen die Muster per Kurier geschickt, damit Sie diese sofort zur Verfügung haben.

5 Los prospectos para la próxima temporada se encuentran actualmente en prensa. En . . . semanas les enviaremos la nueva documentación.

6 Lamentamos no poder satisfacer sus deseos respecto a prospectos, pues no disponemos de documentación de esa clase.

7 Adjunto les enviamos nuestro material impreso, que les informará en detalle sobre todo nuestro programa de fabricación.

Aviso de envío de listas de precios

1 Adjunto les enviamos a ustedes nuestras últimas listas de precios.

2 Nuestras listas de precios son válidas hasta el . . .

3 Adjunto reciben nuestras últimas listas de precios de exportación.

4 Les ofrecemos una bonificación de exportación de un . . . % en los artículos indicados en nuestra lista de precios.

Aviso de envío de muestras

1 Por correo separado reciben ustedes el muestrario solicitado.

2 Las muestras adjuntas a esta carta les darán una idea de la gran calidad de nuestros artículos.

3 Las muestras adjuntas están debidamente marcadas y provistas de sus precios de exportación.

4 Mañana les remitiremos las muestras deseadas.

5 Por correo separado reciben ustedes nuestro muestrario para la próxima temporada.

6 Lamentablemente no podemos cumplir su deseo de un muestrario.

7 Queremos indicarles que todas las muestras serán cargadas a su cuenta, en el caso de que no nos las devuelvan en el término de . . . días.

8 En un pedido de . . . no se facturarán las muestras.

9 Les rogamos que tengan en cuenta que sólo les hemos enviado algunas muestras típicas de nuestro surtido.

10 Les rogamos que nos devuelvan las muestras.

11 Les hemos enviado las muestras a través de un mensajero /por servicio de mensajería/ por mensajero para que pueda(n) disponer de ellas inmediatamente

Antwort auf Anfrage nach Probelieferung

1 Wir teilen Ihnen mit, dass wir gern zu einer Probelieferung bereit sind.
2 Wir möchten Sie darauf hinweisen, dass unsere allgemeinen Geschäftsbedingungen auch (nicht) für Probelieferungen gelten.
3 Eine eventuelle Probelieferung wird Sie von der Qualität unserer Artikel überzeugen.
4 Zum Zweck der Einführung unserer Produkte auf dem dortigen Markt sind wir bereit, Ihnen eine Probelieferung zu besonders günstigen Bedingungen zu schicken.
5 Leider sind wir nicht in der Lage, Probelieferungen durchzuführen.

Abweichendes Angebot

Qualitätsabweichungen

1 Wir müssen Ihnen leider mitteilen, dass wir Waren in der von Ihnen verlangten billigen (teuren) Qualität nicht herstellen.
2 Wir übersenden Ihnen als Anlage ein Qualitätsmuster und bitten Sie um Nachricht, ob Ihnen diese Ausführung zusagt.
3 Die von Ihnen geforderte Qualität können wir nur in Sonderanfertigung herstellen.
4 Das von Ihnen übersandte Muster haben wir erhalten. Leider stellen wir diesen Artikel in der gewünschten Qualität nicht her. Bitte wenden Sie sich an die Firma ... Uns ist bekannt, dass dieses Unternehmen die von Ihnen verlangten Qualitäten produziert.
5 Zu unserem Bedauern müssen wir Ihnen mitteilen, dass wir Artikel der gewünschten Qualität nicht auf Lager haben.
6 Wir sind in der Lage, Ihnen sofort die gewünschten Artikel in qualitativ besserer Ausführung zu liefern.
7 Die Qualitätsabweichung ist geringfügig.
8 Der Artikel Nr. ... aus der Produktion des Jahres ... wurde qualitativ wesentlich verbessert.
9 Leider sind wir nur in der Lage, Ihnen Waren einer mittleren Qualität zu liefern.

Respuesta a solicitud de envío de prueba

1 Por medio de la presente les participamos que gustosamente estamos dispuestos a hacer un envío de prueba.
2 Nos permitimos señalar a su atención que nuestras condiciones generales de negocio (no) son válidas para nuestros envíos de prueba.
3 Un eventual envío de prueba les convencerá de la calidad de nuestros artículos.
4 Como introducción de nuestros productos en el mercado de ésa estamos dispuestos a ofrecerles un envío de prueba a condiciones especialmente favorables.
5 Lamentamos no poder efectuar envíos de prueba.

Oferta discrepante

Diferencias de calidad

1 Lamentamos tener que informarles que no fabricamos mercancías de la calidad inferior (superior) deseada por ustedes.
2 Adjunto les enviamos una muestra de calidad y les rogamos que nos informen si esta confección les satisface.
3 La calidad solicitada por ustedes sólo podemos proporcionarla mediante una fabricación especial.
4 Hemos recibido la muestra de calidad que ustedes nos enviaron. Lamentablemente nosotros no fabricamos ese artículo en la calidad deseada. Les rogamos que se dirijan a la firma ... Sabemos que esta empresa produce las calidades deseadas por ustedes.
5 Sentimos mucho tener que participarles que no tenemos en existencia ningún artículo de la calidad solicitada.
6 Estamos en condiciones de suministrarles inmediatamente los artículos deseados en una ejecución de mejor calidad.
7 La diferencia de calidad es mínima.
8 La calidad del artículo número ... de la producción del año ... ha sido mejorada notablemente.
9 Lamentablemente, nosotros sólo podemos suministrarles mercancías de calidad media.

Mengen- und Größenabweichungen

1 Leider müssen wir Ihnen auf Ihre Anfrage vom ... mitteilen, dass wir in den von Ihnen verlangten Mengen nicht lieferfähig sind.
2 Wir können die von Ihnen verlangten Mengen auch in absehbarer Zeit nicht fertigen, weil wir auf Monate hinaus ausverkauft sind.
3 Die von Ihnen verlangten Liefermengen sind zu gering.
4 Wir sind aufgrund der bei uns verwendeten Verpackungseinheiten leider nicht in der Lage, Ihren Auftrag anzunehmen, da er zu geringe Stückzahlen aufweist.
5 Ihren Auftrag können wir nur ausführen, wenn Sie jeweils mindestens ... Stück gleicher Art und Qualität bestellen.
6 Wie wir Ihrem Muster entnehmen, stimmen die von Ihnen verlangten Größen mit unseren in Serie hergestellten Artikeln nicht überein.
7 Wir müssen Sie darauf aufmerksam machen, dass zwischen Ihrem Muster und dem von uns hergestellten Artikel beträchtliche Abweichungen hinsichtlich der Abmessungen (genormten Größen) bestehen.
8 Bitte teilen Sie uns mit, ob die Größenabweichungen der einzelnen Stücke von Bedeutung für Sie sind.
9 Falls Sie die von uns hergestellten Waren trotz veränderter Größen verwenden können, sind wir bereit, den Auftrag anzunehmen und fristgerecht zu erledigen.
10 Bei einer Auftragserteilung von mindestens ... Stück sind wir gern bereit, die von Ihnen verlangten Waren in der angegebenen Größe als Sonderanfertigung herzustellen.
11 Wir danken Ihnen für die Übersendung des Warenmusters, müssen aber leider feststellen, dass die Größe Ihres Musters nicht mehr den EU-Normen entspricht, die seit ... Gültigkeit haben.
12 Vom Artikel Nr. ... können wir Ihnen leider nur ... Stück liefern.
13 Da es sich bei der gewünschten Ware um einen Restposten handelt, bieten wir Ihnen statt der bestellten ... Stück die Menge von ... zum Sonderpreis von ... (Betrag, Währung) pro Stück an.

Diferencias de cantidades y de tamaños

1 Lamentablemente, con respecto a su solicitud del ... tenemos que participarles que no podemos suministrar las cantidades solicitadas por ustedes.
2 Debido a que tenemos vendida nuestra producción con varios meses de anticipación, no podemos fabricar ni aún en un tiempo no lejano las cantidades solicitadas por ustedes.
3 Las cantidades a que ascienden sus pedidos son muy reducidas.
4 Dadas las unidades de embalaje que utilizamos, no estamos en condiciones de aceptar su pedido ya que éste comprende un número muy reducido de artículos.
5 Sólo podemos servir su pedido si ustedes solicitan por lo menos ... unidades del mismo tipo y calidad.
6 Como observamos de su muestra, los tamaños que ustedes solicitan no corresponden con los artículos que fabricamos en serie.
7 Debemos señalar a su atención que existen grandes diferencias entre las dimensiones (tamaños estandarizados) de su muestra y los de los artículos que nosotros fabricamos.
8 Les rogamos nos informen si las diferencias en tamaño de las distintas unidades tienen importancia para ustedes.
9 En caso de que ustedes puedan utilizar las mercancías fabricadas por nosotros, a pesar de haberse modificado los tamaños, estamos dispuestos a aceptar el pedido y cumplirlo dentro del plazo determinado.
10 Estamos dispuestos a fabricar fuera de serie las mercancías solicitadas por ustedes en los tamaños indicados en el caso de que nos hagan un pedido de un mínimo de ... unidades.
11 Les agradecemos el envío de la muestra, pero lamentablemente hemos comprobado que su tamaño no corresponde a las normas de la UE en vigor desde el ...
12 Lamentablemente, sólo le podemos suministrar ... unidades del artículo número ...
13 Debido a que las mercancías solicitadas son una partida restante, en lugar de las ... unidades pedidas, les ofrecemos la cantidad de ... al precio especial de ... (importe, moneda) por unidad.

14 Leider stellen wir den Artikel Nr. ... in der von Ihnen gewünschten Größe nicht her. Bitte entnehmen Sie unsere Größenangaben beiliegender Liste.

Preisabweichungen

1 Unsere Preise liegen über (unter) Ihren Angaben.
2 Ihre Preisvorstellungen basieren auf unserer nicht mehr gültigen Preisliste Nr. ... Bitte entnehmen Sie unsere neuen Preise der beigefügten Preisliste Nr. ...
3 Unsere Preise liegen geringfügig über Ihren Angaben; die Waren sind jedoch von erheblich besserer Qualität.
4 Bei einer Abnahmemenge von ... Stück sind wir in der Lage, den genannten Artikel zum Sonderpreis von ... (Betrag, Währung) zu liefern.
5 Sollten Sie auf Ihren Preisangaben bestehen, wären wir leider nicht in der Lage, Ihnen ein entsprechendes Angebot zu unterbreiten.
6 Wir bieten Ihnen zu einem geringeren Preis Waren von besserer Qualität.
7 Die Preisabweichung beträgt pro Stück ... (Betrag, Währung).
8 Wir waren leider gezwungen, unsere Preise zu erhöhen. Der Preis für Artikel Nr. ... ist seit dem ... (Betrag, Währung).

Abweichungen in der Verpackung

1 Unsere Waren sind nicht, wie von Ihnen gefordert, in Kartons, sondern in Kunststoffbehältern verpackt.
2 Abweichend von Ihrer Bestellung sind die Artikel in Faltkartons (Containern, Ballen, Kisten) verpackt.
3 Ihrem Wunsch nach Spezialverpackung können wir leider nicht entsprechen. Gestatten Sie uns jedoch den Hinweis darauf, dass unsere Waren bruchfest verpackt sind.
4 Bezüglich der Verpackung bestehen nur geringfügige Unterschiede.
5 Als Anlage übersenden wir Ihnen ein Muster unserer neuen, verbesserten Verpackung, die außerdem den neuen, umweltfreundlichen EU-Normen entspricht.

14 Lamentablemente, no producimos el artículo número ... en el tamaño deseado por ustedes. Les rogamos se informen de nuestros tamaños por la lista adjunta.

Diferencias de precio

1 Nuestros precios son superiores (inferiores) a los que ustedes indican.
2 Los precios indicados por ustedes se basan en nuestra ya no válida lista de precios número ... Les rogamos consulten nuestros nuevos precios en la lista adjunta número ...
3 Nuestros precios son algo superiores a los que ustedes indican, sin embargo, las mercancías son de una calidad considerablemente mejor.
4 Estamos en condiciones de suministrar el artículo solicitado al precio especial de ... (importe, moneda) si se piden ... unidades .
5 En caso de que ustedes insistan en su última indicación de precios, lamentablemente no estamos en disposición de hacerles llegar una oferta correspondiente.
6 Nosotros les ofrecemos a un precio menor mercancías de mejor calidad.
7 La diferencia de precio asciende por unidad a ... (cantidad, moneda).
8 Lamentablemente, nos hemos visto forzados a aumentar nuestros precios. El precio del artículo número ... asciende desde el ... a ... (cantidad, moneda).

Diferencias en el embalaje

1 Nuestras mercancías no se embalan en cajas de cartón, como ustedes solicitan, sino en envases de material plástico.
2 A diferencia de su solicitud, los artículos se embalan en cartones plegables (containers, pacas, cajas).
3 Lamentablemente, no podemos satisfacer su petición de embalaje especial. Sin embargo, permítannos indicarles que nuestras mercancías son embaladas a prueba de roturas.
4 En relación con el embalaje sólo existen pequeñas diferencias.
5 Adjunto les enviamos una muestra de nuestro nuevo y mejorado embalaje, el cual corresponde además a las nuevas normas de la UE en materia ecológica.

6 Leider können wir Ihre Sonderwünsche hinsichtlich der Verpackung unserer Waren nur gegen einen entsprechenden Aufpreis erfüllen.

7 Ihre Verpackungswünsche entsprechen nicht den neuesten Umweltschutzbedingungen und können daher von uns nicht erfüllt werden.

Kein Musterversand

1 Wir sind leider nicht in der Lage, Ihnen ein bemustertes Angebot unserer Waren vorzulegen.

2 Ein Musterversand kann von uns leider nicht vorgenommen werden. Wenn Sie sich einen Überblick über Fertigung, Programm, Qualität und Verpackung unserer Waren verschaffen wollen, so empfehlen wir Ihnen, sich mit unserem Mitarbeiter, Herrn ... in ..., in Verbindung zu setzen, der ein komplettes Musterlager unterhält.

3 Aus Kostengründen (produktionstechnischen Gründen) sind wir leider nicht in der Lage, Muster herzustellen.

4 Zu unserem Bedauern müssen wir Ihnen mitteilen, dass wir keine Muster führen.

5 Leider können wir Ihnen keine Muster unserer Artikel zusenden. Als Anlage erhalten Sie jedoch einige Ausschnitte aus Fachzeitschriften mit Berichten über Qualität und solide Verpackung unserer Waren.

6 Es ist uns leider nicht möglich, Ihnen Muster zukommen zu lassen. Wir dürfen Ihnen jedoch versichern, dass wir bisher noch alle Sonderwünsche unserer Kunden erfüllen konnten.

7 Unsere Musterkollektion ist für den Versand nicht geeignet (zu umfangreich). Sie können jedoch jederzeit das Musterlager in unserem Zweigwerk in ... besichtigen.

Keine Probelieferungen

1 Wie wir Ihrer Anfrage entnehmen, wünschen Sie eine Probelieferung. Wir dürfen Sie um Verständnis dafür bitten, dass wir aus innerbetrieblichen Gründen keine Probelieferungen vornehmen können.

6 Lamentablemente, sólo podemos satisfacer sus deseos especiales relativos al embalaje de nuestra mercancía mediante el pago de un sobreprecio.

7 Sus deseos en cuanto al embalaje no corresponden a las últimas condiciones de protección de ambiente, por lo que no podemos cumplir éstos.

Ningún envío de muestra

1 Lamentablemente, no estamos en condiciones de hacerles una oferta con muestras de nuestras mercancías.

2 Lamentablemente, no podemos proceder a un envío de muestras. Si ustedes quieren tener una idea de la fabricación, del programa, de la calidad y del embalaje de nuestras mercancías, les recomendamos que se pongan en contacto con el señor ... en ... quien dispone de un surtido completo de muestras.

3 Debido a motivos de costo (motivos técnicos de producción), lamentablemente, no estamos en condiciones de fabricar muestras.

4 Sentimos mucho tenerles que participar que no tenemos muestras.

5 Lamentablemente, no podemos enviarles ninguna muestra de nuestros artículos. Sin embargo, adjunto reciben algunos recortes de la prensa especializada, sobre la calidad y el resistente embalaje de nuestras mercancías.

6 Lamentablemente, no nos es posible enviarles muestra alguna. Sin embargo, les podemos garantizar que hasta ahora hemos podido satisfacer todos los deseos especiales de nuestros clientes.

7 Nuestro muestrario no se presta a ser enviado (es demasiado voluminoso). Sin embargo, ustedes pueden visitar en todo momento nuestro almacén de muestras en nuestra fábrica filial en ...

Ningún envío de artículos a prueba

1 Según su solicitud, ustedes desean un envío a prueba. Les rogamos que comprendan que debido a motivos empresariales internos, no podemos llevar a cabo envíos a prueba.

2 Es ist uns leider nicht möglich, Ihnen eine Probelieferung zukommen zu lassen. Wir übersenden Ihnen als Anlage eine Referenzliste, die über die Qualität unserer Erzeugnisse Aufschluss gibt.
3 Probelieferungen würden die Abwicklung unserer Geschäfte verzögern. Wir können Ihnen versichern, dass wir nur Waren bester Qualität liefern.

Kein Kauf auf Probe

1 Eine probeweise Überlassung unserer Geräte können wir leider nicht vornehmen. Wir bieten für die Funktionstüchtigkeit der von uns gelieferten Maschinen entsprechende Garantien, so dass sich eine Probe vor dem Kauf erübrigt.
2 Aus verschiedenen Gründen können wir einem Kauf nach Probe leider nicht zustimmen. Bitte erkundigen Sie sich beim einschlägigen Fachhandel nach der Qualität unserer Erzeugnisse.
3 Aus bestimmten Gründen können wir Ihnen unsere hochwertigen Erzeugnisse nicht zur probeweisen Benutzung überlassen. Bitte überzeugen Sie sich von der Einsatzmöglichkeit unserer Artikel anhand der beiliegenden Referenzen und Ausschnitte aus Fachzeitschriften.

Abweichungen von den Lieferbedingungen

1 Unsere Lieferbedingungen weichen in einigen Punkten von den von Ihnen gewünschten Bedingungen ab.
2 Gewiss haben Sie Verständnis dafür, dass allen Verkäufen grundsätzlich unsere beigefügten Lieferungsbedingungen zugrunde liegen. Bitte bestätigen Sie uns, dass Sie diese anerkennen.
3 Leider sind wir nicht in der Lage, Ihre Lieferungsbedingungen zu erfüllen.
4 Aus produktionstechnischen Gründen sind wir außerstande, die von Ihnen geforderte Lieferzeit einzuhalten.
5 Abweichend von Ihrer Nachfrage dürfen wir Sie darum bitten, unsere Lieferungsbedingungen den beigefügten Unterlagen zu entnehmen.
6 Grundsätzlich liefern wir frei Haus.

2 Lamentablemente, no es posible enviarles un envío a prueba. Adjunto les enviamos una lista de referencias que informa sobre la calidad de nuestros productos.
3 Los envíos a prueba retardarían el trámite de nuestros negocios. Les podemos asegurar que sólo suministramos mercancías de la mejor calidad.

Ninguna venta de artículos a prueba

1 Lamentablemente, no podemos suministrar nuestros artículos a prueba. Dado que ofrecemos las correspondientes garantías del correcto funcionamiento de las máquinas que suministramos, toda prueba antes de la compra resultaría superflua.
2 Por varias razones, lamentablemente, no podemos admitir una compra a prueba. Por favor, infórmense en el comercio especializado sobre la calidad de nuestros productos.
3 Por varios motivos no podemos suministrarles nuestros valiosos productos para su utilización a prueba. Les rogamos se informen, en las referencias y recortes de publicaciones especializadas adjuntas, de las posibilidades de utilización de nuestros artículos.

Diferencias de las condiciones de suministro

1 Nuestras condiciones de suministro se diferencian en algunos puntos de las que ustedes indican en su solicitud.
2 Seguramente ustedes comprenderán que, en principio, para todas nuestras ventas deben regir las condiciones de venta adjuntas. Les rogamos que nos confirmen su aceptación.
3 Lamentablemente, no nos encontramos en condiciones de satisfacer sus condiciones de suministro.
4 Por motivos técnicos de producción no estamos en condiciones de cumplir el plazo de suministro que ustedes exigen.
5 A diferencia de su solicitud, les rogamos que consideren nuestras condiciones de suministro que figuran en la documentación adjunta.
6 En principio, suministramos franco domicilio.

7 Ihre Forderung nach Lieferung frei Haus können wir leider nicht erfüllen. Wir liefern grundsätzlich ab Werk.
8 Bezüglich der Lieferungsbedingungen sind wir flexibel. Bitte teilen Sie uns Ihre Wünsche mit.
9 In Abweichung von Ihrem Wunsch nach Lieferung per (Lkw, Schiff, Flugzeug usw.) erfolgen unsere Lieferungen grundsätzlich per (Lkw, Schiff, Flugzeug usw.).
10 Ihre Lieferungsbedingungen sind für uns nicht akzeptabel.

Abweichungen von den Zahlungsbedingungen

1 Wir teilen Ihnen mit, dass wir uns mit Ihren Zahlungsbedingungen nicht einverstanden erklären können.
2 Wir schlagen Ihnen vor: Zahlung bar mit ... % Skonto oder ... Tage nach Erhalt der Ware netto ohne Abzug.
3 Bitte entnehmen Sie unsere neuen Zahlungsbedingungen den beigefügten Unterlagen.
4 Wir sind außerstande, Ihnen ein Zahlungsziel von ... einzuräumen.
5 Unsere äußerst niedrig kalkulierten Preise erlauben uns nicht, Ihnen einen Abzug zu gewähren.
6 Abweichend von Ihrer Anfrage vom ... schlagen wir Ihnen folgende Zahlungsbedingungen vor:
   – Barzahlung mit ... % Skonto
   – Zahlung innerhalb von ... Tagen ohne Abzug
   – Zahlung innerhalb von ... Monaten.
7 Sollten Sie auf Ihren Zahlungsbedingungen bestehen, wären wir leider außerstande, einen Auftrag von Ihnen anzunehmen.
8 Aufgrund Ihrer Anfrage vom ... übersenden wir Ihnen unsere Lieferungs- und Zahlungsbedingungen, aus denen ersichtlich wird, dass wir Ihrem Wunsch, ein Ziel von 3 (6, 9 usw.) Monaten zu gewähren, nicht entsprechen können.
9 Wir teilen Ihnen mit, dass wir nur gegen bestätigtes, unwiderrufliches Akkreditiv liefern.
10 Konditionen sind: ⅓ Anzahlung bei Auftragserteilung, ⅓ Zahlung bei Fertigstellung, ⅓ bei Vorlage der Frachtbriefe.
11 Wir nehmen auch Aufträge an, die von der ... Bank garantiert wurden.

7 Lamentablemente, no podemos satisfacer su petición de suministro franco domicilio. En principio, suministramos en fábrica.
8 Somos flexibles con relación a las condiciones de suministro. Por favor, infórmennos sobre sus deseos.
9 A diferencia de la forma de suministro que figura en su solicitud por (camión, barco, avión, etc.), en principio efectuamos nuestros suministros por (camión, barco, avión, etc.).
10 Sus condiciones de suministro no son aceptables.

Diferencias de las condiciones de pago

1 Les participamos que no podemos estar de acuerdo con sus condiciones de pago.
2 Les proponemos lo siguiente: pago al contado con un ... % de descuento o sin descuento ... días después del recibo de la mercancía.
3 Les rogamos se informen de nuestras nuevas condiciones de pago en la documentación adjunta.
4 No estamos en disposición de concederles un plazo de pago de ...
5 Nuestros precios, calculados al nivel más bajo posible, no nos permiten concederles un descuento.
6 A diferencia de su solicitud del ... les proponemos las siguientes condiciones de pago:
   – Pago al contado con un ... % de descuento.
   – Pago dentro de ... días sin descuento.
   – Pago dentro de ... meses.
7 En el caso de que insistieran en sus condiciones de pago, sentiríamos no estar en condiciones de aceptar el pedido.
8 En relación con su solicitud del ... les enviamos nuestras condiciones de suminisitro y de pago, en las que se advierte que no podemos satisfacer su deseo de un plazo de 3 (6, 9, etc.) meses.
9 Por medio de la presente les informamos que solamente suministramos contra crédito bancario irrevocable confirmado.
10 Las condiciones son: pago de una tercera parte al realizarse el pedido, pago de una tercera parte a la terminación de la fabricación, y una tercera parte a la presentación de las cartas de porte.
11 También aceptamos pedidos garantizados por el Banco ...

Angebot mit Einschränkungen

Zeitlich beschränktes Angebot

1 Dürfen wir Sie darauf aufmerksam machen, dass wir unser Angebot vom ... aus technischen Gründen nur noch bis zum ... aufrechterhalten können?
2 Das folgende Sonderangebot ist auf ... Wochen beschränkt. Bitte beachten Sie das bei Ihren Dispositionen.
3 Wir sind nur im ... (Monat, Jahreszeit) in der Lage, Ihnen ein derartig günstiges Angebot zu unterbreiten.
4 Das obige Angebot können wir leider nur für die Dauer eines Monats aufrechterhalten.
5 Dieses Angebot ist für uns nur für die Dauer eines Monats bindend.
6 Bestellungen, die aufgrund dieses Angebots nach dem ... bei uns eingehen, können wir leider nicht mehr berücksichtigen.
7 Da wir die Produktion des oben angebotenen Artikels in Kürze einstellen werden, können wir nach dem ... keine Bestellungen mehr annehmen.
8 Wie jedes Jahr müssen wir auch dieses Mal wieder unser Sonderangebot zeitlich beschränken. Bestellungen, die nach dem ... bei uns eingehen, können wir deshalb leider nicht mehr bearbeiten. Bitte beachten Sie diesen Termin.
9 Der oben angebotene Artikel läuft aus. Wir müssen deshalb dieses Angebot bis zum ... befristen.

Mengenmäßig begrenztes Angebot

1 Obiges Angebot ist auf eine maximale Liefermenge von ... Stück beschränkt.
2 Bitte beachten Sie, dass wir obiges Angebot auf eine maximale Abnahmemenge von ... (Stück, kg, t, Ballen) begrenzen müssen.
3 Um auch unsere Kunden (Geschäftspartner) ausreichend beliefern zu können, müssen wir dieses Angebot mengenmäßig einschränken.
4 Leider können wir aus verschiedenen Gründen nur Bestellungen bis zu einer Gesamtmenge von ... Stück berücksichtigen.
5 Dieses Angebot unterliegt einer mengenmäßigen Beschränkung. Die obere Bestellgrenze beträgt ... (Stück, kg, t, Ballen).

Oferta con limitaciones

Oferta limitada temporalmente

1 Tenga en cuenta que nuestra oferta del ... sólo podemos mantenerla, por motivos técnicos, hasta el ...
2 La siguiente oferta especial está limitada a ... semanas. Les rogamos que tengan en cuenta esta circunstancia en sus planes.
3 Sólo estamos en condiciones de hacerles una oferta tan favorable durante ... (mes, estación del año).
4 Lamentablemente, sólo podemos mantener durante un mes la oferta antes mencionada.
5 Por esta oferta sólo nos consideramos obligados durante un mes.
6 Lamentablemente, no podemos tomar en consideración los pedidos que, a base de esta oferta, nos lleguen después del ...
7 Dado que pronto suspenderemos la producción del artículo ofrecido, no podremos aceptar más pedidos después del ...
8 Como todos los años, también en esta ocasión tenemos que limitar temporalmente nuestra oferta especial. Por esta razón, lamentablemente, no aceptaremos los pedidos que nos lleguen después del ... Por favor, tengan en consideración esta fecha.
9 El artículo arriba ofrecido se está agotando, por lo que debemos limitar esta oferta hasta el ...

Oferta limitada en la cantidad

1 La oferta mencionada se encuentra limitada a una cantidad máxima de suministro de ... unidades.
2 Por favor, tomen nota de que tenemos que limitar esta oferta a una cantidad máxima de ... (unidades, kg, t, bultos).
3 Para poder suministrar también en forma suficiente a nuestros otros clientes (colaboradores comerciales), tenemos que limitar esta oferta en la cantidad.
4 Lamentablemente, debido a diversos motivos, sólo podemos tomar en consideración pedidos hasta una cantidad de ...
5 Esta oferta se encuentra sujeta a limitación cuantitativa. La cantidad máxima asciende a ... (unidades, kg, t, bultos).

6 Bitte beschränken Sie Ihre Bestellung auf die maximale Menge von ... Stück, weil wir leider nicht in der Lage sind, größere Mengen zu liefern.

Mindestabnahme

1 Aus wirtschaftlichen Gründen müssen wir für obiges Angebot auf einer Mindestbestellmenge von ... (Stück, kg, t, Ballen) bestehen.
2 Die Mindestabnahmemenge für obiges Sonderangebot liegt bei ... Stück. Bitte beachten Sie das bei Ihrer Bestellung.
3 Bitte haben Sie Verständnis dafür, dass wir Bestellungen, die unter der Mindestabnahmemenge liegen, nicht ausführen können.
4 Wir bitten Sie, bei etwaigen Bestellungen die Mindestabnahmemenge von ... Stück zu beachten.
5 Aus verpackungstechnischen Gründen müssen wir auf einer Mindestabnahmemenge bestehen. Sie liegt bei den angebotenen Artikeln jeweils bei ... Stück.

6 Les rogamos limiten su pedido a la cantidad máxima de ... ya que, lamentablemente, no estamos en condiciones de suministrar cantidades mayores.

Compra mínima

1 Por motivos económicos, tenemos que insistir, respecto a esta oferta, en una cantidad mínima de ... (unidades, kg, t, bultos).
2 La cantidad mínima de adquisición respecto a la mencionada oferta especial es de ... Les rogamos que tengan esto en consideración al efectuar el pedido.
3 Por favor, tengan comprensión del hecho de que no podemos suministrar pedidos de una cuantía inferior al mínimo indicado.
4 Les rogamos que en eventuales pedidos tengan en cuenta la cantidad mínima de ...
5 Por motivos técnicos de embalaje tenemos que insistir en una adquisición mínima. En cada uno de los artículos ofrecidos ésta es de ...

Unverlangtes Angebot

1 Wir haben in Ihrem Gebiet eine Marktforschung durchgeführt. Mit deren Ergebnis waren wir sehr zufrieden. Wir beabsichtigen nun, unsere Waren über einen bekannten Großhandel zu vertreiben. Sollten Sie daran interessiert sein, würden wir Ihnen entsprechende Vorschläge unterbreiten.
2 Wir sind in Ihrem Land seit einigen Jahren durch eine eigene Agentur vertreten. Aus Altersgründen gibt deren Inhaber jetzt seine Tätigkeit auf. Sofern Sie daran interessiert sind, als Importeur unseren Kundenstamm weiter zu beliefern, lassen Sie uns das bitte wissen.
3 Wir erhalten in letzter Zeit aus Ihrem Land immer mehr Anfragen nach Lieferung unserer Produkte. Wären Sie bereit, für das dortige Gebiet unsere Waren in Ihr Sortiment mit aufzunehmen?

Oferta no solicitada

1 Hemos realizado una investigación de mercado en su región, estando muy satisfechos con el resultado. Pensamos ahora distribuir nuestras mercancías a través de un mayorista conocido. En el caso de que ustedes estén interesados les haremos llegar las proposiciones correspondientes.
2 Desde hace varios años nos representa en su país una agencia propia. Por motivos de edad, el agente se retira. En el caso de que ustedes estén interesados en continuar el suministro de nuestra clientela como importadores, les rogamos nos lo hagan saber.
3 En los últimos tiempos recibimos de su país cada vez mayor número de solicitudes de suministro de nuestros productos. ¿Estarían ustedes dispuestos a incluir nuestras mercancías en su surtido para esta región?

4 Unsere neuartigen Produkte entwickeln sich mehr und mehr zu Verkaufsschlagern. Da wir in Ihrem Land noch durch keinen Agenten vertreten sind, möchten wir bei Ihnen anfragen, ob Sie bereit sind, unsere Waren exklusiv in Ihrem Land zu vertreiben.

5 Unsere Waren würden Ihr Handelssortiment beträchtlich vergrößern. Bitte teilen Sie uns umgehend mit, ob Sie uns in ... vertreten wollen.

6 Falls Sie bereit wären, unser Erzeugnis in Ihr Verkaufsprogramm aufzunehmen, würden wir Ihnen das Alleinverkaufsrecht für ... (Land bzw. Gebiet) zusichern.

7 Unsere Maschinen sind auf dem Gebiet der ...verarbeitung führend. Könnten Sie unser Angebot in Ihr Sortiment aufnehmen?

8 Damit unsere Waren in ... (Land) bekannt werden, brauchen wir die Unterstützung eines tüchtigen Importeurs.

9 Bitte lassen Sie uns wissen, ob wir mit Ihrer Hilfe rechnen können.

10 Um Ihnen Ihre Aufgabe zu erleichtern, würden wir zur Einführung unsere Listenpreise um 10 % reduzieren.

11 Können Sie die Waren auf Ihre Rechnung kaufen? Wir würden von Ihnen einen Mindestauftrag von ... erwarten.

12 Welchen Umsatz können Sie uns garantieren, damit wir Ihnen den Alleinverkauf überlassen?

13 Unsere Waren müssen durch eine größere, unabhängige Vertriebsgesellschaft verkauft werden, die in der Branche eingeführt ist. Können Sie uns eine Firma nennen, mit der wir uns in Verbindung setzen können (die sich mit uns in Verbindung setzen könnte)?

14 Eine uns vertretende Vertriebsfirma muss auf eigene Rechnung kaufen. Mindestmengen können mit uns vereinbart werden.

15 Wir stellen Waren des täglichen Bedarfs her. Sie sind problemlos und eignen sich deshalb besonders gut für Sonderangebote und für Selbstbedienungsläden.

16 Ihre Aufgabe als unser Vertreter in ... (Land, Gebiet) wäre es, diese Waren in den einschlägigen Geschäften und Großhandlungen einzuführen.

17 Als Provision zahlen wir Ihnen ... % vom getätigten Umsatz; die Abrechnung erfolgt jeweils zum Quartalsende.

4 Nuestros novedosos productos se convierten cada vez más en éxitos de ventas. Debido a que nosotros todavía no estamos representados en su país por ningún agente, les queremos preguntar si estarían dispuestos a distribuir en exclusiva nuestras mercancías en su país.

5 Nuestras mercancías ampliarían en gran medida su surtido comercial. Por favor, infórmennos inmediatamente si nos quieren representar en ...

6 En el caso de que estuvieran dispuestos a incluir nuestros productos en su programa de ventas, les garantizaríamos el derecho de venta exclusiva para ... (país o región).

7 Nuestras máquinas se encuentran al frente en el ramo de la fabricación de ... ¿Podrían ustedes incluir nuestra oferta en su surtido?

8 Para dar a conocer nuestras mercancías en ... (país) necesitamos la cooperación de un importador activo.

9 Les rogamos que nos informen si podemos contar con su cooperación.

10 Con el fin de aliviar su tarea de introducción, reduciríamos nuestros precios de lista en un 10 %.

11 ¿Pueden ustedes comprar las mercancías por su cuenta? Nosotros esperaríamos de ustedes un pedido mínimo de ...

12 ¿Qué volumen de ventas nos pueden garantizar para confiarles la venta exclusiva?

13 Nuestras mercancías tienen que ser vendidas por una gran compañía distribuidora independiente y con experiencia en el ramo. ¿Podrían ustedes informarnos sobre alguna firma con la que pudiéramos ponernos en contacto (que se pudiera poner en contacto con nosotros)?

14 La firma distribuidora que nos represente debe comprar por cuenta propia. Las cantidades mínimas podría ajustarlas con nosotros.

15 Fabricamos artículos de uso diario que no ofrecen problemas, por lo que son especialmente apropiados para ofertas especiales y para tiendas de autoservicio.

16 Su tarea como representante nuestro en ... (país, región) sería de introducir esas mercancías en los comercios del ramo y en los almacenes al por mayor.

17 Como comisión le pagamos un ... % del volumen de ventas realizado; la liquidación se efectúa por trimestres.

18 Wir beziehen uns auf unser Angebot vom ... und konkretisieren es wie folgt:

19 Sie sind unser Alleinvertreter im angegebenen Gebiet.

20 Aufgrund Ihrer Bestellungen werden die Kunden von uns direkt beliefert.

21 Ihre Provision in Höhe von ... % der getätigten Umsätze wird Ihnen monatlich überwiesen.

22 Es ist Ihnen nicht gestattet, Sondervereinbarungen mit den Kunden zu treffen.

23 Die Kunden sollten mindestens einmal pro Monat aufgesucht werden.

24 Bitte teilen Sie uns mit, ob Sie dieses Angebot akzeptieren. Etwaige Änderungsvorschläge von Ihrer Seite wollen wir gern prüfen.

25 Wie wir erfahren haben, führen Sie in Ihrem Sortiment auch ... (Warenangabe). Wir stellen diese Artikel serienmäßig her. Bitte teilen Sie uns mit, ob Sie auch unsere Waren in Ihr Programm aufnehmen können.

26 Als ...-Großhandlung haben Sie einen laufenden Bedarf an ... (Warenbezeichnung). Wir bieten diesen Artikel zurzeit zu einem Sonderpreis in Höhe von ... (Betrag, Währung) an. Bitte teilen Sie uns umgehend mit, ob Sie an einer Lieferung interessiert sind.

27 Wir führen zurzeit eine Werbewoche für unsere Produkte durch. Dabei haben wir den Preis dieser Waren um ... % gesenkt. Bitte übermitteln Sie uns Ihre Bestellung per Fax/E-Mail.

28 Wir haben einen größeren Posten ... (Warenbezeichnung) auf Lager. Bei einer Abnahmemenge von über ... Stück gewähren wir Ihnen einen Preisnachlass von ... %. Bitte teilen Sie uns umgehend mit, ob Sie von diesem Angebot Gebrauch machen wollen.

29 Wir bieten wöchentlich Sonderposten im Internet an und empfehlen Sie, sich unter www ... unsere Homepage regelmäßig anzusehen.

30 Sie finden uns im Internet unter www ... Unsere Homepage informiert Sie ständig über unser neuestes Warenangebot.

18 Nos referimos a nuestra oferta del ... y la concretamos como sigue:

19 Usted es nuestro representante exclusivo en la región mencionada.

20 Nosotros suministraremos directamente a los clientes, según los pedidos de usted.

21 Mensualmente se le enviará su comisión ascendente a un ... % de las ventas realizadas.

22 Usted no está autorizado para efectuar acuerdos especiales con los clientes.

23 Los clientes tienen que ser visitados por lo menos una vez al mes.

24 Por favor, infórmenos si usted acepta esta oferta. Con gusto consideraríamos cualquier proposición de modificación de su parte.

25 Ha llegado a nuestro conocimiento que usted dispone en su surtido de ... (dato sobre la mercancía). Nosotros fabricamos estos artículos en serie. Le rogamos que nos informe si puede incluir nuestras mercancías en su surtido.

26 Como firma mayorista en el ramo de ... ustedes tienen continuamente necesidad de ... (mención de la mercancía). Ofrecemos ahora este artículo a un precio especial de ... (cantidad, moneda). Les rogamos nos informen inmediatamente si están interesados en un suministro.

27 Actualmente llevamos a cabo una campaña de propaganda de nuestros productos, que durará una semana. Por ello hemos rebajado el precio de nuestras mercancías en un ... %. Les rogamos que nos comuniquen su pedido por fax o también por correo electrónico/e-mail.

28 Tenemos en almacén un gran lote de ... (descripción de la mercancía). Concedemos un descuento de un ... % en el precio por la adquisición de un mínimo de ... Por favor, infórmennos inmediatamente si quieren hacer uso de esta oferta.

29 Cada semana/Todas las semanas ofrecemos saldos a través de Internet/la Red por lo que le recomendamos consultar regularmente nuestra página Web en www ... nuestra página: www ...

30 Estamos en Internet/la Red en www ... En nuestra página podrá informarse en todo momento sobre nuestra gama de productos más actual.

31 Falls Sie daran interessiert sind, regelmäßig über unsere Sonderlieferungen informiert zu werden, wenden Sie sich bitte
unter der Tel.-Nr. . . . an unser Callcenter.

31 Si tuvieran interés en recibir información
periódica de nuestros suministros especiales, llamen al . . . o a nuestro centro de
llamadas/Call-Center . . ./servicio telefónico directo (nur wenn automatisch . . .!)

Antwort auf Angebot

Empfangsbestätigung

1 Wir bestätigen den Empfang Ihres
Sonderangebots vom . . .
2 Ihr Angebot vom . . . ist am . . . bei uns
eingegangen.
3 Wir danken Ihnen dafür, dass Sie uns
auch dieses Mal über Ihr preisgünstiges
Sonderangebot unterrichtet haben.
4 Wir möchten Sie bitten, uns auch in
Zukunft über Ihre Sonderangebote zu
unterrichten.

Negative Antwort

1 Von Ihrem Angebot vom . . . können wir
leider keinen Gebrauch machen, da wir
zurzeit keine der angebotenen Waren
benötigen.
2 Da Ihre Preise über denen unseres bisherigen Zulieferers liegen, können wir Ihr
Angebot vom . . . leider nicht akzeptieren.
3 Da die von Ihnen gewünschte Mindestabnahmemenge über unserem derzeitigen Bedarf liegt, ist Ihr Angebot leider
nicht akzeptabel für uns.
4 Leider können wir von Ihrem Sonderangebot vom . . . keinen Gebrauch machen.
Wir sind bis Ende dieses Jahres an eine
andere Zulieferfirma gebunden.
5 Zu unserem Bedauern übersandten
Sie uns Ihr Angebot zu spät. In der
Zwischenzeit haben wir uns bereits
anderweitig eingedeckt.

Positive Antwort

1 Wir beziehen uns auf Ihr Angebot vom . . .
Bitte übersenden Sie uns umgehend je . . .
Stück der angebotenen Artikel.
2 Wir nehmen Ihr Angebot vom . . . dankend
an.

Respuesta a oferta

Acuse de recibo

1 Acusamos recibo de su oferta especial
del . . .
2 El . . . recibimos su oferta del . . .
3 Les agradecemos que también esta vez
nos hayan informado sobre su ventajosa
oferta especial.
4 Les rogamos que también en el futuro
nos informen sobre sus ofertas especiales.

Negativa

1 Dado que en la actualidad no necesitamos ninguna de las mercancías ofrecidas,
sentimos no poder hacer uso de su oferta
del . . .
2 Lamentablemente, no podemos hacer
uso de su oferta del . . . ya que sus precios son superiores a los de nuestros
suministradores actuales.
3 Lamentablemente, no podemos aceptar
su oferta, ya que la cantidad mínima de
adquisición que ustedes indican es
superior a nuestra necesidad actual.
4 Lamentamos no poder hacer uso de su
oferta especial del . . . Estamos compro-
metidos con otra firma suministradora
hasta fines de este año.
5 Lamentamos que nos hayan enviado su
oferta demasiado tarde. Entretanto
hemos cubierto nuestras necesidades a
través de otro abastecedor.

Positiva

1 Nos referimos a su oferta del . . . Les
rogamos nos envíen inmediatamente . . .
unidades de los artículos ofrecidos.
2 Aceptamos y agradecemos su oferta
del . . .

3 Bitte liefern Sie uns umgehend die von Ihnen angegebene maximale Bestellmenge.

4 Die von Ihnen angebotenen Artikel fügen sich gut in unser Verkaufsprogramm ein. Bitte senden Sie uns per Express je ... Stück.

5 Ihr Angebot vom ... sagt uns zu. Als Anlage überreichen wir Ihnen unsere Bestellung.

3 Les rogamos nos envíen inmediatamente la cantidad máxima establecida por ustedes.

4 Los artículos ofrecidos por ustedes se ajustan a nuestro programa de ventas. Por favor, envíennos por expreso ... unidades de cada uno.

5 Su oferta del ... corresponde a nuestros deseos, por lo que adjunto les enviamos nuestro pedido.

Bitte um Änderung des Angebots

Qualität

1 Bitte machen Sie uns auch ein Angebot über Ihre Waren besserer Qualität sowie von Produkten zweiter Wahl.

2 Können Sie uns auch ein gleichwertiges Angebot in Waren bester Qualität machen?

3 Könnten Sie Ihr Angebot mit einer genauen Angabe der jeweiligen Qualität erneuern?

4 In Ihrem Angebot vom ... vermissen wir Qualitätsangaben. Bitte informieren Sie uns auch darüber.

5 Sie boten uns am ... Waren bester Qualität an. Können Sie die gleichen Artikel auch in einer mittleren Qualität liefern?

6 Ihre erste Qualität ist für uns preislich uninteressant. Bitte teilen Sie uns die Preise Ihrer mittleren Qualität mit.

7 Ihr Angebot ist für uns interessant. Können Sie die angebotenen Waren auch in einer mittleren Qualität liefern?

8 Die Qualität der von Ihnen am ... angebotenen Waren entspricht nicht unseren Erwartungen. Sind Sie in der Lage, qualitativ bessere Artikel zu liefern?

Solicitud de modificación de la oferta

Calidad

1 Les rogamos nos hagan también una oferta de sus mercancías de mejor calidad, así como de productos de segunda calidad.

2 ¿Nos podrían ustedes hacer también una oferta equivalente de mercancías de la mejor calidad?

3 ¿Podrían ustedes renovar su oferta con una indicación exacta de la calidad correspondiente?

4 En su oferta del ... notamos la falta de indicación de la calidad. Por favor, infórmennos también sobre esto.

5 El ... ustedes nos ofrecieron mercancías de la mejor calidad. ¿Pueden ustedes suministrar los mismos artículos también con una calidad media?

6 Debido a sus precios, su primera calidad no nos interesa. Les rogamos nos informen de los precios correspondientes a la calidad media.

7 Su oferta es muy interesante para nosotros. ¿Pueden ustedes también suministrar las mercancías ofrecidas en una calidad media?

8 La calidad de las mercancías ofrecidas por ustedes el ... no es como esperábamos. ¿Están ustedes en condiciones de suministrar artículos de mejor calidad?

Menge und Größe

1 Ihr Angebot vom ... ist sehr attraktiv. Leider ist die von Ihnen angebotene Menge für unseren Bedarf zu gering. Wären Sie in der Lage, einen Großauftrag in Höhe von ... Stück des Artikels Nr. ... zu liefern?

Cantidades y tamaños

1 Es muy atractiva su oferta del ... Lamentablemente, la cantidad ofrecida por ustedes es demasiado reducida para nosotros. ¿Estarían ustedes en condiciones de suministrar un pedido importante de ... del artículo número ...?

2 Wir würden Ihr Angebot vom ... gern annehmen, die von Ihnen verlangte Mindestabnahmemenge ist uns jedoch zu hoch. Könnten Sie uns zunächst nur ... Stück liefern?

3 Wir benötigen laufend große Mengen des von Ihnen am ... angebotenen Artikels, jedoch in anderer Größe. Bitte teilen Sie uns umgehend sämtliche von Ihnen lieferbaren Formate mit.

4 Bei Ihrem Angebot vom ... haben Sie die Maße der angebotenen Artikel nicht angegeben. Bitte informieren Sie uns schnellstmöglich über Ihre lieferbaren Größen.

5 Die von Ihnen vorgeschlagene Mindestabnahmemenge können wir in unserem Lager nicht unterbringen. Bitte teilen Sie uns mit, ob es Ihnen möglich ist, Partien von ... Stück des angebotenen Artikels in zeitlichen Abständen von ... zu liefern.

6 Für uns kommen nur Großeinkäufe infrage. Bitte teilen Sie uns die maximale Menge mit, die Sie sofort liefern können.

7 Wegen ihrer aufwendigen Verpackung nehmen die von Ihnen am ... angebotenen Artikel zu viel Platz ein. Ist es Ihnen möglich, uns ein Angebot mit einer Platz sparenden Verpackung zu unterbreiten?

8 Führen Sie die von Ihnen am ... angebotenen Artikel auch in einer kleineren Ausführung?

Preise

1 Die von Ihnen verlangten Preise sind für uns indiskutabel. Bitte teilen Sie uns Ihre äußersten Preise mit.

2 Die Preise der von Ihnen am ... angebotenen Waren sind zu hoch für uns. Wären Sie bereit, uns bei einem Großauftrag einen ... %igen Nachlass zu gewähren?

3 Bitte teilen Sie uns auch die Preise für eine Ausführung mittlerer Qualität mit.

4 Wenn Sie in der Lage wären, die Preise der von Ihnen am ... angebotenen Artikel um ... (Betrag, Währung) zu senken, würden wir gern von Ihrem Angebot Gebrauch machen.

5 Im Hinblick auf die allgemeine Marktsituation liegen die Preise Ihres Angebots vom ... zu hoch. Bitte teilen Sie uns umgehend Ihre äußerste Preisgrenze mit.

2 Aceptaríamos con gusto su oferta del ..., pero la cantidad mínima que ustedes venden es demasiado alta para nosotros. ¿Podrían ustedes suministrarnos por el momento sólo ... unidades?

3 Necesitamos continuamente grandes cantidades del artículo ofrecido por ustedes el ..., pero en tamaños diferentes. Les rogamos nos informen inmediatamente sobre todos los tamaños de que disponen.

4 En su oferta del ... no han indicado las medidas de los artículos ofrecidos. Por favor, infórmennos cuanto antes sobre los tamaños que suministran.

5 No podemos depositar en nuestro almacén la cantidad mínima de adquisición propuesta por ustedes. Les rogamos nos informen si les es posible suministrar partidas de ... unidades del artículo ofrecido en intervalos de ...

6 Sólo consideramos compras mayores. Les rogamos nos informen sobre las cantidades máximas que pueden suministrar inmediatamente.

7 El embalaje del artículo ofrecido por ustedes el ... ocupa demasiado espacio. ¿Podrían hacernos una oferta con un embalaje de menor volumen?

8 ¿Tienen también en un modelo más pequeño el artículo que ustedes ofrecieron el ...?

Precios

1 Los precios que ustedes indican son inaceptables para nosotros. Les rogamos nos indiquen sus últimos precios.

2 Los precios de las mercancías ofrecidas por ustedes el ... son demasiado altos para nosotros. ¿Estarían ustedes dispuestos a concedernos un descuento del ... % si efectuamos un pedido grande?

3 Les rogamos nos indiquen también los precios para un modelo de calidad media.

4 Si ustedes estuvieran en condiciones de rebajar los precios de los artículos ofrecidos el ... en un ... (cantidad, moneda), con gusto haríamos uso de su oferta.

5 En vista de la situación general del mercado, los precios de su oferta del ... son demasiado altos. Les rogamos nos comuniquen inmediatamente el último límite de sus precios.

6 Für eine qualitativ mittlere Ausführung sind Ihre Preise zu hoch. Wenn Sie bereit wären, zu diesen Preisen eine bessere Qualität zu liefern, würden wir Ihr Sonderangebot vom ... gern akzeptieren.
7 Bitte teilen Sie uns so schnell wie möglich mit, ob in den Preisen Ihres Angebots vom ... bereits die Kosten für Verpackung und Fracht enthalten sind.
8 Wir haben ständig einen großen Bedarf an den von Ihnen angebotenen Artikeln. Bitte informieren Sie uns über Ihre Preise für Großaufträge.

Verpackung

1 Die Verpackung der von Ihnen angebotenen Waren genügt unseren Ansprüchen nicht. Können Sie in bruchfester Verpackung liefern?
2 Bitte unterbreiten Sie uns ein neues Angebot über in Styropor verpackte Waren.
3 In Abweichung von Ihrem Angebot vom ... müssen wir auf in Kisten verpackten Waren bestehen.
4 Um Transportschäden auf ein Minimum zu reduzieren, müssen wir eine bessere Verpackung von Ihnen fordern.
5 Um die Transportkosten zu verringern, bestehen wir bei einer derart großen Bestellung auf einer Verpackung in Collis.
6 Wir verstehen die Preise Ihres Angebots vom ... ausschließlich Verpackung. Bei einer etwaigen Bestellung würden wir jedoch Verpackung in Kisten – zum gleichen Preis! – von Ihnen fordern müssen.
7 Die Qualität Ihrer angebotenen Verpackung entspricht nicht den heute gültigen EU-Umweltschutzbestimmungen. Bitte informieren Sie uns umgehend, ob Sie diesen entsprechen können.
8 Wir können von Ihrem Sonderangebot nur dann Gebrauch machen, wenn Sie uns eine bessere Verpackung Ihrer Waren zusichern.
9 Die Verpackung Ihrer Artikel in Faltkartons lässt viel zu wünschen übrig. Bei einer Bestellung müssten wir auf einer Kunststoffverpackung bestehen, die den EU-Normen Rechnung trägt.

Lieferung

1 Ihr Angebot vom ... sagt uns zu. Wir müssen jedoch auf sofortiger Lieferung bestehen.

6 Para un modelo de calidad media sus precios son demasiado altos. Si ustedes estuvieran dispuestos a suministrar una mejor calidad a estos precios, aceptaríamos con gusto su oferta especial del ...
7 Les rogamos nos informen cuanto antes si los precios de su oferta del ... incluyen los costos de embalaje y flete.
8 Tenemos continuamente una gran necesidad de los artículos que ustedes ofrecen. Les rogamos nos coticen sus precios para pedidos grandes.

Embalaje

1 El embalaje de las mercancías ofrecidas por ustedes no satisface nuestros requerimientos. ¿Podrían utilizar un embalaje resistente a roturas?
2 Les rogamos nos hagan llegar una nueva oferta sobre mercancías embaladas en stiropor.
3 A diferencia de su oferta del ..., tenemos que insistir en mercancías embaladas en cajas.
4 Para reducir al mínimo los daños de transporte, tenemos que insistirles en un embalaje mejor.
5 Con el fin de reducir los gastos de transporte, tenemos que insistir en un embalaje en fardos en un pedido tan grande.
6 Entendemos que los precios de su oferta del ... no incluyen el embalaje. Pero en un pedido eventual tendríamos que insistir en embalaje en cajas, al mismo precio.
7 La calidad del embalaje ofrecido no corresponde a las disposiciones ecológicas vigentes de la UE. Por favor, infórmennos inmediatamente si pueden corresponder a éstas.
8 Sólo podemos hacer uso de su oferta especial si nos aseguran un mejor embalaje de sus mercancías.
9 El embalaje de sus artículos en cartones plegables deja mucho que desear. En el caso de que efectuemos un pedido, tenemos que insistir en un embalaje de material sintético que corresponda a las normas de la UE.

Suministro

1 Nos satisface su oferta del ... Sin embargo, debemos insistir en un suministro inmediato.

2 Der in Ihrem Angebot vom ... angegebene Liefertermin ist für uns zu spät. Können Sie nicht schon früher liefern?
3 Zurzeit haben wir keinen Bedarf an den angebotenen Waren. Bitte teilen Sie uns mit, ob Sie zu den gleichen Konditionen auch in ... Monaten liefern können.
4 Als Großabnehmer der von Ihnen am ... angebotenen Artikel ist eine einmalige Lieferung für uns nicht diskutabel. Bitte teilen Sie uns schnellstmöglich mit, ob Sie in der Lage sind, entsprechend unserem Bedarf wöchentlich (monatlich) ... Stück des Artikels Nr. ... zu liefern.
5 Die in Ihrem Angebot vom ... genannten Lieferbedingungen können wir nicht akzeptieren.
6 Da wir nur einen begrenzten Lagerraum zur Verfügung haben, müssen wir auf einer Lieferung in drei Teilmengen bestehen. Halten Sie auch unter diesen Umständen Ihr Angebot aufrecht?
7 Wir können Ihr Angebot vom ... nur dann annehmen, wenn Sie auf unsere Sonderwünsche hinsichtlich der Lieferung eingehen.
8 Wir müssen auf Lieferung per Express bestehen.
9 Warum bieten Sie Ihre Waren nicht zu den üblichen Lieferungsbedingungen an?

Zahlungsbedingungen

1 Wir können nur dann von Ihrem Sonderangebot vom ... Gebrauch machen, wenn Sie uns einen Mengenrabatt in Höhe von ... % einräumen.
2 Preislich ist Ihr Angebot vom ... sehr verlockend. Mit Ihren Zahlungsbedingungen sind wir jedoch nicht einverstanden.
3 Die Zahlungsbedingungen, die Sie in Ihrem Angebot vom ... vorschlagen, können wir nicht akzeptieren.
4 Würden Sie uns bei einer Bestellung von ... Stück ein Zahlungsziel von ... Tagen einräumen?
5 Die Zahlungsbedingungen Ihres Angebots vom ... müssen wir ablehnen. Bei einer etwaigen Bestellung würden wir auf einem Rabatt in Höhe von ... % der Rechnungssumme bestehen. Bitte teilen Sie uns mit, ob Sie unseren Vorschlag akzeptieren.
6 Ihr Angebot vom ... sagt uns zu. Die von Ihnen geforderten Zahlungsbedingungen sind jedoch nicht handelsüblich.

2 El plazo de suministro indicado en su oferta del ... es demasiado largo para nosotros. ¿No podrían reducirlo?
3 Actualmente no tenemos necesidad de la mercancía ofrecida. Les rogamos nos informen si las mismas condiciones de suministro serán válidas dentro de ... meses.
4 Como comprador importante, no podemos considerar un suministro único del producto ofrecido el ... Les rogamos que nos informen cuanto antes si están en condiciones de suministrar, de acuerdo con nuestra necesidad, ... unidades del artículo número ... en forma semanal (mensual).
5 No podemos aceptar las condiciones de suministro de su oferta del ...
6 Dado lo limitado del espacio de nuestro almacén, tenemos que insistir en un suministro en tres partes. ¿Mantienen ustedes en este caso su oferta?
7 Sólo podemos aceptar su oferta del ... si ustedes satisfacen nuestros deseos especiales en relación con el suministro.
8 Tenemos que insistir en un suministro por expreso.
9 ¿Por qué no ofrecen ustedes sus mercancías bajo las condiciones usuales de suministro?

Condiciones de pago

1 Sólo podemos hacer uso de su oferta especial del ... si nos conceden un descuento por cantidades del ... %.
2 Es muy atractivo el precio de su oferta del ... Sin embargo, no estamos de acuerdo con sus condiciones de pago.
3 No podemos aceptar las condiciones de pago que ustedes proponen en su oferta del ...
4 ¿Podrían ustedes concedernos un plazo de ... días, si efectuáramos un pedido de ... unidades?
5 Tenemos que rechazar las condiciones de pago de su oferta del ... En caso de efectuar un pedido, insistiríamos en un descuento del ... % de la suma de la cuenta. Les rogamos nos informen si aceptan nuestra proposición.
6 Nos satisface su oferta del ... Sin embargo, las condiciones de pago propuestas no son usuales en el comercio.

7 Wir würden Ihr Angebot vom ... gern akzeptieren, müssten Sie aber um Zahlungserleichterungen bitten.

8 In Beantwortung Ihres Angebots vom ... müssen wir Ihnen leider mitteilen, dass Ihre Zahlungsbedingungen nicht handelsüblich sind.

9 Nachdem wir nun schon mehrere Monate regelmäßig Waren von Ihnen beziehen, bitten wir Sie um bessere Zahlungsbedingungen.

Garantien

1 Wir können von Ihrem Sonderangebot vom ... nur dann Gebrauch machen, wenn Sie sich bereit erklären, die üblichen Garantieverpflichtungen zu übernehmen. Bitte nehmen Sie hierzu baldmöglichst Stellung.

2 In Ihrem Sonderangebot vom ... vermissen wir Angaben über Ihre Garantieleistungen.

3 Mit den Garantieleistungen Ihres Angebots vom ... können wir uns nicht zufrieden geben. Wir bitten Sie deshalb um deren Überprüfung.

4 Ihr Angebot vom ... enthält keinen Passus über die von Ihnen gewährten Garantien.

5 Bitte teilen Sie uns umgehend die Gewährleistungsbedingungen mit, die mit Ihrem Angebot vom ... verbunden sind.

6 Laut Angebot vom ... gewähren Sie Garantieleistungen bis zu ... Monaten nach Inbetriebnahme Ihrer Maschinen.

7 Wir wären bereit, Ihr Angebot zu akzeptieren, wenn Sie Ihre Gewährleistungszeit auf ein Jahr ausdehnten.

8 Ihr letztes Angebot ist hinsichtlich der Gewährleistung nicht klar genug formuliert. Bitte teilen Sie uns umgehend Ihre Garantieleistungen mit.

9 In Ihrem Angebot vom ... sind keinerlei Garantieleistungen enthalten. Bitte geben Sie uns auch darüber Auskunft.

10 Bitte teilen Sie uns umgehend mit, welche Garantieleistungen mit Ihrem Angebot vom ... verbunden sind.

Versandart

1 Wir können Ihr Sonderangebot nur dann akzeptieren, wenn Sie uns einen Transport per Express zu Ihren Lasten zusichern.

7 Aceptaríamos gustosos su oferta del ... pero tendríamos que pedirles facilidades de pago.

8 En respuesta a su oferta del ... sentimos tener que participarles que las condiciones de pago propuestas no son usuales en el comercio.

9 Dado que les efectuamos pedidos con regularidad desde hace ya varios meses, les solicitamos nos concedan condiciones de pago más favorables.

Garantías

1 Sólo podemos hacer uso de su oferta especial del ... si ustedes están dispuestos a asumir las obligaciones de garantía usuales. Les rogamos nos informen lo antes posible al respecto.

2 En su oferta especial del ... faltan los datos de la garantía.

3 No podemos estar satisfechos con las garantías de su oferta del ... Por tanto, les rogamos revisen su oferta a este respecto.

4 Su oferta del ... no contiene ninguna cláusula sobre las garantías que ustedes ofrecen.

5 Por favor, infórmennos inmediatamente sobre las garantías relativas a su oferta del ...

6 De acuerdo con la oferta del ... ustedes dan una garantía hasta ... meses contados a partir del día en que fueron puestas en servicio sus máquinas.

7 Estaríamos dispuestos a aceptar su oferta si ustedes extienden el período de garantía hasta un año.

8 Su última oferta no es clara en relación con la garantía. Les rogamos nos informen inmediatamente las prestaciones que forman parte de la garantía.

9 Su oferta del ... no contiene ninguna garantía. Les rogamos nos informen también sobre este punto.

10 Por favor, infórmennos inmediatamente qué garantías incluye su oferta del ...

Tipo de envío

1 Sólo podemos aceptar su oferta especial si ustedes nos garantizan el transporte por expreso, por su cuenta.

2 Können Sie Ihr Angebot vom ... hinsichtlich der Versandart abändern?
3 Für uns käme nur ein Versand per Lkw-Sammeltransport infrage.
4 Können Sie uns in Abänderung Ihres Angebots vom ... Versand per Luftfracht zusichern?
5 Da wir die von Ihnen angebotenen Waren dringend benötigen, müssen wir auf Versand per Express bestehen.
6 Unseres Erachtens kommt für Ihre leicht verderbliche Ware nur ein Transport in Kühlwagen infrage. Bitte teilen Sie uns umgehend mit, ob das möglich ist.
7 Der von Ihnen mit Angebot vom ... vorgeschlagene Transportweg ist uns zu zeitraubend. Wir können von Ihrer Offerte nur dann Gebrauch machen, wenn Sie unsere Wünsche hinsichtlich des Transportwegs und der Transportart erfüllen.
8 In Abweichung von Ihrem Angebot vom ... müssen wir auf einem Versand per Express bestehen.
9 Das Transportproblem haben Sie in Ihrem Angebot vom ... nicht erwähnt. Bitte informieren Sie uns über die bei Ihnen übliche Versandart.
10 In Ihrem Angebot fehlt die Angabe der Versandart. Wir erwarten dazu Ihre Stellungnahme.

2 ¿Pueden ustedes modificar su oferta del ... respecto al tipo de envío?
3 Nosotros sólo consideraríamos el envío por camión de transporte colectivo.
4 ¿A diferencia de su oferta del ..., pueden ustedes asegurarnos el envío por carga aérea?
5 Dado que necesitamos urgentemente las mercancías que ustedes ofrecen, tenemos que insistir en su envío por expreso.
6 Estimamos que para su mercancía fácilmente deteriorable sólo se puede utilizar el transporte en vagones frigoríficos. Les rogamos que nos informen inmediatamente si esto es posible.
7 Consideramos demasiado lento el itinerario propuesto por ustedes en su oferta del ... Sólo podemos aceptar su oferta si ustedes satisfacen nuestros deseos respecto al itinerario y tipo de transporte.
8 A diferencia de su oferta del ... tenemos que insistir en el envío por expreso.
9 Ustedes no mencionaron en su oferta del ... el problema del transporte. Les rogamos que nos informen sobre el medio de transporte que ustedes utilizan normalmente.
10 En su oferta falta la indicación del tipo de envío. Esperamos su opinión al respecto.

Ablehnung des Wunsches auf Angebotsänderung

1 Bei den äußerst niedrigen Preisen unseres Sonderangebots ist es uns leider nicht möglich, auf Ihre Sonderwünsche einzugehen.
2 Wir sehen leider keine Möglichkeit, Ihre Sonderwünsche im Hinblick auf die Verpackung der Waren aus unserem Angebot vom ... zu erfüllen.
3 Die von Ihnen vorgeschlagene Versandart können wir leider nicht akzeptieren, da sie unser Angebot zu sehr verteuern würde.
4 Die Preise unseres Angebots vom ... sind auf das Äußerste kalkuliert. Wir sehen uns daher nicht in der Lage, Ihre Wünsche hinsichtlich der Zahlungsbedingungen und der Versandart zu erfüllen.
5 Ihre Bitte um Änderung unseres Angebots vom ... müssen wir leider abschlägig beantworten.

No aceptación del deseo de modificación de oferta

1 Lamentablemente, no podemos satisfacer sus deseos especiales dados los precios extremamente bajos de nuestra oferta especial.
2 Lamentablemente, no vemos posibilidad de satisfacer su deseo especial relativo al embalaje de las mercancías de nuestra oferta del ...
3 Sentimos no poder aceptar el tipo de envío propuesto por ustedes ya que encarecería demasiado nuestra oferta.
4 Los precios de nuestra oferta del ... están calculados al nivel más bajo posible. Por tanto, no estamos en condiciones de satisfacer sus deseos relativos a las condiciones de pago y al tipo de envío.
5 Lamentamos no poder acceder a su solicitud de modificación de nuestra oferta del ...

6 Leider sehen wir uns nicht imstande, Ihre Sonderwünsche hinsichtlich unseres Angebots vom ... zu erfüllen.

7 In Beantwortung Ihrer Anfrage wegen der Konditionen unseres Angebots vom ... müssen wir Ihnen leider mitteilen, dass wir nicht in der Lage sind, in Ihrem Fall eine Ausnahme zu machen.

8 Den von Ihnen geforderten Versand per Express zu unseren Lasten sind wir nicht in der Lage zu akzeptieren. Wir können unser Angebot vom ... nur zu den angegebenen Konditionen aufrechterhalten.

9 Ihren Wunsch nach Änderung unseres Angebots vom ... können wir leider nicht erfüllen.

10 Bei der heutigen Preissituation auf den Rohstoffmärkten können wir die Konditionen unseres Angebots bedauerlicherweise nicht ändern.

Dem Wunsch kann entsprochen werden

1 Ihren Vorschlag zur Abänderung unseres Angebots vom ... akzeptieren wir.

2 Wir sind bereit, Ihre Sonderwünsche hinsichtlich der Verpackung zu akzeptieren. Bitte leiten Sie uns Ihre Bestellung zu.

3 Wir sind bereit, unser Angebot vom ... nach Ihren Wünschen abzuändern.

4 Wir beziehen uns auf Ihr Schreiben vom ... und teilen Ihnen dazu mit, dass wir Ihrer Bitte um eine Änderung unseres letzten Angebots gern nachkommen.

5 In Anbetracht der von Ihnen in Aussicht gestellten großen Bestellmenge sind wir bereit, Ihnen – in Abänderung unseres letzten Angebots – einen Preisnachlass zu gewähren.

6 Es ist uns möglich, unser Angebot vom ... Ihren Wünschen gemäß abzuändern. Wir erwarten nunmehr Ihre Bestellung.

7 Wir teilen Ihnen mit, dass unsere Versandabteilung in der Lage ist, Ihre Sonderwünsche hinsichtlich des Transportwegs zu erfüllen.

8 Ihrem Sonderwunsch bezüglich der Qualität entsprechen wir gern.

6 Lamentamos no estar en condiciones de satisfacer su deseo especial relativo a nuestra oferta del ...

7 En respuesta a su pregunta referente a las condiciones de nuestra oferta del ..., sentimos tener que participarles que no estamos en condiciones de hacer una excepción en su caso.

8 No podemos aceptar el envío por expreso a nuestro cargo, propuesto por ustedes. Sólo podemos mantener nuestra oferta del ... bajo las condiciones expuestas.

9 Lamentamos no poder satisfacer su deseo concerniente a la modificación de nuestra oferta del ...

10 Lamentablemente, no podemos modificar las condiciones de nuestra oferta debido a la actual situación de los precios en los mercados de materias primas.

Se puede satisfacer el deseo

1 Aceptamos su proposición de modificación de nuestra oferta del ...

2 Estamos dispuestos a aceptar sus deseos especiales relativos al embalaje. Por favor, envíennos su pedido.

3 Estamos dispuestos a modificar nuestra oferta del ..., de acuerdo con sus deseos.

4 Respecto a su escrito del ... les participamos que con gusto aceptamos su sugerencia de modificación de nuestra última oferta.

5 En atención al gran volumen del pedido que desean efectuar, estamos dispuestos a concederles – a diferencia de nuestra última oferta – un descuento en el precio.

6 Es posible modificar nuestra oferta del ... de acuerdo con sus deseos. Esperamos ahora su pedido.

7 Por medio de la presente les participamos que nuestro departamento de expedición está en condiciones de satisfacer sus deseos especiales relativos al itinerario.

8 Satisfacemos con gusto su deseo especial relativo a la calidad.

Ablehnung des Änderungswunsches und neues Angebot

1 Ihren Sonderwunsch in Sachen Verpackung müssen wir leider ablehnen, da das von uns verwendete Verpackungsmaterial durch EU-Richtlinien vorgeschrieben ist.

2 Wir sind gern bereit, Ihnen einen Preisnachlass zu gewähren, wenn Sie mindestens ... Stück des angebotenen Artikels abnehmen.

3 Ihre Sonderwünsche können wir leider nicht berücksichtigen. Als Anlage übersenden wir Ihnen jedoch ein neues, noch günstigeres Angebot.

4 Unsere Geschäftsführung hat es ablehnen müssen, Ihre Sonderwünsche hinsichtlich der Zahlungsbedingungen zu erfüllen. Wir erlauben uns jedoch, Ihnen heute ein weiteres günstiges Angebot zu unterbreiten.

5 Leider können wir Ihrer Bitte um Änderung unseres letzten Angebots nicht nachkommen. Wir sind jedoch in der Lage, Ihnen ein weiteres Sonderangebot zu unterbreiten.

6 Hinsichtlich der Verpackung können wir Ihrer Bitte um Änderung leider nicht nachkommen, da die zz. gültigen Umweltschutzbestimmungen dies nicht erlauben.

7 Da wir auf Sonderwünsche bedauerlicherweise nicht eingehen können, übersenden wir Ihnen ein weiteres Angebot.

8 Da wir nicht in der Lage sind, unser Angebot vom ... zu ändern, möchten wir Ihnen heute ein neues Angebot unterbreiten.

9 Ihren Wunsch hinsichtlich einer Änderung unseres Angebots vom ... können wir leider nicht erfüllen, dürfen Sie jedoch auf unser neuestes Sonderangebot hinweisen.

No aceptación del deseo de modificación y nueva oferta

1 Sentimos mucho tener que rechazar su deseo especial relativo al embalaje, dado que el material utilizado por nosotros para este fin sigue las normas de la UE.

2 Con gusto estamos dispuestos a concederles una rebaja en el precio, si ustedes nos compran un mínimo de ... unidades del artículo ofrecido.

3 Sentimos mucho no poder satisfacer sus deseos especiales. Sin embargo, adjunto les enviamos una nueva oferta, aún más ventajosa.

4 Nuestra dirección comercial ha tenido que rechazar su deseo especial relativo a las condiciones de pago. Sin embargo, nos permitimos hacerles hoy otra oferta ventajosa.

5 Sentimos mucho no poder satisfacer su solicitud de modificación de nuestra última oferta. Sin embargo, estamos en disposición de hacerles llegar otra oferta especial.

6 Sentimos mucho no poder corresponder a su solicitud en cuanto a una modificación del embalaje, ya que éste no está en consonancia con las disposiciones actualmente vigentes en materia de protección del medio ambiente.

7 Dado que, lamentablemente, no podemos satisfacer deseos especiales, les enviamos otra oferta.

8 Dado que no estamos en condiciones de modificar nuestra oferta del ..., nos permitimos enviarles hoy una nueva oferta.

9 Sentimos mucho no poder satisfacer su deseo relativo a una modificación de nuestra oferta del ..., pero señalamos a su atención nuestra nueva oferta especial.

Referenzen
Referencias

Referenzanforderung

1 Wir haben erfahren, dass Sie Lieferant der Firma . . . sind.
2 Wie wir erfahren, sind Sie Kunde der Firma . . .
3 Wir nehmen an, dass Sie mit der Firma . . . in Geschäftsbeziehung stehen.
4 Sie arbeiten schon lange mit der Firma . . . zusammen. Können Sie uns dieses Unternehmen empfehlen?
5 Uns würde interessieren, welche Erfahrungen Sie mit der Firma . . . gemacht haben.
6 Hat sich die Firma . . . Ihnen gegenüber Unregelmäßigkeiten zuschulden kommen lassen?
7 Ihnen dürfte die Firma . . . schon länger bekannt sein.
8 Wie beurteilen Sie die Kapitalsituation/Bonität/Solvenz der Firma . . .?
9 Die Firma . . . (Herr . . .) hat Sie als Referenz genannt.
10 Wir ersehen aus einem Verzeichnis von Referenzadressen, dass Sie bei der Firma . . . gekauft haben.
11 Wir beabsichtigen, Maschinen der Firma . . . zu kaufen, und bitten Sie um Auskunft, ob Sie mit den bei Ihnen installierten Anlagen zufrieden sind.
12 Wir bitten Sie uns mitzuteilen, ob Sie mit den von der Firma . . . bezogenen Waren zufrieden sind.
13 Würden Sie uns bitte folgende Auskünfte geben: . . .
14 Wir bitten Sie, uns einen Termin zu nennen, an dem wir die bei Ihnen installierten . . . besichtigen können.
15 Wann und wo dürfen wir die Maschinen der Firma . . . im Einsatz besichtigen?

Solicitud de referencia

1 Nos hemos enterado de que ustedes son proveedores de la firma . . .
2 Según nos han informado, ustedes son clientes de la firma . . .
3 Suponemos que ustedes tienen relaciones comerciales con la empresa . . .
4 Ustedes trabajan desde hace tiempo con la firma . . . ¿Pueden ustedes recomendarnos esta empresa?
5 Nos interesaría conocer las experiencias que ustedes han tenido con la firma . . .
6 ¿Ha sido la firma . . . responsable de algunas irregularidades respecto a ustedes?
7 Ustedes deben conocer la firma . . . desde hace tiempo.
8 ¿Cómo juzgan ustedes la situación financiera/crédito/ solvencia de la empresa . . .?
9 La firma . . . (El señor . . .) les ha mencionado a ustedes como referencia.
10 Hemos observado en una lista de direcciones de referencia que ustedes han comprado de la firma . . .
11 Tenemos la intención de comprar maquinaria a la firma . . . Por este motivo les rogamos que nos informen si están satisfechos con los equipos que les instalaron.
12 Les rogamos nos informen si están satisfechos con las mercancías adquiridas de la empresa . . .
13 Les rogamos nos proporcionen las siguientes informaciones:
14 Les rogamos nos indiquen una fecha en que pudiéramos examinar sus instalaciones de . . .
15 ¿Cuándo y dónde podríamos examinar la maquinaria de la firma . . ., en funcionamiento?

Geschäftspartner

1 Bitte nennen Sie uns Ihre Bank- und Geschäftsreferenzen.
2 Bitte teilen Sie uns die üblichen Referenzen mit.
3 Vor unserem ersten Abschluss bitten wir Sie um die üblichen Bank- und Geschäftsreferenzen.
4 Da wir Ihr Unternehmen noch nicht kennen, bitten wir Sie um Angabe von Referenzen.
5 Bitte informieren Sie uns über Ihren Kundenkreis.

Zusicherung der Diskretion und Schlusssätze

1 Wir sichern Ihnen ausdrücklich zu, dass Ihre Auskünfte mit Diskretion behandelt werden.
2 Seien Sie versichert, dass diese Informationen für uns streng vertraulich sind.
3 Wir würden uns freuen, Ihnen entsprechende Gegendienste leisten zu können.

Referenzanforderung bei Banken

1 Die Firma ... (Herr ...) hat Sie als Referenz genannt.
2 Ihr Haus wurde uns als Referenz genannt.
3 Die Firma ... hat erklärt, schon seit längerer Zeit ein Konto bei Ihnen zu unterhalten.
4 Als möglicher Geschäftspartner der Firma ... wenden wir uns mit der Bitte um folgende Auskünfte an Sie: ...
5 Wir bitten Sie hiermit, uns die entsprechenden Auskünfte zu erteilen.
6 Der Geschäftsführer der Firma ... erwähnte, Sie hätten einen größeren Kredit gewährt.
7 Wir bitten Sie um eine Bestätigung der Kreditzusage, die Sie der Firma ... gegeben haben.
8 Wir bitten Sie um die Bestätigung dieser Kreditzusage, da wir die Lieferung eines großen Warenpostens von der Zahlungsfähigkeit der Firma ... abhängig machen müssen.
9 Unser besonderes Interesse gilt Auskünften über Zahlungsfähigkeit und Kreditwürdigkeit der Firma ...

Relación comercial

1 Les rogamos nos informen sobre sus referencias bancarias y comerciales.
2 Les rogamos nos informen sobre las referencias usuales.
3 Antes de nuestro primer contrato, les rogamos que nos den las referencias bancarias y comerciales usuales.
4 Dado que no conocemos aún su empresa, les rogamos que nos proporcionen referencias.
5 Por favor, infórmennos sobre su clientela.

Garantía de discreción y frases finales

1 Les aseguramos expresamente que sus informaciones serán tratadas con discreción.
2 Pueden tener la absoluta seguridad de que trataremos estas informaciones de manera estrictamente confidencial.
3 Nos agradaría poder servirles recíprocamente.

Solicitud de referencia en bancos

1 La firma ... (El señor) ... les ha mencionado a ustedes como referencia.
2 Su casa nos fue indicada como referencia.
3 La empresa ... ha indicado que tiene desde hace tiempo una cuenta con ustedes.
4 Como posiblemente estableceremos relaciones comerciales con la empresa ..., nos agradaría recibir de ustedes las siguientes informaciones:
5 Les rogamos por medio de la presente nos envíen las informaciones correspondientes.
6 El gerente de la empresa ... ha mencionado que ustedes le han concedido un crédito importante.
7 Les rogamos nos confirmen la promesa de crédito que ustedes han dado a la empresa ...
8 Les rogamos la confirmación de esa promesa de crédito, ya que el envío de un gran lote de mercancía depende de la solvencia de la firma ...
9 Nos interesan especialmente las informaciones sobre la solvencia de la firma, así como si es digna de crédito.

10 Wir bitten Sie uns mitzuteilen, wie zuverlässig die Firma ... ihren Zahlungsverpflichtungen nachkommt.
11 Wir glauben, dass Ihnen eine Beurteilung der Firma ... am ehesten möglich ist, und legen daher großen Wert auf Ihre Meinung.
12 Da uns selbst Informationen zur Beurteilung der Firma ... nicht in ausreichendem Maße vorliegen, bitten wir Sie, uns Folgendes mitzuteilen:
   – Welchen Ruf genießt sie?
   – Wie sind ihre Vermögensverhältnisse?
   – Ist ihre Zahlungsfähigkeit gewährleistet?
13 Wir glauben, dass die von Ihnen gewünschten Informationen den Interessen beider Parteien dienen.
14 Wir hoffen, dass Ihre Auskünfte den Abschluss mit der Firma ... ermöglichen, und bedanken uns für Ihre Bemühungen.

10 Les rogamos nos informen hasta qué punto podría confiarse en que la firma ... cumplirá sus obligaciones de pago.
11 Consideramos que ustedes están en la posición más adecuada para formarse un juicio sobre la firma ..., razón por la cual damos una gran importancia a su opinión.
12 Como no contamos con la información suficiente para formarnos un juicio sobre la firma ..., les rogamos nos participen lo siguiente:
   – ¿De qué reputación disfruta?
   – ¿Cuál es su situación financiera?
   – ¿Está garantizada su solvencia?
13 Estimamos que las informaciones que ustedes desean pueden servir los intereses de ambas partes.
14 En la esperanza de que sus informaciones faciliten nuestros negocios con la firma ..., les agradecemos mucho las molestias que les hemos causado.

Referenzanforderung bei Auskunfteien

1 Wir wenden uns an Sie, um Informationen über die Firma ... zu erhalten.
2 Wir bitten Sie um Informationen über die Firma ...
3 Wir beabsichtigen, geschäftliche Beziehungen zur Firma ... aufzunehmen, halten jedoch noch folgende Auskünfte für erforderlich: ...
4 Da wir die Firma ... noch nicht näher kennen, möchten wir Sie beauftragen, Auskünfte einzuholen.
5 Wir bitten Sie, uns die für die Aufnahme geschäftlicher Kontakte erforderlichen Informationen über die Firma ... zu geben.
6 Die von der Firma ... benannten Referenzen konnten unsere Vorbehalte nicht völlig zerstreuen, so dass wir Sie mit der Beschaffung weiter gehender Informationen beauftragen möchten.
7 Wir benötigen dringend folgende Informationen: ...

Solicitud de referencia a las oficinas de informes

1 Nos dirigimos a ustedes con el fin de obtener informaciones sobre la empresa ...
2 Les pedimos información sobre la empresa ...
3 Tenemos la intención de establecer relaciones comerciales con la firma ..., pero estimamos necesario conocer las siguientes informaciones:
4 Como todavía no conocemos bien la firma ..., queremos encargarles a ustedes la obtención de información sobre la misma.
5 Les rogamos nos proporcionen las informaciones necesarias para poder establecer relaciones comerciales con la empresa ...
6 Las referencias mencionadas por la empresa ... no pudieron disipar completamente nuestras reservas. Por este motivo queremos encomendar a ustedes la obtención de más informaciones.
7 Necesitamos urgentemente las siguientes informaciones: ...

8 Unser besonderes Interesse gilt Auskünften über die Zahlungsfähigkeit (Zahlungsgewohnheiten, Kreditwürdigkeit, Kreditbeanspruchung, Kundenkreis, Zufriedenheit der Kunden, Kulanz, Konkurrenzsituation, Marktanteil, Wettbewerbsfähigkeit, Zukunftschancen, Eigentumsverhältnisse, Kapitalbasis, Verschuldungsgrad, Zufriedenheit des Personals, Personalsituation, Umsatz, Umsatzentwicklung, Haftung der Gesellschafter) der Firma ...

9 Wichtig wäre für uns auch zu wissen, wie die Eigentumsverhältnisse bei der Firma ... beschaffen sind.

10 Wir halten Informationen über die Zahlungsfähigkeit für dringend erforderlich.

11 Wir bitten Sie in Erfahrung zu bringen, wie groß ihr Marktanteil ist.

12 Bitte verschaffen Sie uns Klarheit über ihren Kundenkreis.

13 Bitte stellen Sie fest, mit welchen unserer Konkurrenten die Firma ... früher zusammengearbeitet hat.

14 Wir bitten um Angaben zur Person des Inhabers.

15 Stimmt es, dass Herr ..., der Inhaber der Firma ..., schon verschiedentlich in anderen Branchen tätig war und dass dabei häufig Schwierigkeiten aufgetreten sind?

16 Wie wir hörten, soll Herr ... schon einmal Konkurs angemeldet haben.

17 Es müsste geklärt werden, ob Herr ... tatsächlich wiederholt mit geschäftlichen Schwierigkeiten zu kämpfen hatte.

18 Können Sie die Hintergründe der angeblichen Schwierigkeiten der Firma ... aufklären?

19 Wir halten diese Angaben für erforderlich, um das für uns entstehende Risiko möglichst gering zu halten.

20 Wir brauchen diese Auskünfte, um uns ein umfassendes Bild von dieser Firma machen zu können.

8 Nos interesan especialmente informaciones sobre la solvencia (hábitos de pago, solvencia, uso de crédito, clientela, satisfacción de los clientes, concesiones en los negocios, situación en la competencia, participación en el mercado, competitividad, perspectivas, base de capital, grado de endeudamiento, satisfacción del personal, situación del personal, volumen de negocios, desarrollo de las operaciones comerciales, responsabilidad de los socios) de la firma ...

9 Sería también importante para nosotros conocer cómo se encuentran distribuidas las participaciones en la propiedad de la firma ...

10 Consideramos necesarios y urgentes los informes sobre la solvencia.

11 Les rogamos averigüen la cuantía de su participación en el mercado.

12 Les rogamos nos informen acerca de la clientela.

13 Les rogamos averigüen con cuáles de nuestros competidores ha cooperado anteriormente la firma ...

14 Rogamos información sobre la persona del propietario.

15 ¿Es cierto que el señor ..., propietario de la firma ..., ya ha estado activo en otros ramos, y que sus actividades dieron lugar muchas veces a dificultades?

16 Hemos oído que el señor ... se declaró ya una vez en quiebra.

17 Debe aclararse si el señor ... ha tenido realmente repetidas dificultades comerciales.

18 ¿Pueden aclararnos los orígenes de las supuestas dificultades de la firma ...?

19 Consideramos necesarios estos informes para mantener nuestro riesgo lo más bajo posible.

20 Necesitamos esa información para podernos hacer una idea completa de esa empresa.

Antwort auf Referenzersuchen

Positive Auskunft

1 Wir freuen uns, Ihnen über die Firma ... Folgendes sagen zu können: ...

Respuesta a solicitudes de referencia

Información favorable

1 Nos satisface poder informarles lo siguiente sobre la empresa ...

2 Gern geben wir Ihnen folgende Auskunft:
...
3 Im Einzelnen können wir Ihnen mit folgenden Informationen dienen: ...
4 Wir können Ihnen nur die besten Auskünfte über diese Firma geben.
5 Die Firma ... war uns stets ein zuverlässiger und angenehmer Geschäftspartner.
6 Die Firma ... gilt in weiten Kreisen als kreditwürdig (krisenfest, kulant, zahlungsfähig, zuverlässig, flexibel geführt, zukunftssicher, guter Vertragspartner).
7 Wir halten die Firma ... für einen guten Geschäftspartner; sie ist absolut kreditwürdig.
8 Diese Firma genießt allgemein hohes Ansehen.

2 Con gusto les facilitamos la siguiente información:
3 En detalle, podemos ofrecerles las siguientes informaciones:
4 Sólo les podemos dar las mejores informaciones sobre esa firma.
5 En nuestras relaciones comerciales con la firma ..., ésta se caracterizó siempre por su fiabilidad y lo agradable del trato.
6 La firma ... es considerada en amplios círculos como digna de crédito (sólida ante las crisis, servicial, solvente, fiable, dotada de una dirección flexible, de buenas perspectivas, buena parte contratante).
7 Tenemos una alta opinión de la firma ... Es completamente digna de crédito.
8 Esa empresa disfruta en general de un gran prestigio.

Vage Auskunft

1 Wir kennen zwar das von Ihnen erwähnte Unternehmen, doch ist es zwischen uns nie zu einem Geschäftsabschluss gekommen.
2 Die zwischen der Firma ... und uns getätigten Abschlüsse haben die Summe von ... (Betrag, Währung) nie überschritten, so dass wir über die Höhe eines zu gewährenden Kredits von ... (Betrag, Währung) nichts aussagen können.
3 Über die Bonität (Solvenz, Kreditwürdigkeit, finanzielle Lage) des Herrn ... können wir Ihnen leider keine Auskunft geben, da er uns persönlich nicht bekannt ist. Wir haben nur Verbindung mit seinem Geschäftspartner.
4 Wir haben mit dieser Firma lediglich einmal kurz verhandelt, so dass unsere Informationen für eine Referenzabgabe bedauerlicherweise nicht ausreichen.
5 Da wir nur gelegentlich mit der Firma ... Geschäfte tätigen, können wir Ihnen leider keine näheren (genaueren) Auskünfte erteilen.

Informes vagos

1 Si bien la empresa citada por ustedes nos es conocida, no se llegó nunca a conclusiones de negocios entre nosotros.
2 Las operaciones realizadas entre la firma ... y nosotros nunca sobrepasaron la suma de ... (importe, moneda), por lo que no podemos dar una opinión, en absoluto, en cuanto a la concesión de un crédito de ... (importe, moneda).
3 Referente a la solvencia (crédito, situación financiera) del Sr. ..., sentimos no poder proporcionarles ningún informe, dado que no nos es conocido personalmente. Mantenemos únicamente relaciones con su socio comercial.
4 Solamente en una ocasión hemos tenido breves negociaciones con esta firma, por lo que, muy a pesar nuestro, nuestras informaciones no son suficientes para dar referencias.
5 Dado que realizamos negocios únicamente de manera esporádica con la firma ..., sentimos no poder darles informes detallados (más exactos).

Negative Auskunft

1 Leider müssen wir Ihnen folgende Auskunft erteilen: ...
2 Zu unserem Bedauern müssen wir Ihnen Folgendes mitteilen: ...

Informes negativos

1 Lamentamos tener que darles la siguiente información:
2 A nuestro pesar tenemos que comunicarles lo siguiente:

3 Im Einzelnen ist Folgendes zu berichten:
...
4 Unsere Geschäfte mit der Firma ... haben die Erwartungen nicht erfüllt.
5 Wir waren von unseren Geschäften mit der Firma ... enttäuscht.
6 Wir mussten zur Kenntnis nehmen, dass diese Firma mehr verspricht, als sie halten kann.
7 Das Verhalten der Firma ... hat zum Abbruch der Geschäftsbeziehungen geführt.
8 Wir werden in Zukunft nicht mehr mit dieser Firma zusammenarbeiten.
9 Wir mussten uns nach anderen Geschäftspartnern umsehen.
10 In letzter Zeit häufen sich die Beschwerden über diese Firma.
11 Es hat sich erwiesen, dass die Firma ... nicht kreditwürdig (krisenfest, solvent, zahlungsfähig, zuverlässig usw.) ist.
12 Wir glauben, dass größte Vorsicht angebracht ist.
13 Ein Abschluss mit der Firma ... ist nach unseren Erfahrungen zu riskant.
14 Wir halten den geplanten Abschluss für riskant.
15 Wir hatten mehrfach Beanstandungen, die entweder erst nach mehrfacher Mahnung oder überhaupt nicht beseitigt wurden.
16 Die aufgetretenen Mängel an den Geräten der Firma ... wurden nur unwillig behoben.
17 Die Firma ... hat offensichtlich kein Interesse daran, ihre Kunden zufrieden zu stellen.
18 Der Kundendienst der Firma ... ist so schlecht, dass wir in Zukunft unsere Computerprogramme von anderen Providern beziehen werden.

3 En detalle, debemos informarles lo siguiente:
4 Nuestros negocios con la firma ... no resultaron como esperábamos.
5 En los negocios con la empresa ... sufrimos una decepción.
6 Tuvimos que reconocer que esa empresa promete más de lo que puede cumplir.
7 El comportamiento de la empresa ... condujo a la ruptura de las relaciones comerciales.
8 En el futuro no tendremos más negocios con esa firma.
9 Nos vimos obligados a buscar otras relaciones comerciales.
10 Ultimamente se han manifestado muchas quejas contra esa firma.
11 Se ha comprobado que la empresa ... no es digna de crédito (sólida ante la crisis, solvente, fiable, etc.).
12 Estimamos es necesario proceder con sumo cuidado.
13 De acuerdo con nuestras experiencias, los negocios con la empresa ... son muy arriesgados.
14 Consideramos que el negocio planeado es muy arriesgado.
15 Nos vimos obligados a hacerles repetidas reclamaciones que sólo atendieron después de repetidos recordatorios o no las atendieron en absoluto.
16 La firma ... opuso resistencia a la reparación de los defectos que se presentaron en los equipos.
17 Evidentemente, la empresa ... no tiene ningún interés en satisfacer a sus clientes.
18 El servicio a la clientela de la firma ... es tan deficiente, que, en el futuro, vamos a comprar los programas de ordenador a otros proveedores.

Ablehnung des Referenzgesuchs

Die Firma ist nicht bekannt

1 Entgegen Ihrer Annahme ist uns die Firma ... nicht bekannt.
2 Wir kennen die Firma ..., nach der Sie sich erkundigen, nicht.
3 Es trifft nicht zu, dass wir mit der Firma ... zusammenarbeiten.

Negativa a la solicitud de referencia

La empresa es conocida

1 Contrariamente a su suposición, la empresa ... no nos es conocida.
2 No conocemos la empresa ..., sobre la que ustedes piden informes.
3 No es cierto que tengamos negocios con la firma ...

4 Leider können wir Ihnen mit den gewünschten Auskünften nicht dienen, denn
die Firma ... zählt nicht zu unserem
Kundenkreis (ist nicht unser Lieferant).

Erteilung von Referenzen nicht üblich

1 Wir können Ihnen mit Auskünften über die
Firma ... leider nicht dienen, weil dies
den Gepflogenheiten unserer Branche
widersprechen würde.
2 In unserer Branche werden Auskünfte der
gewünschten Art nicht erteilt.
3 Wir sind zur Erteilung von Auskünften nur
in Ausnahmefällen befugt.
4 Wir können Ihnen die gewünschten Auskünfte leider nicht geben.
5 Um Ihnen die gewünschten Auskünfte
geben zu können, müssten wir gegen das
Bankgeheimnis verstoßen.
6 Die von Ihnen gewünschten Auskünfte
unterliegen der Geheimhaltung.
7 Wir nehmen an, dass die Firma ... mit der
Weitergabe dieser Information nicht einverstanden sein würde.
8 Eine Weitergabe dieser Informationen ist
uns nicht möglich, da sie geheim sind.

4 Lamentablemente, no les podemos servir
con las informaciones deseadas, ya que
la firma ... no forma parte de nuestra
clientela (no es suministradora nuestra).

No se acostumbra a dar referencias

1 Lamentamos no poder servirles con informaciones sobre la firma ..., pues eso no
se ajustaría a los usos que se observan
en nuestro ramo.
2 En nuestro ramo no se suministran informaciones del tipo deseado.
3 Sólo estamos autorizados para dar informaciones en casos excepcionales.
4 Lamentablemente, no podemos darles las
informaciones solicitadas.
5 No podemos darles las informaciones
deseadas porque violaríamos el secreto
bancario.
6 Las informaciones que ustedes desean
están sujetas a nuestra obligación de
guardar secreto.
7 Suponemos que la firma ..., sobre la que
ustedes piden información, no estaría de
acuerdo con que ésta se transmita.
8 No nos es posible transmitir esas informaciones, por ser de carácter secreto.

Konditionen

Condiciones

Lagerung

Allgemeines

1 Ihre Anschrift haben wir einem Adressbuch entnommen. Sind Sie in der Lage, für uns ein Auslieferungslager zu unterhalten? Sobald uns Ihre Stellungnahme vorliegt, werden wir Ihnen Details bekannt geben.
2 Ihre hiesige Interessenvertretung gab uns bekannt, dass Sie ein weiteres Auslieferungslager aufnehmen können.
3 Haben Sie an der Errichtung eines Auslieferungslagers Interesse?
4 Haben Sie alle Voraussetzungen für die ordnungsgemäße Führung eines Auslieferungslagers?
5 Könnten Sie die Grundlagen für ein Auslieferungslager schaffen?

Spezielles

1 Wir benötigen ein Freilager von ca. ... m³.
2 Das Freilager müsste (nicht) überdacht sein.
3 Das Freilager wäre von Ihnen nach dem normalen Arbeitsschluss zu bewachen.
4 Da es sich bei der einzulagernden Ware um explosionsgefährdete Güter handelt, müsste das Freilager mindestens ... m von Gebäuden jeder Art entfernt sein.
5 Da das einzulagernde Gut in Eisenfässern verpackt ist, kann die Ware im Freien gelagert werden. Jedoch sollte das Gut dort nicht längerer direkter Sonnenbestrahlung ausgesetzt sein.
6 Unsere Ware kann während der Sommerzeit im Freien gelagert werden. Im Winter ist die Lagerhaltung in geschlossenen Räumen vorzunehmen.
7 Wir suchen einen Lagerraum in einer Größenordnung von ... m².

Almacenaje

Condiciones de carácter general

1 Su dirección la hemos tomado de una guía. ¿Están ustedes en condiciones de actuar como almacenistas nuestros para la entrega de mercancías? Tan pronto como recibamos su respuesta al respecto les enviaremos más detalles.
2 Su representante local nos ha informado que ustedes tienen capacidad para otro almacén de entrega.
3 ¿Tienen ustedes interés en la construcción de un almacén de entrega?
4 ¿Poseen ustedes los requisitos necesarios para encargarse en forma adecuada de un almacén de entrega?
5 ¿Podrían ustedes quizás crear las bases para un almacén de entrega?

Condiciones de carácter especial

1 Necesitamos un almacén al aire libre, de unos ... m³.
2 El almacén al aire libre (no) debe tener techo.
3 Ustedes tendrían que custodiar el almacén al aire libre después de las horas normales de trabajo.
4 Debido a que se trata del almacenaje de mercancías explosivas, el almacén al aire libre tendría que estar por lo menos a ... metros de distancia de las edificaciones.
5 La mercancía se encuentra embalada en tanques de hierro, por lo que puede almacenarse al aire libre. Sin embargo, no debe estar expuesta directamente a los rayos del sol durante mucho tiempo.
6 Nuestra mercancía puede almacenarse al aire libre durante el verano, pero en invierno debe almacenarse en locales cerrados.
7 Buscamos un almacén de unos ... m².

8 Die Bodenbelastbarkeit muss ... kg/m^2 betragen.
9 Der Lagerraum sollte gegen andere Einlagerer abgegrenzt sein.
10 Das Lager muss feuersicher sein.
11 Das Lager muss den feuerpolizeilichen Vorschriften voll entsprechen.
12 Das Lager muss trocken sein.
13 Das Lager sollte möglichst einen Gleisanschluss haben.
14 Für die Lagerhaltung wird eine (keine) Rampe benötigt.
15 Wegen Kälteempfindlichkeit der Ware wird ein beheizbarer Lagerraum benötigt.
16 Die Ware kann über einen längeren Zeitraum nur in Kühlhäusern eingelagert werden.
17 Der Lagerraum muss eine Mindesthöhe von ... m aufweisen.
18 Da unsere Ware auf Paletten geliefert wird, wäre es empfehlenswert, Palettenregale – falls nicht schon vorhanden – zu installieren.
19 Unsere Erzeugnisse werden auf Paletten verladen. Demnach ist erforderlich, dass entsprechende Entladegeräte wie etwa Gabelstapler zur Verfügung stehen.
20 Eingelagert wurden folgende Erzeugnisse: ... mit einem durchschnittlichen Monatsumschlag von ... t.
   Davon
   ... t in Kartonware
   ... t in Kisten
   ... t in Behältern/Fässern
   ... t in Trommeln
   ... t in Kunststoffsäcken.

8 El suelo deberá poder resistir una carga de ... kg/m^2.
9 El almacén debe estar deslindado, de otros espacios de almacenaje.
10 El almacén debe ser a prueba de fuego.
11 El almacén debe cumplir todas las disposiciones administrativas con respecto a la seguridad contra el fuego.
12 El almacén tiene que ser seco.
13 El almacén debería poseer una vía de empalme, de ser posible.
14 Para las operaciones de almacenaje (no) se necesita una rampa.
15 Dado que la mercancía es sensible al frío, se necesita un almacén con calefacción.
16 La mercancía sólo se puede almacenar durante largo tiempo en depósitos frigoríficos.
17 El almacén debe tener una altura mínima de ... m.
18 Como nuestra mercancía se suministra en paletas, sería recomendable que instalaran estantes para paletas, si no los tienen aún.
19 Nuestros productos se suministran en paletas. Por tanto, es necesario que nos faciliten los equipos de descarga correspondientes como estibadoras de horquilla.
20 Se almacenaron los siguientes productos: ... con una cantidad mensual promedio de ... toneladas.
   Distribución:
   ... toneladas en cajas de cartón
   ... toneladas en cajones
   ... toneladas en recipientes/barriles
   ... toneladas en tambores
   ... toneladas en sacos de plástico.

Transport zum Lager

1 Die Transporte von unserem Werk ... zu Ihnen sollen per Bahn (Lkw/Schiff) vorgenommen werden.
2 Die Verfrachtung von unserem Herstellungswerk ... zu Ihrem Lager könnten Sie mit Ihren eigenen Lkws vornehmen.
3 Berücksichtigen Sie bitte, dass die Lagerbevorratung per Waggon (Lkw, Container) vorgenommen werden kann.
4 Die Lagerhaltung würde mit Hilfe werkseigener Fahrzeuge erfolgen.

Transporte al almacén

1 Los transportes de nuestra fábrica ... a ustedes deberán realizarse por ferrocarril (camión/barco).
2 El transporte de nuestra fábrica ... a su almacén podrían realizarlo ustedes con sus propios camiones.
3 Por favor, tengan en cuenta que el almacenaje puede llevarse a cabo mediante vagones (camiones, contenedores).
4 El almacenaje se llevaría a cabo con vehículos propios de la fábrica.

5 Da unser Betrieb in ... auf bahneigenem Gelände liegt, muss die gesamte Verfrachtung per Bahn erfolgen.
6 Wir haben mit unserem Hausspediteur Vereinbarungen getroffen, nach denen die Transporte an Ihr Lager ausschließlich durch ihn erfolgen.

Allgemeine Angebote

1 Selbstverständlich sind wir in der Lage, Ihren Wünschen hinsichtlich ordnungsgemäßer Lagerhaltung gerecht zu werden.
2 Sobald Sie uns Einzelheiten bekannt geben, werden wir Ihnen ein günstiges Angebot übermitteln.
3 Sollte unsere derzeitige Lagerausstattung Ihren Vorstellungen nicht entsprechen, wären wir bereit, Umstellungen vorzunehmen.
4 Seien Sie versichert, dass wir Ihre Wünsche hinsichtlich der weiteren technischen Ausstattung des Lagers gern berücksichtigen.

Absagen

1 Auf Ihre Anfrage müssen wir Ihnen mitteilen, dass wir den von Ihnen gewünschten Lagerraum leider nicht zur Verfügung stellen können.
2 Unsere Lagerabteilung ist derzeit voll ausgelastet, so dass wir Ihnen – so sehr wir es bedauern – einen abschlägigen Bescheid geben müssen.
3 Wir haben unsere Sparte Lagerhaltung aufgelöst.
4 Da unsere Lagerhaltung ausschließlich auf Massengut ausgerichtet ist, können wir Stückgut-Auslieferungslager nicht übernehmen.

Angebot Freilager

1 In sofortiger Beantwortung Ihres Schreibens vom ... teilen wir Ihnen mit, dass wir Ihnen kurzfristig ein Freilager vermieten können.
2 Ihrem Wunsch gemäß sind wir bereit, die Freifläche mit Maschendraht einzuzäunen.

5 Como nuestra empresa en ... se encuentra en terrenos pertenecientes a los ferrocarriles, tenemos que realizar todas las expediciones por tren.
6 Hemos convenido con nuestro expedidor que sea él quien se encargue de todos los transportes a su almacén.

Ofertas de carácter general

1 Claro está que estamos en condiciones de complacer sus deseos relativos a un almacenaje en debida forma.
2 Tan pronto como ustedes nos proporcionen mayores detalles, les haremos llegar una oferta ventajosa.
3 Si el actual equipo de nuestro almacén no les satisface, estamos dispuestos a llevar a cabo modificaciones.
4 Ustedes pueden estar seguros de que tomaremos en cuenta, en todo momento, sus deseos en relación con el ulterior equipo técnico del almacén.

Negativas

1 En relación con su solicitud, sentimos tener que participarles que no podemos facilitarles el depósito que ustedes desean.
2 Nuestro departamento de almacenaje se encuentra actualmente completamente ocupado, por lo que, muy a pesar nuestro, tenemos que darles una respuesta negativa.
3 Hemos suprimido nuestro departamento de almacenaje.
4 Dado que nuestros almacenes están equipados exclusivamente para mercancías a granel, no podemos aceptar mercancías embaladas individualmente.

Oferta almacén al aire libre

1 En respuesta inmediata a su escrito del ..., les participamos que podemos alquilarles un almacén al aire libre, a corto plazo.
2 De acuerdo con sus deseos, estamos dispuestos a rodear el espacio libre con una cerca de malla de alambre.

3 Sollte eine (teilweise) Überdachung gewünscht werden, erklären wir uns – allerdings gegen Kostenerstattung – bereit, diese errichten zu lassen.
4 Das Freilager ist ca. . . . m von festen Gebäuden entfernt.
5 Da wir im Freilager schon artgleiche Güter untergebracht haben, gibt es bei der Einlagerung Ihrer Güter keine Schwierigkeiten.

Angebot Lagerraum mit Sonderausstattung

1 Wir nehmen Bezug auf Ihr Schreiben vom . . . und dürfen Ihnen mitteilen, dass wir in der Lage sind, Ihnen einen Ihren Wünschen voll gerecht werdenden Lagerraum zur Verfügung zu stellen.
2 Der vorgesehene Lagerraum umfasst . . . m². Er ist feuerpolizeilich abgenommen.
3 Die Bodenbelastbarkeit beträgt . . . kg/m². Das Lager ist (nicht) abgegrenzt.
4 Der Lagerraum ist vollkommen trocken.
5 Es ist ein (kein) Gleisanschluss vorhanden.
6 Das Lager hat eine (keine) Rampe.
7 Der vorgesehene Lagerraum ist (nicht) beheizbar.
8 Der Lagerraum weist eine Höhe von . . . m auf.
9 Zur Lagereinrichtung gehören Palettenregale.
10 Selbstverständlich sind die für die Be- und Entladung benötigten technischen Geräte (Stapler, Krananlagen usw.) vorhanden.
11 Wir gehen von den uns vorliegenden Daten des derzeitigen Lohn-/Preisniveaus aus und bieten Ihnen als Basis folgende Konditionen an:
12 Meterpreis pro Monat . . .
13 Einlagerungsgebühren pro 100 kg . . .
14 Auslagerungsgebühren pro 100 kg . . .
15 Folgelagergeld für den jeweils am Monatsende zu ermittelnden Bestand pro 100 kg . . .
16 Bei Behandlung von Schwergut mit Einzelkolligewichten von über . . . kg wird ein Zuschlag von . . . pro 100 kg berechnet.
17 Ausstellung von Lieferscheinen (Frachtbriefen usw.) pro Stück . . .
18 Lagerversicherung wird auf Wunsch von uns übernommen.

3 En el caso de que se desee un techo (parcial), estamos dispuestos a hacerlo construir, a condición de que se nos reembolsen los costos.
4 El almacén al aire libre está a unos . . . m de distancia de las edificaciones.
5 Dado que ya hemos almacenado en el depósito al aire libre mercancías similares, el almacenaje de sus mercancías no presentará la menor dificultad.

Oferta almacén con equipo especial

1 Nos referimos a su escrito del . . . y nos permitimos participarles que estamos en condiciones de complacerles plenamente facilitándoles un almacén adecuado.
2 El almacén previsto tiene una superficie que abarca . . . m² y cumple las disposiciones administrativas relativas a la seguridad contra incendio.
3 La capacidad de carga del suelo es de . . . kg/m². El almacén (no) está delimitado.
4 El almacén es completamente seco.
5 (No) Está provisto de vía de empalme.
6 El almacén (no) tiene rampa.
7 El almacén previsto (no) posee calefacción.
8 El almacén tiene una altura de . . . metros.
9 El equipo del almacén comprende estantes para paletas.
10 Naturalmente, el almacén cuenta con el equipo técnico necesario para la manipulación de la mercancía (estibadora de horquilla, grúas, etc.).
11 De acuerdo con los datos en nuestro poder, relativos a los actuales niveles de salarios y precios, les ofrecemos, como base, las siguientes condiciones:
12 precio del metro por mes . . .
13 derechos de entrada en almacén por 100 kg . . .
14 derechos de salida de almacén por 100 kg . . .
15 derechos por mercancías de existencia, según inventario de fin de cada mes, por 100 kg . . .
16 Por manipulación de mercanías pesadas con pesos individuales de más de . . . kg por paquete, se calculará un recargo de . . . por 100 kg.
17 Expedición de notas de entrega (talones de expedición, etc.) por unidad. . .
18 Si se desea, nos encargamos del seguro de la mercancía almacenada.

19 Sollten die angebotenen Sätze Ihre Zustimmung finden, bitten wir Sie, uns zu
unterrichten.
20 Sofern Ihnen unser Angebot zusagt,
erwarten wir gern Ihre baldige Auftragserteilung.
21 Mit Interesse sehen wir den Abschluss-
verhandlungen entgegen.
22 Wir erwarten Ihre baldige Antwort, weil
wir die Lagerräume sonst anderweitig
vermieten müssten.
23 Bitte geben Sie uns bis zum . . . Nachricht. Von diesem Tag an betrachten wir
unsere Offerte als gegenstandslos.
24 Da es noch weitere Interessenten gibt,
bitten wir um Ihren Bescheid bis zum . . .
25 Sollten Sie von unserem Angebot keinen
Gebrauch machen, bitten wir trotzdem
um Ihre Nachricht.
26 Sofern Ihnen das vorliegende Angebot
nicht entspricht, bitten wir Sie, uns dies
unter Angabe der Gründe kurz mitzuteilen.
27 Sollten Sie sich anders entschieden
haben, erbitten wir einen kurzen
Bescheid.

19 Si están ustedes de acuerdo con las
tarifas propuestas, les rogamos nos lo
comuniquen.
20 Si les conviene nuestra oferta, esperamos
la orden inmediata por parte de ustedes.
21 Con gusto esperamos la conclusión de
las negociaciones.
22 Esperamos su pronta respuesta. De lo
contrario, tendríamos que alquilar el
almacén a otros interesados.
23 Por favor, respóndannos antes del . . .
A partir de esa fecha no nos consideraremos obligados por la oferta.
24 Debido a que hay otros interesados, les
rogamos nos comuniquen su respuesta
antes del . . .
25 Rogamos nos contesten, aunque no
acepten nuestra oferta.
26 En el caso de que no les satisfaga nuestra oferta, les rogamos nos lo comuniquen brevemente, con indicación de los
motivos.
27 En el caso de que hayan decidido otra
cosa, les rogamos nos informen brevemente.

Verweis an Geschäftspartner

1 Da wir selbst keine Lagerhaltung betreiben, bitten wir Sie, sich an unsere
Schwesterfirma . . . zu wenden.
2 Wir haben heute per Fax unserer Zentrale
in . . . mitgeteilt, dass Sie in . . . einen
Lagerraum suchen.
3 Unsere Lagerhaltung wird zentral in . . .
geführt, wenden Sie sich wegen preis-
licher Absprachen daher bitte dorthin.

Referencia a otra empresa

1 Debido a que nosotros no nos dedicamos
al giro de almacén, les rogamos se dirijan
a nuestra firma asociada . . .
2 Hemos informado hoy por correo a nuestra central en . . . que ustedes buscan un
almacén en . . .
3 Las operaciones de almacenaje las
realizamos centralmente en nuestra
oficina con domicilio en . . . Para discutir
cuestiones de precio les rogamos se
dirijan a ella.

Auftragserteilung

1 Wir danken für Ihr Angebot vom . . . und
bitten Sie, uns einen vorgefertigten Vertrag zukommen zu lassen. Als Vertrags-
beginn wünschen wir den . . .
2 Ihr Angebot entspricht unseren Erwartungen; wir wollen einen Lagervertrag mit
Ihnen abschließen.
3 Wir erhielten Ihr Angebot und teilen Ihnen
mit, dass wir vor endgültiger Vertrags-
schließung eine Besichtigung der Lagerräume vornehmen wollen.

Ordenes

1 Agradecemos su oferta del . . . y les rogamos nos envíen un contrato listo para
firmar. Como día de inicio del contrato
proponemos el . . .
2 Su oferta nos satisface, por lo que deseamos firmar un contrato de almacenaje
con ustedes.
3 Recibimos su oferta y les participamos
que, antes de la conclusión definitiva del
contrato, deseamos llevar a cabo una
visita de los locales de almacenaje.

4 Gemäß Ihrem Angebot vom ... erklären wir uns mit Ihren Konditionen einverstanden.
5 Unter Bezugnahme auf Ihre Offerte vom ... teilen wir Ihnen mit, dass wir die besichtigten Lagerräume zu den angegebenen Sätzen übernehmen werden.
6 Wir sind mit Ihrem Angebot generell einverstanden.

4 Estamos conformes con las condiciones contenidas en su oferta del ...
5 Con referencia a su oferta del ... les comunicamos que aceptamos los locales de almacenaje visitados contra el pago del precio de las tasas indicadas.
6 En general, estamos de acuerdo con su oferta.

Absagen

1 Leider müssen wir Ihnen mitteilen, dass wir von Ihrem Angebot keinen Gebrauch machen können, weil: ...
2 die angegebenen Sätze zu hoch sind,
3 die vorgesehenen Lagerräume nicht unseren Vorstellungen entsprechen,
4 ein Anschlussgleis fehlt,
5 die Lagerräume keine Rampe aufweisen,
6 das Lager ebenerdig ist,
7 der Lagerplatz verkehrsungünstig liegt,
8 keine Zufahrtsmöglichkeit für Schwerlastzüge besteht,
9 sich unsere Planungsabteilung anders entschieden hat,
10 wir ein günstigeres Angebot vorliegen haben,
11 unsere Verkaufsabteilung das Objekt für nicht zweckmäßig hält.

Negativas

1 Lamentablemente, debemos participarles que no podemos hacer uso de su oferta porque:
2 las tasas indicadas son muy elevadas,
3 los locales de almacenaje previstos no nos satisfacen,
4 no tiene vía de empalme,
5 los locales de almacenaje no tienen rampa,
6 el almacén está a nivel del suelo,
7 el almacén no cuenta con buenas vías de comunicación,
8 no tiene vías de acceso para camiones con remolque,
9 nuestro departamento de planificación ha decidido otra cosa,
10 tenemos una oferta mejor,
11 nuestro departamento de compra no considera adecuado el almacén.

Bestätigung

1 Ein von uns bereits unterzeichneter Lagervertrag geht Ihnen als Anlage in dreifacher Ausfertigung zu.
2 Den Ihnen als Anlage überreichten Lagervertrag bitten wir Sie genau zu prüfen.
3 Sofern Sie mit den vertraglichen Formulierungen einverstanden sind, bitten wir, eine Vertragsausfertigung unterzeichnet zurückzureichen.
4 Nach Prüfung erwarten wir die Rücksendung einer Vertragsausfertigung, die mit Ihrer Unterschrift versehen ist.
5 Die mit Ihrer rechtsverbindlichen Unterschrift gezeichneten Verträge reichen Sie uns bitte baldigst zurück.
6 Sie dürfen versichert sein, dass wir Ihr Vertrauen zu schätzen wissen.
7 Wir werden das in unsere Firma gesetzte Vertrauen zu rechtfertigen wissen.

Confirmación

1 Como anexo les enviamos por triplicado el contrato de almacenaje ya firmado por nosotros.
2 Les rogamos examinen cuidadosamente el contrato de almacenaje que adjunto les enviamos.
3 En caso de que estén de acuerdo con los términos del contrato, les rogamos nos devuelvan un ejemplar debidamente firmado.
4 Esperamos que, después de examinar el contrato, nos devuelvan un ejemplar debidamente firmado.
5 Les rogamos nos devuelvan cuanto antes los contratos, debidamente firmados.
6 Ustedes pueden estar seguros de que sabremos apreciar plenamente la confianza depositada.
7 Sabremos corresponder plenamente a la confianza depositada en nuestra firma.

8 Wir hoffen zuversichtlich auf eine vertrauensvolle Zusammenarbeit.
9 Wir wünschen uns eine erfolgreiche
Partnerschaft.

8 Esperamos sinceramente una cooperación plena de confianza.
9 Deseamos que nuestras relaciones
comerciales se desarrollen con éxito.

Lieferung

Anfragen

1 Bitte kalkulieren Sie Ihren Preis unter
Berücksichtigung der Incoterms
a) EXW (ab Werk)
b) FCA ...
c) FOB ...
d) CIF ...
2 Da wir unter den gegebenen Umständen
keinerlei Möglichkeit haben, die Waren bei
Ihnen abnehmen zu lassen, bitten
wir um eine Lieferbedingung FOB ...
(Verschiffungshafen).
3 Die letzte Sendung erhielten wir CIF ...
Wäre es möglich, für die neue Sendung
einen Ab-Werk-Preis zu berechnen?
4 Wir bitten um Mitteilung, wann die Ware
EXW abgeholt werden kann.
5 Handelt es sich bei Ihrer Preisangabe FOB
... um die Incoterms 1990 oder 2000?

Angebot

1 Ihrem Wunsche gemäß haben wir den
Preis unter Berücksichtigung der Incoterms ... berechnet.
2 Der von uns kalkulierte Preis enthält die
Lieferung
a) CFR ...
b) CIP ...
c) DES ...
d) DDP ...
3 Wie Sie uns mitteilten, haben Sie die
Möglichkeit, die Ware mit eigenem Lkw
bei uns abholen zu lassen. Wir haben
Ihnen daher den Ab-Werk-Preis berechnet.
4 Normalerweise werden unsere Waren ...
geliefert. Sollten Sie hinsichtlich der
Lieferung andere Wünsche haben, bitten
wir Sie, uns dies umgehend mitzuteilen.
5 Sie wünschen eine Lieferung FOB ... Da
wir die in diesem Hafen üblichen Usancen
nicht kennen, möchten wir einen Hafen-
spediteur mit der Abwicklung beauftragen. Dies würde den Preis jedoch
um ... (Betrag, Währung) erhöhen.

Suministro

Demandas

1 Les rogamos cotizar sus precios teniendo
en consideración los Incoterms
a) EXC (en fábrica)
b) FCA ...
c) FOB ...
d) CIF ...
2 Dado que bajo estas circunstancias no
vemos ninguna posibilidad de retirar las
mercancías en su almacén, les rogamos
efectuar un suministro FOB ... (puerto de
embarque).
3 El último envío lo recibimos CIF ... ¿Sería
posible cotizar para la nueva expedición
un precio en almacén?
4 Rogamos nos participen cuándo se
puede recoger la mercancía EXW.
5 ¿Se trata en su cotización FOB ... de los
Incoterms de 1990 o de 2000?

Oferta

1 Según su deseo, hemos cotizado el precio teniendo en cuenta los Incoterms ...
2 El precio cotizado por nosotros contiene
una entrega
a) CFR ...
b) CIP ...
c) DES ...
d) DDP ...
3 Como nos manifestaron, tienen ustedes
la posibilidad de retirar la mercancía con
camión propio, por lo que les hemos
cotizado el precio en almacén.
4 Normalmente suministramos nuestras
mercancías ... En caso de que tengan
otros deseos en cuanto a la entrega, les
rogamos comunicárnoslo de inmediato.
5 Ustedes desean una entrega FOB ...
Dado que no conocemos los usos corrientes en este puerto, quisiéramos en-
cargar a un transportista portuario de la
tramitación, lo cual, sin embargo, elevaría
el precio en ... (importe, moneda).

Versand

1 Der Versand unserer Waren erfolgt durch Lkw (Bahn, Schiff, Flugzeug) als Frachtgut (Expressgut).
2 Wir versenden unsere Waren per Lkw (Bahn usw.).
3 Unsere Waren werden durch Kraftfahrzeug (Bahn usw.) geliefert.
4 Wir versenden unsere Waren als Frachtgut (Expressgut).
5 Falls der Kunde ein anderes Transportmittel als Lkw (Bahn usw.) wünscht, hat er die zusätzlichen Kosten selbst zu tragen.
6 In der Wahl der Versandform richten wir uns nach Ihren Wünschen.
7 Wegen der Beschaffenheit der Ware kann der Versand nur per ... (gewünschte Transportform) erfolgen.
8 Wir versenden unsere Waren nur durch Transportmittel mit Kühleinrichtung.
9 Da der Hafen ... nur über einen Containerterminal verfügt, müssen die Waren in Container-Sammelladungen transportiert werden.

Envío

1 El envío de nuestras mercancías se efectúa por camión (ferrocarril, barco, avión), por pequeña velocidad (carga por expreso).
2 Enviamos nuestras mercancías por camión (ferrocarril, etc.).
3 Nuestras mercancías se suministran mediante transporte por carretera (ferrocarril, etc.).
4 Enviamos nuestras mercancías por p.v. (por expreso).
5 De desear el cliente otro medio de transporte que camión (ferrocarril, etc.), deberá hacerse cargo de los gastos adicionales.
6 En la elección de la forma de envío, complacemos sus deseos.
7 Debido a las características de la mercancía, sólo se puede efectuar el envío por ... (forma de transporte deseada).
8 Sólo enviamos nuestras mercancías por medios de transporte con instalación frigorífica.
9 Dado que el puerto de ... sólo dispone de un terminal de contenedores, las mercancías deberán ser transportadas en cargas colectivas en contenedores.

Zeitliche Bindung

1 An dieses Angebot betrachten wir uns ... Tage (Wochen, Monate) gebunden.
2 Nach Ablauf von ... Tagen halten wir uns nicht mehr an dieses Angebot gebunden.
3 Dieses Angebot gilt nur bis zum ...
4 Dieses Angebot gilt nur, solange der Vorrat reicht.
5 Dieses Angebot erfolgt ohne jede zeitliche Bindung frei bleibend.
6 Mit Bindung bis zum ... bieten wir Ihnen Folgendes an: ...
7 An dieses Angebot sind wir bis zum ... gebunden, wenn nicht vorher schriftlicher Widerruf erfolgt.
8 Dieses Angebot können wir jederzeit schriftlich oder mündlich widerrufen.
9 Dieser Auftrag ist binnen ... Tagen auszuführen.
10 Nach Ablauf von ... Tagen ist die Ausführung dieses Auftrags für uns nicht mehr von Interesse.
11 Wir können Ihnen diesen Auftrag nur erteilen, wenn Sie ihn bis zum ... abwickeln.

Obligación temporal

1 Nos consideramos obligados por esta oferta durante ... días (semanas, meses).
2 Transcurridos ... días, dejaremos de estar obligados por esta oferta.
3 Esta oferta sólo es válida hasta el ...
4 Esta oferta sólo es válida mientras queden existencias.
5 Esta oferta no está sujeta a un tiempo determinado y podemos retirarla a voluntad.
6 Con validez hasta el ... les ofrecemos lo siguiente:
7 Nos consideramos obligados por esta oferta hasta el ..., salvo revocación previa por escrito.
8 En todo momento podemos revocar esta oferta, por escrito o de palabra.
9 Este pedido deberá servirse dentro de ... días.
10 Transcurridos ... días, cesará nuestro interés por la ejecución de este pedido.
11 Sólo podemos hacerles este pedido si lo sirven antes del ...

12 Wir sind an diesen Auftrag nur gebunden, wenn er bis zum ... ausgeführt wird.
13 Die Bindung an diesen Auftrag ist nur bis zum ... wirksam.

12 Sólo nos consideramos obligados por este pedido si lo sirven a más tardar el ...
13 Este pedido es sólo válido hasta el ...

Menge

Mindestabnahmemengen

1 Die Mindestabnahme beträgt ... Stück (kg, t usw.).
2 Unser Preis ist so kalkuliert, dass mindestens ... Stück abgenommen werden müssen.
3 Aufträge unter ... Stück können leider nicht ausgeführt werden.
4 Es ist uns nicht möglich, weniger als ... Stück zu liefern.
5 Die von Ihnen bestellte Menge ist bei dem extrem eng kalkulierten Preis zu gering. Wir müssten von Ihnen eine Mindestbestellung von ... Stück (kg, t, Ballen) erhalten.

Ware kann nicht in ausreichender Menge geliefert werden

1 Sie fragen in Ihrem Schreiben an, ob wir von der ... Ware ... Stück (kg, t, Ballen usw.) liefern können. Derzeit haben wir aber nur ... Stück (usw.) auf Lager.
2 Wir bedauern Ihnen mitteilen zu müssen, dass wir von der angefragten Ware nur ... Stück (kg, t, Ballen usw.) sofort liefern können. Für den Rest müssten Sie mit einer Lieferzeit von ... rechnen.
3 Wir danken für Ihre Anfrage vom ... Leider haben wir von diesem Material überhaupt keine Lagerbestände, da es in letzter Zeit so gut wie nicht mehr verlangt wurde. Sollten Sie jedoch eine größere Bestellmenge in Betracht ziehen, sind wir gern bereit, diese in ... Tagen (Wochen, Monaten) zu liefern.

Cantidad

Cantidades mínimas de compras

1 La compra mínima será de ... unidades (kg, ton., etc.)
2 Nuestro precio está calculado de tal forma que deberán ser adquiridas, como mínimo, ... unidades.
3 Sentimos no poder ejecutar pedidos por debajo de ... unidades.
4 No nos es posible suministrar menos de ... unidades.
5 La cantidad pedida por ustedes es demasiado escasa, teniendo en cuenta que el precio fue calculado de modo tan ajustado. Deberíamos recibir de ustedes un pedido mínimo de ... unidades (kg, ton., fardos).

No pueden suministrarse cantidades suficientes

1 Con su carta del ... nos preguntan si podemos entregar ... unidades (kg, ton., fardos, etc.). Por el momento sólo tenemos ... unidades (etc.) en almacén.
2 Sentimos tener que participarles que sólo podemos suministrar inmediatamente ... unidades (kg, ton., fardos, etc.) de los artículos en cuestión. Para el resto tendrán que contar con un plazo de entrega de ...
3 Les agradecemos su demanda del ... Desgraciadamente, no mantenemos en absoluto existencias de este material, debido a que en el último tiempo prácticamente ya no se hicieron pedidos. Sin embargo, en caso de que tuvieran la intención de pasar un pedido de consideración, con sumo gusto estaríamos dispuestos a suministrar éste en ... días (semanas, meses).

4 Vielen Dank für Ihre Anfrage nach ...
Leider haben wir von dieser Ware nur
noch eine geringfügige Menge auf Lager.
Wir könnten Ihnen entweder sofort ein
Ersatzprodukt zur Verfügung stellen oder
Sie müssten mit einer Lieferzeit von ...
rechnen.
5 Das Produkt ... findet in letzter Zeit bei
uns so reißenden Absatz, dass wir kaum
mit der Lieferung nachkommen. Wir
müssten Sie daher bitten, eine Lieferzeit
von ... in Kauf zu nehmen.

4 Mucho agradecemos su demanda del ...,
pero, por desgracia, sólo disponemos de
cantidades de poca consideración de
este artículo en almacén. Les podríamos
suministrar, o bien un producto similar inmediatamente o, de lo contrario, deberán
ustedes contar con un plazo de entrega
de ...
5 El artículo ... se vende de tal manera que
apenas podemos dar abasto. Les rogamos, por lo tanto, acepten un plazo de
entrega de ...

Verpackung

Allgemeine Anfragen

1 Wie sollen die Güter verpackt werden?
2 Sind bei der Hochwertigkeit der von Ihnen
angefragten Produkte besondere Ver-
packungsvorschriften zu beachten?
3 Nach den neuen EU-Richtlinien darf die
Verpackung nicht umweltschädlich sein.
Aus diesem Grunde bitten wir um Mitteilung, ob bei der Versendung besondere
Vorschriften bezüglich der Verpackung zu
beachten sind.
4 Verlangen Sie besondere Verpackungs-
methoden?
5 Wird die Verpackung der Güter in Ihrem
Betrieb vorgenommen?

Spezielle Anfragen

1 Von einem Geschäftsfreund erfuhren wir,
dass Sie sich hauptsächlich mit der Verpackung von Überseesendungen befassen.
2 Wir haben regelmäßige Verpackungsauf-
träge zu vergeben und bitten Sie, sofern
Sie an einer zusätzlichen Geschäftsverbindung interessiert sind, sich mit uns in
Verbindung zu setzen.
3 Als Spezialfirma für das Verpackungs-
wesen haben Sie sich einen weltweiten
Namen gemacht.
4 Wir haben wegen der Aufstellung von
Palettomaten mit unserer derzeitigen Kar-
tonverpackung Schwierigkeiten und bitten
Sie deshalb, nach vorheriger Abstimmung
mit uns, unser Werk zu besichtigen.

Embalaje

Solicitudes de carácter general

1 ¿De qué manera deben ser embalados
los artículos?
2 ¿Hay que tener en consideración disposiciones especiales de embalaje con
motivo de la alta calidad de los productos
por los que ustedes se interesan?
3 De conformidad con las nuevas normas
de la UE, el embalaje no debe ser contaminante del medio ambiente. Por esta
razón, les rogamos nos comuniquen si al
hacer el envío hay que observar disposiciones especiales en cuanto al embalaje.
4 ¿Exigen ustedes métodos especiales de
embalaje?
5 ¿Se efectúa el embalaje de los artículos
en su empresa?

Solicitudes de carácter especial

1 Un amigo de nuestra casa nos ha informado que ustedes se ocupan principalmente del embalaje de envíos a ultramar.
2 Nuestra firma ordena regularmente trabajos de embalaje. En consecuencia, si
ustedes están interesados, les rogamos
se pongan en contacto con nosotros.
3 Ustedes han alcanzado un nombre mundial como firma especializada en embalaje.
4 La instalación del equipo automático de
manipulación nos plantea dificultades
con respecto a nuestro actual sistema de
embalaje en cajas de cartón. Por esta
razón, y previo acuerdo con nosotros, les
rogamos inspeccionen nuestra fábrica.

5 Die laufenden Frachterhöhungen fordern von uns, dem Thema Verpackung mehr Augenmerk zu schenken. Können Sie uns für unsere Erzeugnisse vom Gewicht her günstigere Verpackungseinheiten empfehlen?

6 Wie wir erfuhren, haben Sie ein neues Verpackungsmittelverfahren entwickelt, das bruchempfindliche Waren durch chemisches Einschäumen in der Verpackungseinheit gegen äußerliche Gefahren schützt. Können Sie uns hierzu nähere Erläuterungen geben?

7 Bekanntlich gibt es für die Verwendung von Holzverpackung im Überseeverkehr nach bestimmten Ländern besondere Vorschriften. Können Sie uns hierüber informieren?

8 Wir möchten uns von der Karton- auf Folienverpackung umstellen. Bitte unterbreiten Sie uns ein entsprechendes Angebot.

9 Unsere im Umlauf befindlichen Verpackungsmittel bedürfen der Aufstockung. Sind Sie in der Lage, kurzfristig folgende Verpackungseinheiten herzustellen und zu welchen Preisen: ... Kisten, ... Trommeln, ... Fässer, ... Behälter, ... Paletten? Die technischen Einzelheiten wie Maße, Gewichte usw. entnehmen Sie bitte den beigefügten Musterzeichnungen.

10 Wir möchten in Zukunft unsere Waren in Einwegverpackungen versenden. Können Sie uns hierzu Vorschläge unterbreiten?

11 Können Sie uns ein Verpackungsmaterial vorschlagen, das umweltfreundlich ist und den zurzeit geltenden EU-Normen entspricht?

5 Los aumentos corrientes en los gastos de transporte nos inducen a prestar más atención a la cuestión del embalaje. ¿Pueden ustedes recomendarnos para nuestros productos embalajes de un peso más ventajoso?

6 Hemos tenido conocimiento de que ustedes han desarrollado un nuevo sistema de embalaje especial para proteger las mercancías frágiles contra agentes exteriores, a base de la aplicación química de material esponjoso en la unidad de embalaje. ¿Nos podrían proporcionar más detalles al respecto?

7 Es conocido que en el tráfico ultramarino hacia ciertos países existen disposiciones especiales sobre la utilización de embalaje de madera. ¿Nos podrían proporcionar información al respecto?

8 Queremos cambiar nuestro tipo de embalaje y utilizar láminas en lugar de cajas de cartón. Les rogamos nos hagan una oferta al respecto.

9 Tenemos que aumentar nuestros medios de embalaje en existencia. ¿Están ustedes en condiciones de fabricar, a corto plazo, las siguientes unidades: ... cajones, ... tambores, ... barriles, ... recipientes, ... paletas, y a qué precios? Los datos técnicos como dimensiones, pesos, etc. figuran en los gráficos adjuntos.

10 En el futuro queremos enviar nuestras mercancías en embalajes no recuperables. ¿Pueden ustedes hacernos proposiciones al respecto?

11 ¿Pueden ustedes recomendarnos un material de embalaje que no sea contaminante del medio ambiente y corresponda a las normas de la UE, actualmente en vigor?

Allgemeine Angebote

1 Wir bedanken uns für Ihre Anfrage und übermitteln Ihnen gern unser Informationsmaterial, damit Sie sich von der Leistungsfähigkeit unseres Unternehmens überzeugen können. Die beigefügte Preisliste hat Gültigkeit bis zum ...

2 Auf Ihre Anfrage hin dürfen wir Ihnen mitteilen, dass wir uns neben der Herstellung von Standardverpackungsmitteln auch mit Einzel- und Sonderverpackungen befassen.

Ofertas de carácter general

1 Agradecemos su solicitud y les enviamos con gusto nuestro material informativo para que puedan apreciar la capacidad de nuestra empresa. La lista de precios adjunta tiene validez hasta el ...

2 En relación con su pregunta podemos expresarles que, además de los medios de embalaje normales, también nos dedicamos a embalajes individuales y especiales.

3 Unsere besondere Stärke liegt in der Entwicklung von Kunststoffverpackungsmitteln.
4 In speziell gelagerten Fällen kann die Verpackung eines Guts in unserem Werk erfolgen.

Spezielle Angebote

1 Wie Sie von Ihrem Geschäftsfreund zutreffend unterrichtet wurden, beschäftigen wir uns im Besonderen mit der Verpackung von Überseesendungen.
2 Als Anlage übermitteln wir Ihnen ein Verpackungsangebot, dem Sie sämtliche Einzelheiten entnehmen können. Unser Kostenvoranschlag beläuft sich auf insgesamt ...
3 Wir würden uns freuen, wenn Ihnen unser Angebot entspräche.
4 Ihrer Auftragserteilung sehen wir mit großem Interesse entgegen.
5 Wir sind gern bereit, Ihren Palettomaten zu besichtigen, und werden Ihnen dann nach eingehender Studie unsere Vorschläge unterbreiten.
6 Bevor wir Ihnen eine neue Verpackungseinheit empfehlen, möchten wir diese einem längeren Versuch unterziehen. Die Stückpreise könnten wir Ihnen erst nach erfolgreichem Ablauf des Versuchs nennen.
7 Das chemische Einschäumen stellt eine Neuheit auf dem Verpackungsmittelsektor dar. Als Anlage erlauben wir uns, Ihnen eine Broschüre zu überreichen, aus der Sie Einsatzmöglichkeiten ersehen können. Der Preis beträgt pro kg ... Bei Abnahme von ... kg erhalten Sie einen Mengenrabatt von ... %.
8 Besondere Vorschriften bei Verwendung von Holzverpackungen bestehen für folgende Länder: ...
9 Die Imprägnierungsmittel stellen wir Ihnen gern zum Preis von ... pro kg zur Verfügung.
10 Anhand der uns vorliegenden Musterzeichnungen ermittelten wir einen Einzelpreis von ... bei Abnahme von mindestens ... Stück.
11 Die in Ihrer Anfrage vom ... genannten Verpackungsmittel können wir zu folgenden Preisen produzieren: ...

3 Nuestra especialidad es el desarrollo de medios de embalaje de material plástico.
4 En casos especiales, puede realizarse el embalaje de una mercancía en nuestra fábrica.

Ofertas de carácter especial

1 Efectivamente, tal y como les ha informado el amigo de su casa, nos dedicamos especialmente al embalaje de envíos destinados a ultramar.
2 Adjunto les enviamos una oferta de embalaje en la que pueden ver todos los detalles. Nuestro presupuesto de costos asciende en total a ...
3 Mucho nos alegraríamos de que nuestra oferta les agradara.
4 Esperamos su pedido con mucho interés.
5 Estamos gustosamente dispuestos a inspeccionar su equipo automático de manipulación y después de un cuidadoso estudio les haremos llegar nuestras proposiciones.
6 Antes de recomendarles una nueva unidad de embalaje queremos someter ésta a una prueba más larga. Sólo podremos darles los precios por unidad después de que hayamos realizado satisfactoriamente la prueba.
7 La utilización de material químico esponjoso es una novedad en el sector de medios de embalaje. Nos permitimos enviarles adjunto un folleto en el que pueden ustedes ver las posibilidades de utilización. El precio es ... por kg. Por la adquisición de ... kg se les concede una rebaja del ... %.
8 Existen disposiciones especiales para la utilización de embalajes de madera en envíos hacia los siguientes países:
9 Gustosamente podemos facilitarles el material de impregnación al precio de ... por kg.
10 Tomando como base los dibujos de muestra en nuestro poder, calculamos un precio por unidad de ... para la adquisición de un mínimo de ... unidades.
11 Podemos fabricar los medios de embalaje mencionados en su escrito del ..., a los precios siguientes:

12 Wir können jederzeit für Ihre Erzeugnisse Einwegverpackungen herstellen. Unsere Fabrikabgabepreise entnehmen Sie bitte der beigefügten neuesten Preisliste.

Allgemeine Auftragserteilung

1 Die uns genannten Preise entsprechen unseren Vorstellungen. Wir geben daher folgende Verpackungseinheiten in Auftrag: ...
2 Ihre Stückpreise entsprechen nicht unseren Erwartungen, daher können wir Ihnen leider keinen Auftrag erteilen.
3 Ihre Konkurrenz bietet erheblich billigere Verpackungsmittel an.
4 Die vorliegenden Musterverpackungen werden unseren Anforderungen leider nicht gerecht.
5 Leider entspricht die von Ihnen angebotene Verpackung nicht den zurzeit geltenden EU-Normen. Wir müssen daher von einer Auftragserteilung Abstand nehmen.

Spezielle Auftragserteilung

1 Hiermit erteilen wir Ihnen den Auftrag, gemäß Ihrem Angebot vom ... die Maschinenanlage zum Preis von ... ordnungsgemäß zu verpacken.
2 Wir beziehen uns auf Ihr Angebot vom ... und bestellen zur sofortigen Lieferung folgende Verpackungsmittel:
3 ... Stück Kisten (Zeichnung Nr. ...)
... Stück Einwegpaletten (Zeichnung Nr. ...)
... Stück Eisenfässer (Zeichnung Nr. ...).
4 Sie haben uns von der vielseitigen Verwendungsmöglichkeit Ihres Einschäummittels überzeugt. Wir bestellen ... kg zum Preis von ... je kg.
5 Wir kommen auf Ihr Angebot vom ... zurück und bitten Sie, uns ... kg Holzimprägniermittel, Sorte ... zum Preis von ... je kg frachtfrei (Bahnstation: ...) zu liefern.
6 Gemäß Ihrem Angebot vom ... übertragen wir Ihnen die Herstellung nachstehender Spezialverpackungen: ...

12 En todo momento podemos fabricar para sus productos embalajes no recuperables. Les rogamos consulten nuestros precios de fábrica en la nueva lista de precios adjunta.

Ordenes de carácter general

1 Los precios indicados nos satisfacen. Por ello, les encargamos las siguientes unidades de embalaje:
2 Sus precios por unidad no son lo que esperábamos. Por ello, lamentablemente, no podemos hacerles ningún encargo.
3 Su competencia ofrece medios de embalaje mucho más baratos que los de ustedes.
4 Lamentablemente, las muestras de embalaje que ustedes nos enviaron no satisfacen nuestras necesidades.
5 El embalaje ofrecido por ustedes no corresponde, por desgracia, a las normas de la UE, actualmente en vigor, por lo que tenemos que renunciar a pasarles un pedido.

Ordenes de carácter especial

1 Por medio de la presente, y de acuerdo con su oferta del ..., les rogamos embalar debidamente la maquinaria por el precio de ...
2 Nos referimos a su oferta del ... y encargamos los siguientes medios de embalaje para su suministro inmediato:
3 Cajones (dibujo n° ...) ... unidades
Paletas de un solo uso (dibujo n° ...)
... unidades
Barriles de hierro (dibujo n° ...) ... unidades
4 Ustedes nos han convencido de las muchas posibilidades de empleo de su material esponjoso. Les encargamos ... kg al precio de ... por kg.
5 Nos referimos a su oferta del ... y les pedimos nos envíen ... kg de material de impregnación de madera del tipo ... al precio de ... por kg, franco de porte (estación ferroviaria ...).
6 De acuerdo con su oferta del ... les encargamos la fabricación de los siguientes embalajes especiales:

7 Wir erteilen Ihnen den Auftrag, die bei uns im Einsatz befindlichen Verpackungseinheiten zu prüfen und uns Vorschläge für deren Neugestaltung zu machen. Kostenlimit: ...

8 Bitte verpacken Sie die Güter so, dass Umweltschäden ausgeschlossen sind.

9 Da wir als Lieferanten für die Entsorgung der Verpackung verantwortlich sind, bitten wir Sie, die Kosten hierfür so gering wie möglich zu halten.

Auftragsbestätigung und Versandavis

1 Wir danken für die Auftragserteilung und bestätigen Ihnen, dass wir Ihre Verpackungsmittel termingerecht zum ... liefern werden.

2 Die von Ihnen am ... bestellten Verpackungseinheiten werden voraussichtlich am ... ausgeliefert.

3 Wir bestätigen Ihnen mit bestem Dank den Erhalt Ihrer Bestellung und haben heute unsere Versandabteilung angewiesen, die für Sie bestimmte Ware umgehend per Frachtgut an Sie abzuschicken.

4 Das am ... von Ihnen bestellte Verpackungsmaterial wird heute per Lkw-Sammelgutverkehr an Sie expediert.

5 Das mit Auftrag Nr. ... vom ... bestellte Verpackungsmaterial werden wir Ihnen am ... mit werkseigenem Lastzug anliefern.

6 Wir werden am ... per Express eine Vorauslieferung von ... Stück vornehmen.

7 Für die Verpackung der Maschinenanlage gemäß Ihrem Auftrag vom ... haben wir den Termin ... eingeplant.

8 Das Personal für die Verpackung der Maschinenanlage in Ihrem Werksgelände wird rechtzeitig bereitgestellt.

9 Bezüglich Ihres Wunsches, die Ware möglichst umweltfreundlich zu verpacken, haben wir das Nötige bereits veranlasst.

10 Das Verpackungsmaterial kann problemlos und äußerst kostengünstig entsorgt werden.

7 Les encargamos examinen las unidades de embalaje que tenemos en uso y nos hagan proposiciones para mejorarlas. Nuestro límite de costos es ...

8 Les rogamos embalar los artículos de forma que queden excluidos daños ambientales.

9 Dado que como suministradores somos responsables de la eliminación de los desechos procedentes del embalaje, les rogamos mantener los gastos respectivos tan bajos como sea posible.

Confirmación de orden y aviso de envío

1 Les agradecemos su orden y les confirmamos que suministraremos oportunamente, el ..., su material de embalaje.

2 Las unidades de embalaje solicitadas por ustedes el ... serán probablemente enviadas el ...

3 Agradecidos, confirmamos el recibo de su orden y hemos dado hoy instrucciones a nuestro departamento de expedición para que inmediatamente les envíen a ustedes, por carga, las mercancías solicitadas.

4 El material de embalaje encargado por ustedes el ... les será enviado hoy por camión de transporte de carga colectiva.

5 El ... les serviremos con nuestros propios camiones los materiales de embalaje pedidos por su orden n° ... del ...

6 El ... les enviaremos por expreso un suministro por adelantado de ... unidades.

7 Para el embalaje de la maquinaria, de acuerdo con su orden del ..., hemos previsto el período del ...

8 Situaremos oportunamente en los terrenos de su fábrica el personal necesario para el embalaje de la maquinaria.

9 En relación con su deseo de embalar la mercancía respetando al máximo posible las normas ambientales, hemos dado ya las instrucciones pertinentes.

10 Los desechos procedentes del embalaje pueden ser eliminados sin problema y a un precio muy favorable.

Allgemeine Verpackungs-bedingungen

1 Wir verpacken die Waren in (auf) Kisten (Körben, Ballen, Fässern, Containern, Paletten).
2 Als Verpackung wählen wir Kisten.
3 Wir liefern diese Geräte in (auf) Paletten (Kisten usw.).
4 Wir liefern die fertig montierten Geräte in Kisten verpackt.
5 Sie können wählen zwischen montierten Geräten auf Paletten und demontierten Geräten in Kisten.
6 Wenn Ihre Bestellung einen entsprechenden Umfang hat, liefern wir auch in Containern.
7 Wir liefern die Geräte in zerlegtem Zustand in Kisten verpackt.
8 Wir liefern diese Flüssigkeiten in Aluminiumfässern oder Tankfahrzeugen.
9 Unsere Paletten sind so konstruiert, dass sie ohne weiteres den Transport in Containern zulassen.
10 Es werden jeweils ... in Kartons verpackte Einheiten in Kisten zusammengefasst.
11 Gegen den Transport auf Paletten bestehen keine Bedenken, weil Traggitter mit Stahlrahmen zum Schutz der hochwertigen Geräte vorhanden sind.
12 Je nach Größe des Auftrags liefern wir die Waren in Pappkartons, Holzkisten oder Containern.
13 Sie können zwischen folgenden Verpackungen wählen: ...
14 Um Transportschäden zu vermeiden, liefern wir diese hochwertigen Geräte ausschließlich in maßgefertigten Holzrahmen.
15 Zum Schutz gegen Stöße und Erschütterungen sind unsere Kisten ganz mit Schaumstoff ausgekleidet.
16 Die Kosten der Verpackung sind im Preis enthalten.
17 Für die Verpackung entstehen keine weiteren Kosten.
18 Die Kosten für die Verpackung in Pappkartons sind im Preis inbegriffen.
19 Wird eine andere Verpackungsart gewählt, so gehen die Mehrkosten zulasten des Kunden.
20 Sonderwünsche bei der Verpackung stellen wir getrennt in Rechnung.

Condiciones generales de embalaje

1 Embalamos las mercancías en cajas (cestos, pacas, barriles, contenedores, sobre paletas).
2 Como embalaje elegimos cajas.
3 Suministramos estos aparatos en paletas (cajas, etc.).
4 Suministramos los aparatos ya montados embalados en cajas.
5 Ustedes pueden elegir entre aparatos montados embalados sobre paletas, y aparatos desmontados embalados en cajas.
6 Si su pedido tiene un volumen correspondiente, podemos suministrarlo también en contenedores.
7 Suministramos los aparatos desarmados, embalados en cajas.
8 Suministramos esos líquidos en barriles de aluminio o en camiones cisterna.
9 Nuestras paletas están construidas en forma tal que pueden transportarse fácilmente en contenedores.
10 Cada caja contendrá ... unidades embaladas en cartones.
11 El transporte sobre paletas no debe preocuparles en absoluto, pues se dispone de rejillas de soporte con bastidores de acero para proteger los valiosos aparatos.
12 Según el volumen del pedido, suministramos las mercancías en cajas de cartón, de madera, o en contenedores.
13 Ustedes pueden elegir entre los siguientes embalajes:
14 Para evitar daños en el transporte, sólo suministramos esos valiosos aparatos en marcos de madera hechos a la medida.
15 Para la protección contra golpes y sacudidas, nuestras cajas están revestidas completamente con material esponjoso.
16 El precio incluye los gastos de embalaje.
17 No existen gastos adicionales de embalaje.
18 El precio incluye los gastos de embalaje en cajas de cartón.
19 Si se elige otro tipo de embalaje, los costos suplementarios corren por cuenta del cliente.
20 Los tipos especiales de embalaje los cargamos separadamente en cuenta.

Versicherung

Anfrage

1 Wir möchten eine Versicherung gemäß den Institute Cargo Clauses A (B oder C) abschließen. Bitte unterbreiten Sie uns Ihr günstigstes Angebot.
2 Wir wären Ihnen für umgehende Mitteilung dankbar, zu welchen Bedingungen Sie uns den folgenden Versicherungsschutz anbieten können: ...
3 Teilen Sie uns bitte Ihre günstigste Prämie für alle Risiken für die Verschiffung von ... mit.
4 Nennen Sie uns bitte den niedrigsten Satz für eine Abschreibepolice für alle Risiken in Höhe von ... (Betrag) für ...
5 Da wir regelmäßige Verschiffungen nach ... haben, sind wir am Abschluss einer Abschreibepolice auf Zeit für die Dauer von ... interessiert. Bitte machen Sie uns Ihr günstigstes Angebot.

Bitte um Abschluss der Versicherung

1 Wir danken für Ihr Angebot vom ... und geben Ihnen nachstehend die Mengen bekannt, für die wir eine Versicherungsdeckung benötigen: ...
2 Bitte schließen Sie für uns eine Versicherung ab, die vollständigen Schutz nach den Institute Cargo Clauses A für die Ware bietet.
3 Bitte versichern Sie die Güter gegen alle Risiken, einschließlich besondere Havarie und höhere Gewalt.
4 Wir bitten um Ausstellung einer Versicherungspolice gegen alle Risiken von Lagerhaus zu Lagerhaus.
5 Die Ware soll folgendermaßen versichert werden:
   a) von Haus zu Haus.
   b) im Lagerhaus gelagert.
   c) auf dem Transportweg.
   d) gegen alle Risiken.
   e) mit allgemeiner, aber ausschließlich besonderer Havarie.
   f) gemäß den Institute Cargo Clauses C (B, A).

Seguro

Solicitud

1 Desearíamos contratar un seguro de acuerdo al Institut Cargo Clauses A (B o C). Sírvanse presentarnos su oferta más favorable.
2 Les agradeceríamos nos comunicaran sin demora con qué condiciones pueden ofrecernos el siguiente seguro:
3 Les rogamos nos indiquen su prima más ventajosa a todo riesgo para el embarque de ...
4 Indíquennos, por favor, la prima más reducida para una póliza flotante a todo riesgo por la suma ... (importe) para ...
5 Dado que tenemos embarques regulares a ..., estamos interesados en establecer una póliza flotante para un plazo de ... Les rogamos nos hagan su oferta más favorable.

Solicitud de contratación de seguro

1 Les agradecemos su oferta del ... y les damos a conocer a continuación las cantidades para las cuales necesitamos una cobertura de seguro.
2 Les rogamos establecernos un seguro que ofrezca cobertura total de la mercancía de arreglo al Institute Cargo Clauses A.
3 Les rogamos asegurar los géneros a todo riesgo, incluida avería particular y fuerza mayor.
4 Rogamos extender una póliza de seguros a todo riesgo de almacén a almacén.
5 La mercancía debe ser asegurada del siguiente modo:
   a) de puerta a puerta.
   b) almacenada en depósito.
   c) durante el transporte.
   d) a todo riesgo.
   e) con avería gruesa, pero excluida avería particular.
   f) con arreglo al Institute Cargo Clauses C (B, A).

6 Bitte veranlassen Sie die notwendige Versicherung und senden Sie uns so bald wie möglich ein Versicherungszertifikat zu, das wir zwecks Auszahlung des Akkreditivs vorzulegen haben.
7 Bitte bestätigen Sie uns Ihre Deckungszusage für die Versicherung der Waren.
8 Die Versicherung wird benötigt:
   a) ab ...
   b) vom ... bis ...
   c) für die Dauer von ... (Tagen, Wochen, Monaten).
9 Da unsere Abschreibepolice am ... ausläuft, bitten wir um die Ausstellung einer neuen zu denselben Bedingungen.
10 Bitte schicken Sie uns die Versicherungsformulare ausgefüllt zurück.

6 Sírvanse establecer el seguro necesario, enviándonos lo más pronto posible un certificado de seguro, el cual debemos presentar a los efectos de pago del crédito documentario.
7 Rogamos nos confirmen su promesa de cobertura para el seguro de las mercancías.
8 El seguro se necesita:
   a) a partir del ...
   b) del ... al ...
   c) para un período de ... (días, semanas, meses).
9 Dado que nuestra póliza flotante expira el ..., les rogamos se sirvan extender una nueva en las mismas condiciones.
10 Rogamos se sirvan devolvernos los formularios del seguro una vez cumplimentados.

Zahlungsbedingungen

Barzahlung ohne Skonto bei Wareneingang

1 Unsere Preise verstehen sich netto ohne jeden Abzug, fällig bei Eingang der Ware.
2 Mit Eingang der Ware ist der Rechnungsbetrag in voller Höhe fällig.
3 In unseren Preisen sind Skonti bereits berücksichtigt.
4 Unser Angebotspreis ist so günstig, dass wir auf Barzahlung bei Lieferung bestehen müssen und keine Skonti gewähren können.
5 Zahlungen müssen in jedem Fall durch unwiderrufliches Bankakkreditiv erfolgen. Es hat mit Auftragsbestätigung in Kraft zu treten und wird bei Auslieferung fällig.
6 Zahlungen erfolgen durch unwiderrufliche Bankakkreditive, die uns nach Erhalt der Auftragsbestätigung zugesandt werden müssen.
7 Ein Drittel des Rechnungsbetrags ist bei Auftragserteilung zu zahlen, ein weiteres Drittel bei 50 %iger Fertigstellung und der Rest bei Lieferung der Ware.

Condiciones de pago

Pago al contado sin descuento al recibo de la mercancía

1 Nuestros precios se entienden netos sin descuento alguno, pagaderos a la recepción de la mercancía.
2 El importe de la factura es pagadero en su totalidad a la recepción de la mercancía.
3 En nuestros precios ya se han considerado los descuentos.
4 Nuestro precio de oferta es tan favorable, que debemos insistir en pago al contado al realizarse el suministro y no podemos conceder descuento alguno.
5 Los pagos deben realizarse en todo caso mediante crédito bancario irrevocable, que será efectivo con la confirmación del pedido y pagadero cuando se haya efectuado el suministro.
6 Los pagos se realizan mediante créditos bancarios irrevocables que deberán enviarnos una vez recibida la confirmación del pedido.
7 Debe pagarse una tercera parte del importe de la factura al ordenarse el pedido, otra tercera parte a la mitad del proceso de fabricación, y el resto cuando se suministre la mercancía.

Nach Erhalt der Rechnung

1 Nach Erhalt der Rechnung ist der Rechnungsbetrag ohne Abzug von Skonti fällig.
2 Unsere Preise sind Nettopreise; die Rechnung ist nach Erhalt durch Barzahlung (Scheck) zu begleichen.
3 Wir bitten um Barzahlung (Scheck) nach Erhalt der Rechnung; Skonti sind bereits im Preis berücksichtigt.

Skonto

1 Bei Barzahlung innerhalb von ... Tagen nach Eingang der Ware (Erhalt der Rechnung) können ... % Skonto vom Rechnungsbetrag abgezogen werden.
2 Es können ... % Skonto vom Rechnungsbetrag abgezogen werden, wenn innerhalb von ... Tagen nach Lieferung der Ware (Eingang der Rechnung) bezahlt wird.
3 Der Skonto beträgt ... % bei Bezahlung innerhalb von ... Tagen und ... % bei Bezahlung innerhalb von ... Tagen nach Eingang der Ware (Erhalt der Rechnung).
4 Wir bieten Ihnen einen gestaffelten Skontosatz von ... % bei Barzahlung innerhalb von ... Tagen bzw. von ... % bei Barzahlung innerhalb von ... Tagen nach Eingang der Ware (Erhalt der Rechnung).

Zahlungsziel

1 Zahlungsziel ist der ...
2 Diese Forderung ist innerhalb von ... Tagen zu begleichen.
3 Wir gewähren Ihnen ein Zahlungsziel von ... Tagen (Wochen, Monaten), möchten Sie jedoch auf unsere günstigen Skontosätze bei sofortiger Regulierung hinweisen.

Kreditgewährung

1 Bei der Finanzierung können wir Ihnen durch Gewährung eines mittel-(lang-)fristigen Kredits behilflich sein.
2 Wir können Ihnen einen Kredit mit einer Laufzeit von ... Monaten (Jahren) gewähren.

Después de recibida la cuenta

1 Después de recibida la cuenta, deberá pagarse el importe sin deducción alguna.
2 Nuestros precios son netos y deben pagarse al contado (por cheque) al recibo de la factura.
3 Rogamos pago al contado (mediante cheque) al recibo de la factura; los descuentos han sido considerados en el precio.

Descuento

1 Concedemos descuento del ... % sobre el importe de la factura por pago al contado dentro de ... días a partir de la recepción de la mercancía (del recibo de la factura).
2 Si se paga al contado dentro de ... días después de la llegada de la mercancía (del recibo de la factura) podemos conceder un descuento del ... %.
3 El descuento asciende a un ... % por pago dentro de ... días, y a un ... % por pago dentro de ... días, contados a partir de la recepción de la mercancía (del recibo de la factura).
4 Les ofrecemos una tarifa escalonada de descuentos de un ... % por pago al contado dentro de ... días, o de un ... % por pago al contado dentro de ... días a partir de la llegada de la mercancía (del recibo de la factura).

Plazo de pago

1 El plazo de pago es el ...
2 Esta deuda debe pagarse dentro de ... días.
3 Les concedemos un plazo de pago de ... días (semanas, meses), pero nos permitimos señalar a su atención nuestros atractivos tipos de descuento en caso de pago inmediato.

Concesión de crédito

1 Podemos ayudarles en la financiación mediante la concesión de un crédito a medio (largo) plazo.
2 Podemos concederles un crédito con un plazo de ... meses (años).

3 Auf Wunsch sind wir Ihnen bei der Finanzierung durch Gewährung eines mittel-(lang-)fristigen Kredites mit einer Laufzeit bis zu ... Monaten (Jahren) behilflich.

4 Unter bestimmten Voraussetzungen können wir auch die Finanzierung durch einen mittel-(lang-)fristigen Kredit mit einer Laufzeit von ... übernehmen.

5 Wir können Ihnen für ... Monate (Jahre) Kredit zu folgenden Konditionen gewähren: ...

6 Die Bedingungen, zu denen wir Ihnen Kredit gewähren können, bitten wir der Anlage zu entnehmen.

7 Wir übernehmen die Finanzierung durch einen mittel-(lang-)fristigen Kredit zu den banküblichen Konditionen.

8 Wenn Sie unseren Kredit beanspruchen, entstehen Ihnen lediglich die banküblichen Kosten.

9 Wir sind gern bereit, Ihnen Kredit zu gewähren, wenn Sie einen (selbstschuldnerischen) Bürgen stellen.

10 Wir gewähren Ihnen ein offenes Zahlungsziel mit monatlichem (vierteljährlichem) Ausgleich der Konten.

3 A petición, ayudamos en la financiación mediante la concesión de un crédito a medio (largo) plazo. El plazo puede ser de hasta ... meses (años).

4 Bajo ciertas circunstancias también podemos hacernos cargo de la financiación mediante un crédito a medio (largo) plazo. El plazo sería de ...

5 Les podemos conceder un crédito de ... meses (años) bajo las siguientes condiciones:

6 En el anexo figuran las condiciones bajo las cuales les podemos conceder un crédito.

7 Nos hacemos cargo de la financiación mediante un crédito a medio (largo) plazo a las condiciones bancarias usuales.

8 Si ustedes utilizan nuestro crédito sólo se les ocasionarían los gastos bancarios usuales.

9 Con gusto estamos dispuestos a concederles un crédito si ustedes nos ofrecen un fiador (directamente responsable).

10 Les concedemos un plazo de pago en blanco con liquidación mensual (trimestral) de las cuentas.

Barzahlung

1 Die Bezahlung hat in bar zu erfolgen.
2 Wir bitten um Barzahlung nach Erhalt der Rechnung.
3 Die Rechnung ist durch Barzahlung zu begleichen.
4 Gemäß unseren Vertragsbedingungen ist bar zu bezahlen.

Pago al contado

1 El pago debe realizarse al contado.
2 Rogamos pago al contado al recibo de la factura.
3 La factura debe saldarse por pago al contado.
4 De acuerdo con nuestras condiciones del contrato debe pagarse al contado.

Banküberweisung

1 Bitte überweisen Sie den Rechnungsbetrag auf unser Konto Nr. ... bei der ...-Bank.
2 Zur Rechnungsbegleichung bitten wir um Überweisung auf unser Bankkonto.
3 Bitte begleichen Sie die Rechnung bis zum ... durch Banküberweisung.
4 Wir bitten um Rechnungsbegleichung bis zum ... durch Überweisung auf unser Konto Nr. ... bei der ...-Bank.

Transferencia bancaria

1 Por favor, transfieran el importe de la factura a nuestra cuenta número ... en el banco ...
2 Para el pago de la factura les rogamos que transfieran su importe a nuestra cuenta bancaria.
3 Por favor, salden la cuenta a más tardar el ... mediante transferencia bancaria.
4 Rogamos el pago de la cuenta a más tardar el ... mediante transferencia a nuestra cuenta número ... en el banco ...

5 Unser Konto bei der ...-Bank hat die Nummer ...
6 Bitte überweisen Sie den Rechnungsbetrag noch vor dem ... auf dieses Konto.

Scheck

1 Zur Begleichung der Rechnungen werden Schecks angenommen.
2 Bis zu Rechnungsbeträgen in Höhe von ... (Betrag, Währung) nehmen wir Schecks an.
3 Bezahlung mit Scheck ist möglich.
4 Bei Bezahlung mit Scheck behalten wir uns das Eigentum an der Lieferung bis zur Gutschrift des geschuldeten Betrags auf unserem Konto vor.
5 Wir nehmen Schecks zahlungshalber an, behalten uns aber bis zu deren Einlösung das Eigentum an der Ware vor.
6 Schecks können nur unter Eigentumsvorbehalt bis zur Einlösung angenommen werden.

Forderungsabtretung

1 Wir treten unsere Forderung gegen Sie an unsere Hausbank, die ...-Bank, ab.
2 Wir teilen Ihnen mit, dass wir unsere Forderung gegen Sie aus der Warenlieferung vom ... an die ...-Bank (Firma) abgetreten haben.
3 Wir geben Ihnen hiermit die Forderungsabtretung an die ...-Bank bekannt.
4 Wir sind damit einverstanden, wenn Sie uns zur Rechnungsbegleichung Forderungen an Ihre Kunden abtreten.
5 Ihr Konto bei uns ist ausgeglichen, da wir die Forderung an die Firma ... abgetreten haben.
6 Zum Ausgleich Ihres Kontos können Sie uns auch Forderungen gegen die Firmen ... und ... abtreten.
7 Zahlungshalber nehmen wir gern Ihre Forderungen gegen die Firma ... an.

5 Nuestra cuenta en el banco ... tiene el número ...
6 Les rogamos que antes del ... transfieran a esta cuenta bancaria el importe de la factura.

Cheque

1 Se aceptan cheques para el pago de las cuentas.
2 Aceptamos cheques para el pago de cuentas hasta ... (cantidad, moneda).
3 Es posible pago por cheque.
4 Al efectuar el pago con cheque conservamos la propiedad de las mercancías hasta el abono en nuestra cuenta de la cantidad debida.
5 Aceptamos cheques como medio de pago, pero conservamos la propiedad de la mercancía hasta que se hayan hecho efectivos.
6 Sólo podemos aceptar cheques si nos reservamos la propiedad de las mercancías hasta su cobro.

Cesión de crédito

1 Cedemos nuestro crédito contra ustedes a nuestro banco, el ...
2 Por medio de la presente les comunicamos que hemos cedido al banco ... (a la firma ...) el crédito que contra ustedes tenemos por motivo de las mercancías que les suministramos el ...
3 Por medio de la presente les informamos que cedimos nuestro crédito al banco ...
4 Estamos de acuerdo en que nos cedan los créditos contra sus clientes en pago de su cuenta con nosotros.
5 Su cuenta con nosotros está saldada, ya que hemos cedido el crédito a la firma ...
6 En liquidación de su cuenta, nos pueden ceder créditos contra las firmas ... y ...
7 Con gusto aceptamos como pago sus créditos contra la firma ...

Wechsel

1 Zum Ausgleich der Rechnung werden wir
   a) mit 30 Tagen Sicht einen Wechsel über
   ... (Betrag) auf Sie ziehen.
   b) mit 2 Monaten ab Datum der Verschiffung Ihres Auftrages einen
   Wechsel auf Sie ziehen.
   c) einen Wechsel zum Umrechnungskurs
   von ... auf Sie ziehen, der am ...
   fällig wird.
2 Gemäß unseren Zahlungsbedingungen
   werden wir auf Sie einen Wechsel mit
   einer Laufzeit von ... ziehen, den Sie uns
   bitte nach Akzept zurückgeben.
3 Die Zahlung erfolgt per Wechsel mit einer
   Laufzeit von ...

Lieferung gegen Akkreditiv

1 Wir liefern nur gegen unwiderrufliches
   Akkreditiv.
2 Wir können nur gegen Akkreditiv liefern.
3 Wir bitten Sie um Eröffnung eines un-
   widerruflichen (bestätigten) Akkreditivs.
4 Bitte stellen Sie uns bei Ihrer Bank ein
   Akkreditiv.
5 Auslandsgeschäfte können wir nur gegen
   Akkreditiv bei einer renommierten Bank
   ausführen.

Lieferung mit Eigentumsvorbehalt

1 Wir bleiben bis zur vollständigen Bezahlung Eigentümer der Ware.
2 Der Übergang des Eigentums tritt erst mit
   der vollständigen Bezahlung ein.
3 Sie werden erst mit Bezahlung des
   Rechnungsbetrags Eigentümer der
   Waren.

Erfüllungsort

1 Erfüllungsort ist der Sitz unseres Stamm-
   werks in ...
2 Erfüllungsort ist ...
3 Als Erfüllungsort ist ... vereinbart worden.

Letra de cambio

1 Como liquidación de la factura
   a) libraremos sobre ustedes a 30 días
   vista por ... (importe).
   b) giraremos contra ustedes 2 meses a
   partir de la fecha del embarque de su
   pedido.
   c) libraremos una letra sobre ustedes, al
   cambio de ..., con vencimiento el ...
2 Según nuestras condiciones de pago,
   giraremos una letra sobre ustedes con un
   plazo de vencimiento de ..., la cual les
   rogamos devolvernos después de acep-
   tada.
3 El pago se efectúa mediante letra con un
   plazo de vencimiento de ...

Suministro contra crédito documentario

1 Sólo suministramos contra presentación
   de crédito documentario irrevocable.
2 Sólo podemos suministrar contra presentación de crédito documentario.
3 Les rogamos abran un crédito documentario irrevocable (confirmado).
4 Les rogamos a su banco la apertura de
   un crédito documentario a nuestro favor.
5 Sólo podemos llevar a cabo negocios con
   el extranjero a base de crédito documentario emitido por un banco de renombre.

Suministro con reserva de propiedad

1 Nos reservamos la propiedad de la mercancía hasta su pago total.
2 La propiedad sólo se considerará trans-
   mitida cuando se haya efectuado el pago
   completo.
3 Usted(es) adquirirá(n) la propiedad de las
   mercancías una vez pagado el importe
   del la cuenta.

Lugar de cumplimiento

1 Lugar de cumplimiento es la sede de
   nuestra fábrica central en ...
2 El lugar de cumplimiento es ...
3 Se conviene en designar ... como lugar
   de cumplimiento.

Gerichtsstand

1 Gerichtsstand ist ...
2 Ausschließlicher Gerichtsstand für alle sich aus diesem Vertrag etwa ergebenden Rechtsstreitigkeiten ist ...
3 Gerichtsstand für alle Rechtsstreitigkeiten ist ...
4 Gerichtsstand ist der Sitz der für den jeweiligen Abschluss zuständigen Zweigniederlassung.

Tribunal competente

1 Se designan como jueces y tribunales competentes los de la ciudad de ...
2 Se designan los jueces y tribunales de ... para cualquier controversia que surja con motivo de este contrato.
3 Para cualquier litigio, las partes se someten a la competencia de los jueces y tribunales de ...
4 Serán competentes los jueces y tribunales correspondientes a los domicilios de las sucursales respectivas.

Inkasso

1 Wir teilen Ihnen mit, dass Herr (Frau) ... (nicht) inkassoberechtigt ist.
2 Wir setzen Sie davon in Kenntnis, dass Herr (Frau) ... nur in Verbindung mit einer Vollmacht zum Inkasso berechtigt ist.
3 Grundsätzlich ist keiner unserer Angestellten inkassoberechtigt.
4 Herr (Frau) ... ist bis zur Höhe von ... zum Inkasso berechtigt.
5 Bitte teilen Sie uns mit, ob Ihr Vertreter, Herr ..., inkassoberechtigt ist.

Cobro

1 Les informamos que el señor (la señora) ... (no) está autorizado(a) a cobrar.
2 Les informamos que el señor (la señora) ... sólo está autorizado(a) a cobrar en caso de estar provisto(a) de un poder.
3 En principio, ninguno de nuestros empleados está autorizado a cobrar.
4 El señor (la señora)... está autorizado(a) a cobrar hasta una cuantía de ...
5 Les rogamos nos informen si su representante, el señor ..., está autorizado a cobrar.

Auftrag
Pedido

Auftragserteilung

Einleitende Sätze

1 Wir beziehen uns auf die Übersendung Ihres Prospekts und erteilen Ihnen folgenden Auftrag: . . .
2 Bei der folgenden Bestellung beziehen wir uns auf das auf Ihrer Homepage gemachte Angebot.
3 Die in Ihren Prospekten angebotenen Waren entsprechen unseren Anforderungen.
4 Wir wurden durch eine Anzeige in der Fachpresse auf Ihre Produkte aufmerksam.
5 Die auf Ihrer Homepage angebotenen Artikel könnten in unser Produktprogramm passen. Schicken Sie uns daher bitte folgende Probelieferung:
6 Wir danken Ihnen für die Übersendung Ihrer neuen Preisliste. Hiermit erteilen wir Ihnen folgenden Auftrag: . . .
7 Ihre Preislisten haben uns von den günstigen Preisen Ihrer Produkte überzeugt.
8 Vielen Dank für die Übersendung Ihrer neuen Preislisten.
9 Zwar liegen Sie preislich etwas über dem Angebot Ihrer Konkurrenz; uns hat jedoch die Qualität Ihrer Erzeugnisse beeindruckt, so dass wir Ihnen folgenden Auftrag erteilen möchten: . . .
10 Nach Ihren Preislisten zu schließen, sind Ihre Waren preisgünstiger als die unserer bisherigen Zulieferfirma. Wir möchten Ihnen, um die Qualität Ihrer Waren zu überprüfen, folgenden Probeauftrag erteilen: . . .
11 Unser Vertreter (Delegierter) hat Ihren Stand auf der Ausstellung in . . . besucht und sich von der Qualität Ihrer Waren sowie Ihres Kundendienstes überzeugen können. Wir möchten Ihnen daher folgenden Auftrag erteilen: . . .

Otorgamiento de pedido

Frases de introducción

1 Nos referimos al folleto que nos enviaron y les hacemos el siguiente pedido:
2 En el siguiente pedido nos referimos a la oferta que presentan en su página Web.
3 Las mercancías ofrecidas en sus prospectos se ajustan a nuestras necesidades.
4 Un anuncio en la prensa técnica ha llamado nuestra atención sobre sus productos.
5 Los artículos que ofrecen en su página Web podrían ajustarse a nuestro programa de productos/a nuestra gama de productos. Por ello, sírvanse enviarnos el siguiente pedido a título de prueba.
6 Les agradecemos el envío de su nueva lista de precios. Por medio de la presente les hacemos el siguiente pedido: . . .
7 Sus listas de precios nos han convencido de los ventajosos precios de sus productos.
8 Muchas gracias por el envío de sus nuevas listas de precios.
9 Si bien sus precios son algo más elevados que los ofrecidos por sus competidores, la calidad de sus productos nos ha impresionado de tal forma que quisiéramos pasarles el siguiente pedido:
10 De acuerdo con sus listas de precios, los precios de sus mercancías son más ventajosos que los de la firma que nos ha suministrado hasta ahora. Para examinar la calidad de sus mercancías, les queremos hacer el siguiente pedido de prueba: . . .
11 Nuestro representante (delegado) ha visitado su stand en la exposición de . . . y ha podido convencerse de la calidad de sus mercancías y de su servicio a clientes, por lo que quisiéramos hacerles el siguiente pedido: . . .

12 Wir danken Ihnen für das ausführliche Informationsgespräch, das Sie unserem Mitarbeiter/Vertreter, Herrn . . ., während der Ausstellung in . . . gewährten. Nun erteilen wir Ihnen folgenden Auftrag: . . .

13 Der von uns beauftragte Makler, Herr . . ., hat Ihren Stand auf der Ausstellung in . . . besucht. Aufgrund seiner Informationen erteilen wir Ihnen den folgenden Auftrag: . . .

14 Ein Informationsgespräch mit Ihrem Vertreter, Herrn . . ., veranlasst uns, Ihnen folgende Bestellung aufzugeben: . . .

15 Ihr Vertreter, Herr . . ., hat uns von der Qualität Ihrer Artikel überzeugt.

16 Wir sind mit der Qualität Ihrer Probelieferung sehr zufrieden und erteilen Ihnen deshalb folgenden Auftrag: . . .

17 Nachdem wir die einzelnen Artikel Ihrer Probelieferung genau überprüft haben, möchten wir Ihnen folgenden Auftrag erteilen: . . .

18 Wir bedanken uns für die uns am . . . zugesandte Probelieferung und hoffen, dass Sie den folgenden Auftrag in der gleichen Qualität abwickeln werden.

19 Die von Ihrem Vertreter, Herrn . . ., vorgelegten Muster haben uns von der Qualität Ihrer Waren überzeugt.

12 Les agradecemos la entrevista que le concedieron a nuestro representante, el señor . . ., en la exposición de . . . y la información detallada que le ofrecieron. Ahora les hacemos el pedido siguiente: . . .

13 El corredor encargado por nosotros, el señor . . ., visitó su stand en la exposición en . . . Sobre la base de sus informaciones, les hacemos el siguiente pedido: . . .

14 Debido a la información que nos suministró su representante, el señor . . ., en la conversación que tuvimos, les hacemos el siguiente pedido:

15 Su representante, el señor . . ., nos ha convencido de la calidad de sus artículos.

16 Estamos muy satisfechos con la calidad de la mercancía suministrada a prueba y queremos por ello hacerles el siguiente pedido: . . .

17 Después de haber examinado cuidadosa e individualmente cada uno de los artículos suministrados a prueba, queremos formular el siguiente pedido:

18 Agradecemos el suministro a prueba que nos enviaron el . . . y confiamos que nos envíen el siguiente pedido con la misma calidad.

19 Las muestras presentadas por su representante, el señor . . ., nos han convencido de la calidad de sus géneros.

Mengen

1 Wir geben Ihnen je . . . Stück der folgenden Artikel in Auftrag: . . .

2 Bitte senden Sie uns umgehend . . . Stück von Ihrem Artikel Nr. . . .

3 Wir benötigen dringend je . . . Stück der folgenden Artikel: . . .

4 Ihre Probelieferung hat uns zugesagt. Wir erteilen Ihnen deshalb einen Auftrag über . . . Stück von dem Artikel Nr. . . .

5 Wir möchten unsere Bestellung vom . . . hiermit auf . . . Stück erhöhen.

6 Hiermit erteilen wir Ihnen folgenden Auftrag: . . .

Cantidades

1 Les hacemos un pedido de . . . unidades de cada uno de los siguientes artículos: . . .

2 Por favor, envíennos inmediatamente . . . unidades del artículo número . . .

3 Necesitamos urgentemente . . . unidades de cada uno de los artículos siguientes:

4 Su suministro a prueba nos ha satisfecho. Por ello les hacemos un pedido de . . . unidades del artículo número . . .

5 Por medio de la presente, queremos aumentar nuestro pedido del . . . a . . . unidades.

6 Por la presente, les hacemos el siguiente pedido: . . .

Qualität

1 Wir benötigen ausschließlich Waren bester Qualität.

2 Bitte senden Sie uns die bestellten Waren in Ihrer qualitativ besten Auswahl.

Calidad

1 Sólo necesitamos mercancías de la mejor calidad.

2 Por favor, envíennos las mercancías solicitadas en la mejor calidad posible.

3 Der oben erteilte Auftrag bezieht sich auf Waren erster Qualität.
4 Wir sind gern bereit, eine geringfügige Preiserhöhung in Kauf zu nehmen, wenn Sie uns dafür Waren erster Qualität liefern.
5 Für unsere Erzeugnisse kommen nur Zwischenprodukte bester Qualität infrage.

Verpackung

1 Um Schäden beim Versand zu vermeiden, müssen wir auf Verpackung in stabilen Holzkisten bestehen.
2 Die Verpackung Ihrer letzten Sendung ließ zu wünschen übrig.
3 Bitte versenden Sie die oben bestellten Waren in mit Schaumstoff ausgelegten Collis.
4 Um die Verlade- und Transportkosten so niedrig wie möglich zu halten, möchten wir Sie bitten, uns obige Artikel in Containern zu senden.
5 Wir legen größten Wert auf ordnungsgemäße Verpackung.
6 Bitte verpacken Sie die oben bestellten Waren so, dass eine Beschädigung während des Transports ausgeschlossen ist.
7 Bitte verpacken Sie die bestellten Waren in stabilen Kartons.
8 Hinsichtlich der Verpackung haben wir keine speziellen Wünsche.
9 Wir hoffen, dass Sie obigen Artikel ordnungsgemäß verpackt versenden werden.
10 Bitte senden Sie uns die bestellten ... in mit Styropor ausgelegten Holzkisten.

Preise

1 Wir müssen darauf bestehen, dass Sie unseren Ihnen am ... erteilten Auftrag noch zu den alten Preisen ausliefern.
2 Ihre uns am ... übersandten Preislisten betrachten wir als verbindlich.
3 Der obigen Bestellung legen wir Ihre letzte Preisliste zugrunde.
4 Wir möchten Sie bitten, bei der Festlegung des Preises für obigen Auftrag sowohl einen Mengen- als auch einen Barzahlungsrabatt zu berücksichtigen.

3 El pedido hecho arriba se refiere a artículos de primera calidad.
4 Estamos dispuestos a aceptar un pequeño aumento de precio, si con ello nos suministran mercancías de primera calidad.
5 Para nuestros productos sólo se consideran productos intermedios de la mejor calidad.

Embalaje

1 Para evitar daños en el transporte tenemos que insistir en un embalaje en cajas de madera robustas.
2 El embalaje de su último envío dejó bastante que desear.
3 Les rogamos que nos envíen las mercancías pedidas arriba en bultos protegidos por material esponjoso.
4 Con el fin de mantener lo más bajo posible los gastos de carga y transporte, les rogamos que nos envíen los artículos arriba indicados en contenedores.
5 Concedemos una gran importancia a un embalaje apropiado.
6 Por favor, embalen las mercancías anteriormente solicitadas de forma que sea imposible un deterioro durante el transporte.
7 Por favor, embalen las mercancías solicitadas en cajas de cartón robustas.
8 En relación con el embalaje no tenemos deseos especiales.
9 Confiamos en que nos enviarán el artículo indicado convenientemente embalado.
10 Les rogamos que nos envíen los ... pedidos en cajas de madera con revestimiento de stiropor.

Precios

1 Debemos insistir en que nuestro pedido del ... lo suministren a los precios antiguos.
2 Consideramos que ustedes están sujetos a las listas de precios que nos enviaron el ...
3 El pedido arriba mencionado lo basamos en su última lista de precios.
4 Les rogamos que en la determinación del precio del pedido antes mencionado tomen en consideración el descuento por la cantidad solicitada igual que el descuento por pago al contado.

5 Bitte machen Sie uns genaue Angaben über die Staffelung Ihrer Preise.
6 Die Preise verstehen wir inklusive Verpackungs- und Versandkosten.
7 Bitte berücksichtigen Sie bei Ihrer Preisfestlegung einen angemessenen Mengenrabatt.

Versandart

1 Bitte liefern Sie die oben bestellten Waren per Express.
2 Da wir die oben bestellten Waren dringend benötigen, müssen wir auf Versand per Express bestehen.
3 Obige Bestellung wollen Sie bitte per Express ausliefern.
4 Um schnellste Lieferung zu gewährleisten, bitten wir Sie, obigen Auftrag per Luftfracht auszuliefern.
5 Die von uns beauftragte Spedition ... wird in den nächsten Tagen die bestellte Ware bei Ihnen abholen.
6 Wir haben mit der Spedition ... die besten Erfahrungen gemacht.
7 Bitte beauftragen Sie obige Spedition mit dem Transport der von uns bestellten Maschinen.
8 Wir möchten Sie bitten, obigen Auftrag als Bahnfracht auszuliefern.
9 Als Versandart bevorzugen wir den Transport per Lastkraftwagen.
10 Bitte senden Sie uns die Waren per Schiff.

Lieferfrist

1 Wir müssen auf Lieferung der oben bestellten Artikel bis spätestens ... bestehen.
2 Bitte liefern Sie obigen Auftrag sofort nach Fertigstellung der Waren aus.
3 Wir bitten um sofortige Lieferung.
4 Wir benötigen die oben bestellten Waren dringend. Deshalb müssen wir auf schnellstmöglicher Lieferung bestehen.
5 Ihre Lieferung erwarten wir binnen ... Monaten.
6 Wir können Ihnen eine Lieferfrist von ... Monaten einräumen.

5 Por favor, proporciónennos datos exactos sobre su escala de precios.
6 Consideramos que los precios incluyen los gastos de embalaje y de expedición.
7 Les rogamos que en la fijación del precio tomen en consideración un descuento razonable en atención al importe del pedido.

Tipo de expedición

1 Les rogamos nos envíen el mencionado pedido por expreso.
2 Debido a que necesitamos urgentemente las mercancías mencionadas, insistimos en su envío por expreso.
3 Por favor, envíen el pedido mencionado por expreso.
4 Para asegurar que el suministro sea lo más rápido posible, les rogamos lo expidan por carga aérea.
5 La agencia de transporte ..., comisionada por nosotros, recogerá en su casa en los próximos días la mercancía solicitada.
6 Nuestras experiencias con la agencia de transporte ... han sido plenamente satisfactorias.
7 Les rogamos expidan las máquinas objeto de nuestro pedido mediante la mencionada agencia de transporte.
8 Les rogamos nos envíen el mencionado pedido por carga ferroviaria.
9 Para el envío preferimos el transporte mediante camiones.
10 Por favor, envíennos las mercancías por barco.

Plazo de suministro

1 Tenemos que insistir en el suministro de los artículos pedidos más arriba a más tardar el ...
2 Les rogamos nos envíen el pedido indicado más arriba tan pronto como estén fabricadas las mercancías.
3 Rogamos suministro inmediato.
4 Necesitamos urgentemente las mercancías pedidas arriba. Por ello tenemos que insistir en el suministro más rápido posible.
5 Esperamos su suministro dentro de ... meses.
6 Les podemos conceder un plazo de suministro de ... meses.

7 Bitte stellen Sie uns die Ware nicht vor dem ... zu.
8 Bitte liefern Sie Pos. 1 der obigen Bestellung postwendend aus. Bei den übrigen Positionen können wir Ihnen eine Lieferfrist von ... Monaten einräumen.
9 Wir hoffen, dass Sie obigen Auftrag binnen ... (Tagen) abwickeln können.
10 Wir benötigen die bestellten Waren dringend und möchten Sie daher um schnellste Lieferung bitten.
11 Um Verzögerungen in unserer Fertigung zu vermeiden, muss Ihre Lieferung bis zum ... bei uns eingetroffen sein.
12 Halten Sie bitte unsere Bestellung ab ... auf Abruf.
13 Wir erwarten Ihre Lieferung am ...

7 Por favor, no nos envíen las mercancías solicitadas antes del ...
8 Les rogamos nos envíen a vuelta de correo la partida 1 del pedido antes mencionado. En las restantes partidas les podemos conceder un plazo de suministro de ... meses.
9 Esperamos que Uds. nos puedan despachar el mencionado pedido dentro de ...
10 Necesitamos con urgencia las mercancías solicitadas, por lo que queremos rogarles el suministro más rápido posible.
11 Para evitar irregularidades en nuestro proceso de fabricación, tenemos que recibir el pedido que les hemos hecho a más tardar el ...
12 Les rogamos que, a partir del ... tengan nuestro pedido a demanda.
13 Esperamos su suministro el ...

Erfüllungsort

1 Bitte liefern Sie obige Bestellung an unser Hauptwerk in ... aus.
2 Den Bestimmungsort können Sie unserem Briefkopf entnehmen.
3 Ihre Lieferung wollen Sie bitte an unsere Zweigniederlassung in ... adressieren.
4 Bestimmungsbahnhof Ihrer Lieferung ist ...
5 Richten Sie Ihre Lieferung bitte direkt an obige Adresse.
6 Wir bitten Sie, den obigen Auftrag an unseren Zweigbetrieb auszuliefern. Die Anschrift lautet: ...
7 Die Versandadresse für obigen Auftrag ist: ...

Lugar de suministro

1 Por favor, envíen el pedido arriba indicado a nuestra fábrica principal en ...
2 El lugar de suministro lo pueden ver en nuestro membrete.
3 Por favor, envíen el pedido a nuestra sucursal en ...
4 La estación ferroviaria de destino de su suministro es ...
5 Por favor, envíen la orden directamente a la dirección arriba indicada.
6 Les rogamos envíen el pedido expresado arriba a nuestra sucursal. La dirección es:
7 La dirección para el suministro del pedido arriba indicado es:

Zahlungsbedingungen

1 Wir zahlen bei Lieferung bar.
2 Als Zahlungsbedingungen für obigen Auftrag möchten wir Ihnen vorschlagen: 1/3 bei Auftragsbestätigung, 1/3 bei Fertigstellung und 1/3 bei Lieferung.
3 Wir müssen Sie bitten, uns ein Zahlungsziel von ... Monaten zu gewähren.
4 Bitte räumen Sie uns auch dieses Mal ein Zahlungsziel von ... Monaten ein.
5 Nach erfolgter Lieferung und Prüfung der Ware begleichen wir den Rechnungsbetrag innerhalb von 14 Tagen unter Abzug von 3 % Skonto.

Condiciones de pago

1 Pagamos al contado, a la entrega de la mercancía.
2 Como condiciones de pago del pedido arriba indicado queremos proponerles: 1/3 de su importe a la confirmación del pedido, 1/3 a la terminación de la fabricación y 1/3 a la entrega de la mercancía.
3 Tenemos que pedirles nos concedan un plazo de pago de ... meses.
4 Por favor, concédannos también esta vez un plazo de pago de ... meses.
5 Después de que hayamos recibido y examinado la mercancía les pagaremos la cuenta dentro de 14 días, con un descuento del 3 %.

6 Bitte senden Sie uns die Waren per Nachnahme.

7 Können Sie uns einen mittel-(lang-)fristigen Kredit von ... Monaten gewähren?

8 Nach Erhalt der Ware werden wir unsere Bank beauftragen, den Rechnungsbetrag an Sie zu überweisen.

9 Bitte ziehen Sie auf uns einen Warenwechsel auf ... Monate.

10 Die Zahlung des Rechnungsbetrags erfolgt per Verrechnungsscheck.

11 Wir sind bereit, Ihnen ein unwiderrufliches Akkreditiv zu stellen.

12 Die Begleichung der Rechnungssumme erfolgt durch Aufrechnung gegen unsere Forderung an Sie.

Durchführung des Auftrags

1 Bitte lassen Sie die Abwicklung dieses Auftrags sorgfältig überwachen.

2 Wir müssen Sie bitten, bei der Durchführung des obigen Auftrags laufende Qualitätskontrollen durchzuführen.

3 Eine laufende Überwachung bei der Ausführung des obigen Auftrags erscheint uns unerlässlich.

4 Wir hoffen, dass Sie bei der Ausführung obigen Auftrags das von uns in Sie gesetzte Vertrauen rechtfertigen.

5 Wir hoffen, dass die Abwicklung unseres Auftrags reibungslos erfolgt.

6 Wir bitten um beschleunigte Abwicklung unseres Auftrags.

7 Wir hoffen, dass die Lieferung termingemäß erfolgt.

Hinweis auf Folgeaufträge

1 Wir möchten Sie darauf hinweisen, dass es von der Ausführung obigen Auftrags abhängt, ob Ihre Firma auch in Zukunft mit Aufträgen von uns rechnen kann.

2 Sollten Sie obige Bestellung zu unserer Zufriedenheit ausführen, können Sie mit weiteren Aufträgen rechnen.

3 Sollten wir mit der Qualität Ihrer Produkte zufrieden sein, sind wir bereit, einen langfristigen Liefervertrag mit Ihnen abzuschließen.

4 Wir benötigen jährlich große Mengen der oben bestellten Waren.

6 Les rogamos nos envíen la mercancía contra reembolso.

7 ¿Pueden concedernos un crédito a plazo medio (a largo plazo) de ... meses?

8 Recibida la mercancía, daremos instrucciones a nuestro banco para que les transfiera el importe de la factura.

9 Les rogamos giren una letra de cambio a nuestro cargo a ... meses.

10 El pago de la cuenta se verifica mediante cheques cruzados.

11 Estamos dispuestos a abrir una carta de crédito irrevocable a su favor.

12 El saldo de la cuenta se verifica aplicando su importe para compensar nuestros créditos contra ustedes.

Ejecución del pedido

1 Por favor, supervisen cuidadosamente la ejecución de este pedido.

2 Debemos pedirles que en la ejecución del pedido arriba mencionado lleven a cabo continuos controles de calidad.

3 Estimamos que es imprescindible una continua supervisión durante la ejecución del pedido arriba mencionado.

4 Confiamos en que, en la ejecución del pedido arriba mencionado, sean dignos de la confianza depositada en ustedes.

5 Confiamos en que la ejecución de nuestro pedido se lleve a cabo sin el menor contratiempo.

6 Rogamos una rápida ejecución de nuestro pedido.

7 Confiamos en que el suministro se realice en el plazo señalado.

Indicación de pedidos sucesivos

1 Queremos indicarles que depende de la ejecución del pedido arriba señalado el que su firma pueda contar también en el futuro con otros pedidos nuestros.

2 En el caso de que ejecuten el pedido arriba mencionado a nuestra satisfacción pueden contar con otros pedidos.

3 En el caso de que quedemos satisfechos con la calidad de sus productos, estaremos dispuestos a concertar un contrato de suministro a largo plazo con ustedes.

4 Necesitamos cada año grandes cantidades de las mercancías pedidas arriba.

5 Von der Durchführung obigen Auftrags hängt es ab, ob Sie uns weiterhin zu Ihrem Kundenkreis zählen können.
6 Entsprechen Ihre Produkte unseren Anforderungen, können Sie mit weiteren Aufträgen rechnen.
7 Einwandfreie Auftragsabwicklung ist Voraussetzung für größere Folgeaufträge.

5 Depende de la ejecución del pedido antes mencionado el que ustedes nos puedan continuar contando en su clientela.
6 Si sus productos se ajustan a nuestros requisitos pueden ustedes contar con otros pedidos.
7 Una ejecución satisfactoria del pedido es condición indispensable para otros pedidos de mayor importancia.

Bitte um Auftragsbestätigung

1 Bitte bestätigen Sie uns obigen Auftrag per Fax/E-Mail.
2 Nach Erhalt dieser Bestellung wollen Sie uns bitte eine Auftragsbestätigung übersenden.
3 Bitte bestätigen Sie uns den obigen Auftrag mit genauer Angabe des Liefertermins.
4 Eine schriftliche Auftragsbestätigung betrachten wir als selbstverständlich.
5 Wir bitten Sie um eine Auftragsbestätigung mit genauen Angaben im Hinblick auf Preisstaffelung und Liefertermin.
6 Würden Sie uns bitte obigen Auftrag per E-Mail bestätigen?
7 Bitte bestätigen Sie uns den Eingang obiger Bestellung.

Solicitud de confirmación del pedido

1 Les rogamos confirmen por fax o correo electrónico el pedido antes mencionado.
2 Les rogamos nos confirmen el pedido, una vez que hayan recibido esta solicitud.
3 Por favor, confírmennos el pedido mencionado arriba con indicación exacta de la fecha de entrega.
4 Consideramos natural que se confirme el pedido por escrito.
5 Les rogamos nos envíen una confirmación de pedido con indicaciones exactas de la escala de precios y fecha de entrega.
6 Sírvanse confirmar el pedido antes mencionado por correo electrónico/e-mail.
7 Por favor, confírmennos la recepción de la orden de pedido antes mencionada.

Auftragsbestätigung

1 Wir bestätigen dankend den Erhalt Ihres Auftrags vom . . .
2 Ihr Auftrag Nr. . . . vom . . . ist am . . . bei uns eingetroffen. Wir haben sofort mit der Produktion begonnen.
3 Ihre Bestellung ist gestern bei uns eingegangen; besten Dank.
4 Wir sichern Ihnen sorgfältige Ausführung Ihres Auftrags zu.
5 Wir sind sicher, dass mit der exakten Durchführung Ihres Auftrags vom . . . eine erfolgreiche Zusammenarbeit zwischen unseren Firmen beginnen wird.
6 Wir danken Ihnen für den Auftrag Nr. . . . vom . . . Wir werden am . . . lieferbereit sein.

Confirmación de pedido

1 Agradecidos, acusamos recibo de su pedido del . . .
2 Su orden de pedido número . . . llegó el . . . Hemos iniciado inmediatamente la producción.
3 Recibimos ayer su pedido. Muchas gracias.
4 Les garantizamos una cuidadosa ejecución de su pedido.
5 Estamos convencidos de que con la exacta ejecución de su pedido del . . . se iniciará una amplia cooperación entre nuestras firmas.
6 Les agradecemos el pedido número . . . del . . . Podremos suministrar las mercancías el . . .

Auftragsannahme

Annahme mit dem Vermerk „Laut Bestellung"

1 Hiermit nehmen wir Ihren Auftrag laut Bestellung an.
2 Ihr Auftrag vom ... wird von uns laut Bestellung ausgeführt werden.
3 Gleichzeitig möchten wir Ihnen die Annahme Ihres Auftrags laut Bestellung mitteilen.

Annahme mit Wiedergabe der Bestellung

1 Ihren Auftrag vom ... über ... Stück des Artikels Nr. ... nehmen wir dankend an.
2 Wir bestätigen Ihnen dankend Eingang und Annahme Ihres Auftrags vom ... über je ... Stück der Artikel Nr. ..., Nr. ... und Nr. ...
3 Wir werden Ihren Auftrag über ... Stück unseres Artikels Nr. ... schnellstens ausführen.
4 Wir danken Ihnen für Ihren Auftrag über ... (Anzahl und Bezeichnung) und sind sicher, dass wir Sie mit unseren Erzeugnissen zufrieden stellen werden.

Annahme mit Änderungen

1 Wir bedanken uns für Ihren Auftrag vom ..., den wir gern annehmen. Leider können wir Ihnen jedoch die Position ... Ihrer Bestellung nicht wie gewünscht bis zum ... liefern. Wir sind frühestens am ... in der Lage, diesen Artikel zu versenden. Bitte teilen Sie uns mit, ob Sie mit dieser Lieferverzögerung einverstanden sind.
2 Der von Ihnen unter anderem bestellte Artikel Nr. ... ist zurzeit nicht auf Lager. Wir sind bereit, Ihnen hierfür die qualitativ bessere Ausführung zum gleichen Preis zu liefern.
Wir hoffen, mit dieser Änderung in Ihrem Sinne gehandelt zu haben.
3 Leider können wir die in Ihrem Auftrag vom ... vorgeschlagenen Lieferungs- und Zahlungsbedingungen nicht akzeptieren. Wir sind jedoch gern bereit, Ihren Auftrag zu den für unsere Branche üblichen Konditionen zu übernehmen.

Aceptación del pedido

Aceptación con la observación "de conformidad con la orden"

1 Por medio de la presente aceptamos su pedido de conformidad con la orden.
2 Ejecutaremos su pedido de conformidad con la orden del ...
3 Al mismo tiempo les queremos comunicar que aceptamos el pedido de conformidad con la orden.

Aceptación del pedido repitiendo su texto

1 Aceptamos y agradecemos su pedido del ... de ... unidades del artículo número ...
2 Agradecidos, acusamos recibo de su pedido del ... de ... unidades de cada uno de los artículos n° ..., n° ... y n° ... y lo aceptamos.
3 Ejecutaremos cuanto antes su pedido de ... unidades de nuestro artículo número ...
4 Agradecemos su pedido de ... (cantidad y descripción) y estamos seguros de que quedarán satisfechos con nuestros productos.

Aceptación con modificaciones

1 Agradecemos su pedido del ..., el que gustosos aceptamos. Lamentablemente, no podemos suministar el punto ... de su orden a más tardar el ..., como ustedes desean. No estamos en condiciones de enviar ese artículo antes del ... Por favor, infórmennos si están de acuerdo con esta demora en la entrega.
2 Actualmente no tenemos en existencia el artículo n° ..., que, entre otros, ustedes ordenaron. A este respecto estamos dispuestos a suministarles el modelo de mejor calidad, al mismo precio.
Confiamos en que ustedes estarán de acuerdo con esta modificación.
3 Lamentablemente, no podemos aceptar las condiciones de suministro y de pago propuestas en su pedido del ... Sin embargo, estamos dispuestos a aceptar su pedido de acuerdo con las condiciones usuales en nuestro ramo.

4 Wir nehmen Ihren Auftrag vom ... gern an, müssen jedoch die Position ... Ihrer Bestellung geringfügig abändern.

4 Con gusto aceptamos su pedido del ..., pero tenemos que introducir una pequeña modificación en el punto ... de su orden.

Auftragsablehnung

Ablehnung des Auftrags ohne Grund

1 Leider sind wir nicht in der Lage, Ihren Auftrag vom ... zu den gewünschten Bedingungen anzunehmen.
2 Den uns am ... zugegangenen Auftrag über ... können wir bedauerlicherweise nicht annehmen.
3 Die von Ihnen gewünschten Artikel können wir leider nicht herstellen. Als Anlage reichen wir Ihnen deshalb Ihre Bestellung zurück.

Ablehnung des Auftrags mit Angabe des Grundes

1 Da wir im Augenblick über keine freien Kapazitäten verfügen, müssen wir Ihren Auftrag leider ablehnen.
2 Infolge des Mangels an Fachkräften ist es uns nicht möglich, Ihren Auftrag vom ... zu übernehmen.
3 Da unsere Rohstoffvorräte auf Monate hinaus disponiert sind, können wir Ihren Auftrag bedauerlicherweise nicht übernehmen.
4 Ein Programmabsturz in unserem Computer hat uns in unserer Produktion zurückgeworfen.
5 Wirtschaftliche Umstände zwingen uns, die Produktion ins Ausland zu verlagern. Wir können Ihren Auftrag daher nicht termingemäß ausführen.
6 Der Mangel an Computerfachkräften zwingt uns, diesen Auftrag abzulehnen.
7 Da wir Schwierigkeiten mit unseren Zulieferfirmen haben, können wir Ihren Auftrag leider nicht annehmen.
8 Stockungen in der Materialzufuhr zwingen uns zu unserem Bedauern, Ihren Auftrag vom ... abzulehnen.
9 Ihre Referenzen genügen uns nicht, wir sehen uns daher leider außerstande, Ihren Auftrag auszuführen.

Pedido rehusado

Pedido rehusado sin exponer motivo

1 Lamentablemente, no podemos aceptar su pedido del ... en las condiciones que ustedes desean.
2 Lamentablemente, no podemos aceptar el pedido de ... que recibimos el ...
3 Lamentablemente, no podemos producir los artículos que ustedes desean. Adjunto les devolvemos su orden.

Pedido rehusado con indicación del motivo

1 Lamentablemente, no podemos aceptar su pedido debido a que por el momento tenemos comprometida toda nuestra capacidad de producción.
2 Por falta de especialistas no nos es posible aceptar su pedido del ...
3 Lamentamos no poder aceptar su pedido porque tenemos comprometidas nuestras existencias de materias primas por varios meses.
4 Nuestra producción se ha retrasado debido a un fallo total en nuestro sistema informático.
5 Diversas circunstancias económicas nos obligan a trasladar nuestra producción al extranjero. Por ello, no estamos en condiciones de poder cumplir con su pedido en la fecha convenida.
6 Lamentamos comunicarle que por falta de personal especializado en informática no estamos en condiciones de servir este pedido.
7 Lamentablemente, no podemos aceptar su pedido porque tenemos dificultades con nuestros abastecedores.
8 Irregularidades en nuestro abastecimiento de materiales nos impiden, lamentablemente, aceptar su pedido del ...
9 Sus referencias son insuficientes, por cuya razón, lamentamos no poder servir su pedido.

Ordnungsgemäße Auftragsabwicklung
Desenvolvimiento normal del pedido

Anzeige des Produktionsbeginns

1 Wir möchten Ihnen mitteilen, dass Ihr Auftrag vom ... bei uns in Produktion gegangen ist.
2 Nach Beendigung der Umrüstarbeiten unserer Maschinen werden wir noch im Laufe dieser Woche mit der Produktion Ihres Auftrags beginnen.
3 Die Produktion Ihres letzten Auftrags ist bereits voll angelaufen.
4 Wir haben mit der Produktion der von Ihnen am ... bestellten Güter begonnen und werden Sie rechtzeitig von Ihrer Fertigstellung unterrichten.

Aviso del inicio de la producción

1 Por medio de la presente les comunicamos que tenemos en producción su pedido del ...
2 En el curso de esta semana, una vez que hayamos efectuado la conversión de las máquinas, iniciaremos la producción de su pedido.
3 La producción de su último pedido ya está en plena marcha.
4 Hemos comenzado con la producción de los artículos pedidos por ustedes el ... y les informaremos a su debido tiempo una vez concluida ésta.

Anzeige des Produktionsendes und Abholbereitschaft

1 Wir teilen Ihnen mit, dass Ihr Auftrag vom ... fertig gestellt ist.
2 Wir haben die Produktion Ihres Auftrags fristgerecht beendet und erwarten Ihre Instruktionen bezüglich des Versands (der Abholung).
3 Die Waren liegen zurzeit in unserer Prüfabteilung zur Durchsicht.
4 Sämtliche Arbeitsgänge an den Waren Ihres Auftrags vom ... sind abgeschlossen und wir teilen Ihnen mit, dass Sie abholbereit sind.
5 Die Waren aus Ihrem Auftrag vom ... befinden sich seit ... abholbereit in unserem Auslieferungslager.
6 Bitte veranlassen Sie, dass die in Auftrag gegebenen Waren in den nächsten Tagen in unserem Werk abgeholt werden.

Aviso de terminación de la producción y disponibilidad

1 Les participamos que hemos concluido la producción de su pedido del ...
2 Hemos terminado la producción de su pedido en el plazo convenido, esperando así sus instrucciones en cuanto al envío (a la recogida).
3 Las mercancías se encuentran actualmente en nuestro departamento de pruebas para su inspección.
4 Ya están terminadas todas las etapas del proceso de fabricación de las mercancías ordenadas el ..., por lo que les comunicamos que éstas pueden ser retiradas.
5 Las mercancías correspondientes a su pedido del ... se encuentran listas para ser recogidas en el departamento de entrega de nuestro almacén desde el ...
6 Les rogamos que, en los próximos días, se sirvan recoger en nuestra fábrica las mercancías objeto del pedido.

7 Die Waren Ihres letzten Auftrags sind vorschriftsmäßig verpackt und abholbereit.
8 Ihr Auftrag ist abgewickelt; wir erwarten
gern Ihre diesbezüglichen Anweisungen.
9 Die Produktion Ihres Auftrags ist abgeschlossen. Die Waren lagern versandbereit in unserem Fertigungslager. Bitte
teilen Sie uns umgehend die Versandadresse mit.
10 Die Waren aus Ihrem Auftrag vom ... sind
versandbereit. Sie können sofort darüber
verfügen.

Versandanzeige

1 Die von Ihnen am ... bestellten Waren
haben heute (gestern, am ...) unser Werk
per Express (per Lkw, als Frachtgut, als
Eilgut) verlassen.
2 Die von Ihnen beauftragte Spedition ...
hat die Waren heute bei uns abgeholt.
3 Ihre Waren haben heute Vormittag als
Bahnfracht unser Werk verlassen.
4 Die von Ihnen am ... bestellten Waren
werden heute verschifft.
5 Wir teilen Ihnen mit, dass die von Ihnen
am ... bestellten Waren heute unser Werk
mit der Spedition ... verlassen haben.
6 Unser Spediteur, die Fa. ..., hat uns von
der ordnungsgemäßen Verschiffung der
Güter an Bord der MS ... unterrichtet.
7 Die Spedition ... wurde von uns am ...
mit der Verschiffung der Waren beauftragt
und wird alle Zollformalitäten erledigen.
8 Sobald wir von der Spedition die Verschiffungsdokumente erhalten und
diese unserer Bank vorgelegt haben,
werden wir Sie per Fax (telefonisch, per
E-Mail) benachrichtigen.
9 Wir haben unsere Spedition, die Fa. ...
in ..., angewiesen, sich sofort mit Ihnen
in Verbindung zu setzen, sobald die Zollformalitäten erledigt sind und sich die
Ware sicher an Bord der MS ... befindet.

7 Las mercancías de su último pedido
están debidamente embaladas y listas
para ser recogidas.
8 Hemos ejecutado su pedido y esperamos
sus instrucciones respectivas.
9 El proceso de producción de su pedido
ha terminado. Las mercancías están en
nuestro almacén de fabricación listas
para su envío. Por favor, comuníquennos
inmediatamente la dirección a que debemos enviarlas.
10 Las mercancías objeto de su pedido
del ... están listas para su envío. Pueden
disponer de ellas inmediatamente.

Aviso de envío

1 Las mercancías objeto de su pedido del
... salieron hoy (ayer, el ...) de nuestra
fábrica por expreso (por camión, por
pequeña velocidad, como transporte
urgente).
2 La agencia de transportes ... comisionada por ustedes recogió hoy las mercancías en nuestra casa.
3 En la mañana de hoy sus mercancías
salieron de nuestra fábrica por ferrocarril.
4 En el día de hoy embarcaremos las mercancías que ustedes encargaron.
5 Les informamos que la agencia de transportes ... recogió hoy en nuestra fábrica
las mercancías encargadas por ustedes
el ...
6 Nuestro tranportista, la empresa ..., nos
ha informado sobre el embarque en regla
de los géneros a bordo de la motonave
...
7 Hemos encomendado el ... a la agencia
de transportes ... el embarque de las
mercancías y la tramitación de todas las
formalidades aduaneras.
8 Tan pronto recibamos la documentación
de embarque de la agencia de transportes, y ésta haya sido presentada al
banco, les informaremos a ustedes por
fax (teléfono, por correo electrónico).
9 Hemos dado instrucciones a nuestra
agencia de transportes, la empresa ... en
..., de que se ponga en contacto con
ustedes tan pronto hayan sido tramitadas
las formalidades aduaneras y la mercancía se encuentre segura a bordo de la
motonave ...

Rechnungsstellung

1 Als Anlage überreichen wir Ihnen unsere Rechnung für die am ... gelieferten Waren.
2 Wir sandten Ihnen am ... Stück unseres Artikels Nr. ... zu einem Einzelpreis von ... Der Gesamtbetrag beläuft sich – abzüglich eines Mengenrabatts in Höhe von ... % – auf ...
3 Der zu begleichende Rechnungsbetrag für unsere Lieferung vom ... beträgt ...
4 Der Rechnungsbetrag für unsere letzte Lieferung beläuft sich auf ... In dieser Summe ist der von Ihnen erbetene Sonderrabatt bereits berücksichtigt.
5 Die zu begleichende Rechnungssumme für unsere Lieferung vom ... beträgt ... Der branchenübliche Barzahlungsrabatt wurde bereits berücksichtigt.
6 Die von uns ausgestellte Rechnung bezieht sich auf das von Ihnen eröffnete unwiderrufliche Akkreditiv vom ...

Begleitsätze für Rechnungsübersendung

1 Als Anlage überreichen wir Ihnen unsere Rechnung über die von Ihnen bestellten Waren.
2 Bei unserer Rechnungslegung haben wir bereits einen Mengenrabatt (Barzahlungsrabatt) berücksichtigt.
3 Die Versandkosten haben wir Ihnen nicht in Rechnung gestellt.
4 Die beigefügte Rechnung bezieht sich auf unsere Preise ab Werk.
5 Die Versandkosten rechnen wir direkt mit dem Spediteur ab.
6 Unserer Rechnungserstellung haben wir die Preise unserer Preisliste vom ... zugrunde gelegt.
7 Bei der Rechnungslegung sind Ihre Wünsche hinsichtlich der Zahlungsbedingungen weitgehend berücksichtigt worden.
8 Bitte überweisen Sie den Rechnungsbetrag auf unser Konto Nr. .... bei der ...-Bank in ...
9 Gestatten Sie uns, Sie nochmals auf unsere Zahlungsbedingungen hinzuweisen.
10 Übersenden Sie uns bitte einen Warenwechsel in Höhe des Rechnungsbetrags.

Facturación

1 Adjunto les enviamos la factura por las mercancías suministradas el ...
2 El ... les enviamos ... unidades de nuestro artículo número ... al precio de ... por unidad. El importe total, una vez deducido el descuento del ... % por cantidad, asciende a ...
3 La cantidad a pagar por nuestro suministro del ... asciende a ...
4 La cuenta por nuestro último suministro asciende a ... En esta cantidad ya se ha considerado el descuento especial solicitado.
5 La cuenta correspondiente al suministro del ... asciende a ... Ya se ha tomado en consideración el descuento por pago al contado, usual en el ramo.
6 Nuestra factura se refiere al crédito documentario irrevocable abierto por ustedes el ...

Frases usuales en los envíos de factura

1 Adjunto les enviamos la factura por las mercancías solicitadas por ustedes.
2 En la factura ya hemos considerado un descuento por la cantidad adquirida (por pago al contado).
3 No les hemos incluido en la factura los gastos de envío.
4 La factura adjunta se refiere a nuestros precios en fábrica.
5 Los gastos de envío los calcularemos directamente con el agente de transportes.
6 Nuestra facturación la hemos basado en nuestra lista de precios del ...
7 En la rendición de cuentas se han tomado en consideración, en gran parte, sus deseos en relación con las condiciones de pago.
8 Les rogamos que, para el pago de la factura, transfieran su importe a nuestra cuenta n° ... en el Banco ... en ...
9 Permítannos que una vez más les llamemos la atención sobre nuestras condiciones de pago.
10 Les rogamos nos envíen una letra de cambio que cubra el importe de la factura.

11 Das von Ihnen gestellte Akkreditiv vom ...
dient zur Zahlung unserer Rechnung ...
vom ...
12 Über den Betrag hinaus, der durch das
von Ihnen gestellte Akkreditiv für die
Begleichung der Rechnung zur Verfügung
steht, fallen zusätzlich noch ... zur
Zahlung an. Wir bitten um sofortigen Ausgleich.

11 El crédito documentario del ..., abierto
por ustedes, se aplicará al pago de nuestra factura del ...
12 Por el importe excedente del crédito
documentario abierto por ustedes, disponible para la liquidación de la factura, se
originan gastos adicionales de ..., los
cuales rogamos liquidar inmediatamente.

Warenempfangs-bestätigung

Acuse de recibo de mercancías

1 Wir bestätigen Ihnen dankend den
Empfang Ihrer Lieferung vom ...
2 Ihre Lieferung vom ... ist gestern bei uns
eingetroffen.
3 Wir bestätigen Ihnen mit Dank den Erhalt
Ihrer Sendung vom ...
4 Die von uns am ... bei Ihnen bestellten
Waren sind fristgerecht eingetroffen.
5 Dieses Schreiben ist gleichzeitig unsere
Empfangsbestätigung der von Ihnen am
... versandten Waren.
6 Die Lieferung aus unserer letzten Bestellung haben wir fristgerecht und unbeschädigt erhalten.
7 Wir danken Ihnen für die termingerechte
Lieferung der von uns bestellten Waren.
8 Ihre Sendung ist heute in einwandfreiem
Zustand bei uns eingetroffen.

1 Agradecidos, acusamos recibo de su
suministro del ...
2 Ayer recibimos su suministro del ...
3 Agradecidos, les confirmamos el recibo
de su suministro del ...
4 Las mercancías que les encargamos el ...
han llegado dentro del plazo convenido.
5 Esta carta es al mismo tiempo nuestro
acuse de recibo de las mercancías expedidas por ustedes el ...
6 Hemos recibido en buen estado y dentro
del plazo convenido las mercancías objeto de nuestro último pedido.
7 Les agradecemos el suministro de las
mercancías encargadas, que recibimos
en el tiempo convenido.
8 Hoy nos llegó su remesa, en perfecto
estado.

Bestätigung des Zahlungseingangs

Acuse de recibo de pago

1 Wir bestätigen Ihnen dankend den
Eingang Ihrer Überweisung am ...
2 Am ... ist Ihr Rechnungsbetrag bei uns
eingegangen.
3 Am ... bekamen wir von unserer Bank
die Mitteilung, dass Ihre Überweisung
eingetroffen ist.
4 Wir bedanken uns für die prompte Begleichung unserer Rechnung vom ...
5 Ihr Akzept vom ... ist heute bei uns eingetroffen.
6 Wir bestätigen Ihnen mit Dank den Eingang Ihrer Überweisung vom ...
7 Ihr Konto bei uns ist nun ausgeglichen.

1 Agradecidos, confirmamos el recibo de
su transferencia el ...
2 El ... recibimos el importe de la factura
que ustedes nos enviaron.
3 El ... recibimos de nuestro banco la notificación del recibo de su transferencia.
4 Agradecemos el rápido saldo de nuestra
cuenta del ...
5 En el día de hoy recibimos la letra con su
aceptación del día ...
6 Por medio de la presente confirmamos,
agradecidos, el recibo de su transferencia
del ...
7 Su cuenta con nosotros está ahora
saldada.

8 Nach Ihrer Überweisung vom ... beträgt Ihr Kontostand bei uns ... (Betrag, Währung).
9 Mit der heutigen Überweisung ist Ihr Konto bei uns ausgeglichen.
10 Wir danken Ihnen für Ihren Scheck, den Sie uns zur Begleichung unserer Rechnung vom ... gesandt haben.
11 Ihr Scheck ist bei uns eingegangen.
12 Der Betrag von ... (Betrag, Währung) zur Begleichung unserer Rechnung vom ... wurde Ihrem Konto bei uns gutgeschrieben. Hiermit ergibt sich ein derzeitiger Habensaldo (Sollsaldo) in Höhe von ... (Betrag, Währung).

8 Después de su transferencia del ..., el estado de su cuenta con nosotros es el siguiente: ... (cantidad, moneda).
9 Con la transferencia de hoy está saldada su cuenta con nosotros.
10 Les agradecemos el cheque que nos enviaron para el pago de nuestra cuenta del ...
11 Hemos recibido su cheque.
12 El importe de ... (importe, moneda) en liquidación de nuestra factura del ... fue abonado en la cuenta que mantienen con nosotros. El saldo acreedor (deudor) actual resultante se eleva a ... (importe, moneda).

Abweichungen und Störungen
Diferencias e irregularidades

Anzeige des Bestellungsverzugs

1 Leider können wir unser Angebot vom ...
   nur noch bis ... (Tag), den ... (Datum),
   aufrechterhalten.
2 Wir erwarten umgehend Ihre Bestellung.
3 Eine spätere Auftragsannahme ist uns
   leider nicht mehr möglich.
4 Wir bitten Sie, diesen Termin bei Ihren
   Dispositionen zu beachten.
5 Ihrer sofortigen Bestellung sehen wir gern
   entgegen.
6 Auf unser Angebot vom ... ist uns von
   Ihnen noch keine Bestellung zugegangen.
   Wir möchten Sie darauf hinweisen, dass
   wir uns nur noch bis zum ... an dieses
   Angebot gebunden fühlen.
7 Da Sie unser Angebot vom ... bisher
   nicht berücksichtigten, erlauben wir uns
   den Hinweis, dass es uns aus organisatorischen Gründen nur noch bis zum ...
   möglich ist, zu den angegebenen Bedingungen zu liefern.
8 Da unser Angebot vom ... am ... ausläuft, erbitten wir möglichst umgehend
   Ihre Bestellung.
9 Da unser Angebot vom ... auf den ...
   befristet ist, erbitten wir umgehend Ihre
   Bestellung.

Aviso de demora en el pedido

1 Lamentablemente, sólo podemos mantener nuestra oferta del ... hasta el ...
2 Esperamos inmediatamente su pedido.
3 Lamentablemente, después no podremos
   aceptar pedidos.
4 Les rogamos que, en sus planes, tomen
   en consideración este término.
5 Esperamos con gusto su pedido inmediato.
6 Todavía no hemos recibido ningún pedido
   de ustedes en relación con nuestra oferta
   del ... Por este motivo, nos permitimos
   recordarles que sólo nos consideramos
   obligados por esta oferta hasta el ...
7 Como ustedes todavía no han tomado
   en cuenta nuestra oferta del ..., nos permitimos participarles que, por motivos
   de organización, sólo nos es posible
   suministrarles la mercancía hasta el ...
   bajo las condiciones expuestas.
8 Dado que nuestra oferta del ... vence
   el ..., les rogamos que hagan su pedido
   cuanto antes.
9 Debido a que nuestra oferta del ... sólo
   tiene validez hasta el ..., les rogamos que
   ordenen su pedido cuanto antes.

Widerruf des Angebots

1 Zu unserem großen Bedauern ist uns
   auf unser Angebot vom ... noch keine
   Bestellung von Ihnen zugegangen.
2 Leider sind wir nicht mehr in der Lage,
   unser bisheriges Angebot aufrechtzuerhalten.
3 Wir betrachten uns an dieses Angebot
   nicht mehr gebunden.

Revocación de la oferta

1 Muy a pesar nuestro, observamos que
   ustedes todavía no nos han hecho pedido
   alguno en relación con nuestra oferta
   del ...
2 Lamentablemente, ya no estamos en
   condiciones de cumplir la oferta que
   hasta ahora habíamos mantenido.
3 Ya no nos consideramos obligados por
   esta oferta.

4 Wir müssen unser Angebot leider zurücknehmen.
5 Da die angebotene Ware ausläuft, können
wir keine Bestellungen mehr entgegen-
nehmen.
6 Es ist uns nicht mehr möglich, zu den angebotenen Preisen zu liefern. Als Anlage
erhalten Sie unsere neuen Preislisten.
7 Da Sie bis heute auf unser Angebot
vom . . . nicht geantwortet haben, nehmen
wir an, dass Sie kein Interesse an der
Ware haben. Hiermit ziehen wir unser Angebot zurück.
8 Bis heute haben wir auf Ihre Bestellung
gewartet. Da für die Ware bereits andere
Interessenten vorhanden sind, können wir
eine etwaige Bestellung von Ihnen nicht
mehr berücksichtigen.
9 Wir möchten Sie darauf hinweisen, dass
die mit unserem Angebot vom . . . ver-
bundene Frist mit dem heutigen Tag abgelaufen ist. Wir sehen uns außerstande,
noch Bestellungen entgegenzunehmen.
10 Aus produktionstechnischen Gründen
können wir unser Angebot vom . . . nicht
mehr aufrechterhalten.
11 Wir müssen unser Angebot vom . . . bedauerlicherweise zurücknehmen, da die
Ware inzwischen nicht mehr lieferbar ist.
12 Da wir Schwierigkeiten mit unseren
Zulieferern haben, müssen wir unser Angebot leider zurückziehen.

4 Lamentablemente, tenemos que retirar
nuestra oferta.
5 Debido a que se nos está agotando la
mercancía ofrecida, no podemos aceptar
nuevos pedidos.
6 Ya no nos es posible suministrar a los
precios ofrecidos. Adjunto reciben ustedes nuestras nuevas listas de precios.
7 Como ustedes no han respondido a
nuestra oferta del . . ., suponemos que no
tienen interés alguno en la mercancía. Por
medio de la presente retiramos nuestra
oferta.
8 Hasta hoy hemos esperado su pedido.
Debido a que hay otros interesados en
la mercancía, ya no podríamos tener en
cuenta una eventual orden de ustedes.
9 Nos permitimos informarles que el término de validez de nuestra oferta del . . .
vence en el día de hoy. Por esta razón ya
no podremos aceptar pedidos.
10 Debido a motivos técnicos de fabricación
ya no podemos mantener nuestra oferta
del . . .
11 Sentimos mucho tener que retirar nuestra
oferta del . . ., ya que, entretanto, la mercancía se ha agotado.
12 Sentimos mucho tener que retirar nuestra
oferta, pues tenemos dificultades con
nuestros abastecedores.

Lieferverzug

1 Die bei Ihnen bestellten Waren sind bis
heute nicht bei uns eingetroffen.
2 Seit . . . Tagen warten wir auf die am . . .
bestellte Ware.
3 Zu unserem großen Bedauern müssen
wir feststellen, dass Sie unseren Auftrag
vom . . . noch nicht ausgeführt haben.
4 Auf unsere Bestellung vom . . . haben wir
weder die Waren noch irgendeine Mitteilung von Ihnen erhalten.
5 Da wir die am . . . bestellten Waren
dringend benötigen, bitten wir um
schnellste Zusendung.
6 Wir möchten Sie darauf aufmerksam
machen, dass Sie mit Ihrer Lieferung
bereits . . . Tage im Verzug sind.

Demora en el suministro

1 Las mercancías que les pedimos no nos
han llegado todavía.
2 Desde hace . . . días esperamos la mercancía que pedimos el . . .
3 Muy a nuestro pesar, comprobamos que
ustedes todavía no han ejecutado nuestro
pedido del . . .
4 Respecto a nuestro pedido del . . ., ustedes no nos han enviado ni la mercancía,
ni aviso de ninguna clase.
5 Debido a que necesitamos urgentemente las mercancías pedidas el . . ., les
rogamos su envío lo más rápidamente
posible.
6 Queremos llamarles la atencíon respecto
a que ustedes ya han incurrido en una
demora de . . . días en el suministro.

7 Sollten Sie die bestellten Waren nicht fristgemäß liefern können, teilen Sie uns dies bitte unverzüglich mit, damit wir anders disponieren können.

7 En caso de que no puedan ustedes suministrar las mercancías pedidas en el plazo acordado, les rogamos nos lo comuníquen a fin de poder tomar otras disposiciones.

Nachlieferfrist

1 Die am ... bei Ihnen bestellten Waren sind bis heute nicht eingetroffen.
2 Sollten Sie Ihren Lieferungsverpflichtungen nicht bis zum ... nachkommen, sehen wir uns gezwungen, unseren Auftrag zurückzuziehen.
3 Wir bitten Sie, unsere Bestellung schnellstens zu bearbeiten; eine Abnahme nach dem ... wäre uns nicht mehr möglich.
4 Da wir die Waren dringend benötigen, müssen wir auf Lieferung innerhalb von ... Tagen bestehen.
5 Wir bitten um Zusendung noch in dieser Woche.
6 Wir bestehen auf Lieferung bis zum ...
7 Da unsere Kunden ungeduldig werden, benötigen wir die Ware binnen ... Wochen.
8 Bis heute sind Sie Ihren Lieferungsverpflichtungen nicht nachgekommen. Wir gewähren Ihnen eine letzte Frist bis zum ...
9 Die Lieferfrist für unseren Auftrag vom ... ist seit ... Wochen abgelaufen. Wir müssen deshalb auf schnellster Zusendung (Express, per Kurier-Schnelldienst zu Ihren Lasten) bestehen.

Plazo de entrega demorada

1 Las mercancías que les pedimos el ... todavía no han llegado.
2 En el caso de que no cumplan sus obligaciones de suministro a más tardar el ... nos veremos obligados a retirar el pedido.
3 Les rogamos ejecuten nuestro pedido cuanto antes. No nos sería posible su recepción después del ...
4 Debido a que necesitamos urgentemente las mercancías, tenemos que insistir en el suministro dentro de ... días.
5 Les rogamos nos envíen la mercancía esta misma semana.
6 Inistimos en el suministro a más tardar el ...
7 Debido a que nuestros clientes se impacientan, necesitamos la mercancía dentro de ... semanas.
8 Hasta hoy ustedes no han cumplido sus obligaciones de suministro. Les concedemos un último plazo hasta el ...
9 Ya hace ... semanas que venció el plazo de entrega de nuestro pedido del ... Por ello tenemos que insistir en el envío más rápido posible (por expreso, por servicios urgentes de mensajería y a su cargo).

Regressandrohung

1 Wir möchten Sie darauf aufmerksam machen, dass Sie mit Ihrer Lieferung bereits ... Tage im Verzug sind.
2 Etwaige Schadenersatzansprüche behalten wir uns vor.
3 Sollten die Waren nicht innerhalb von ... Tagen geliefert werden, würden wir Sie für entgangenen Gewinn und zusätzliche Kosten verantwortlich machen müssen.

Amenaza de reclamación

1 Les queremos llamar la atención acerca de que ya han incurrido en una demora de ... días en el suministro de la mercancía.
2 Nos reservamos el derecho a reclamar eventuales daños y perjuicios.
3 En el caso de que no se suministren las mercancías dentro de ... días, nos veremos obligados a reclamarles una indemnización por las utilidades dejadas de percibir y los gastos suplementarios en que hayamos incurrido.

4 Wir werden die Ware nur unter Vorbehalt abnehmen.
5 Durch Ihren langen Lieferverzug ist die Ware für uns nahezu wertlos geworden. Für etwaige Verluste werden wir Sie haftbar machen.
6 Sie sind mit Ihrer Lieferung in Verzug. Wir behalten uns das Recht vor, von Ihnen eine Entschädigung zu verlangen.
7 Sollte uns durch Ihre Lieferungsverzögerung Schaden entstehen, werden wir Sie dafür haftbar machen.
8 In Anbetracht Ihrer Lieferungsverspätung müssen wir Sie auf unser Recht hinweisen, Schadenersatzforderungen geltend zu machen.
9 Sollte Ihre Lieferung nicht innerhalb einer Woche bei uns eintreffen, werden wir uns weitere Schritte vorbehalten.

Rücktritt vom Vertrag

1 In Anbetracht Ihres Lieferverzugs sehen wir uns außerstande, die Ware noch anzunehmen.
2 Wir machen unsere Bestellung hiermit rückgängig.
3 Leider sind wir gezwungen, vom Vertrag zurückzutreten.
4 Die Ware ist für uns wertlos geworden. Wir werden sie deshalb zurücksenden.
5 Infolge Ihres erheblichen Lieferverzugs erklären wir Ihnen hiermit unseren Rücktritt vom Vertrag.
6 Ihre Waren sind mit . . .-wöchiger Verspätung bei uns eingetroffen. Die Rücksendung ist bereits veranlasst.
7 Wir fühlen uns nicht mehr an unsere Bestellung vom . . . gebunden, weil Ihre Lieferung nunmehr bereits . . . (Zeitraum) überfällig ist.
8 Aufgrund Ihrer nachlässigen Bearbeitung unseres Auftrags vom . . . widerrufen wir unsere Bestellung.
9 Ihre lange Lieferverspätung hat es uns unmöglich gemacht, unsere Kunden fristgerecht zu bedienen. Wir ziehen hiermit unseren Auftrag vom . . . zurück. Gleichzeitig teilen wir Ihnen mit, dass Sie in Zukunft nicht mehr mit Aufträgen von uns rechnen können.

4 Sólo aceptaremos la mercancía haciendo reserva de nuestros derechos.
5 Debido a la gran demora con que ustedes nos suministraron la mercancía, ésta apenas tiene valor para nosotros. Les haremos responsables de los daños y perjuicios eventuales.
6 Ustedes incurren en una demora en el suministro. Nos reservamos el derecho a reclamarles una indemnización.
7 En el caso de que sufriéramos daños por su demora en el suministro, les haremos a ustedes responsables.
8 En vista de su demora en el suministro debemos expresarles que nos asiste el derecho a reclamar una indemnización por daños y perjuicios.
9 En el caso de que no recibamos su suministro dentro de una semana, nos reservamos el derecho de proceder en la forma correspondiente.

Rescisión del contrato

1 Debido a su demora en el suministro no nos vemos en condiciones de aceptar la mercancía.
2 Por medio de la presente cancelamos nuestro pedido.
3 Lamentablemente, nos vemos obligados a rescindir el contrato.
4 La mercancía ya no tiene valor para nosotros. Por este motivo se la devolveremos.
5 Debido a la demora tan grande en que han incurrido en el suministro, les manifestamos por medio de la presente que rescindimos el contrato.
6 Sus mercancías nos llegaron con .. semanas de retraso. Ya hemos dispuesto su devolución.
7 Ya no nos consideramos obligados por nuestro pedido del . . . porque su suministro ya tiene un retraso de . . .
8 En vista de su negligencia en la ejecución de nuestro pedido del . . ., revocamos nuestra orden.
9 Su gran demora en el suministro no nos ha permitido servir oportunamente a nuestros clientes. Por medio de la presente cancelamos nuestro pedido del . . . Al mismo tiempo les participamos que en el futuro no contarán con pedidos nuestros.

Deckungskauf und Schadenersatz

1 ... Monat(e) haben wir auf Ihre Lieferung gewartet. Nun sind wir gezwungen, uns anderweitig einzudecken. Für den Preisunterschied machen wir Sie haftbar.
2 Ihr Lieferverzug hat uns veranlasst, die Waren bei der Firma ... zu beschaffen. Wir senden Ihre Lieferung zu Ihren Lasten zurück und werden Sie für den Mehrpreis regresspflichtig machen.
3 Ihr Lieferverzug hat uns großen Schaden zugefügt. Wir werden Sie wegen Nichterfüllung belangen.
4 Ihr Lieferverzug hat uns dazu gezwungen, die Waren anderweitig zu beschaffen. Sollte Ihre Lieferung doch noch eintreffen, werden wir sie zu Ihren Lasten zurücksenden.
5 Da Ihre Lieferung seit ... Wochen überfällig ist, mussten wir andere Waren beschaffen. Für unseren Gewinnverlust machen wir Sie haftbar.
6 Durch Ihre Nichtlieferung ist uns ein hoher Verlust entstanden. Wir werden Ihr Konto mit ... belasten.
7 Da Ihre Ware nicht rechtzeitig eingetroffen ist, mussten wir unsere Kunden zum ursprünglichen Preis mit teureren Waren beliefern. Für den entstandenen Schaden machen wir Sie regresspflichtig.
8 Aufgrund unserer vertraglichen Abmachungen (Konventionalstrafe bei Lieferverzug) werden wir einen Teil des Rechnungsbetrags einbehalten.

Compra de provisión e indemnización de daños y perjuicios

1 Hemos esperado su suministro durante ... mes(es). Ahora nos vemos obligados a abastecernos en otra parte. Les hacemos responsables por la diferencia de precio.
2 Su demora en el suministro nos obligó a adquirir la mercancía en la firma ... Les devolvemos su suministro, a su cargo, y les haremos responsables por la diferencia de precio.
3 Su demora en el suministro nos ha causado grandes daños. Les demandaremos a ustedes por incumplimiento de contrato.
4 Su demora en el suministro nos obligó a adquirir la mercancía en otra parte. En el caso de que todavía nos llegara su suministro, se lo devolveremos a su cargo.
5 Debido a que ya hace ... semanas que debimos haber recibido su suministro, tuvimos que adquirir otras mercancías. Les hacemos responsables a ustedes por las utilidades que dejemos de percibir.
6 El incumplimiento de su suministro nos causó una gran pérdida. Cargaremos ... a su cuenta.
7 Debido a que su mercancía no llegó a tiempo, tuvimos que suministrar a nuestros clientes mercancías más caras que el precio original. Les hacemos a ustedes responsables por los daños y perjuicios ocasionados.
8 De conformidad con las cláusulas del contrato (multa contractual por demora en el suministro) nos reservaremos una parte del importe de la factura.

Zahlungsverzug

Erste Mahnung

1 Wir möchten Sie darauf hinweisen, dass auf Ihrem Konto noch ein Betrag von ... offen steht.
2 Vermutlich ist es Ihrer Aufmerksamkeit entgangen, dass unsere Rechnung vom ... noch nicht beglichen ist.
3 Leider mussten wir feststellen, dass Sie mit Ihren Zahlungen im Rückstand sind.

Demora en el pago

Primer recordatorio

1 Les queremos recordar que en su cuenta todavía aparece sin pagar la cantidad de ...
2 Probablemente ustedes no han advertido que nuestra cuenta del ... aún no ha sido saldada.
3 Hemos advertido, lamentablemente, que ustedes se encuentran retrasados en sus pagos.

4 Wir warten nun bereits ... Monate auf die Regulierung unserer Rechnung vom ...

5 Leider müssen wir Sie darauf aufmerksam machen, dass Ihr Konto mit einem Betrag von ... belastet ist.

6 Ihr Konto weist einen Saldo von ... zu unseren Gunsten auf.

7 Leider mussten wir feststellen, dass Sie dieses Mal Ihren Zahlungsverpflichtungen nicht nachgekommen sind.

8 Wir bitten Sie um baldige Überweisung des noch ausstehenden Betrages von ...

9 Bei dieser Gelegenheit möchten wir Sie darauf hinweisen, dass Sie uns noch den Betrag von ... schulden.

10 Unsere Rechnung vom ... über ... (Betrag, Währung) ist noch nicht bezahlt. Wir glauben, dass es sich um ein Versehen Ihrerseits handelt, und fügen eine Kopie der Rechnung (des Kontoauszugs) bei.

4 Esperamos ya desde hace ... meses el pago de nuestra cuenta del ...

5 Lamentablemente, tenemos que llamarles la atención de que su cuenta muestra un saldo deudor de ...

6 Su cuenta muestra un saldo de ... a nuestro favor.

7 Por desgracia, hemos tenido que constatar que esta vez no han cumplido sus obligaciones de pago.

8 Les rogamos el envío inmediato de la cantidad de ... aún pendiente de pago.

9 Aprovechamos la ocasión para recordarles que aún nos deben la cantidad de ...

10 Nuestra factura del ... por ... (importe, moneda) se encuentra aún pendiente de pago. Suponiendo que se trata de un descuido de su parte, les adjuntamos una copia de la factura (del extracto de cuenta).

Zweite Mahnung

1 Wir hoffen, dass Sie Ihre noch offen stehenden Rechnungen bis zum Ende dieses Monats begleichen werden.

2 Unsere Rechnung Nr. ... vom ... steht noch offen. Wir erwarten Ihre Zahlung binnen ... Wochen.

3 Wir hatten per Auftrag Nr. ... vom ... sofortige Bezahlung vereinbart. Ihr Zahlungsverzug veranlasst uns, Ihr Konto mit monatlich ... % des ausstehenden Betrags zu belasten.

4 Ihr ...-monatliches Zahlungsziel haben Sie schon beträchtlich überschritten. Wir sehen uns deshalb gezwungen, in Zukunft auf sofortiger Bezahlung zu bestehen.

5 Unsere Rechnung vom ... über ... wurde bisher nicht bezahlt, und Sie haben auf unsere 1. Mahnung nicht geantwortet. Wir bitten nunmehr um sofortige Überweisung des offen stehenden Betrages.

6 Unsere Mahnung vom ... ist noch unbeantwortet. Sollten Sie irgendwelche Gründe haben, die Sie veranlassen, die Zahlung zurückzuhalten, bitten wir um umgehenden Bescheid.

7 Da Sie bisher stets pünktlich alle offen stehenden Beträge beglichen haben, können wir Ihren Zahlungsverzug nicht verstehen. Sollten Sie vorübergehend in Schwierigkeiten sein, wären wir zu einer Aussprache bereit.

Segunda reclamación

1 Esperamos puedan liquidar hasta fines del mes en curso las facturas que aún tienen pendientes.

2 Nuestra factura núm. ... del ... se encuentra aún pendiente. Esperamos su pago en un plazo de ... semanas.

3 En el pedido núm. ... del ... habíamos convenido pago inmediato, por lo que su demora en el pago nos obliga a cargarles en cuenta mensualmente el ... % del importe pendiente.

4 Ustedes han sobrepasado ya considerablemente su plazo de pago de ... meses, por cuya razón en lo sucesivo nos vemos obligados a insistir en pago inmediato.

5 Nuestra factura del ... por importe de ... no ha sido pagada hasta la fecha y ustedes no han contestado a nuestro primer requerimiento. Les rogamos, por ello, transferir inmediatamente el importe pendiente.

6 Nuestra reclamación del ... quedó hasta hoy sin contestación. En caso de que tengan ustedes algún motivo que les obligue a retener el pago les rogamos una respuesta inmediata.

7 Dado que ustedes siempre liquidaron todos los importes pendientes puntualmente, no podemos comprender su demora en el pago. En caso de que atraviesen dificultades transitorias, estamos dispuestos a discutir el asunto.

8 Da der Betrag von ... immer noch nicht unserem Konto gutgeschrieben wurde, gewähren wir Ihnen eine letzte Frist bis zum ...

8 Dado que el importe de ... aún no ha sido abonado en nuestra cuenta, les concedemos un último plazo hasta el ...

Dritte Mahnung und Fristsetzung

1 Ihr Zahlungsverzug steht im Widerspruch zu unseren Geschäftsbedingungen. Weitere Schritte behalten wir uns vor.
2 Ihr Zahlungsrückstand stellt einen Vertragsbruch dar. Wir erwägen den Abbruch unserer geschäftlichen Beziehungen.
3 Sollten Sie Ihren finanziellen Verpflichtungen nicht in Kürze nachkommen, werden wir uns nach anderen Geschäftspartnern umsehen müssen.
4 Wir möchten Sie auf mögliche Folgen Ihres Zahlungsverzugs hinweisen.
5 Zur Begleichung der noch offenen Rechnungen gewähren wir Ihnen eine letzte Frist von ... Tagen.
6 Ihr uns am ... telefonisch zugesagter Scheck ist bis heute nicht bei uns eingetroffen. Wir gewähren Ihnen eine letzte Frist von einer Woche.
7 Seit ... Monaten warten wir auf die Begleichung unserer Rechnungen Nr. ... und Nr. ... Bitte überweisen Sie den offen stehenden Betrag in Höhe von ... noch in dieser Woche an unsere Bank.
8 Wir möchten Sie bitten, binnen ... Wochen Ihren Zahlungsverpflichtungen nachzukommen.
9 Sie haben auf unsere beiden Mahnungen nicht geantwortet. Wir räumen Ihnen daher eine letzte Frist von ... Tagen ein.

Tercera reclamación y fijación de prórroga

1 Su demora en el pago está en contradicción con nuestras condiciones comerciales, por lo que nos reservamos adoptar las medidas pertinentes.
2 Su retraso en el pago constituye una infracción del contrato, por lo que estamos considerando la ruptura de nuestras relaciones comerciales.
3 En caso de que ustedes no cumplan en breve sus compromisos financieros, nos veremos obligados a establecer relaciones con otras empresas.
4 Quisiéramos llamar su atención sobre las posibles consecuencias de su demora en el pago.
5 Para la liquidación de las facturas aún pendientes les concedemos una última prórroga de ... días.
6 El cheque que nos prometieron por teléfono el ... no ha llegado aún aquí hasta la fecha, por cuyo motivo les concedemos una última prórroga de una semana.
7 Desde hace ... meses estamos esperando la liquidación de nuestras facturas núm. ... y núm. .. Les rogamos transferir en el curso de esta semana la suma pendiente de ... a nuestro banco.
8 Quisiéramos rogarles cumplan sus compromisos de pago en el plazo de ... semanas.
9 Ustedes no han contestado a nuestras dos reclamaciones, por lo que les concedemos una última prórroga de ... días.

Strenge Mahnung und Androhung von rechtlichen Maßnahmen

Übergabe an Rechtsanwalt

1 Sollte Ihre Zahlung nicht bis Ende dieser Woche bei uns eintreffen, werden wir unsere Rechtsabteilung (unseren Rechtsanwalt) mit der Erledigung der Angelegenheit beauftragen.

Reclamación en tono severo amenazando con medidas judiciales

Recurso jurídico

1 En caso de no llegarnos su pago hasta fines de esta semana, encargaremos a nuestra sección jurídica (nuestro abogado) la tramitación del asunto.

2 Sollten Sie mit Ihren Zahlungen weiter im Rückstand bleiben, sehen wir uns leider genötigt, die Angelegenheit unserer Rechtsabteilung (unseren Anwälten) zu übergeben.

3 Ihr Zahlungsverzug stellt eine schwer wiegende Verletzung unserer Geschäfts-bedingungen dar. Sollten wir bis ... nichts von Ihnen gehört haben, werden wir gerichtliche Schritte gegen Sie einleiten.

4 Da wir auf unsere Mahnungen von Ihnen keine Antwort erhalten haben, haben wir keine andere Wahl, als nunmehr gericht-lich gegen Sie vorzugehen.

5 Wir teilen Ihnen mit, dass wir Ihre offen stehenden Rechnungen unserer Rechts-abteilung (unserem Rechtsanwalt) zur weiteren Bearbeitung übergeben haben.

6 Da Sie auf unsere beiden (drei) Mahnun-gen nicht reagiert haben, mussten wir leider unseren Rechtsanwalt einschalten.

7 Ihr Zahlungsrückstand veranlasst uns, unsere Forderungen auf gerichtlichem Wege einzutreiben.

8 Wir haben unseren Rechtsanwalt mit der Wahrnehmung unserer Interessen be-auftragt. Anbei erhalten Sie eine Kopie unseres Schreibens an ihn.

9 Rückfragen bei Ihrer Bank haben erge-ben, dass Ihr Scheck nicht gedeckt war. Trotz mehrmaligen Mahnens haben Sie darauf nicht reagiert. Falls Sie bis zum ... nicht gezahlt haben, werden wir die Sache gerichtlich weiterverfolgen.

2 En caso de continuar demorando sus pagos, nos veremos, desgraciadamente, obligados a pasar el asunto a nuestra sección jurídica (nuestros abogados).

3 Su demora en el pago representa una grave infracción de nuestras condiciones comerciales. De no tener noticias suyas hasta el ... procederemos a la incoación de medidas judiciales contra ustedes.

4 Dado que no hemos recibido respuesta alguna a nuestras reclamaciones, no nos queda ahora otra opción que proceder judicialmente contra ustedes.

5 Les comunicamos que hemos pasado sus facturas aún pendientes a nuestro departamento jurídico (nuestro abogado) para su tramitación.

6 Dado que ustedes no han reaccionado a nuestras dos (tres) reclamaciones, hemos tenido que poner, desgraciadamente, el asunto en manos de un abogado.

7 Su retraso en el pago nos obliga a efec-tuar el cobro de nuestras deudas activas por vía judicial.

8 Hemos encargado a nuestro abogado la salvaguardia de nuestros intereses. Adjunto reciben ustedes copia de nuestro escrito a éste.

9 Las gestiones realizadas en su banco han revelado que su cheque no tenía cober-tura. A pesar de las repetidas reclama-ciones, ustedes no han reaccionado, por lo que, en caso de que no paguen hasta el ... procederemos judicialmente.

Mängelrüge

Mengenabweichung

1 Leider mussten wir bei der Überprüfung Ihrer Sendung vom ... feststellen, dass Sie sich nicht an unsere Mengenangaben gehalten haben. Nur gegen einen Preis-nachlass von 25 % sind wir bereit, die nicht bestellten Stücke abzunehmen.

2 Anstatt der bestellten ... haben Sie uns ... Stück zugesandt und in Rechnung gestellt. Sollten Sie uns einen ange-messenen Preisnachlass gewähren, wären wir bereit, auch die Mehrlieferung abzunehmen.

Reclamación por defectos

Diferencia en cantidades

1 Lamentablemente, hemos comprobado que en su suministro del ... ustedes no se ajustaron a nuestras indicaciones de cantidad. Los artículos que exceden de la cantidad pedida sólo estamos dispuestos a aceptarlos si se nos concede un des-cuento del 25 %.

2 En lugar de las ... unidades pedidas, ustedes nos enviaron y nos cargaron en cuenta ... En el caso de que nos conce-dieran un descuento adecuado, estaría-mos dispuestos a aceptar el exceso en el suministro.

3 Mit Ihrer Lieferung vom . . . haben Sie unseren Auftrag um mehr als . . . % überschritten. Wir sind nicht bereit, diese Mehrlieferung zum ursprünglichen Preis abzunehmen.

4 Für Ihre Mehrlieferung haben wir keine Verwendung. Die überzähligen Stücke werden wir Ihnen umgehend zurücksenden.

5 Wir haben keine Verwendung für die zu viel gelieferten . . . Stücke und stellen sie Ihnen wieder zur Verfügung.

6 Zu unserem großen Bedauern liegt die von Ihnen gelieferte Stückzahl beträchtlich unter der von uns lt. Auftrag Nr. . . . bestellten Warenmenge. Wir bitten daher um schnellste Zusendung der fehlenden . . . Stück.

7 Wir müssen auf baldige Zusendung der fehlenden Ware bestehen.

8 Bitte senden Sie uns die fehlenden Stücke per Express (Eilgut, Kurier-Schnelldienst) zu.

9 Leider haben Sie unseren Auftrag vom . . . nicht vollständig ausgeführt. Wir erwarten die fehlende Ware dringend.

10 Bei Ihrer Lieferung vom . . . vermissten wir den Artikel . . . Wir erwarten Ihre Nachricht über den Verbleib der Ware.

11 Bei Ihrer letzten Sendung ist Ihnen leider ein Fehler unterlaufen. Sie vergaßen, . . . Kartons des Artikels Nr. . . . mitzuliefern.

12 Wir hoffen, dass Sie uns die fehlenden Stücke sofort zusenden werden.

13 Unsere letzte Bestellung wurde nicht ordnungsgemäß ausgeführt. Leider fehlen . . . Stück des Artikels . . ., den wir dringend benötigen.

14 Bitte senden Sie uns umgehend die . . . Kartons, die Sie bei Ihrer letzten Sendung vergessen haben.

15 Sie haben . . . Stück des Artikels Nr. . . . zwar in Rechnung gestellt, aber nicht mitgeliefert. Wir erwarten Ihre Stellungnahme.

3 En su suministro del . . . ustedes sobrepasaron nuestro pedido en más del . . . %. No estamos dispuestos a aceptar este exceso en el suministro al precio original.

4 No podemos utilizar el exceso en su suministro. Les devolveremos inmediatamente las unidades en exceso.

5 No podemos utilizar las . . . unidades suministradas en exceso, por lo que las ponemos de nuevo a su disposición.

6 Lamentamos tener que informarles que la cantidad de unidades que nos suministraron es considerablemente inferior a la que figura en nuestro pedido n° . . . Les rogamos nos envíen lo antes posible las . . . unidades que faltan.

7 Debemos insistir en el envío cuanto antes de la mercancía faltante.

8 Por favor, envíennos por expreso (por correo urgente, servicio urgente de mensajería) las unidades que faltan.

9 Lamentablemente, ustedes no sirvieron la totalidad de nuestro pedido del . . . Esperamos urgentemente la mercancía faltante.

10 En su suministro del . . . comprobamos la falta del artículo . . . Esperamos sus noticias sobre el paradero de esta mercancía.

11 Lamentablemente, en su último suministro incurrieron ustedes en un error. Olvidaron incluir . . . cajas del artículo n° . . .

12 Esperamos nos envíen inmediatamente las unidades que faltan.

13 Nuestro último pedido no fue cumplido en debida forma. Lamentablemente, faltan . . . unidades del artículo . . ., que necesitamos urgentemente.

14 Les rogamos nos envíen inmediatamente las . . . cajas que olvidaron en su último suministro.

15 Ustedes incluyen en la cuenta . . . unidades del artículo n° . . ., pero no las suministraron. Esperamos su respuesta sobre este asunto.

Qualitätsabweichung vom Muster

1 Die Qualität Ihrer Lieferung vom . . . weicht beträchtlich von den Mustern ab.

2 Die Muster, die uns Ihr Vertreter, Herr . . ., am . . . vorgelegt hat, waren von weitaus besserer Qualität als Ihre letzte Lieferung.

La calidad difiere de la muestra

1 La calidad de su suministro del . . . difiere considerablemente de las muestras.

2 Las muestras que su representante, el señor . . ., nos presentó el . . . eran de una calidad muy superior a la de su último suministro.

3 Die Artikel Nr. ... und ... Ihrer Lieferung vom ... sind qualitativ schlechter als die vorgelegten Muster.
4 Wir sind nicht gewillt, von Ihren Mustern abweichende Waren anzunehmen.
5 Wir müssen darauf bestehen, dass Sie uns die gleiche Qualität wie die der am ... vorgelegten Muster liefern.
6 Wir haben die Rücksendung Ihrer Lieferung vom ... veranlasst, da die Qualität beträchtlich von Ihren Mustern abweicht.
7 Wir werden Ihnen die Artikel Nr. ..., ... und ... zu Ihren Lasten zurücksenden, da deren Qualität vom Muster abweicht.

3 Los artículos número ... y ... de su suministro del ... son de una calidad inferior a las muestras que se nos presentaron.
4 No estamos dispuestos a aceptar mercancías que difieran de sus muestras.
5 Debemos insistir en que nos suministren una calidad igual a la de las muestras que nos presentaron el ...
6 Hemos dispuesto la devolución de su suministro del ... debido a que la calidad difiere considerablemente de sus muestras.
7 Les devolveremos los artículos n° ..., ... y ..., a su cargo, ya que su calidad difiere de la muestra.

Qualitätsabweichung von der Probelieferung

1 Ihre Probelieferung vom ... war von weitaus besserer Qualität als die Artikel Ihrer letzten Sendung.
2 Wir sehen uns nicht in der Lage, Ihre letzte Lieferung anzunehmen, da sie qualitativ von Ihrer Probelieferung abweicht.
3 Wir haben die Rücksendung Ihrer Lieferung vom ... in die Wege geleitet, da sie uns – im Gegensatz zu Ihrer Probelieferung – nicht überzeugte.
4 Die Rücksendung haben wir bereits veranlasst.

Calidad diferente del artículo suministrado a prueba

1 Su suministro a prueba del ... era de calidad muy superior a la de los artículos de su último suministro.
2 No nos vemos en condiciones de aceptar su último suministro, ya que su calidad difiere de la del artículo suministrado a prueba.
3 Hemos dispuesto la devolución de su suministro del ... pues, a diferencia del artículo que nos suministraron a prueba, no nos convenció.
4 Ya hemos dispuesto la devolución.

Qualitätsabweichung von der Bestellung

1 Leider müssen wir Sie darauf hinweisen, dass Ihre Lieferung vom ... nicht der von uns bestellten Qualität entspricht.
2 Wir haben Posten mittlerer Qualität bestellt, erhielten jedoch nur diese minderwertige Ware.
3 Wir hatten beste Qualität bestellt und sehen uns außerstande, Ihre schlechte Ware abzunehmen.
4 Ihre Lieferung vom ... entspricht nicht unseren Qualitätsvorstellungen.

Calidad diferente de la del pedido

1 Lamentablemente, tenemos que llamarles la atención acerca de que la calidad de su suministro del ... no corresponde a la calidad expresada en nuestro pedido.
2 Hemos solicitado lotes de calidad media, y hemos recibido, no obstante, sólo esta mercancía de ínfima calidad.
3 Nosostros pedimos la mejor calidad. Por eso no podemos aceptar esa mercancía de mala calidad.
4 Su suministro del ... no concuerda con las nociones que nosotros tenemos sobre lo que debe ser la calidad.

Qualitätsabweichung von den Angaben

1 Die Waren entsprechen nicht der von Ihnen angebotenen Qualität.
2 In Ihrem Prospekt bieten Sie Waren einer weitaus besseren Qualität an.
3 Bitte teilen Sie uns den Grund für die Qualitätsabweichung zwischen Angebot und Lieferung mit.
4 In Ihrem Prospekt kündigen Sie Waren bester Qualität an. Sollten Sie uns nicht einen beträchtlichen Preisnachlass gewähren, müssten wir die Posten minderer Qualität zurücksenden.
5 Bei der Überprüfung Ihrer Sendung vom ... mussten wir feststellen, dass Sie Ihre Qualitätszusage nicht gehalten haben.
6 Die von Ihnen übersandte Software entspricht nicht den gemachten Angaben. Wir können Sie für unseren Bedarf leider nicht verwenden.
7 Die auf Ihrer Homepage abgebildeten Artikel erfüllen in keinem Punkt die versprochenen Bedingungen. Wir geben Sie daher wieder zurück.

Mangelhafte Verpackung

1 Die Verpackung Ihrer letzten Sendung ließ viel zu wünschen übrig. Ein beträchtlicher Teil der Lieferung ist beschädigt.
2 Leider müssen wir die Beschädigung des Artikels Nr. ... Ihrer letzten Sendung reklamieren.
3 Die Waren Ihrer letzten Lieferungen waren nachlässig verpackt. Die beschädigten Waren erhalten Sie zurück.
4 Ein Teil der Ware ist beschädigt bei uns eingetroffen. Ihre nachlässige Verpackung ist uns bei dieser wertvollen Ware einfach unverständlich.
5 Infolge schlechter Verpackung kam ein Teil Ihrer Lieferung vom ... feucht an.
6 Die Verpackung war derart mangelhaft, dass der größte Teil Ihrer Lieferung vom ... beschädigt ist.
7 Für die beschädigten Stücke haben wir keine Verwendung. Wir hoffen, dass Sie bei unserer nächsten Bestellung die Waren sorgfältiger verpacken werden.

Calidad diferente de la indicada

1 La calidad de las mercancías no corresponde a la ofrecida por ustedes.
2 En su folleto ustedes ofrecen una mercancía de calidad muy superior.
3 Les rogamos nos informen a qué se debe la diferencia de calidad entre la oferta y el suministro.
4 En su folleto ustedes anuncian mercancías de la mejor calidad. En el caso de que ustedes no nos concedan un descuento considerable, les tendríamos que devolver los lotes de calidad inferior.
5 El examen de su suministro del ... ha revelado que ustedes no han cumplido con la calidad ofrecida.
6 El software que nos han suministrado/enviado no corresponde a las especificaciones acordadas. Y como lamentablemente no se ajusta a nuestra necesidades, tampoco lo podemos utilizar.
7 Los artículos que (se) presentan en su página Web no satisfacen en absoluto las condiciones prometidas. Por tal motivo, se los devolvemos / les retornamos el pedido.

Embalaje defectuoso

1 El embalaje de su último suministro dejó mucho que desear. Una parte considerable del suministro se ha dañado.
2 Lamentablemente, tenemos que reclamar el deterioro del artículo número ... de su último suministro.
3 Las mercancías de sus últimos suministros fueron embaladas sin cuidado. Les devolvemos las mercancías deterioradas.
4 Una parte de la mercancía nos llegó averiada. Sinceramente, no comprendemos cómo es posible que ustedes hayan podido poner tan poco cuidado en el embalaje de una mercancía tan valiosa.
5 Como consecuencia de su embalaje defectuoso, una parte de su suministro del ... llegó húmedo.
6 El embalaje era tan defectuoso que la mayor parte de su suministro del ... se encuentra dañado.
7 No podemos utilizar las unidades dañadas. Esperamos que en nuestro próximo pedido embalarán las mercancías con más cuidado.

8 Eine derart schlechte Verpackung ist uns unverständlich. Die beschädigten Stücke senden wir Ihnen zu Ihren Lasten zurück.
9 Infolge mangelhafter Verpackung sind ... Artikel Ihrer Lieferung vom ... beschädigt und daher unverkäuflich. Wir bitten dies bei der Rechnungsstellung zu berücksichtigen.
10 Leider müssen wir auf Ersatzlieferung von ... Stück des Artikels ... bestehen, da sie infolge schlechter Verpackung beschädigt angekommen sind.
11 Ihre Sendung vom ... kam in unbrauchbarem Zustand bei uns an. Bitte verpacken Sie die Waren in Zukunft sorgfältiger.

Falschlieferung

1 Zu unserem Bedauern müssen wir Ihnen mitteilen, dass Ihre am ... gelieferte Ware nicht unserer Bestellung entspricht.
2 Leider haben Sie uns nicht die bestellten Waren geliefert.
3 Wir müssen Sie darauf hinweisen, dass Sie uns anstelle des bestellten Artikels Nr. ... den Artikel Nr. ... geliefert haben.
4 Sie erhalten in den nächsten Tagen die irrtümlich gelieferten Posten zurück. Bitte senden Sie uns umgehend die am ... bestellten Artikel.
5 Ihre Lieferung weicht beträchtlich von unserer Bestellung vom ... ab.
6 Ihrer Versandabteilung ist ein Fehler unterlaufen. Irrtümlich wurden uns Waren zugesandt, die laut Rechnung für eine andere Firma bestimmt waren.
7 Leider müssen wir Ihre Lieferung Nr. ... zurückweisen. Sie entspricht in keiner Weise unserer Bestellung vom ...
8 Für die am ... bei uns eingegangene falsch ausgeführte Lieferung haben wir keine Verwendung. Bitte überprüfen Sie nochmals unseren Auftrag.
9 Bitte teilen Sie uns die Höhe Ihrer Skonti auf die irrtümlich gelieferten Artikel ... und ... mit. Wir sind nur bei beträchtlichem Preisnachlass bereit, diese Ware anzunehmen.
10 Sie haben unsere letzte Bestellung nachlässig bearbeitet; die Posten ... und ... hatten wir nicht bestellt.

8 No podemos comprender un embalaje tan defectuoso. Las unidades dañadas se las devolvemos a su cargo.
9 A causa del embalaje defectuoso se dañaron ... artículos de su suministro del ... y, por lo tanto, resultan invendibles. Rogamos que consideren esto en la facturación.
10 Lamentablemente, tenemos que insistir en el envío compensatorio de ... unidades del artículo ..., ya que, como consecuencia del mal embalaje, llegaron deterioradas.
11 Su envío del ... nos llegó en estado inservible. Les rogamos que en el futuro presten mayor atención al embalaje.

Suministro erróneo

1 Sentimos mucho tener que participarles que la mercancía suministrada el ... no corresponde a nuestro pedido.
2 Lamentablemente, ustedes no nos han suministrado las mercancías pedidas.
3 Tenemos que señalarles que en lugar del artículo número ... solicitado, nos suministraron el artículo número ...
4 En los próximos días recibirán ustedes los lotes que nos suministraron erróneamente. Les rogamos nos envíen de inmediato los artículos pedidos el ...
5 Su suministro difiere considerablemente de nuestro pedido del ...
6 Su departamento de expedición cometió un error. Por equivocación nos han enviado mercancías que, según la factura, estaban destinadas a otra firma.
7 Lamentablemente, tenemos que rechazar su suministro número ..., pues no corresponde en forma alguna a nuestro pedido del ...
8 No podemos utilizar en forma alguna el suministro erróneo que recibimos el ... Les rogamos vuelvan a examinar nuestro pedido.
9 Les rogamos nos informen sobre la cuantía de su descuento sobre los artículos ... y ... suministrados erróneamente. Sólo estamos dispuestos a aceptar esa mercancía si se nos concede un descuento de consideración en el precio.
10 Ustedes ejecutaron nuestro último pedido en forma negligente; nosotros no habíamos pedido los lotes ... y ...

Falsche Rechnungsstellung

1 Bei der Berechnung Ihrer letzten Lieferung ist Ihnen ein Fehler von ... zu Ihren Gunsten unterlaufen.
2 Zu unserer Überraschung mussten wir feststellen, dass Sie in Ihrer Rechnung Nr. ... vom ... höhere Preise in Rechnung stellen als in Ihrem Angebot angekündigt.
3 In Ihrer letzten Rechnung ist Ihnen ein Fehler unterlaufen. Als Anlage erhalten Sie die Faktura zur Korrektur zurück.
4 Die Berechnung der Preise entspricht nicht den am ... vertraglich festgelegten Bedingungen.
5 Sie berechnen höhere Preise als in Ihrem Prospekt angekündigt.
6 Ihre Rechnung Nr. .... vom ... ist in US $ fakturiert. Bitte senden Sie uns eine in Euro fakturierte Zweitschrift.
7 Wir möchten Sie bitten, uns Ihre Rechnungen in Zukunft in ...facher Ausfertigung zu senden.
8 Aus Ihrer Rechnung vom ... geht der Preis des Artikels ... nicht klar hervor. Wir erwarten umgehend eine übersichtliche Fakturierung.
9 In Ihrer Rechnung Nr. .... vom ... haben Sie die Mehrwertsteuer nicht gesondert ausgewiesen. Wir bitten um Ausstellung einer neuen Rechnung.

Nichteinhaltung der versprochenen Abzüge

1 Ihr Vertreter versprach uns einen Mengenrabatt von ... %. Bitte senden Sie uns eine neue, korrigierte Rechnung.
2 In Ihrem Angebot versprachen Sie uns einen Preisnachlass von ... % pro Artikel.
3 Bei der Berechnung unserer Bestellung vom ... haben Sie leider den versprochenen Preisnachlass vergessen. Bitte senden Sie uns eine neue Rechnung.
4 In Ihrem Prospekt sind die Preise nach Mengen gestaffelt. Leider haben Sie dies bei der Fakturierung Ihrer letzten Rechnung übersehen.
5 Mit Schreiben vom ... versprachen Sie uns einen Treuebonus in Höhe von ... % des Rechnungsbetrags. Bitte senden Sie uns eine entsprechend korrigierte Faktura.

Facturación errónea

1 En la calculación de su último suministro cometieron un error de ... a su favor.
2 Para sorpresa nuestra hemos comprobado que en su factura n° ... del ... ustedes se han basado en precios más altos que los anunciados en su oferta.
3 En su última factura cometieron un error. Adjunta les devolvemos la factura para que la enmienden.
4 El cálculo de los precios no se ajusta a las condiciones estipuladas contractualmente el ...
5 Ustedes calculan a base de precios más altos que los anunciados en su folleto.
6 Su factura número ... del ... está extendida en dólares de EE.UU. Les rogamos nos envíen un duplicado en euros.
7 Les rogamos que en el futuro nos envíen sus facturas con ... copias(s).
8 En su factura del ..., el precio del artículo n° ... no está claro. Esperamos nos envíen a vuelta de correo una facturación clara.
9 En su factura número ... del ... ustedes no han especificado aparte el impuesto sobre el valor añadido, por lo que les rogamos se sirvan extender una nueva factura.

Incumplimiento de descuentos prometidos

1 Su representante nos prometió una bonificación por cantidad del ... %. Les rogamos nos envíen una nueva factura corregida.
2 En su oferta ustedes nos prometieron una rebaja del ... % en el precio de cada artículo.
3 Lamentablemente, en el cálculo de nuestro pedido del ... ustedes olvidaron el descuento prometido. Les rogamos nos envíen una nueva factura.
4 En su prospecto, los precios están escalonados según las cantidades. Lamentablemente, al extender su última factura, olvidaron ustedes este detalle.
5 En su escrito del ... ustedes nos prometieron una bonificación por fidelidad comercial, ascendente al ... % del importe de la factura. Por favor, envíennos la correspondiente factura corregida.

6 Bei der Fakturierung unseres Auftrags vom ... vergaßen Sie den versprochenen Einführungsrabatt auf die neuen Artikel Nr. ... und ... Wir erlauben uns, diesen Betrag bei der Überweisung abzuziehen.
7 Sie versprachen uns bei Barzahlung einen Skonto von ... %. Deshalb ist es uns unerklärlich, warum Sie jetzt diesen Skontoabzug reklamieren.
8 Leider haben Sie die in Ihrem Angebot vom ... zugesagten Preisnachlässe nicht berücksichtigt. Deshalb senden wir Ihnen Ihre Rechnung Nr. ... vom ... zur Korrektur zurück.
9 Bei der Fakturierung unserer Bestellung vom ... vergaßen Sie den versprochenen Mengenrabatt. Wir bitten Sie, diesen Betrag bei unserer nächsten Bestellung zu berücksichtigen.

6 En la factura de nuestro pedido del ... olvidaron ustedes el prometido descuento por venta promocional de los nuevos artículos n° ... y ... Nos permitimos retener esta suma al realizar la transferencia.
7 Ustedes nos prometieron un descuento del ... % por pago al contado. Por este motivo no comprendemos por qué se oponen ahora a que deduzcamos su importe.
8 Lamentablemente, ustedes no han tomado en consideración las rebajas de precio prometidas en su oferta del ... Por ello, les devolvemos su factura número ... del ... para que la enmienden.
9 En la factura de nuestro pedido del ... olvidaron ustedes el prometido descuento por cantidad. Les rogamos que en nuestro próximo pedido tomen en consideración este importe.

Missverständnisse und Unklarheiten

1 Wir haben zwei Ausführungen des Artikels ... auf Lager. Bitte teilen Sie uns umgehend mit, welche Art/Sorte wir Ihnen liefern sollen.
2 Die Posten ... und ... Ihrer Bestellung sind unklar. Bitte geben Sie uns telefonisch die gewünschten Farben an.
3 In Ihrer letzten Bestellung haben Sie die gewünschten Größen nicht angegeben.
4 Bei unserer Bestellung vom ... ist uns leider ein Fehler unterlaufen. Bitte senden Sie uns anstelle des ursprünglich bestellten Artikels ... den Artikel ...
5 Teilen Sie uns bitte mit, ob Ihr Angebot vom ... noch gültig ist.
6 Bitte fakturieren Sie unsere Bestellung vom ... in ... (Währung). Wir haben vergessen, dies anzugeben.
7 Bei unserer letzten Bestellung ist uns ein Fehler unterlaufen. Bitte senden Sie die Waren nicht vor dem ... (Datum) nächsten Monats.
8 Die Adressenangabe Ihrer letzten Bestellung ist uns unklar. Bitte teilen Sie uns mit, wohin die Ware geschickt werden soll.
9 Aus Ihrer Bestellung vom ... ist die von Ihnen gewünschte Versandart nicht ersichtlich. Bitte geben Sie uns umgehend Bescheid.

Equivocaciones e imprecisiones

1 Tenemos dos modelos del artículo ... en almacén. Por favor, infórmennos inmediatamente qué tipo debemos suministrarles.
2 Las partidas ... y ... de su pedido no son claras. Les rogamos nos indiquen por teléfono los colores deseados.
3 En su último pedido no han expresado los tamaños deseados.
4 En nuestro pedido del ... lamentablemente cometimos un error. Les rogamos que en lugar del artículo..., originalmente pedido, nos envíen el artículo ...
5 Les rogamos nos informen si su oferta del ... tiene aún validez.
6 Les rogamos nos facturen nuestro pedido del ... en ... (moneda). Habíamos olvidado indicar esto.
7 En nuestro último pedido cometimos un error. Por favor, no envíen la mercancía antes del día ... del próximo mes.
8 No entendemos bien la dirección que nos dan en su último pedido. Les rogamos nos informen adónde debe ser enviada la mercancía.
9 Su pedido del ... no expresa el tipo de envío que ustedes desean. Les rogamos nos informen inmediatamente al respecto.

10 Bitte teilen Sie uns den Grund für die Stornierung Ihrer letzten Bestellung mit.

11 Ihre per Fax/E-Mail aufgegebene Bestellung haben wir heute erhalten. Leider ist sie teilweise unleserlich, so dass wir um ein erneutes Fax/E-Mail bitten.

12 Leider müssen wir auf Rückerstattung des fälschlich abgezogenen Betrags in Höhe von ... bestehen.

13 Wir möchten Sie darauf hinweisen, dass wir beste Qualität bestellt hatten. Eine derartige Qualitätsabweichung können wir nicht akzeptieren.

14 Ihre Waren entsprechen nicht unserer Bestellung.

15 Bitte senden Sie Waren der von uns bestellten Qualität.

16 Wir bitten Sie, bei der nächsten Lieferung die bestellte Qualität genau zu beachten.

17 Die Posten ... und ... entsprechen nicht der von uns bestellten Qualität.

10 Les rogamos nos informen sobre el motivo por el cual han cancelado su último pedido.

11 Hoy hemos recibido el pedido que nos hicieron por fax/correo electrónico. Desgraciadamente, llegó parcialmente ilegible, por lo que les rogamos enviarnos un nuevo fax/correo electrónico.

12 Lamentablemente, tenemos que insistir en el reembolso de la cantidad erróneamente descontada, ascendente a ...

13 Nos permitimos recordarles que habíamos encargado la mejor calidad. No podemos aceptar una diferencia tal de calidad.

14 Sus mercancías no se ajustan a nuestro pedido.

15 Les rogamos nos envíen mercancías de la calidad indicada en nuestro pedido.

16 Les rogamos que en el próximo envío nos suministren exactamente la calidad encargada.

17 Las partidas ... y .. no se ajustan a la calidad solicitada por nosostros.

Verlorene Sendungen

1 Wir teilen Ihnen mit, dass Ihre letzte Sendung anscheinend verloren gegangen ist.

2 Zu unserem Bedauern müssen wir Ihnen mitteilen, dass der Artikel Nr. ... Ihrer Lieferung vom ... auf dem Transport verloren ging.

3 Ihre Lieferung vom ... ist auf dem Transport von ... nach ... verloren gegangen. Bitte veranlassen Sie entsprechende Nachforschungen und geben Sie uns über den Verbleib der Sendung Bescheid.

4 Trotz umfangreicher Nachforschungen konnten wir bis heute den Verbleib Ihrer (unserer) Lieferung vom ... leider nicht ermitteln.

5 Bis heute ist Ihre Sendung vom ... nicht bei uns eingegangen. Wir nehmen an, dass sie auf dem Transport verloren ging. Bitte veranlassen Sie entsprechende Nachforschungen.

Envíos perdidos

1 Por medio de la presente les informamos que todo parece indicar que su último envío se ha perdido.

2 Sentimos mucho tener que comunicarles la pérdida durante el transporte del artículo número ... de su suministro del ...

3 Su suministro del ... se perdió en el transporte de ... a ... Les rogamos dispongan las investigaciones correspondientes y nos informen sobre el paradero de la mercancía.

4 A pesar de haber realizado extensas investigaciones, lamentablemente hasta ahora no hemos podido averiguar dónde se encuentra su (nuestro) suministro del ...

5 Hasta hoy no hemos recibido su envío del ... Suponemos que se ha perdido en el transporte. Les rogamos practiquen las investigaciones correspondientes.

Antworten auf Störungsanzeigen

Angebotswiderruf

1 Mit großem Bedauern nehmen wir den Widerruf Ihres Angebots vom . . . zur Kenntnis.
2 Wir bedauern den Widerruf Ihres letzten Angebots, bitten Sie jedoch, uns auch in Zukunft Ihre Sonderangebote zukommen zu lassen.
3 Die Zurückziehung Ihres Angebots nehmen wir mit Bedauern zur Kenntnis. Hoffentlich ist es Ihnen noch möglich, unsere gestrige Bestellung auszuführen.
4 Heute erfahren wir vom Widerruf Ihres Angebots. Wir müssen dennoch auf Ausführung unseres Ihnen vor zwei Tagen erteilten Auftrages bestehen.

Auftragswiderruf

1 Den Widerruf Ihres Auftrags vom . . . können wir nicht akzeptieren; die Ware hat gestern unser Werk verlassen.
2 Eine Stornierung Ihrer Bestellung ist nicht mehr möglich, da wir bereits mit der Produktion Ihres Auftrags begonnen haben.
3 Unser Lieferverzug war durch produktionstechnische Schwierigkeiten bedingt. In Anbetracht dieser Tatsachen möchten wir Sie bitten, Ihren Auftrag aufrechtzuerhalten.
4 Da unsere Lieferung an keinen Termin gebunden war, können wir Ihren Auftragswiderruf nicht anerkennen.
5 Unser Lieferverzug ist die Folge einer Reihe nicht von uns verschuldeter unglücklicher Zwischenfälle. Wir sind sicher, dass wir Ihren nächsten Auftrag pünktlich ausführen können.
6 In Sachen Lieferverzug trifft uns keine Schuld. Wir haben Ihre Beschwerde an unseren Exporteur weitergeleitet. Eine Stornierung Ihrer Bestellung können wir leider nicht mehr veranlassen.
7 Wir bedauern den Rückruf Ihres Auftrags, hoffen jedoch für die Zukunft auf gute Geschäftsverbindung.

Respuestas a notificaciones de irregularidades

Revocación de oferta

1 Con gran pesar tomamos nota de la revocación de su oferta del . . .
2 Lamentamos la revocación de su última oferta. No obstante, les rogamos que en el futuro nos informen sobre sus ofertas especiales.
3 Con pesar nos enteramos de que la oferta ha sido retirada. Esperamos que todavía les sea posible ejecutar nuestro pedido de ayer.
4 Hoy nos enteramos de la revocación de su oferta. No obstante, debemos insistir en la ejecución del pedido que les hicimos hace dos días.

Revocación de pedido

1 No podemos aceptar la cancelación de su pedido del . . . La mercancía salió ayer de nuestra fábrica.
2 No es posible la cancelación de su pedido, pues ya hemos iniciado su producción.
3 Nuestra demora en el suministro se debió a dificultades técnicas de la producción. Por esta razón les rogamos mantengan en pie su pedido.
4 Debido a que nuestro suministro no estaba sujeto a ningún plazo, no podemos aceptar la revocación de su pedido.
5 Nuestra demora en el suministro es consecuencia de una serie de desafortunados incidentes ajenos a nuestra culpa. Estamos seguros de que podremos ejecutar puntualmente su próximo pedido.
6 En lo que respecta a la demora en el suministro, nosotros no tenemos la culpa. Hemos transmitido sus quejas a nuestro exportador. Lamentablemente, ya no podemos disponer la cancelación de su pedido.
7 Lamentamos la cancelación de su pedido, pero confiamos en que, en el futuro, podamos mantener buenas relaciones comerciales.

Rechtfertigung des Verzugs

Lieferverzug

1 Unser Lieferverzug ist durch eine bedauerliche Fehlplanung unserer Auftragsabteilung entstanden. Wir versichern Ihnen, dass wir in Zukunft Ihre Aufträge bevorzugt bearbeiten werden.

2 Unsere Exportabteilung ist zurzeit derart überlastet, dass es uns leider nicht möglich war, Ihren Auftrag vom . . . fristgerecht abzuwickeln.

3 Unsere Lieferungsverzögerung bitten wir zu entschuldigen. Wir wurden von einer Zulieferfirma im Stich gelassen.

4 Die Waren aus Ihrer Bestellung vom . . . machten eine Sonderanfertigung erforderlich. Wir bitten deshalb, unseren Lieferverzug zu entschuldigen.

5 Der Artikel Nr. . . . wird auf einer neuen Anlage produziert. Den durch technische Schwierigkeiten entstandenen Verzug bitten wir zu entschuldigen.

6 Wir möchten Sie darauf aufmerksam machen, dass unser Lieferverzug auf eine Unklarheit in Ihrer Bestellung zurückzuführen ist.

7 Ihr Auftrag war derart missverständlich, dass wir erst nach mehrmaligen Rückfragen mit der Bearbeitung beginnen konnten. Jegliche Schuld an der Lieferungsverzögerung müssen wir deshalb ablehnen.

8 Mit Schreiben vom . . . haben wir Ihnen mitgeteilt, dass wir Ihre Bestellung vom . . . erst nach Bezahlung Ihres vorhergehenden Auftrags ausführen können. Sie haben sich den Lieferverzug demnach selbst zuzuschreiben.

9 Der große Lieferverzug ist durch eine Nachlässigkeit unseres Spediteurs entstanden. Wir haben Ihr Schreiben vom . . . an ihn weitergeleitet.

10 Durch eine Störung in unserem Computersystem wurde unser gesamter Betrieb mehrere Tage stillgelegt. Es war uns deshalb nicht möglich, Ihren Auftrag pünktlich auszuführen.

Zahlungsverzug

1 Da wir ein Zahlungsziel von . . . vereinbart hatten, ist uns Ihre Mahnung vom . . . unverständlich.

Justificación de la demora

Demora en el suministro

1 Nuestra demora en el suministro se debió a un lamentable error de planificación por parte de nuestro departamento encargado de la tramitación de pedidos. Les aseguramos que en el futuro sus pedidos tendrán preferencia.

2 Nuestro departamento de exportación se encuentra actualmente sobrecargado en forma tal que, lamentablemente, no nos fue posible ejecutar su pedido del . . . dentro del plazo previsto.

3 Rogamos disculpen nuestra demora en el suministro. Por nuestra parte, sufrimos el incumplimiento de un abastecedor.

4 Las mercancías de su pedido del . . . exigieron una elaboración especial. Por este motivo solicitamos disculpen nuestra demora en el suministro.

5 El artículo número . . . se fabricará en una instalación nueva. Rogamos nos disculpen la demora ocasionada por dificultades técnicas.

6 Queremos llamarles la atención acerca de que nuestra demora en el suministro se debe a una imprecisión en su pedido.

7 Su pedido era tan impreciso, que sólo pudimos empezar su ejecución después de varias aclaraciones. Por tanto, tenemos que rechazar toda imputación de culpa en lo que concierne a la demora en el suministro.

8 En nuestro escrito del . . . les participamos que sólo ejecutaremos su pedido del . . . después que nos hayan pagado su pedido anterior. Por tanto, la demora en el suministro es imputable exclusivamente a ustedes.

9 La considerable demora en el suministro se debió a negligencia de nuestro transportista. Le hemos transmitido su escrito del . . .

10 Debido a un fallo en nuestro sistema informático, nuestras operaciones quedaron paralizadas durante varios días. Por tal motivo no pudimos ejecutar puntualmente su pedido.

Demora en el pago

1 Dado que acordamos un plazo de pago de . . . no comprendemos su recordatorio del . . .

2 Ihre Mahnung kam für uns überraschend. Wir haben unsere Bank schon in der letzten Woche angewiesen, den angegebenen Betrag an Sie zu überweisen.

3 Unser Zahlungsverzug ist auf eine vorübergehende Liquiditätsschwierigkeit zurückzuführen. Wir werden den Betrag in Höhe von ... Anfang nächster Woche an Sie überweisen.

4 Da Ihr Konto in unseren Büchern ausgeglichen ist, ist uns Ihre letzte Mahnung unverständlich. Wir bitten Sie um Überprüfung der Angelegenheit.

5 Da wir hohe Außenstände haben, sind wir mit unseren Zahlungsverpflichtungen in Verzug geraten. Wir bitten, dies zu entschuldigen, und werden den Betrag unverzüglich an Sie überweisen.

6 Ihre Ware kam in schlechtem Zustand bei uns an. Es war uns deshalb bis jetzt noch nicht möglich, größere Mengen abzusetzen. Unseren Zahlungsverpflichtungen werden wir nachkommen, sobald wir einen größeren Posten abgesetzt haben.

7 Sobald Sie uns den Preisnachlass für den beschädigten Artikel mitgeteilt haben, werden wir unsere Bank beauftragen, den entsprechenden Betrag an Sie zu überweisen.

8 Nachdem Sie die Ware mit ...-monatiger Verspätung geliefert haben, ohne uns dies zu avisieren, haben wir wenig Verständnis für Ihre in unfreundlichem Ton gehaltene Mahnung. Wir werden den Betrag wie vereinbart ... Tage nach Erhalt der Ware begleichen.

9 Da wir eine größere Forderung gegen Ihre Zweigniederlassung in ... haben, erlauben wir uns, die beiden Beträge gegeneinander aufzurechnen.

Entschuldigung für Lieferverzug

1 Unser Lieferverzug resultiert aus einer falschen Disposition. Wir bitten Sie um Entschuldigung.

2 Unseren Lieferverzug bitten wir zu entschuldigen.

3 Ihre Bestellung vom ... wurde bei uns leider fehlgeleitet. Wir bitten Sie für die Lieferungsverzögerung um Verständnis und versprechen Ihnen für die Zukunft bevorzugte Bearbeitung Ihrer Bestellungen.

2 Nos sorprendió su recordatorio. Ya en la semana pasada hemos dado orden a nuestro banco para que les transfiera la cantidad mencionada.

3 Nuestra demora en el pago se debe a una dificultad transitoria en la liquidez. Les giraremos la cantidad ascendente a ... a principios de la próxima semana.

4 Su cuenta aparece saldada en nuestros libros, por lo que no comprendemos su último recordatorio. Les rogamos revisen este particular.

5 Tenemos un gran volumen de cobros pendientes, por cuyo motivo nos hemos retrasado en el cumplimiento de nuestras obligaciones de pago. Les rogamos sepan disculpar este incidente y transferiremos el importe sin demora.

6 Su mercancía nos llegó en mal estado. Por este motivo no hemos podido vender hasta ahora grandes cantidades. Cumpliremos nuestras obligaciones de pago tan pronto como hayamos vendido un lote de importancia.

7 Tan pronto como nos informen el descuento en el precio del artículo dañado, daremos orden a nuestro banco para que les transfiera el importe correspondiente.

8 Apenas podemos comprender el tono descortés de su reclamación, sobre todo teniendo en cuenta que ustedes entregaron la mercancía con un retraso de ... meses, sin avisarnos. Como habíamos convenido, liquidaremos el importe ... días después de recibir la mercancía.

9 Dado que tenemos una cuenta acreedora mayor contra su sucursal en ..., nos permitimos rescontrar una cantidad con la otra.

Disculpa por demora en el suministro

1 La demora en el suministro se debió a una disposición errónea. Les rogamos nos disculpen.

2 Les rogamos nos disculpen la demora en el suministro.

3 Lamentablemente, se dio un curso equivocado a su pedido del ... en nuestra casa. Les rogamos nos perdonen la demora en la entrega y les aseguramos que en el futuro sus pedidos tendrán preferencia.

4 Unserem zuständigen Sachbearbeiter ist ein Fehler unterlaufen. Wir bitten, die verspätete Auslieferung zu entschuldigen.

5 Wegen einer Fehlplanung unserer Fertigungsabteilung konnten wir Ihren Auftrag leider nicht fristgerecht abwickeln.

6 Wegen der Einführung einer neuen Software sind wir mit der Bearbeitung unserer Aufträge in Rückstand geraten. Wir hoffen, Ihnen die Waren Ihrer Bestellung vom ... in ... Tagen zustellen zu können.

7 Wir bitten, unsere Lieferungsverzögerung zu entschuldigen. Schwierigkeiten in der Fertigung machten es uns unmöglich, Ihren Auftrag früher auszuführen.

8 Die Lieferungsverzögerung von ... Tagen bedauern wir außerordentlich. Wir sind deshalb bereit, Ihnen die Ware zu einem reduzierten Preis zu überlassen.

9 Unser neu eingerichtetes Bestell-Center im Internet ist so gut angelaufen, dass wir mit der Auftragsbearbeitung kaum nachkommen, Bitte haben Sie deshalb noch etwas Geduld. Wir werden Sie so bald wie möglich beliefern.

Entschuldigung für Zahlungsverzug

1 Wegen Überlastung unserer Buchhaltung sind wir mit den Zahlungen in Verzug geraten. Wir werden den Betrag umgehend an Sie überweisen und bitten Sie, die Verzögerung zu entschuldigen.

2 Ihre Rechnung vom ... wurde bei uns falsch abgelegt und daher nicht beglichen. Wir bitten Sie, dies zu entschuldigen.

3 Ihre letzte Rechnung ist durch ein Versehen noch nicht beglichen worden.

4 Unserem zuständigen Sachbearbeiter ist ein Buchungsfehler unterlaufen. Die dadurch bedingte Zahlungsverspätung bitten wir Sie zu entschuldigen.

5 Wir haben unser Buchungsprogramm auf Computer umgestellt, was zu Anfangsschwierigkeiten führte. Wir bitten, etwaige Zahlungsverzögerungen zu entschuldigen.

6 Wie telefonisch mit Ihnen vereinbart, haben wir bei unserer Bank nachgefragt. Diese teilt uns mit, dass durch ein technisches Versehen im Computersystem Ihr SWIFT-Auftrag verzögert wurde. Die Überweisung ist inzwischen veranlasst worden.

4 Nuestro encargado de la ejecución de su orden cometió un error. Les rogamos nos disculpen la demora en el suministro.

5 Lamentablemente, debido a un error en la planificación de nuestro departamento de fabricación no pudimos despachar su pedido a su debido tiempo.

6 Debido a la instalación de un nuevo software, nos hemos retrasado en la ejecución de los pedidos. Esperamos poder suministrarles la mercancía correspondiente a su pedido N° ... del ... dentro de ... días.

7 Rogamos nos disculpen la demora en el suministro. Dificultades en la fabricación nos impidieron ejecutar antes su pedido.

8 Lamentamos profundamente la demora de ... días en el suministro. Por ello estamos dispuestos a rebajarles el precio de la mercancía.

9 Nuestro nuevo servicio de pedidos en Internet ha tenido tanto éxito, que apenas si podemos cumplir con las órdenes recibidas. Por ese motivo, les suplicamos tener un poco de paciencia. Les suministraremos (la mercancía/los artículos) tan pronto como nos sea posible.

Disculpa por demora en el pago

1 Como consecuencia de exceso de trabajo de nuestro departamento de contabilidad, nos hemos demorado en el pago. Inmediatamente giraremos la cantidad y les rogamos disculpen la demora.

2 Habíamos archivado erróneamente y, por tanto no hemos saldado todavía su factura del ... Les rogamos nos perdonen este error.

3 Por una equivocación, todavía no ha sido saldada su última factura.

4 Un empleado nuestro cometió un error de contabilidad. Rogamos disculpen la demora en el pago que esto ocasionó.

5 Hemos computarizado nuestro programa de contabilidad, con las consiguientes dificultades de todo comienzo, por lo que les rogamos disculpar eventuales demoras en los pagos.

6 Como habíamos acordado telefónicamente con ustedes, hemos hecho gestiones en nuestro banco. Este nos comunica que debido a un error técnico en el sistema electrónico su orden vía SWIFT ha sufrido demora, habiendo dado instrucciones, en el entretanto, de efectuar la transferencia.

7 Die Regulierung Ihrer Rechnung vom ...
ist durch ein Versehen unterblieben.
8 Durch die Verlegung unserer Buchhaltung
in das neue Bürogebäude sind wir mit
unseren Zahlungen in Rückstand geraten.
Bitte haben Sie für diesen Umstand Verständnis.
9 Leider wurde Ihre letzte Rechnung von
uns übersehen.
10 Wir danken Ihnen dafür, dass Sie uns an
die noch offene Rechnung erinnert haben.
Sie wurde versehentlich in das falsche
PC-System eingespeichert. Wir haben
den Fehler korrigiert und den Betrag zur
sofortigen Zahlung angewiesen.
11 Durch die Umstellung auf den Euro haben
sich in unserer Buchhaltung Engpässe ergeben. Wir bitten deshalb, die Zahlungsverzögerung zu entschuldigen.

7 Por un descuido dejamos de saldar su
factura del ...
8 El traslado del departamento de contabilidad a nuestro nuevo edificio ha sido la
causa del retraso de nuestros pagos. Les
rogamos comprendan esta circunstancia.
9 Desafortunadamente, no advertimos su
última factura.
10 Les agradecemos nos hayan recordado la
factura aún pendiente. Por error fue introducida en el sistema falso del PC. Hemos
corregido el error y dado instrucciones de
efectuar un pago inmediato.
11 La introducción del euro ha provocado algunos cuellos de botella en nuestro departamento de contabilidad, razón por la
que le(s) pedimos/ rogamos sepan disculpar la demora en el pago.

Ablehnende Antworten auf Mängelrügen

Nichtannahme einer Mehrlieferung

1 Der Artikel Nr. ... ist in Kartons zu je ...
Stück verpackt. Da wir keine Verwendung
für angebrochene Kartons haben, bitten
wir Sie, die zu viel gelieferten Stücke abzunehmen.
2 Ihre Bestellung vom ... gab zu Missverständnissen Anlass. Eine Schuld bezüglich der Mehrlieferung des Postens ...
können wir deshalb nicht anerkennen.
3 Ihre Bestellung Nr. ... wurde von uns
ordnungsgemäß abgewickelt.
4 Aus unseren Unterlagen ist keine Mehrlieferung Ihrer letzten Bestellung um ... %
ersichtlich. Bitte überprüfen Sie nochmals
Ihren Auftrag.
5 Ihre Mängelanzeige wegen Mehrlieferung
ist uns unverständlich. Während unseres
letzten Telefongesprächs zeigten Sie sich
mit einer Mehrlieferung von ... Stück einverstanden.
6 Ihre Beschwerde in Sachen Mehrlieferung
Ihres letzten Auftrages ist unbegründet,
da Sie uns in Ihrem Schreiben vom ... um
zusätzliche Lieferung von ... Stück des
Artikels ... baten.

Respuestas de rechazo a reclamaciones por defectos

No aceptación de un suministro en exceso

1 El artículo n° ... se encuentra embalado
en cajas de ... unidades. Debido a que
ya no podemos utilizar los cartones abiertos, les rogamos reciban las unidades
suministradas en exceso.
2 Su pedido del ... dio lugar a confusión.
Por esta razón, no podemos aceptar
la responsabilidad por el suministro en
exceso de la partida ...
3 Su pedido número ... fue ejecutado por
nosotros en debida forma.
4 El examen de nuestra documentación no
revela que nos hayamos excedido en un
... % en su último pedido. Les rogamos
que vuelvan a revisar su orden.
5 No comprendemos su notificación de
suministro en exceso. Durante nuestra
última conversación telefónica ustedes
estuvieron de acuerdo en que suministráramos ... unidades de más.
6 No tiene justificación su queja sobre
exceso en el suministro correspondiente
a su última orden, ya que ustedes nos
pidieron en su carta del ... un suministro
suplementario de .. unidades del
artículo ...

7 Ihre Beschwerde wegen der Mehrlieferung von ... Stück des Artikels ... ist
uns unbegreiflich. Dürfen wir Sie an den
einschlägigen Briefwechsel erinnern?
8 Mit Fax/E-Mail vom ... baten Sie um eine
Zusatzlieferung von ... Stück. Diese erfolgte termingerecht zu den vereinbarten
Bedingungen. Wir müssen daher Ihre
Beschwerde wegen Mehrlieferung als
unbegründet zurückweisen.

Unvollständigkeit

1 Sie haben ... Stück bestellt; wir haben
Ihnen diese geliefert. Ihre Beschwerde
wegen unvollständiger Lieferung ist uns
unbegreiflich.
2 Nach unseren Unterlagen ist Ihre
Beschwerde wegen unvollständiger
Lieferung unbegründet.
3 Die fehlenden Stücke könnten beim
Transport verloren gegangen sein.
4 Da wir Ihren letzten Auftrag ordnungsgemäß ausgeliefert haben, möchten wir
Sie bitten, unsere Lieferung nochmals
genau zu überprüfen.
5 Zur Überprüfung Ihrer Beschwerde wegen
unvollständiger Lieferung wird in den
nächsten Tagen unser Mitarbeiter/Vertre-
ter, Herr ..., bei Ihnen vorbeikommen.
6 In unseren Büchern (PC-Unterlagen)
haben wir keine Fehler entdecken
können. Bitte überprüfen Sie nochmals
unsere letzte Bestellung.
7 Mit der Überprüfung Ihrer Mängelanzeige
haben wir unseren Vertreter, Herrn ...,
beauftragt.
8 Wir können Ihre Beschwerde wegen unvollständiger Lieferung erst nach genauer
Prüfung anerkennen.
9 Mit Ihrem Schreiben vom ... reduzierten
Sie Ihre letzte Bestellung um ... Stück.
Ihre Beschwerde ist somit gegenstandslos.
10 Sie baten uns telefonisch (per Fax/
E-Mail), vom Posten ... Ihres letzten Auftrags nur die Hälfte zu liefern.

7 No comprendemos su queja en relación
con el suministro de un exceso de ... unidades del artículo ... Permítannos
recordarles la correspondencia que hemos cursado al respecto.
8 Con fax/correo electrónico/e-mail del ...
ustedes nos rogaron efectuar una entrega
adicional de ... unidades, la cual se llevó
a cabo a su debido plazo según las condiciones acordadas. Por este motivo, nos
vemos obligados a rechazar su queja referente a un suministro en exceso como
infundada.

Suministro incompleto

1 Ustedes ordenaron ... unidades y nosotros les suministramos esa cantidad. Por
tanto, no comprendemos por qué se quejan de que el suministro está incompleto.
2 Según nuestros documentos su queja
sobre un suministro incompleto no tiene
razón de ser.
3 Las unidades que faltan pudieran haberse
perdido en el transporte.
4 Puesto que nosotros hemos suministrado
correctamente su último pedido, les rogamos vuelvan a examinar cuidadosamente
nuestro suministro.
5 Con el fin de examinar su queja relativa
a suministro incompleto, el señor ... les
visitará en los próximos días.
6 No hemos podido hallar error alguno en
nuestros libros (documentos del PC).
Por favor, examinen nuevamente nuestra
última orden.
7 Hemos encomendado a nuestro
representante, el Sr. ..., investigue el
caso de suministro incompleto que
ustedes nos indican.
8 Sólo podemos aceptar su queja sobre
suministro incompleto después de un
examen cuidadoso.
9 En su escrito del ... redujeron ustedes su
última orden en ... unidades. Por ello su
queja es injustificada.
10 Ustedes nos pidieron telefónicamente
(por fax/correo electrónico/e-mail) que
sólo les suministráramos la mitad de la
partida ... de su último pedido.

Qualitätsrügen

1 Wir haben Ihnen die bestellte Qualität geliefert.
2 Die Waren entsprechen der von Ihnen bestellten Qualität.
3 Mit Schreiben vom ... änderten Sie Ihre Bestellung bezüglich der Qualität des Artikels ... ab.
4 Die Ihnen zugesandten Waren entsprechen qualitativ korrekt unserer Musterlieferung vom ... dieses Jahres.
5 Ihre plötzliche Beschwerde hinsichtlich der „schlechten Qualität" unserer Waren ist uns unverständlich, da wir Ihnen schon seit Jahren eben diese Qualität liefern, ohne dass es je zu einer Beschwerde gekommen wäre.
6 Die Waren verließen unser Werk in einwandfreiem Zustand.
7 Da wir nur Waren der gelieferten Qualität führen, ist uns Ihre Beschwerde unverständlich.
8 Sie haben es versäumt, in Ihrer Bestellung vom ... Qualitätsangaben zu machen. Ihre Beschwerde ist deshalb unbegründet.
9 Weil Sie keine konkreten Wünsche äußerten, sandten wir Ihnen Waren mittlerer Qualität.
10 Die von Ihnen gewünschte mittlere Qualität wird nicht mehr gefertigt. Bitte berücksichtigen Sie dies bei Ihren weiteren Bestellungen.

Verpackungsmängel

1 Ihre Wünsche hinsichtlich besserer Verpackung können wir nur bei Erhöhung der Preise erfüllen. Die Verpackung unserer Waren hat sich seit Jahren bewährt. Wir sind deshalb über Ihre Beschwerde erstaunt.
2 Die für Sie bestimmte Lieferung wurde vorschriftsmäßig verpackt. Für Beschädigungen während des Versands können wir keine Haftung übernehmen.
3 Die Ware verließ unser Werk am ... in einwandfreier Verpackung.
4 Sie sind die erste Firma, die sich über unsere Verpackung beschwert.
5 Die Sperrigkeit der Güter ließ keine andere Verpackung zu.
6 Da Sie auf schnelle Lieferung drängten, konnten wir leider unsere Spezialverpackung nicht verwenden.

Reclamaciones de calidad

1 Nosotros les hemos suministrado la calidad pedida.
2 Las mercancías corresponden a la calidad pedida por ustedes.
3 En su carta del ... modificaron ustedes su pedido con relación a la calidad del artículo ...
4 Las mercancías que les suministramos son exactamente de la misma calidad que nuestra muestra enviada el ... de este año.
5 No comprendemos su queja inesperada relativa a "la mala calidad" de nuestras mercancías, ya que les hemos suministrado precisamente esa misma calidad desde hace años sin que se haya producido reclamación alguna.
6 Las mercancías salieron de nuestra fábrica en las mejores condiciones.
7 No comprendemos su queja ya que sólo tenemos mercancías de la calidad suministrada.
8 En su pedido del .. ustedes olvidaron indicar la calidad. Por tanto, su queja no tiene justificación.
9 Debido a que ustedes no expresaron deseos especiales, les enviamos mercancías de calidad media.
10 Ya no fabricamos la calidad media que ustedes desean. Les rogamos tomen esto en consideración en sus próximos pedidos.

Reclamaciones de embalaje

1 Sólo podemos satisfacer sus deseos relativos a un mejor embalaje mediante un aumento en los precios. El embalaje de nuestras mercancías se ha acreditado desde hace años, por lo que estamos sorprendidos de su queja.
2 El suministro dedicado a ustedes fue debidamente embalado. No somos responsables de daños ocurridos durante el transporte.
3 La mercancía salió de nuestra fábrica el ... perfectamente embalada.
4 Ustedes son los primeros que se quejan de nuestro embalaje.
5 El volumen de las mercancías no permitió otro tipo de embalaje.
6 No pudimos utilizar nuestro embalaje especial porque ustedes solicitaron un suministro urgente.

7 Ihre Schadenersatzansprüche müssen wir zurückweisen.
8 Die Verpackung unserer Waren hat sich weltweit bewährt und entspricht den neuesten EU-Richtlinien. Ihre Beschwerde ist uns daher völlig unverständlich.
9 Ihre Schadenersatzansprüche wegen mangelhafter Verpackung werden wir nicht anerkennen.
10 Die Waren wurden nicht von uns, sondern von einer Spezialfirma verpackt. Ihre Beschwerde haben wir an sie weitergeleitet.

7 No podemos aceptar su reclamación por daños y perjuicios.
8 El embalaje de nuestras mercancías se ha acreditado en todo el mundo, y corresponde a las recientes normas de la UE, por cuya razón su queja nos es completamente incomprensible.
9 No aceptaremos su reclamación de daños y perjuicios por embalaje defectuoso.
10 Las mercancías no fueron embaladas por nosotros, sino por una firma especializada, a la que hemos transmitido su queja.

Anerkennung der Mängel

Liefermenge

1 Da Ihre Bestellung die vorrätige Menge überschritt, konnten wir Ihren Auftrag leider nicht wunschgemäß ausführen.
2 Der Artikel ... wird bei uns nicht mehr gefertigt. Haben Sie deshalb bitte Verständnis, wenn wir Ihren letzten Auftrag nicht ordnungsgemäß ausführen konnten.
3 Durch ein Versehen haben wir Ihnen ... Stück zu viel geliefert. Sollten Sie die überzähligen Artikel dennoch abnehmen, würden wir Ihnen einen Preisnachlass von ... gewähren.
4 Die unvollständige Lieferung Ihrer letzten Bestellung ist auf einen Fehler unserer Auftragsabteilung zurückzuführen.
5 Bitte entschuldigen Sie die zu geringe Belieferung bezüglich Ihrer letzten Bestellung.
6 Wir haben die fehlenden Artikel bereits zum Versand angewiesen. Bitte entschuldigen Sie unseren Irrtum.
7 Die fehlenden Waren werden Ihnen zu unseren Lasten per Express (per Lkw, Luftfracht) zugesandt.
8 Wir sind sicher, dass uns solche Fehler nicht mehr unterlaufen werden.
9 Sollten Sie für die zu viel gelieferten Waren keine Verwendung haben, schicken Sie sie bitte zu unseren Lasten zurück.

Reconocimiento de los defectos

Cantidad suministrada

1 Lamentablemente, no pudimos ejecutar su orden de acuerdo con sus deseos porque su pedido era por cantidad superior a nuestras existencias.
2 Ya no fabricamos el artículo ... Les rogamos que comprendan la razón por la que no pudimos ejecutar en debida forma su último pedido.
3 Por error les hemos suministrado ... unidades de más. Sin embargo, en el caso de que ustedes aceptaran los artículos en exceso, se los concederíamos un descuento del ... en el precio.
4 El suministro incompleto de su última orden se debió a un error de nuestro departamento encargado de la tramitación de pedidos.
5 Por favor, disculpen el que les hayamos suministrado una cantidad inferior a la solicitada en su último pedido.
6 Ya hemos dispuesto el envío de los artículos que faltaban. Por favor, disculpen nuestra equivocación.
7 Las mercancías que faltan se las enviaremos por expreso (por camión, como flete aéreo) y a nuestro cargo.
8 Estamos seguros de que no volveremos a cometer tales errores.
9 En el caso de que ustedes no puedan utilizar las mercancías suministradas en exceso, les rogamos nos las devuelvan a nuestro cargo.

10 Durch ein Versehen wurde Ihnen eine veraltete Software zugesandt. Anbei erhalten Sie das überarbeitete Programm. Wir bitten, den Fehler zu entschuldigen.

10 Por error les hemos enviado un software anticuado/una versión antigua del programa. Adjunto recibirán ustedes el software actualizado. Les pedimos disculpar este error involuntario.

Qualität

1 Durch ein Versehen wurden Ihnen Waren minderer Qualität geliefert. Bitte senden Sie uns diese Artikel zurück.
2 Die von Ihnen gewünschte Qualität hatten wir nicht auf Lager. Wir schickten Ihnen deshalb – übrigens zum gleichen Preis – Waren einer höheren Güteklasse.
3 Bitte entschuldigen Sie die schlechte Ausführung des Artikels ... Wir werden dies bei der Rechnungserstellung berücksichtigen.
4 Die Stücke minderer Qualität tauschen wir auf unsere Kosten um.
5 Bei der Bearbeitung Ihrer Bestellung vom ... ist uns leider ein Fehler unterlaufen.
6 Wir erkennen Ihre Schadenersatzansprüche für die Stücke der minderen Qualität an und bitten für das Versehen um Nachsicht.
7 Bitte entschuldigen Sie unseren Irrtum hinsichtlich der Qualität des Postens Ihrer letzten Bestellung.
8 Wir sind bereit, Ihnen auf die qualitativ weniger guten Stücke einen Preisnachlass von ... % zu gewähren.
9 Bitte schicken Sie die beanstandeten Stücke zurück. Wir werden Ihnen umgehend die gewünschte Qualität zukommen lassen.

Calidad

1 Por error les suministramos mercancías de calidad inferior. Por favor, devuélvannos estos artículos.
2 No teníamos en existencia la calidad deseada por ustedes. Por ello les enviamos – por lo demás al mismo precio – mercancías de mejor calidad.
3 Por favor, dispensen la mala ejecución del artículo ... Consideraremos esta circunstancia en la facturación.
4 Las unidades de calidad inferior las cambiamos a nuestro costo.
5 Lamentablemente, cometimos un error en la ejecución de su pedido del ...
6 Reconocemos su derecho a una indemnización por daños y perjuicios por las unidades de calidad inferior y les rogamos muestren indulgencia por este error.
7 Les rogamos disculpen nuestra equivocación en relación con la calidad del lote de su último pedido.
8 Estamos dispuestos a concederles un descuento del ... % en el precio de las unidades de inferior calidad.
9 Les rogamos nos devuelvan las unidades que ustedes no consideran satisfactorias. Inmediatamente les enviaremos otras de la calidad deseada.

Verpackung

1 Wir bitten um Nachsicht für die unsachgemäße Verpackung.
2 Da unser Spezialverpackungsmaterial ausgegangen ist, konnten wir Ihre Sendung leider nicht besser verpacken.
3 Wir erkennen Ihre Schadenersatzansprüche an und bitten für die Verpackung um Entschuldigung.
4 Ihre Beschwerde wegen unsachgemäßer Verpackung erkennen wir an. Bitte senden Sie die beschädigten Stücke zurück.
5 Die mangelhafte Verpackung des Artikels Nr. ... ist durch einen Fehler an unserer Verpackungsmaschine entstanden.

Embalaje

1 Les rogamos sean indulgentes respecto al embalaje poco adecuado.
2 Lamentablemente, no pudimos embalar mejor su pedido porque se agotó el material especial que empleamos.
3 Reconocemos su derecho a una indemnización de daños y perjuicios y les rogamos nos disculpen respecto al embalaje.
4 Reconocemos su reclamación por embalaje inadecuado. Les rogamos nos devuelvan las unidades dañadas.
5 El embalaje deficiente del artículo número ... se debió a una avería en nuestra máquina embaladora.

6 Wegen Personalmangels und Termin-schwierigkeiten konnten wir die Waren leider nicht sorgfältiger verpacken lassen.
7 Sie sind die erste Firma, die mit unserer Spezialverpackung nicht zufrieden ist. Wir werden Ihre Beschwerde überprüfen lassen.
8 In Anbetracht der von Ihnen zu Recht gerügten schlechten Verpackung sind wir bereit, Ihnen einen Preisnachlass von . . . % zu gewähren.
9 Wir bedauern sehr, dass die Ware infolge eines Verpackungsfehlers beschädigt bei Ihnen eingetroffen ist. Bitte teilen Sie uns die Höhe des Ihnen entstandenen Schadens mit.

Falschlieferung

1 Durch ein Versehen wurden Ihnen falsche Waren zugesandt. Wir bitten, diesen Irr-tum zu entschuldigen.
2 Sollten Sie für die irrtümlich gelieferten Artikel Verwendung haben, wären wir bereit, Ihnen einen Preisnachlass von . . . % zu gewähren.
3 Bitte senden Sie die falsch gelieferten Posten an uns zurück. Ihr letzter Auftrag wird bereits bearbeitet.
4 Durch einen Fehler im Aufzeichnungspro-gramm unseres Computers sind Ihnen irr-tümlich statt der Seriennummern . . . die Artikelnummern . . . zugesandt worden.

Rechtfertigung der Rechnungsstellung

1 Da wir die vereinbarten Preise in Rech-nung gestellt haben, ist uns Ihre Be-schwerde über unsere Rechnung vom . . . unverständlich.
2 Ihre Beschwerde bezüglich unserer Rech-nung Nr. . . . müssen wir zurückweisen.
3 Ihre Forderung auf Preisnachlass können wir nicht anerkennen, da unsere Preis-staffelung bei derart kleinen Mengen noch nicht in Kraft tritt.
4 Wir können in unserer letzten Rechnung keinen Additionsfehler entdecken.
5 Wir sind nicht verpflichtet, die Kosten des Versands zu übernehmen.

6 Lamentablemente, debido a escasez de personal y a dificultades en el cumpli-miento de plazos, no pudimos embalar las mercancías con más cuidado.
7 Ustedes son los primeros que se quejan de nuestro embalaje especial. Investiga-remos su queja.
8 En consideración al mal embalaje, que ustedes con razón objetaron, estamos dispuestos a concederles un descuento del . . . % en el precio.
9 Lamentamos que la mercancía haya llegado a ustedes dañada a causa de un error en el embalaje. Les rogamos nos informen a cuánto ascienden los daños sufridos por ustedes.

Suministro erróneo

1 Por error se les enviaron mercancías distintas de las pedidas. Les rogamos disculpen esta equivocación.
2 En el caso de que puedan utilizar los artículos suministrados erróneamente, estamos dispuestos a concederles un descuento del . . . % en el precio.
3 Por favor, devuélvannos las partidas erróneamente suministradas. Su último pedido ya se encuentra en ejecución.
4 Debido a un fallo en el programa de regis-tro de nuestro ordenador, le hemos sumi-nistrado equivocadamente la serie N° . . . en vez de los artículos N° . . .

Justificación de la facturación

1 No comprendemos su queja en relación con nuestra factura del . . ., pues ésta se basa en los precios convenidos.
2 Tenemos que rechazar su queja respecto a nuestra factura n° . . .
3 No podemos aceptar su solicitud de descuento ya que nuestra escala de precios no se aplica cuando se trata de una cantidad tan pequeña.
4 No podemos hallar error de adición alguno en nuestra última factura.
5 No estamos obligados a cargar con los gastos del envío.

6 Der vereinbarte Preisnachlass wurde in unserer Rechnung vom ... bereits berücksichtigt. Die in Rechnung gestellten Preise entsprechen unserer derzeit gültigen Preisliste.
7 Unsere Preise sind äußerst kalkuliert. Ihrer nachträglichen Forderung auf Mengenrabatt können wir leider nicht nachkommen.
8 Wir können in unserer Rechnung vom ... keinen Fehler entdecken. Bitte überprüfen Sie die Angelegenheit nochmals.

Antworten auf fehlerhafte Abzüge

1 Wir werden Ihnen umgehend eine berichtigte Rechnung zugehen lassen.
2 Bitte entschuldigen Sie den Additionsfehler in unserer letzten Rechnung.
3 Den zu viel berechneten Betrag in Höhe von ... haben wir Ihrem Konto gutgeschrieben.
4 Als Anlage erhalten Sie die berichtigte Rechnung in dreifacher Ausfertigung. Bitte entschuldigen Sie das Versehen.
5 Die beanstandete Rechnung wird von uns korrigiert und Ihnen umgehend zurückgesandt.
6 Ihrem Wunsch entsprechend haben wir die korrigierte Rechnung in ... (Währung) fakturiert.
7 Den Betrag in Höhe von ... für die irrtümlich berechneten Frachtkosten haben wir auf Ihr Konto Nr. ... bei Ihrer Bank überwiesen.
8 Den irrtümlich in Rechnung gestellten Betrag von ... werden wir bei unserer nächsten Fakturierung berücksichtigen.
9 Bitte entschuldigen Sie, dass wir in unserer Rechnung vom ... nicht die versprochenen Mengenrabatte berücksichtigt haben.
10 Ihre Beschwerde wegen Nichtgewährung der versprochenen Preisnachlässe ist berechtigt. Bitte entschuldigen Sie dieses Versehen. Wir werden den zu viel berechneten Betrag Ihrem Konto gutschreiben.
11 Wie am ... telefonisch (per Fax/E-Mail) vereinbart, gehen die Versandkosten zu unseren Lasten. Bitte entschuldigen Sie unseren Irrtum.
12 Sie erhalten umgehend eine neue Rechnung, in der wir den versprochenen Mengenrabatt berücksichtigen werden.

6 El descuento acordado en el precio ya fue considerado en nuestra factura del ... Los precios en que se basa ésta son los correspondientes a nuestra lista de precios válida actualmente.
7 Nuestros precios han sido calculados al límite máximo. Lamentablemente, no podemos acceder a su ulterior solicitud de descuento por la cantidad adquirida.
8 No podemos hallar ningún error en nuestra cuenta del ... Les rogamos revisen nuevamente este asunto.

Respuesta a descuentos erróneos

1 Inmediatamente les haremos llegar una factura rectificada.
2 Les rogamos disculpen el error de adición en nuestra última factura.
3 Hemos acreditado a su cuenta la cantidad calculada en exceso ascendente a ...
4 Adjunto reciben ustedes la cuenta rectificada, por triplicado. Les rogamos disculpen el error.
5 Corregiremos la cuenta objetada y se la enviaremos inmediatamente.
6 De acuerdo con su deseo, hemos extendido la factura corregida en ... (moneda).
7 Hemos transferido a su cuenta bancaria número ... la cantidad de ... por gastos de transporte incluidos erróneamente.
8 En nuestra próxima facturación tomaremos en consideración el importe de ... que por error habíamos incluido en la cuenta.
9 Les rogamos nos disculpen por no haber considerado en nuestra factura del ... los descuentos prometidos por cantidades.
10 Está justificada su reclamación relativa a la no inclusión del prometido descuento en el precio. Por favor, perdonen este descuido. Acreditaremos a su cuenta el importe calculado en exceso.
11 Tal y como convinimos telefónicamente (por fax/correo electrónico/e-mail) el ..., los gastos de expedición corren a nuestro cargo. Les rogamos disculpen nuestro error.
12 Ustedes recibirán inmediatamente una nueva factura en la que consideraremos el prometido descuento por cantidad.

13 Den vereinbarten Preisnachlass werden wir bei unserer nächsten Rechnung berücksichtigen.
14 Wir danken Ihnen, dass Sie uns auf unseren Irrtum aufmerksam gemacht haben. Der versehentlich nicht abgezogene Betrag wurde bereits auf Ihrem Konto gutgeschrieben.
15 Bitte entschuldigen Sie unsere Beschwerde. Durch ein Versehen wurde der Betrag falsch (ohne Berücksichtigung des Mengenrabatts) in das Computer-Programm eingegeben.
16 Den ungerechtfertigt abgezogenen Rabatt werden wir umgehend auf Ihr Konto Nr. ... bei der ...-Bank in ... überweisen.
17 Bitte stellen Sie uns den irrtümlich abgezogenen Mengenrabatt bei unserer nächsten Bestellung in Rechnung.
18 Wir werden den abgezogenen Betrag in Höhe von ... Ihrem Konto bei uns gutschreiben.
19 Als Anlage erhalten Sie eine Gutschrift für den irrtümlich abgezogenen Bonus in Höhe von ...
20 Ihre Mahnung bezüglich des von uns irrtümlich abgezogenen Betrags ist berechtigt.
21 Wir möchten Sie bitten, in Ihren Rechnungen in Zukunft den abgezogenen Mengenrabatt deutlich zu kennzeichnen.
22 Als Anlage übersenden wir Ihnen einen Verrechnungsscheck über den zu viel abgezogenen Betrag.
23 Bitte belasten Sie unser Konto mit dem irrtümlich abgezogenen Skonto.

Gutschriftsanzeige

1 Wir haben am ... Ihrem Konto den Betrag von ... gutgeschrieben.
2 Wir haben heute unserer Buchhaltung Anweisung erteilt, Ihnen ... gutzuschreiben.
3 Auf die beanstandeten Artikel Nr. ... und Nr. ... gewähren wir Ihnen einen Nachlass in Höhe von ... %des Rechnungsbetrags. Entsprechende Gutschrift ist bereits erfolgt.

13 En nuestra próxima factura tomaremos en consideración el descuento que hemos acordado en el precio.
14 Les agradecemos nos hayan llamado la atención sobre nuestro error. Ya acreditamos a su cuenta la cantidad que, por error, no habíamos descontado.
15 Les rogamos disculpen nuestra reclamación. Debido a un error, el importe fue memorizado incorrectamente en el programa electrónico (sin considerar la rebaja por cantidad).
16 Transferiremos inmediatamente a su cuenta número ... en el Banco ... en ..., el importe del descuento injustificadamente deducido.
17 Les rogamos que en la cuenta de nuestro próximo pedido incluyan el descuento por cantidades, equivocadamente deducido.
18 La cantidad deducida ascendente a ..., se la acreditaremos en la cuenta que ustedes tienen en nuestra casa.
19 Adjunto les remitimos un abono por cantidad de ... correspondiente a la gratificación erróneamente deducida.
20 Está justificado su recordatorio relativo a la cantidad que habíamos deducido equivocadamente.
21 Les rogamos que en el futuro señalen claramente en sus facturas los descuentos por cantidades.
22 Adjunto les enviamos un cheque cruzado por el importe deducido en exceso.
23 Les rogamos carguen a nuestra cuenta el descuento erróneamente deducido.

Nota de cantidad acreditada en cuenta

1 El ... hemos acreditado a su cuenta la cantidad de ...
2 Hoy hemos ordenado a nuestro departamento de contabilidad que les acrediten ...
3 Respecto a los artículos objetados número ... y número ..., les concedemos una rebaja del ... % sobre el importe de la factura. Ya fue efectuado el correspondiente abono.

Antworten auf Missverständnisse und Unklarheiten

1 Wir sind überrascht zu hören, dass Sie unsere Bestellformulare (Computerbögen) nicht übersichtlich genug finden.
2 Wir werden Ihre Anregung in Sachen unserer Mustermappe überprüfen.
3 Wir verstehen Ihre erneute Anfrage nicht. Bei sämtlichen Mustern ist doch die Qualität angegeben.
4 Es tut uns Leid, dass unsere Bestellung vom ... zu Missverständnissen Anlass gab und dadurch Verzögerungen entstanden.
5 Wir werden uns bemühen, Ihre Bestellformulare in Zukunft gut leserlich auszufüllen.
6 Bitte entschuldigen Sie unsere unklare Rechnungsstellung. Der Mengenrabatt wurde bereits bei der Preisstellung berücksichtigt.
7 Die Fehllieferung ist durch einen Übertragungsfehler entstanden. Bitte haben Sie dafür Verständnis.

Respuestas a equivocaciones e imprecisiones

1 Nos sorprende que ustedes estimen que los formularios de pedidos (hojas de PED) no son suficientemente claros.
2 Consideraremos sus sugerencias respecto a nuestro muestrario.
3 No comprendemos su repetida solicitud, pues en todas las muestras se indica la calidad.
4 Sentimos mucho que nuestro pedido del ... haya dado lugar a equivocaciones y que por ello se hayen producido demoras.
5 En el futuro haremos todo lo posible para llenar en forma legible sus formularios de pedido.
6 Les rogamos nos disculpen la forma poco clara en que formulamos la factura. La rebaja por cantidades ya se había considerado al establecer la escala de precios.
7 El error en el suministro se debió a una equivocación al asentar los datos. Les rogamos nos disculpen.

Vorbeugende Maßnahmen

Lieferung

1 Vielleicht ist es Ihnen in Zukunft möglich, unsere Aufträge sofort nach Eingang zu bearbeiten.
2 Wir bitten Sie, die für uns bestimmten Lieferungen in Zukunft per Express (per Eilgut, per Luftfracht) zu versenden.
3 Um solche Lieferungsverzögerungen zu vermeiden, wollen Sie die Waren in Zukunft per Lkw-Sammelverkehr expedieren.
4 Wir möchten Sie bitten, in Zukunft nur die Aufträge anzunehmen, die Sie auch ausliefern können.
5 Vermutlich ist die Ursache für Ihren fast schon chronischen Lieferverzug in der schlechten Organisation Ihrer Auftragsabteilung zu suchen.
6 Wir bitten Sie, die Fertigungstermine künftig genauer zu überwachen.
7 Wir sind sicher, dass Ihre Lieferungsverzögerungen bei besserer Terminplanung vermeidbar wären.

Medidas preventivas

Suministro

1 Quizás les sea posible, en el futuro, ejecutar nuestros pedidos inmediatamente después de su recepción.
2 Les rogamos que en el futuro nos envíen los suministros por expreso (por gran velocidad, por flete aéreo).
3 Con el fin de evitar tales demoras en los suministros, en el futuro deberán enviar las mercancías por servicio de carga colectivo por camión.
4 Les rogamos que en el futuro sólo acepten los pedidos que puedan suministrar.
5 Presumiblemente, la demora en los suministros, que ya es casi crónica, se debe a la mala organización de su departamento encargado de la tramitación de pedidos.
6 Les rogamos que en el futuro pongan más cuidado en el cumplimiento de los plazos de fabricación.
7 Estamos seguros de que, con una adecuada planificación de los plazos de fabricación, ustedes podrían evitar demoras en los suministros.

Zahlung

1 Um ähnliche Zahlungsverzögerungen zu vermeiden, bitten wir für die Zukunft um sofortige Barzahlung (Zahlung per Scheck) bei Wareneingang.
2 Vielleicht können Sie einen kurzfristigen Kredit aufnehmen?
3 Warum nehmen Sie nicht einen Bankkredit auf, wenn Sie in Liquiditätsschwierigkeiten geraten sind?
4 Sie hätten uns um ein ... Zahlungsziel bitten können.
5 Bitte weisen Sie Ihre Buchhaltung an, geschuldete Beträge in Zukunft rechtzeitig zu überweisen.

Mengen

1 Um Fehllieferungen zu vermeiden, bitten wir Sie, künftig unsere Auftragsmengen bei Verpackung nochmals zu überprüfen.
2 Vielleicht können unvollständige Lieferungen vermieden werden, wenn Sie das Verpacken der Waren genauer kontrollieren lassen.
3 Sie könnten die bearbeiteten Bestellungen von einem zuverlässigen Mitarbeiter überprüfen lassen.
4 Mit Hilfe eines entsprechenden computergesteuerten Kontrollsystems könnten Sie sicher eine genauere Auftragsbearbeitung erreichen.

Qualität

1 Durch ständige Kontrollen Ihrer Fertigung ließen sich derartige Qualitätsabweichungen sicherlich vermeiden.
2 Besitzen Sie keine Prüfabteilung, in der die Qualität Ihrer Waren kontrolliert wird?
3 Derartige Fehler ließen sich sicherlich vermeiden, wenn Ihr Warenlager nach Qualitätsgruppen gegliedert wäre.
4 Wenn Sie Ihre Artikelbezeichnungen neu festlegten, wären derartige Fehler sicherlich zu vermeiden.
5 Bitte lassen Sie die Qualität der Waren bei der Verpackung genau überprüfen.

Pago

1 A fin de evitar semejantes demoras en los pagos, les rogamos que en el futuro nos paguen en efectivo (por cheque) al llegar las mercancías.
2 ¿Aceptarían ustedes, quizás, un crédito a corto plazo?
3 ¿Por qué no aceptan un crédito bancario si se encuentran en dificultades de liquidez?
4 Ustedes hubieran podido pedirnos un plazo de ... para el pago.
5 Les rogamos den instrucciones a su departamento de contabilidad para que, en el futuro, gire a tiempo las cantidades debidas.

Cantidades

1 A fin de evitar errores en los suministros, les rogamos que, en el futuro, al embalar la mercancía, se cercioren de que incluyen las cantidades de unidades pedidas.
2 Quizás puedan evitarse suministros en cantidad inferior si ustedes controlan más cuidadosamente el embalaje de las mercancías.
3 Ustedes podrían encomendar a un empleado de confianza la tarea de supervisar los pedidos una vez ejecutados.
4 Si ustedes implantaran un sistema de control asistido por ordenador, seguramente lograrían una mayor eficacia en la ejecución de los pedidos.

Calidad

1 Mediante el continuo control de la calidad en el proceso de fabricación, con toda seguridad podrían evitarse esas fluctuaciones en la calidad.
2 ¿No tienen ustedes un departamento de verificación, encargado de controlar la calidad de sus mercancías?
3 Esos errores podrían evitarse seguramente, si ustedes organizaran el almacén agrupando las mercancías según su calidad.
4 Si ustedes designaran de nuevo sus artículos, seguramente se evitarían los errores de esa clase.
5 Por favor, supervisen exactamente la calidad de las mercancías al embalarlas.

6 Wäre es nicht möglich, an Ihren Maschinen automatische (computerüberwachte) Qualitätskontrollen anzubringen?

7 Durch Entnahme von Stichproben könnten Sie sich von der Qualität Ihrer Fertigung überzeugen.

8 Was Ihnen fehlt, ist offensichtlich eine klare Qualitätskontrolle.

9 Durch den Einsatz einer neuen Maschine könnten die Qualitätsschwankungen Ihrer Produktion vermieden werden.

10 Durch Lagerung in temperierten Hallen ließe sich der Qualitätsabfall gewiss vermeiden.

6 ¿No sería posible instalar en sus máquinas controles de calidad (asistidos por ordenador)?

7 Mediante muestras tomadas al azar ustedes podrían controlar la calidad de sus productos.

8 Evidentemente, lo que a ustedes les falta es un sistema eficaz de control de calidad.

9 Mediante la utilización de una nueva máquina podrían evitarse las fluctuaciones en la calidad de sus artículos.

10 Si ustedes almacenaran la mercancía en salas de temperatura regulada evitarían con toda seguridad descensos en la calidad.

Verpackung

1 Durch eine bessere Verpackung könnte ein Großteil der Transportschäden vermieden werden.

2 Warum liefern Sie Ihre Waren nicht in Kisten?

3 Bei derartig großen Bestellmengen wäre doch ein Transport in Containern gerechtfertigt.

4 Kisten wären eine weitaus bessere Verpackung als diese zu dünnen Faltkartons.

5 Durch Einsatz einer automatischen Verpackungsmaschine ließe sich Ihre teilweise sehr schlechte Verpackung sicherlich verbessern.

6 Wenn Sie Ihre empfindlichen Geräte in Styropor verpacken würden, könnten Sie einen Großteil der Reklamationen vermeiden.

7 Es gibt doch bestimmt besser zu faltendes Verpackungsmaterial, das weitaus widerstandsfähiger, aber trotzdem leicht ist.

8 Wäre nicht eine Schaumstoffverpackung für Ihre Artikel geeigneter?

Embalaje

1 Con un embalaje mejor podría evitarse la mayor parte de los daños durante el transporte.

2 ¿Por qué no suministran ustedes las mercancías en cajas?

3 Cuando se trata de pedidos en cantidades tan grandes se justificaría el transporte en contenedores.

4 Sería mucho mejor el embalaje en cajas, que en esos cartones plegables demasiado finos.

5 Con una máquina embaladora automática seguramente mejoraría su actual embalaje, que en parte es muy malo.

6 Si ustedes embalaran en stiropor sus equipos delicados evitarían una gran parte de las reclamaciones.

7 Con toda seguridad existen mejores materiales plegables para embalar y que, sin dejar de ser ligeros, son mucho más resistentes.

8 ¿No sería más adecuado para sus artículos un embalaje de material esponjoso?

Verschiedenes

1 Mit übersichtlicherer Lagerung könnten Sie diese verhältnismäßig oft auftretenden Artikelverwechslungen sicher vermeiden.

2 Bitte lassen Sie in Zukunft eine abschließende Auftragskontrolle durchführen.

3 Bitte unterziehen Sie die bearbeiteten Bestellungen künftig einer gründlicheren Kontrolle.

Miscelánea

1 Efectuando un almacenamiento más metódico, ustedes podrían evitarse, sin duda, las equivocaciones, relativamente frecuentes, de unos artículos por otros.

2 Por favor, en el futuro efectúen un control final de los pedidos.

3 Les rogamos someter en el futuro los pedidos tramitados a un control más profundo.

4 Bitte lassen Sie an Ihren Kisten die alten Adressen entfernen. Vermutlich liegt hier die Ursache der Fehlzustellung.
5 Wir müssen auf einer genaueren Kontrolle Ihrer Auftragsabwicklung bestehen.

4 Les rogamos se sirvan quitar de sus cajas las direcciones antiguas, pues es de suponer que éste fue el motivo de una entrega errónea.
5 Debemos insistir en un control más exacto en la tramitación de sus pedidos.

Antwort wegen verlorener Sendungen

1 Nach Erhalt Ihrer Reklamation vom ... haben wir Nachforschungen über den Verbleib der verloren gegangenen Sendung angestellt, diese jedoch bisher nicht auffinden können.
2 Wir konnten den Verbleib besagter Sendung ermitteln. Versehentlich wurde sie von unserem Spediteur an einen falschen Bestimmungsort befördert.
3 Unser Spediteur hat die Sendung – trotz Versandanzeige an uns – bis heute noch nicht an Sie weitergeleitet.
4 Versehentlich wurden die Waren in einem Lagerhaus in ... eingelagert.
5 Besagte Sendung wurde infolge starker Beschädigung auf dem Transport an uns zurückgesandt. Wir haben Ihnen daher heute eine neue Lieferung zukommen lassen.
6 Wir versichern Ihnen, dass wir alles tun werden, um Ihnen die Sendung schnellstens zugehen zu lassen.
7 Bitte gedulden Sie sich noch ein paar Tage. Wir werden alles tun, um den Verbleib der Sendung festzustellen und diese umgehend an Sie weiterzuleiten.
8 Damit Sie die Waren noch rechtzeitig vor dem Weihnachtsgeschäft erhalten, haben wir Ihnen heute vorsorglich nochmals den gesamten Posten per Express (per Eilgut, per Luftfracht, per Sonderkurier) zugeleitet. Sollte die verlorengegangene Sendung inzwischen bei Ihnen eingetroffen sein, bitten wir Sie uns mitzuteilen, ob Sie die zweite Lieferung behalten oder an uns zurücksenden wollen.
9 Es ist uns unverständlich, wie Ihre Internet-Bestellung verlorengehen konnte. Wir werden die entsprechenden Nachforschungen anstellen. Inzwischen ist eine Ersatzlieferung an Sie unterwegs.

Respuesta con motivo de remesas extraviadas

1 Una vez recibida su reclamación del ..., hemos realizado indagaciones en cuanto al paradero del envío extraviado, no habiendo podido, sin embargo, localizar éste hasta la fecha.
2 Hemos podido localizar el paradero de la citada remesa. Debido a un descuido ésta fue expedida por nuestro agente de transportes a un destino falso.
3 A pesar del aviso de envío que nos mandó, nuestro agente de transportes no ha efectuado la expedición hasta hoy.
4 Debido a una inadvertencia, los géneros fueron depositados en un almacén en ...
5 El citado envío nos fue devuelto a causa de los graves daños sufridos durante el transporte. Por este motivo, hoy les hemos hecho llegar un nuevo suministro.
6 Les aseguramos que haremos todo lo posible para hacerles llegar el envío cuanto antes.
7 Les rogamos se sirvan esperar aún un par de días. Haremos todo lo posible por dar con el paradero del envío y reexpedirlo inmediatamente a ustedes.
8 A fin de que reciban los géneros con suficiente antelación al negocio navideño les hemos expedido, como medida de precaución, hoy nuevamente el lote completo por expreso (gran velocidad, por flete aéreo, por correo especial). En caso de que mientras tanto les hubiera llegado el envío extraviado, les rogamos nos informen si desean quedarse con el segundo suministro o quieren devolvérnoslo.
9 No podemos explicarnos cómo pudo extraviarse la orden que nos pasaron/enviaron por Internet. Vamos a realizar las averiguaciones del caso. Entretanto ya le hemos enviado un suministro de sustitución.

Rechtsfragen
Cuestiones jurídicas

Anfragen

1 Wir benötigen die Dienste eines Anwalts, der sich auf EU-Recht (internationales Recht) spezialisiert hat. Können Sie uns eine Kanzlei empfehlen?
2 Wir haben die Adresse von ... erhalten und würden es begrüßen, wenn Sie uns in (Angelegenheit) ... vertreten könnten.
3 Es handelt sich um einen Anspruch, den wir gegen die Firma ... haben. Wir bitten Sie, unsere Forderungen einzutreiben. Welche Maßnahmen empfehlen Sie?
4 Leider müssen wir in (Angelegenheit) ... gegen ... Klage erheben. Wir bitten Sie, unsere Vertretung zu übernehmen und uns mitzuteilen, wie hoch sich die Kosten dafür belaufen.
5 Können Sie uns eine Inkasso-Agentur in ... empfehlen?
6 Wie hoch sind Ihre Kosten?
7 Sollten Sie nicht in der Lage sein, diesen Fall zu übernehmen, bitten wir Sie, uns freundlicherweise eine andere Anwaltskanzlei zu nennen, mit der wir uns in Verbindung setzen können.
8 In Sachen unserer Forderung gegen ... überlassen wir es ganz Ihnen, wie Sie vorgehen.
Was empfehlen Sie?
9 Wir verfügen über das Eigentumsrecht an den noch nicht voll bezahlten Waren, die die Firma ... bei uns gekauft hat. Wie können wir dieses Recht geltend machen?

Solicitudes

1 Necesitamos los servicios de un abogado especializado en derecho de la Unión Europea (derecho internacional). ¿Podría recomendarnos algún bufete?
2 ... nos proporcionó su dirección. Mucho nos agradaría si pudiera representarnos en ...
3 Se trata de una reclamación que tenemos contra la empresa ... Le rogamos se encargue de nuestra reclamación. ¿Qué medidas recomienda usted?
4 Lamentablemente, tenemos que demandar a ... en ... Le rogamos se haga cargo de nuestra representación y nos informe sobre la cuantía de los gastos correspondientes.
5 ¿Pueden ustedes recomendarnos una agencia de cobros en ...?
6 ¿A cuánto ascienden sus honorarios?
7 En el caso de que usted no esté en condiciones de hacerse cargo de este caso, ¿tendría la amabilidad de recomendarnos otro bufete con el que nos pudiéramos poner en contacto?
8 En lo que respecta a nuestra reclamación contra ... será usted exclusivamente quien deberá indicar los pasos a seguir. ¿Qué recomienda usted?
9 Tenemos la propiedad de las mercancías que nos compró la firma ... y que todavía no ha abonado en su totalidad. ¿Cómo podemos hacer valer este derecho?

Antworten

1 Wir möchten Ihnen die Anwaltskanzlei ... in ... empfehlen. Gewiss werden Sie mit ihr zufrieden sein.

Respuestas

1 Nos permitimos recomendarles el bufete ... en ... Seguramente quedarán ustedes satisfechos con el mismo.

2 Ich wäre gern bereit, Sie in ... zu vertreten. Bitte teilen Sie mir mit, was ich für
Sie tun kann.

3 Gemäß beigefügter Kopie habe ich heute
die Firma ... angeschrieben und sie zur
Zahlung Ihrer Rechnung aufgefordert.
Sofern die Angelegenheit keine zufrieden
stellende Regelung erfährt, erhebe ich in
Ihrem Namen Klage. Ich werde Sie über
die Entwicklung auf dem Laufenden
halten.

4 Ich übernehme Ihre Vertretung in der
Sache gegen ... Die Kosten belaufen sich
auf ca.... Nach Abschluss erhalten Sie
eine Rechnung.

5 Ob Sie oder der Beklagte die Kosten
tragen, hängt vom Ausgang des Ver-
fahrens ab. Auf alle Fälle muss ich zunächst Sie für die Kosten meiner Tätigkeit
haftbar machen.

6 Die Ihnen entstehenden Kosten kann ich
zum gegenwärtigen Zeitpunkt noch nicht
präzisieren. Sie werden weitgehend davon abhängig sein, wie intensiv ich mich
mit dieser Angelegenheit befassen muss.

7 Es tut mir Leid, diese Sache nicht übernehmen zu können. Ich möchte Ihnen
jedoch die Sozietät ... nennen, die bereit
sein dürfte, sich der Sache anzunehmen.

8 Ich danke Ihnen für Ihr Vertrauen und
werde Ihre Interessen gern wahrnehmen.

9 Der Bundesgerichtshof (Europäische Ge-
richtshof) hat in dieser Sache in einem
ähnlichen Fall zugunsten des Klägers entschieden. Ich rate Ihnen daher, gegen die
Fa.... eine Klage anzustrengen.

10 Nach geltendem EU-Recht sieht es nach
unserem Ermessen nicht so aus, als wenn
Sie mit einer Klage Erfolg haben würden.
Wir müssen im vorliegenden Fall von
gerichtlichen Schritten abraten.

11 Die für diesen Fall zuständige EU-
Direktive ist noch nicht verabschiedet
worden. Wir raten deshalb, die Sache
vorerst nicht gerichtlich zu verfolgen.

12 Da in den Staaten der Europäischen
Union in dieser Angelegenheit juristisch
noch unterschiedliche Standpunkte vertreten werden, würden wir Ihnen raten,
von einem Rechtsstreit abzusehen, bis
eine einheitliche Regelung erfolgt ist.

2 Con gusto estaría dispuesto a represen-
tarles en ... Por favor, infórmenme en qué
puedo servirles.

3 He escrito hoy a la firma ..., de conformidad con la copia adjunta, y le he recla-
mado el pago de la cuenta. Si el asunto
no se resuelve satisfactoriamente, pre-
sentaré en su nombre la demanda. Les
mantendré al corriente del asunto.

4 Acepto su representación en el caso
contra ... Los gastos ascienden a ...
aproximadamente. A su terminación,
ustedes recibirán la cuenta.

5 Depende del resultado del proceso el que
ustedes o el demandado carguen con las
costas. En todo caso, ustedes responden
ante todo de la remuneración de mi trabajo.

6 Por el momento no puedo precisar todavía los gastos en que ustedes incurrirían,
pues dependerán del trabajo que exija
este asunto.

7 Siento mucho no poder asumir el caso.
Sin embargo, me permito recomendarles
la sociedad ..., que probablemente
estará dispuesta a hacerse cargo del
asunto.

8 Les agradezco la confianza depositada
en mí y me haré cargo, con sumo gusto,
de sus intereses.

9 En un caso similar, el Tribunal Federal (Tribunal Europeo/Corte Europea) ha fallado
en esta causa a favor del demandante.
Les aconsejo, por lo tanto, presentar una
demanda contra la firma ...

10 A nuestro criterio, no parece que, de conformidad con el derecho de la UE, tengan
ustedes éxito con una demanda. Por ello,
en el caso que nos ocupa, no les aconsejamos adoptar medidas judiciales.

11 La directiva de la UE, aplicable en este
caso, no fue aprobada aún, por lo que les
aconsejamos no incoar una causa por el
momento.

12 Dado que en los Estados de la Unión
Europea predominan aún, desde el punto
de vista jurídico, diferentes criterios, les
aconsejamos abstenerse de un litigio
hasta que se llegue a una reglamentación
uniforme.

Die Firmen und ihre Vertreter
Las firmas y sus representantes

Vertretungsangebot

Zeitungsannoncen

1 Vertreter für ausgewähltes Programm bei hoher Provision gesucht.
2 Wir haben eine Generalvertretung anzubieten.
  Sind sie daran interessiert?
3 Als Außendienstmitarbeiter für den Raum ... können Sie monatlich bis zu ... verdienen.
4 Die Firma ... sucht einen zuverlässigen Vertreter für den Raum ...
5 Diese Vertretung umfasst den Raum ... und könnte ggf. auf exklusiver Basis vergeben werden.
6 Wir suchen zum ... eine(n) erfahrene(n) Vertreter(in) für unsere Produkte.
7 Für unsere Filiale in ... suchen wir eine(n) Außendienstmitarbeiter(in).
8 Unsere Produkte haben sehr gute Absatzchancen. Wir suchen noch Vertreter für den Raum ...
9 Wir suchen junge, unabhängige Damen und Herren, die sofort einsatzbereit sind. Als Vertreter garantieren wir Ihnen einen Monatsverdienst von ...
10 Wir sind ein Markenartikelhersteller der Konsumgüterindustrie und suchen junge, redegewandte Vertreter.
11 Junge Damen und Herren mit eigenem Personenkraftwagen zur Übernahme einer Vertretung gesucht.

Persönliche Briefe

1 Wir wenden uns an Sie, da wir gehört haben, dass Sie im Raum ... Vertretungen übernehmen würden.

Oferta de representación

Anuncios en periódicos

1 Para nuestro selecto programa buscamos un representante. Ofrecemos altas comisiones.
2 Ofrecemos una representación general. ¿Estaría usted interesado en ella?
3 Como colaborador en el servicio exterior para la zona de ..., puede usted ganar hasta ... mensuales.
4 La empresa ... busca un representante de confianza para la región de ...
5 Esta representación comprende la zona de ... y podría ser conferida, en caso dado, en exclusiva.
6 Para la representación de nuestros productos, buscamos hombre (mujer) con experiencia.
7 Para nuestra sucursal en ..., buscamos un(a) encargado(a) para el servicio de visitas a clientes.
8 Nuestros productos tienen muy buenas posibilidades de venta. Todavía buscamos representantes para ...
9 Buscamos mujeres y hombres jóvenes e independientes que puedan empezar a trabajar inmediatamente. Como representantes nuestros, les garantizamos una remuneración mensual de ...
10 Somos fabricantes de artículos de consumo de gran renombre y buscamos representantes jóvenes y elocuentes.
11 Se solicitan señoritas y caballeros jóvenes, con automóvil propio, para trabajar como representantes.

Cartas personales

1 Nos dirigimos a usted porque ha llegado a nuestro conocimiento que estaría dispuesto(a) a aceptar representaciones en la región de ...

2 Wir möchten Ihnen mitteilen, dass wir in ... eine Vertretung zu vergeben haben.
3 Wir möchten bei Ihnen anfragen, ob Sie bereit wären, den Verkauf unserer Waren in Ihrem Land zu übernehmen.
4 Die Industrie- und Handelskammer in ... hat uns Ihren Namen als mögliche(n) Interessenten(in) für die Übernahme einer Vertretung in ... genannt.
5 Wir haben Ihre Anschrift der neuen EU-Broschüre ... über den Vertrieb von ... entnommen.
6 Die Firma ... hat uns Ihren Namen und Ihre Anschrift gegeben und uns mitgeteilt, dass Sie an einer Vertretung für das Produkt ... im Raum ... interessiert sind.

2 Quisiéramos informarle que tenemos vacante nuestra representación en ...
3 Desearíamos preguntarle si estaría dispuesto(a) a encargarse de la venta de nuestras mercancías en su país.
4 La Cámara de Industria y Comercio de ... nos ha indicado su nombre como posible interesado(a) para la aceptación de una representación en ...
5 Hemos tomado nota de su dirección del nuevo folleto de la Unión Europea ... referente a la distribución de ...
6 La casa ... nos ha proporcionado su nombre y dirección, informándonos que usted está interesado(a) en una representación para el producto ... en la zona de ...

Beschreibung der Tätigkeit

1 Sie haben die Aufgabe, die Restaurants in ... zu besuchen.
2 Ihre Tätigkeit würde sich auf den Raum ... beschränken.
3 Ihre Aufgabe bestünde lediglich darin, den Kunden unsere Kataloge und Muster vorzulegen.
4 Als unser Generalvertreter hätten Sie die Aufgabe, sich persönlich um unsere Kunden zu kümmern.
5 Die Tätigkeit, die Ihnen übertragen wird, erfordert gewandtes Auftreten und Verhandlungsgeschick.
6 Durch die Erweiterung des Binnenmarktes sind für Ihre Tätigkeit englische und französische Sprachkenntnisse unerlässlich.
7 Die Exklusivvertretung macht es erforderlich, alle Kunden wöchentlich (monatlich) einmal aufzusuchen.
8 Ihre Aufgabe bestünde darin, ein Callcenter zu unterhalten, von dem aus ein Großteil der Vertretertätigkeit erledigt werden kann.
9 Einen Pkw stellen wir Ihnen zur Verfügung. Für Ihre spätere Tätigkeit erhalten Sie bei voller Gehaltszahlung eine intensive Schulung.
10 Für Ihre Vertretertätigkeit ist ein Pkw unerlässlich. Wir erstatten Ihnen eine (Kilometer-)Pauschale von ... pro ...

Descripción de la actividad

1 Su trabajo consiste en visitar los restaurantes en ...
2 Su actividad se limitaría a la zona de ...
3 Su trabajo consistiría, únicamente, en presentar nuestros catálogos y muestras a los clientes.
4 Como representante general nuestro(a), su trabajo consistiría en ocuparse personalmente de nuestros clientes.
5 El trabajo que se le confiará exige don de gentes y habilidad en las negociaciones.
6 Con la ampliación del Mercado Unico se hacen necesarios para su actividad conocimientos de inglés y francés.
7 La representación en exclusiva hace necesario visitar a todos los clientes una vez por semana (mes).
8 Su tarea consistiría en montener un centro de llamadas/Call-Center desde el que puede efectuarse una buena parte del trabajo de representante.
9 Ponemos a su disposición un automóvil. Para su ulterior trabajo recibirá usted una capacitación intensiva durante la cual percibirá su sueldo completo.
10 Para su actividad de representante es indispensable un automóvil, por la que le reembolsamos una bonificación global (por kilómetro) de ... por ...

Beschreibung der Produkte

1 Unsere Produkte sind von bester Qualität und finden einen ausgezeichneten Absatz.

Descripción de los productos

1 Nuestros productos son de la mejor calidad y encuentran una excelente salida.

2 Wir vertreiben Waren des täglichen Bedarfs, die einen hohen Umsatz garantieren.
3 Damit Sie sich ein besseres Bild von Ihrer Tätigkeit machen können, führen wir hier einige unserer Artikel auf: ...
4 Unsere Maschinen haben einen ausgezeichneten Ruf.
5 Da Sie schon auf dem Gebiet des ...-handels tätig waren, werden Sie schnell mit unseren Produkten vertraut sein.
6 Das Produkt, das Sie zu vertreiben hätten, ist ein Schlager auf dem ...markt.
7 Unsere Firma vertreibt ... (Nahrungsmittel, Textilien, Werkzeuge, Motoren, Haushaltswaren, Möbel, CD's, Computerprogramme, Computerspiele usw.).
8 Wir produzieren ... (Bezeichnung).
9 Wir sind eine ...-Firma.
10 Die von Ihnen vertretenen Waren des täglichen Bedarfs lassen sich gut absetzen.

2 Vendemos mercancía de consumo cotidiano, lo cual garantiza un gran volumen de ventas.
3 Para que usted pueda formarse un juicio más preciso de su trabajo, les enumeramos a continuación algunos de nuestros artículos: ...
4 Nuestras máquinas gozan de gran fama.
5 Como usted ya ha trabajado en el sector de ..., se familiarizará rápidamente con nuestros productos.
6 El producto que usted tendría que vender es un artículo de gran venta en el mercado de ...
7 Nuestra empresa vende ... (productos alimenticios, textiles, herramientas, motores, artículos para el hogar, muebles, discos compactos, programas informáticos, juegos de ordenador, etc.)
8 Fabricamos ... (designación).
9 Nuestra firma se dedica al ramo de ...
10 Los artículos de uso cotidiano que usted representa encuentran fácil salida.

Marktbeschreibung

1 Der Markt ist für unser Produkt aufnahmefähig.
2 Der Absatz unserer Bedarfsartikel ist keinen Marktschwankungen unterworfen.
3 Der Artikel, den Sie vertreten werden, hat gute Absatzchancen.
4 Unsere Produkte sind in Ihrem Raum noch nicht genügend bekannt. Ihre Aufgabe wäre es, den Markt zu erschließen.
5 Unser Bestreben ist es, durch Qualität den Markt zu erobern.
6 Der Artikel ist auf dem dortigen Markt bereits hinreichend bekannt. Sie hätten lediglich die Aufgabe, unsere Kunden ständig mit Ware zu versorgen.
7 Die Marktverhältnisse sind sehr zufriedenstellend.
8 Da es für diesen Artikel nahezu keine Konkurrenz gibt, sind die Verkaufschancen besonders gut.
9 Unser Produkt ist neu auf dem Markt. Es sind gute Verkaufschancen vorhanden.
10 Mit unseren neuartigen Produkten rechnen wir uns vor allem auf großstädtischen Märkten beste Absatzchancen aus.

Descripción del mercado

1 El mercado tiene capacidad de absorción para nuestro producto.
2 La venta de nuestros artículos de primera necesidad no está sujeta a fluctuaciones del mercado.
3 El artículo que usted representará tiene buenas posibilidades de venta.
4 Nuestros productos no son todavía suficientemente conocidos en su región. Su trabajo consistiría en conquistar el mercado.
5 Nuestro propósito es conquistar el mercado ofreciendo calidad.
6 El artículo ya es suficientemente conocido en ese mercado. Su trabajo consistiría, únicamente, en abastecer continuamente de mercancía a nuestros clientes.
7 Las condiciones del mercado son muy satisfactorias.
8 Las perspectivas de venta son especialmente buenas, pues para este artículo casi no existe competencia.
9 Nuestro producto es nuevo en el mercado, por lo que existen buenas perspectivas de venta.
10 Con nuestros novedosos productos, confiamos tener muy buenas perspectivas de venta, sobre todo en los mercados de las grandes ciudades.

11 Auf dem Markt unserer Produkte herrscht ein starker Konkurrenzkampf. Da unsere Waren jedoch ein ausgezeichnetes Image besitzen, sind die Absatzchancen gut.
12 Das Ergebnis einer langfristigen Marktforschung hat uns von den guten Absatzchancen unserer Waren überzeugt.

Beschreibung der Werbemaßnahmen

1 Für den Artikel, den Sie vertreten werden, haben wir eine große Werbekampagne gestartet.
2 Unsere Produkte sind durch Werbung in Film, Funk und Fernsehen und im Internet gut bekannt.
3 Sie können voraussetzen, dass der von Ihnen vertretene Artikel durch Werbung bestens bekannt ist.
4 Ihre Tätigkeit beschränkt sich nicht nur auf den Vertrieb unserer Artikel, sondern sie beinhaltet auch eine intensive eigene Werbetätigkeit.
5 Sie hätten lediglich die Aufgabe, bei unseren Kunden für unsere Produkte zu werben.
6 Vor allem müssten Sie die ausgezeichnete Qualität unserer Ware anpreisen.
7 Als unser Generalvertreter müssten Sie auch die Werbung in Ihrem Gebiet überwachen.
8 In dem Ihnen anvertrauten Gebiet wäre in erster Linie der Schwerpunkt auf die Werbung zu legen.
9 Die Werbung für die von Ihnen vertretenen Artikel hat eine bekannte Werbeagentur übernommen.
10 Wir geben im Jahr durchschnittlich ... für Werbung aus.
11 Wir verfügen über ausgezeichnetes Werbematerial. Eine kleine Auswahl haben wir diesem Schreiben beigefügt.

Beschreibung des Vertretungsgebiets

1 Ihr Gebiet würde den Raum ... umfassen.
2 Sie würden die Alleinvertretung in Ihrem Land übernehmen.
3 Wir können Ihnen das Exklusivvertriebsrecht in ... (Land) einräumen.

11 En el mercado de nuestros productos hay una fuerte competencia. Sin embargo, como nuestros productos tienen una excelente reputación, las perspectivas de venta son buenas.
12 El resultado de una investigación del mercado, a largo plazo, nos ha convencido de las buenas perspectivas de venta de nuestras mercancías.

Descripción de las medidas de publicidad

1 Hemos iniciado una gran campaña publicitaria del artículo que usted representará.
2 Nuestros productos son bien conocidos por la publicidad en películas, radio y televisión y en Internet.
3 Usted puede partir del hecho de que los artículos que representa son bien conocidos por medio de la publicidad.
4 Su actividad no se limita sólo a la venta de nuestros artículos. Comprende también una intensa campaña publicitaria.
5 Su trabajo consistiría, únicamente, en hacer propaganda de nuestros productos entre nuestros clientes.
6 Sobre todo, tendría usted que elogiar la magnífica calidad de nuestra mercancía.
7 Como representante general nuestro, usted tendría también que supervisar la publicidad en su zona.
8 En la zona confiada a usted habría que hacer hincapié en primer lugar en la publicidad.
9 Una conocida agencia de publicidad se ha encargado de la propaganda del artículo que usted representa.
10 Gastamos en publicidad un promedio anual de ...
11 Disponemos de magnífico material publicitario. Adjunto recibe usted una pequeña selección del mismo.

Descripción de la zona de la representación

1 Su zona comprendería la región de ...
2 Usted asumiría la representación exclusiva en su país.
3 Podemos concederle el derecho exclusivo de venta en ... (país).

4 Sie hätten das Gebiet ... zu bereisen.
5 Ihre Vertretung umfasst das Gebiet ...
6 Unsere Firma wäre bereit, Ihnen das Gebiet um ... zu überlassen.
7 Was das Vertretungsgebiet anbelangt, wären wir bereit, uns weitgehend nach Ihren Wünschen zu richten.
8 Unter folgenden Vertretungsgebieten können Sie wählen: ...
9 Die Firma erklärt sich bereit, Ihnen das gewünschte Vertretungsgebiet zu überlassen. Sie sind dann unser einziger Vertreter im Raum ...
10 Nach Erzielung eines Umsatzes von ... sind wir bereit, Ihr Gebiet zu erweitern.

4 Usted tendría que recorrer la zona ...
5 Su representación comprende la zona de ...
6 Nuestra empresa estaría dispuesta a confiarle la zona alrededor de ...
7 En lo que respecta a la zona de la representación, estaríamos dispuestos a ajustarnos ampliamente a sus deseos.
8 Usted puede elegir entre las siguientes zonas de representación: ...
9 La empresa está dispuesta a confiarle la zona de representación que usted desea. En consecuencia, usted es nuestro único representante en ...
10 Estamos dispuestos a ampliar su zona una vez que haya alcanzado un volumen de ventas de ...

Anforderungen

Persönlichkeit

1 Unsere Firma hat ein ausgezeichnetes Image. Wir fordern deshalb von unseren Mitarbeitern ein Auftreten, das diesem Ruf in jeder Weise gerecht wird.
2 Für diesen verantwortungsvollen Posten sind persönlicher Einsatz und selbstständiges Handeln erforderlich.
3 Diese Aufgabe setzt Erfahrung im Umgang mit Menschen voraus.
4 Wir setzen Fleiß und Verantwortungsbewusstsein voraus.
5 Diese Tätigkeit setzt gute Umgangsformen und ein gewisses Maß an Kontaktfähigkeit voraus.
6 Für diesen Kundenkreis sind ausgezeichnete Umgangsformen und ein hohes Bildungsniveau unerlässlich.
7 Da sich Ihre Tätigkeit auf einen ausgesuchten Kundenkreis erstreckt, sind korrekte Kleidung und gute Umgangsformen Grundvoraussetzung.
8 Für diesen Wirkungskreis suchen wir eine(n) selbstsichere(n), wendige(n) Dame (Herrn).
9 Einfühlungsvermögen und fachliches Wissen sind Voraussetzung.

Fachwissen

1 Außer fachlichen Vorkenntnissen benötigen Sie Sprachkenntnisse und die einwandfreie Beherrschung eines PCs.

Requisitos

Personalidad

1 Nuestra empresa tiene un magnífico nombre, por lo que exigimos de nuestro personal una conducta digna de nuestra reputación.
2 Esta posición de responsabilidad exige iniciativa y capacidad de actuar con independencia.
3 Esta tarea requiere experiencia en el trato con las personas.
4 Condiciones previas para esta posición son laboriosidad y sentido de responsabilidad.
5 Esta actividad exige buenos modales y una cierta habilidad para establecer contactos.
6 Para esa clientela son indispensables muy buenos modales y un alto nivel de educación.
7 Su actividad exige el trato con una clientela selecta, por lo que son condiciones fundamentales el vestir correctamente y tener buenos modales.
8 Para este tipo de actividad buscamos un(a) hombre (mujer) hábil y seguro(a) de sí mismo(a).
9 Requisitos indispensables son tacto y conocimientos del ramo.

Conocimientos del ramo

1 Además de nociones del ramo, debe poseer usted conocimientos de idiomas y dominio perfecto de un PC.

2 Vorkenntnisse in diesem Fach sind unerlässlich.
3 Wir möchten Sie darauf aufmerksam machen, dass wir größten Wert auf fachliche Vorbildung legen.
4 Fachkenntnisse auf dem Gebiet der Informationstechnologie/Telekommunikation sind unerlässlich.
5 Es sind keine besonderen Vorkenntnisse in diesem Fach notwendig.
6 Sie müssten eine langjährige Vertretererfahrung haben.
7 Sie hätten Kenntnisse auf dem Gebiet der (des) ... mitzubringen.
8 Für uns kommen nur Leute infrage, die eine kaufmännische Ausbildung haben.
9 Die Tätigkeit erfordert Kenntnisse im ...wesen.
10 Ohne ausreichende Kenntnisse in ... wäre eine Anstellung leider nicht möglich.
11 Sprachkenntnisse in ... sind für die Übernahme der Vertretung im Raum ... unerlässlich (unbedingt erforderlich).
12 Diese Tätigkeit verlangt vor allem technische Kenntnisse.
13 Es sind keine besonderen Kenntnisse erforderlich. Sie werden durch uns geschult.

2 Son indispensables conocimientos previos en este ramo.
3 Queremos advertirle que atribuimos gran importancia a una formación en el ramo.
4 Es absolutamente imprescindible contar con sólidos conocimientos especializados en (el campo de la) tecnología de la informática/de (la) telecomunicación.
5 En este ramo no se requieren conocimientos especiales.
6 Se sobreentiende que usted debe tener una experiencia de muchos años como representante.
7 Sería necesario que usted posea conocimientos en el ramo del (de la) ...
8 Consideramos solamente aspirantes que posean una preparación comercial.
9 El trabajo exige conocimientos en ...
10 Lamentablemente, sin conocimientos suficientes en ... no es posible ocupar el puesto.
11 Son imprescindibles (absolutamente necesarios) conocimientos lingüísticos de ... para hacerse cargo de la representación en la zona de ...
12 Esta actividad requiere, ante todo, conocimientos técnicos.
13 No se requieren conocimientos especiales. Nosotros nos encargamos de su formación.

Lebenslauf

1 Wir bitten Sie, einen (handgeschriebenen) Lebenslauf beizulegen.
2 Wir möchten Sie bitten, Ihrem Bewerbungsschreiben einen handgeschriebenen Lebenslauf beizufügen.
3 Bitte bewerben Sie sich mit den üblichen Unterlagen einschließlich eines tabellarischen Lebenslaufs.

Curriculum vitae

1 Le rogamos incluya un curriculum vitae (escrito a mano).
2 Le rogamos que, junto con su solicitud de empleo, presente un curriculum vitae escrito a mano.
3 Por favor, presente la solicitud con los documentos usuales, incluyendo un curriculum vitae en forma de cuadro sinóptico.

Zeugnisse

1 Für eine Anstellung sind ein tabellarischer Lebenslauf, Zeugnisse, Nachweise der beruflichen Tätigkeit und Referenzen notwendig.
2 Bitte legen Sie Ihre Zeugnisse bei.
3 Bitte senden Sie uns Ihre Zeugnisse oder beglaubigte Abschriften.
4 Bitte legen Sie uns die Zeugnisse bei Ihrer persönlichen Bewerbung vor.

Certificados

1 Para un empleo es necesario presentar un curriculum vitae en forma de cuadro sinóptico, certificados de estudios, documentos acreditativos de la actividad profesional y referencias.
2 Le rogamos incluya sus certificados.
3 Le rogamos nos envíe sus certificados o copias legalizadas.
4 Le rogamos que, junto con su solicitud personal de empleo, presente sus certificados.

5 Wir bewerten den Ausgang eines persönlichen Gesprächs mehr als Ihre Zeugnisse.
6 Bitte legen Sie uns Dokumente über Ihren schulischen und beruflichen Werdegang vor.
7 Zeugnisse sind nicht erforderlich.
8 Bitte legen Sie uns einen Nachweis über Sprachkenntnisse in ... (Computer-/IT-Kenntnisse) vor.

5 Nosotros damos más importancia al resultado de una conversación personal que a sus certificados.
6 Le rogamos nos presente documentos relativos a su educación y a su experiencia profesional.
7 No se requiere la presentación de certificados.
8 Sírvase adjuntar un certificado de conocimientos del idioma ... (conocimientos de informática/computación/ tecnología de la información).

Referenzen

1 Wir bitten Sie, auch Referenzen beizubringen.
2 In Anbetracht der verantwortungsvollen Stellung sind ausgezeichnete Referenzen unbedingt erforderlich.
3 Wir bitten Sie, Ihrem Bewerbungsschreiben Referenzen Ihrer bisherigen Arbeitgeber beizufügen.
4 Legen Sie bitte Ihrem Bewerbungsschreiben neben den sonst üblichen Unterlagen auch Referenzen bei.
5 Referenzen sind nicht (unbedingt) erforderlich.

Referencias

1 Le rogamos que también presente referencias.
2 Por tratarse de una posición de gran responsabilidad, son indispensables magníficas referencias.
3 Le rogamos que, junto con su solicitud de empleo, presente referencias de las personas o entidades para las que ha trabajado hasta la fecha.
4 Le rogamos que, junto a los documentos usuales que deberán acompañar su solicitud de empleo, presente también referencias.
5 No se requieren (absolutamente) referencias.

Vergütungen

Gehalt

1 Wir würden Ihnen ein festes Gehalt von ... bieten.
2 Ihr Gehalt würde sich auf ... belaufen.
3 Ihr festes Anfangsgehalt beträgt ...
4 Wir bieten Ihnen ein Jahresfixum von ...
5 Das vorgesehene Gehalt beträgt ...
6 Ihr fixes Monatsgehalt würde sich auf ... belaufen. Durch Provisionen können Sie es natürlich wesentlich erhöhen.
7 Wir gewähren Ihnen ein monatliches Fixum von ... zuzüglich Provisionen laut beiliegender Provisionsliste.
8 Ihre Gehaltsforderung sollten wir bei einem persönlichen Treffen diskutieren.
9 Wir können Ihnen heute die ungefähre Höhe Ihres Fixums mitteilen, nämlich ... Über den genauen Betrag müssten wir uns persönlich unterhalten.

Remuneraciones

Sueldo

1 Nosotros le ofreceríamos un sueldo fijo de ...
2 Su sueldo ascendería a ...
3 Su sueldo fijo inicial asciende a ...
4 Nosotros le ofrecemos una cantidad fija anual de ...
5 El sueldo previsto asciende a ...
6 Su sueldo fijo mensual ascendería a ... Claro está que con las comisiones puede usted aumentarlo considerablemente.
7 Le aseguramos una cantidad fija mensual de ..., más comisiones de acuerdo con la lista adjunta.
8 Sus aspiraciones de sueldo podríamos discutirlas en una entrevista personal.
9 Podemos indicarle hoy la cantidad aproximada a que ascenderá su sueldo fijo, a saber ... Tendríamos que hablar personalmente para acordar la cantidad exacta.

Provisionen

1 Wir gewähren Ihnen zusätzlich zu Ihrem Fixum eine Provision von ... %.
2 Ihre Provision würde ... % betragen.
3 Außerdem gewähren wir Ihnen eine Delkredere-Provision von ... %.
4 Ihr Provisionssatz beträgt ... % der von Ihnen getätigten Umsätze.
5 Ihre Verkaufsprovision beträgt ... %.
6 Außerdem vergüten wir Ihnen für Waren, die von Ihnen auf Ihre Rechnung auf Lager gehalten werden, ... % Provision des (durchschnittlichen monatlichen) Lagerbestands.
7 Außer der regulären Provision von ... % werden wir weitere ... % bei einem monatlichen Umsatz von ... zahlen.
8 Ihre Provision in Höhe von ... % wird beim jeweiligen Eingang des Rechnungsbetrags fällig.
9 Die Provisionsbeträge werden Ihnen monatlich (vierteljährlich, halbjährlich, jährlich) ausbezahlt.

Spesen

1 Sie erhalten Ihre Spesen im Rahmen der gesetzlichen Vorschriften voll vergütet.
2 Wir gewähren Ihnen pro Tag einen durchschnittlichen Spesensatz von ...
3 Gegen entsprechende Quittungen erstatten wir Ihnen Ihre Auslagen zurück.
4 Die Spesenabrechnung ist uns jeweils am Monatsende zu schicken.
5 Wir sind bereit, Ihre Unkosten zu tragen.
6 Eine Spesenrückerstattung ist nur bei vollständiger Vorlage aller Belege möglich.
7 Es werden auch Spesen für Kundenbewirtungen gewährt.
8 Wir sind nicht in der Lage, bestimmte Extraspesen (wie Barbesuche, Mittag- und Abendessen usw.) zu erstatten.
9 Sie erhalten Ihre Spesen von uns zurückvergütet, Sie sind jedoch verpflichtet, diese so niedrig wie möglich zu halten.
10 Ihre Spesen werden von uns bis zu einer Höhe von ... erstattet.

Comisiones

1 Además del sueldo fijo, le damos una comisión del ... %.
2 Su comisión sería del ... %.
3 Además, le concedemos una comisión de garantía del ... %.
4 Su comisión será del ... % de las ventas que realice.
5 Su comisión por ventas es el ... %.
6 Además, por las mercancías que tenga por su cuenta en almacén, le abonaremos una comisión del ... % sobre (el promedio mensual de) las mercancías en existencia.
7 Además de la comisión regular del ... %, le pagaremos otro ... % si el volumen mensual de ventas asciende a ...
8 Su comisión del ... % es pagadera al recibo del importe de la factura.
9 Usted percibirá mensualmente (trimestralmente, semestralmente, anualmente) el importe de las comisiones.

Gastos

1 Le reembolsaremos totalmente sus gastos en el marco de las disposiciones legales vigentes/de la normativa vigente.
2 Para sus gastos, le concedemos dietas por importe de ..., como promedio.
3 Le reembolsaremos los gastos contra presentación de los recibos correspondientes.
4 Deberá enviarnos al fin de cada mes la cuenta de gastos.
5 Estamos dispuestos a correr con sus gastos.
6 Un reembolso de gastos es únicamente posible presentando todos los comprobantes.
7 Reembolsamos también los gastos incurridos con motivo de atenciones a los clientes.
8 No estamos dispuestos a reembolsar determinados gastos extraordinarios (como consumos en bares, comidas, cenas, etc.).
9 Le reembolsaremos sus gastos, pero usted se compromete a cuidar de que éstos se mantengan al nivel más bajo posible.
10 Reembolsaremos sus gastos hasta la cantidad de ...

11 Ihre Spesen werden mit einer monatlichen Pauschale von ... abgegolten.
12 Die Spesen sind von Ihnen selbst zu tragen.
Spesen können Sie uns nicht in Rechnung stellen.
13 Spesen werden Ihnen von uns nicht vergütet.
14 Ihre Spesen sind in unsere hohen Provisionssätze einkalkuliert und können nicht gesondert in Rechnung gestellt werden.

11 Para sus gastos, asignamos una cantidad global mensual de ...
12 Los gastos corren por su cuenta.
No podrá usted cargarnos en cuenta sus gastos.
13 No le reembolsaremos sus gastos.
14 Sus gastos se han tomado en consideración al fijar nuestros elevados tipos de comisión. En consecuencia, no pueden incluirse en cuenta.

Anstellungszeit

Beginn

1 Die Vertretung wird am ... frei.
2 Ihre Anstellung ist ab ... wirksam.
3 Wir würden Sie ab ... einstellen.
4 Sie können die Vertretung am ... übernehmen.
5 Sie können die Vertretung sofort nach Ablauf Ihrer Kündigungsfrist übernehmen.
6 Sie können jederzeit mit der Vertretung beginnen.
7 Die Kündigungsfrist unseres jetzigen Vertreters läuft am ... ab. Bitte übernehmen Sie ab diesem Tag Ihre neue Aufgabe.
8 Die Vertretung wäre ab ... neu zu besetzen.
9 Wir bitten Sie um Übernahme dieser Vertretung ab ...
10 Bitte teilen Sie uns Ihre Wünsche hinsichtlich des Vertretungsbeginns mit.

Tiempo de empleo

Inicio

1 La representación quedará vacante el ...
2 Su empleo tiene efecto el ...
3 Le emplearíamos a partir del ...
4 Usted puede encargarse de la representación el ...
5 Usted puede encargarse de la representación tan pronto como expire el plazo de rescisión de su actual empleo.
6 Usted puede empezar la representación en todo momento.
7 El plazo para la rescisión del contrato que tenemos celebrado con nuestro representante actual expira el ... Le rogamos hacerse cargo a partir de esa fecha de su nuevo cometido.
8 La representación se cubriría de nuevo el ...
9 Le rogamos se haga cargo de esta representación a partir del ...
10 Le rogamos nos informe sobre sus deseos relativos a la fecha de comienzo de la representación.

Dauer

1 Der Vertrag erstreckt sich (vorerst) auf ... Jahre.
2 Der Vertrag ist auf ... Jahre befristet.
3 Nach ...-jähriger Dauer ist der Vertrag jederzeit fristlos kündbar.
4 Die Anstellung erfolgt vorerst auf Probe.
5 Nach sechs Monaten wären wir bereit, einen Vertrag über ... Jahre einzugehen.

Duración

1 El contrato tiene una duración (inicial) de ... años.
2 El contrato estará en vigor durante ... años.
3 Después de un plazo de .. años, el contrato puede ser rescindido en todo momento y sin sujeción a plazo.
4 El empleo es inicialmente a prueba.
5 Después de seis meses estaríamos dispuestos a celebrar un contrato por ... años.

6 Nach einer bestandenen Probezeit von ...
Monaten sind wir bereit, Ihr Gehalt auf ...
zu erhöhen und einen Vertrag von ...-
jähriger Dauer mit Ihnen abzuschließen.

7 Die Regelung der Vertragsdauer behalten
wir uns vor.

8 Über die Vertragsdauer würden wir uns
gern bei Ihrer persönlichen Vorstellung
mit Ihnen unterhalten.

9 Die Vertragsdauer wird vorläufig auf 3
Jahre festgesetzt und ist von beiden
Seiten jeweils 6 Wochen zum Quartals-
ende kündbar.

Vorstellung

1 Wir bitten Sie um persönliche Vorstellung
am ...

2 Wir bitten Sie nach Möglichkeit um eine
persönliche Vorstellung am ... um ... Uhr
in unserem Hause.

3 Wenn Sie sich am ... bei uns vorstellen,
könnten wir uns über bestimmte Vertragsbedingungen einigen.

4 Wäre Ihnen der ... als Vorstellungstermin
angenehm?

5 Wir werden Ihnen Ihre Reisespesen
erstatten. Bitte legen Sie uns die entsprechenden Belege vor.

Bewerbung auf Vertretungsangebot

Einleitende Sätze

1 Ich möchte mich bei Ihnen auf Ihre Anzeige vom ... in ... (Zeitung) bewerben.

2 Es wurde mir mitgeteilt, dass Ihre Firma
für den Raum ... einen Vertreter sucht.
Ich bin zurzeit in ungekündigter Stellung,
möchte mich aber trotzdem zum ... bei
Ihnen bewerben.

3 Ich beziehe mich auf Ihr schriftliches
Angebot und bewerbe mich bei Ihnen um
die Generalvertretung.

4 Ich möchte mich zum ... um die ausgeschriebene Stelle bewerben.

5 Ich möchte mich für die von Ihnen ausgeschriebene Stelle bewerben. Bitte
machen Sie mir nähere Angaben.

6 Después de un tiempo de prueba de ...
meses, estamos dispuestos a aumentarle
el sueldo a ... y a ofrecerle un contrato
por ... años.

7 Nos reservamos el derecho a fijar la duración del contrato.

8 Sobre la duración del contrato hablaría-
mos con usted gustosamente durante su
visita de presentación.

9 La duración del contrato queda fijada provisionalmente en 3 años, pudiendo ser
rescindido por cada una de las partes 6
semanas antes de finalizar el trimestre.

Presentación

1 Le rogamos se presente personalmente
el ...

2 Le rogamos que, si fuera posible, nos
visitara en nuestra casa, el día .. a las ...,
para una entrevista.

3 Si usted nos visita el ..., podríamos convenir ciertas condiciones del contrato.

4 ¿Le parece bien el ... como fecha para su
presentación?

5 Nosotros le reembolsaremos los gastos de
viaje. Le rogamos nos presente los comprobantes correspondientes.

Solicitud a oferta de representación

Frases de introducción

1 Quisiera ofrecerles mis servicios en
relación con su anuncio del .. en ...
(periódico).

2 Se me ha informado que su firma busca
un representante para la zona de ...
Actualmente tengo un empleo cuya rescisión no he pedido aún. Sin embargo, as-
piro a la plaza en su casa para desempeñarla a partir del ...

3 En relación con su oferta escrita, presento
mi candidatura para la representación general que ustedes ofrecen.

4 Desearía presentar mi candidatura para
la plaza que ustedes han ofrecido, para
desempeñarla a partir del ...

5 Quisiera ofrecerles mis servicios para la
plaza que ustedes han sacado a concurso.
Les ruego me informen con mayor detalle.

Angaben zur Person

1 Ich bin ... Jahre alt, verheiratet (ledig) und habe ... (keine, 1, 2, 3) Kinder.
2 Ich bin ... Jahre alt und bereits ... Jahre in dieser Branche tätig.
3 Meine Personalien: Name: ..., Geburtsdatum: ..., Geburtsort: ..., Familienstand: ...
4 Hiermit überreiche ich Ihnen meinen Lebenslauf in tabellarischer Form. Geburtsdatum: ..., Geburtsort: ..., Grundschule in ... von ... bis ..., Lehre als ..., Abschluss am ..., seit ... Jahren als Vertreter tätig.

Datos personales

1 Tengo ... años de edad, estoy casado(a) (soltero(a)) y (no) tengo ... (un, dos, tres) hijo(s).
2 Tengo ... años de edad y trabajo en este ramo desde hace ... años.
3 Mis datos personales son: nombre: ..., fecha de nacimiento: ... lugar de nacimiento: ... estado civil: ...
4 Por medio de la presente, les envío mi curriculum vitae en forma de cuadro sinóptico. Fecha de nacimiento: ..., lugar de nacimiento: ..., escuela primaria en ... de ... a .., capacitación como ..., graduación el ..., trabajo como representante desde hace ... años.

Vorstellungstermin

1 Wenn Sie damit einverstanden sind, würde ich den ... als Vorstellungstermin vorschlagen.
2 Ich werde mich zum vereinbarten Termin bei Ihnen vorstellen.
3 Bitte teilen Sie mir einen Vorstellungstermin mit.
4 Sie würden mir sehr entgegenkommen, wenn Sie den Vorstellungstermin auf den ... legen könnten.
5 Würden Sie bitte den Vorstellungstermin auf einen Vormittag (Nachmittag) legen?
6 Dürfte ich Sie am ... um eine persönliche Unterredung bitten?
7 Ich wäre an einem persönlichen Gespräch sehr interessiert.
8 Ich würde mich gern vor Vertragsabschluss eingehend mit Ihnen über die Konditionen unterhalten.
9 Zur Klärung einiger Fragen würde ich gern einen Termin mit Ihnen vereinbaren.

Fecha para la presentación

1 Si ustedes están de acuerdo, propondría el ... como fecha para la entrevista.
2 Les visitaré en su casa en la fecha convenida para presentarme.
3 Les ruego me fijen una fecha para la entrevista.
4 Mucho les agradecería si pudieran fijar para el ... la fecha de la entrevista.
5 Cuando ustedes fijen la fecha para la entrevista, ¿podrían disponer que fuera en horas de la mañana (de la tarde)?
6 ¿Podría pedirles una entrevista personal para el día ...?
7 Mucho me interesaría tener una conversación personal.
8 Antes de firmar el contrato, me gustaría hablar con ustedes detenidamente sobre las condiciones.
9 Me gustaría tener una entrevista con ustedes para aclarar algunas cuestiones.

Antwort auf angebotene Vertretung

Ablehnung

1 Ich bedanke mich für Ihr Stellenangebot, muss aber leider ablehnen.
2 Vielen Dank für Ihr großzügiges Angebot, das ich aus persönlichen Gründen leider ablehnen muss.

Respuesta a oferta de representación

Negativa

1 Les agradezco su oferta de empleo, la cual, lamentablemente, no puedo aceptar.
2 Muchas gracias por su generosa oferta que, lamentablemente, por motivos personales, tengo que rehusar.

3 Es ist mir leider nicht möglich, auf Ihr Angebot einzugehen, da ich noch auf ... Jahre vertraglich gebunden bin.

4 Ihr Angebot ehrt mich. Ich bedauere jedoch, Ihnen wegen anderer geschäftlicher Verpflichtungen absagen zu müssen.

5 Bedauerlicherweise kann ich Ihr Angebot aus familiären Gründen nicht annehmen.

6 Ich bedaure ablehnen zu müssen, weil mir Ihre Konditionen nicht zusagen.

7 Es tut mir Leid, Ihr Angebot ablehnen zu müssen, da das Vertretungsgebiet für mich denkbar ungünstig liegt.

3 Lamento no poder aceptar su oferta, ya que estoy sujeto a un contrato que durará aún ... años.

4 Su oferta me honra. Sin embargo, siento no poder aceptarla debido a otros compromisos comerciales.

5 Lamento no poder aceptar su oferta por motivos familiares.

6 Siento tener que rehusar la oferta por no convenirme sus condiciones.

7 Siento mucho tener que rehusar su oferta, ya que la zona de representación me resulta muy desfavorable.

Annahme

1 Ich danke Ihnen für das Vertrauen, das Sie mir entgegenbringen. Gern bin ich bereit, Ihre Vertretung in ... zu übernehmen.

2 Die mir von Ihnen angebotene Vertretung in ... nehme ich an.

3 Ihr Vertretungsangebot interessiert mich. Ich bin gern bereit, für Sie tätig zu werden.

4 Ich bin Ihrem Vertretungsangebot nicht abgeneigt. Bitte teilen Sie mir einen Termin für ein persönliches Gespräch mit.

5 Obwohl ich mich zurzeit in ungekündigter Stellung befinde, akzeptiere ich schon heute Ihr Vertretungsangebot.

6 Das Angebot, Ihre Vertretung in ... zu übernehmen, reizt mich sehr. Wann kann ich mich bei Ihnen vorstellen?

Aceptación

1 Les agradezco la confianza en mí depositada. Con gusto estoy dispuesto a hacerme cargo de su representación en ...

2 Acepto la representación que me ofrecen en ...

3 Me interesa su oferta de representación. Con gusto estoy dispuesto a trabajar para ustedes.

4 Siento inclinación por su oferta de representación. Les ruego me indiquen una fecha para una entrevista personal.

5 Aunque actualmente tengo un empleo cuya rescisión no he solicitado, acepto ya hoy su oferta de representación.

6 Me atrae mucho la idea de aceptar su oferta de representación en ... ¿Cuándo podría visitarles personalmente?

Vertretungsgesuch

Zeitungs- und Internetannoncen

1 Suche eine Vertretung in der weiteren Umgebung von ...

2 Bin als Vertreter tätig und möchte mich verändern. Angebote unter Chiffre-Nr. ... an die ... Zeitung.

3 Vertreter in ungekündigter Stellung möchte sich verändern. Angebote erbeten an ...

4 Welche renommierte Firma hat noch eine Vertretung frei? Angebote unter ...

5 Vertreter der ...industrie sucht sich zu verändern.

Solicitud de representación

Anuncios en periódicos y en Internet

1 Busco una representación comercial en los alrededores de ...

2 Actualmente trabajo como representante y quisiera un cambio. Ofertas al anuncio clasificado número ... del periódico ...

3 Representante actualmente en activo desearía cambiar de empresa. Ofertas a ...

4 ¿Qué firma acreditada tiene todavía una representación vacante? Se ruegan ofertas a ...

5 Representante en el ramo industrial de ... busca nueva posición.

6 Vertreter möchte sich verbessern. Kein
spezieller Branchenwunsch. Angebote
erbeten unter ...
7 Kenne mich nach langjähriger Tätigkeit als
Vertreter der ...industrie in ... gut aus.
Offerten an ... (Zeitungsanschrift mit Chif-
fre, E-Mail-Adresse)

6 Representante comercial quiere mejorar.
Ningún ramo especial. Ofertas a ...
7 Versado representante de la industria del
(de la) ... en ... con muchos años de
actividad.
Ofertas a ... (dirección del diario con la cifra ..., dirección de correo electrónico/
e-mail)

Angaben zur Person

1 Ich habe eine Ausbildung als ... erhalten.
2 Ich habe nach dem Abitur eine kaufmännische Lehre gemacht.
3 Ich wurde kaufmännisch ausgebildet und
bin anschließend zur Vertretertätigkeit
übergewechselt.
4 Die einzelnen Stationen meiner Ausbildung
sind: mittlere Reife, kaufmännische Lehre
und Vertretertätigkeit.
5 Durch meine langjährige Tätigkeit als ...
für die Firma ..., bei der ich auch eine
kaufmännische Lehre absolvierte, habe ich
mir gründliche Branchenkenntnisse ange-
eignet.

Datos personales

1 He recibido formación profesional como ...
2 Después del bachillerato, hice un aprendizaje comercial.
3 Estudié comercio y posteriormente he ejer-
cido la actividad de representante
comercial.
4 Mi formación profesional consiste en la en-
señanza media, aprendizaje comercial y
ejercicio como representante comercial.
5 Debido a mi larga ocupación como ... en la
casa ..., donde completé un aprendizaje
comercial, he adquirido profundos conocimientos del ramo.

Referenzen

1 Als Referenzen für meine bisherige Vertretertätigkeit lege ich Ihnen die Namen der
bisher von mir vertretenen Firmen vor.
2 Als Referenz kann ich anführen, dass ich
gleichzeitig für so bekannte Unternehmen
wie ... und ... tätig bin.
3 Bitte erkundigen Sie sich bei der von mir
bisher vertretenen Firma nach mir. Ihre Anschrift lautet: ...
4 Würden Sie sich bitte bei Herrn Direktor ...
in der Firma ... nach mir erkundigen?
5 Als Anlage erhalten Sie meine Referenzen.

Referencias

1 Como referencias les presento los nombres
de las empresas para las que he trabajado
como representante comercial hasta el día
de hoy.
2 Como referencias puedo expresar que trabajo simultáneamente para firmas tan conocidas como ... y ...
3 Les ruego pidan referencias a la firma que
he representado hasta ahora. Su dirección
es: ...
4 Les ruego pidan referencias sobre mi persona al señor ..., Director de la firma ...
5 Adjunto les envío mis referencias.

Branche

1 Ich würde eine Vertretung in der ...branche
vorziehen.
2 Da ich bereits in der ...branche tätig war,
möchte ich wieder eine Vertretung in diesem Bereich übernehmen.
3 Ich habe eine technisch orientierte Ausbildung erhalten und würde deshalb gern
eine Vertretung in der ...industrie übernehmen.
4 In der ...industrie könnte ich meine
Erfahrung gut verwerten.

Ramo

1 Preferiría una representación en el ramo del
(de la) ...
2 Como ya he trabajado en el ramo de ...,
quisiera volver a tener una representación
en ese campo.
3 He recibido una formación de orientación
técnica, por lo que aceptaría con gusto una
representación en la industria del (de la) ...
4 En la industria de ... podría aprovechar mi
experiencia.

5 Ich komme aus der Computerbranche und bin daher für die Vertretung Ihres Produkts besonders geeignet.

Vergütungen (aus der Sicht des Vertreters)

1 Ich bin bereit, auf einer Provisionsbasis von ... % für Sie tätig zu werden.
2 Als Vergütung für meine Vertretertätigkeit stelle ich mir ein Fixum mit zusätzlichen Provisionen vor.
3 Auf einer Provision von ... % des von mir getätigten Umsatzes muss ich allerdings bestehen.
4 Meine Provision wäre monatlich auszubezahlen.
5 Zusätzlich zu der branchenüblichen Provision erwarte ich Kilometergeld für die geschäftliche Nutzung meines Privat-Pkw.
6 Zu der branchenüblichen Provision von ... % käme noch die Delkredere-Provision von ... %.
7 Wie Sie mir zusicherten, erhalte ich ein monatliches Fixum von ... sowie eine Provision von ... % auf den erzielten Umsatz sowie die Erstattung von 50 % meines Werbeetats.

Vertragsdauer (aus der Sicht des Vertreters)

1 Ich würde vorschlagen, den Vertretungsvertrag vorerst für eine Probezeit von ... abzuschließen.
2 Als Vertragsdauer schlage ich ... Jahre vor.
3 Der Vertrag sollte vorläufig für eine Dauer von ... Monaten (Jahren) abgeschlossen werden.
4 Ich bitte, den Vertrag für eine Dauer von ... aufzusetzen. Hiernach sollte er sich automatisch um ein Jahr verlängern, wenn er nicht von einer Seite mit einer Frist von ... zum Quartalsende gekündigt wird.
5 Im Vertrag sollte die Kündigungsfrist auf ein halbes Jahr festgelegt werden.
6 Der Vertrag sollte unbefristet sein. Kündigung erfolgt durch Einschreibebrief mit ...-monatiger Kündigungsfrist.
7 Die Dauer des Vertrags bitte ich in einem persönlichen Gespräch festzulegen.

5 He trabajado en informática y computación, razón por la que estoy ampliamente capacitado para representar su producto.

Remuneraciones (desde el punto de vista del representante)

1 Estoy dispuesto(a) a trabajar para ustedes sobre la base de una comisión del ... %.
2 Como remuneración por mi actividad como representante considero un sueldo fijo y comisiones adicionales.
3 Debo insistir en una comisión del ... % sobre las ventas que realice.
4 Mis comisiones se pagarían mensualmente.
5 Además de la comisión usual en el ramo, espero cierta cantidad por kilómetro recorrido en mi automóvil privado, en ejercicio de la actividad propia de la representación.
6 Además de la comisión usual del ramo del ... %, habría que calcular una comisión de garantía del ... %.
7 Como ustedes me prometieron, recibiré un sueldo fijo mensual de ... así como una comisión del ... % sobre las ventas realizadas, además del reembolso del 50 % de mi presupuesto publicitario.

Duración del contrato (desde el punto de vista del representante)

1 Yo propondría que el contrato de representación lo celebráramos, inicialmente, por un período de prueba de ...
2 Propongo que la duración del contrato sea de ... años.
3 El contrato debería ser concluido provisionalmente con una vigencia de ... meses (años).
4 Les ruego redactar el contrato con una vigencia de ..., después de la cual debería prorrogarse automáticamente por un año, a no ser que fuera rescindido por una de las partes con un plazo de ... antes de finalizar el trimestre.
5 En el contrato debería fijarse el plazo de rescisión en un medio año.
6 En el contrato no se estipulará plazo alguno. Su rescisión deberá pedirse por carta certificada, con ... meses de antelación.
7 Le ruego que la duración del contrato la fijáramos en una conversación personal.

Vertretungsgebiet
(aus der Sicht des Vertreters)

1 Ich bin sehr an einer Exklusivvertretung im Raum ... interessiert.
2 Da ich in ... ansässig bin, wäre ich an einer Alleinvertretung im Gebiet ... besonders interessiert.
3 Als Vertretungsgebiet kommt für mich nur ... infrage.
4 Im Raum ... wären meine Gebietskenntnisse und Beziehungen für Sie von großem Vorteil.
5 Da ich vollkommen ungebunden bin, ist die Übernahme Ihrer Vertretung mit keinerlei Gebietswünschen verbunden.
6 Mein bisheriges Vertretungsgebiet war der Raum ...
7 Für die Firma ... hatte ich die Alleinvertretung für ...

Ablehnung des Gesuchs

1 Wir bedauern Ihnen mitteilen zu müssen, dass wir die Vertretung in der Zwischenzeit vergeben haben.
2 Wir können Ihnen leider keine Vertretung übertragen.
3 Unsere Vertretungsbezirke sind zurzeit alle besetzt.
4 Bitte fragen Sie in ... Monaten nochmals bei uns an.
5 Wir müssen Ihnen leider mitteilen, dass unser Vertreterstamm komplett ist.
6 Den vakanten Vertreterposten haben wir inzwischen wieder besetzt.
7 Die Generalvertretung des Raums ... haben wir bereits vergeben.
8 Da wir dazu übergegangen sind, unsere Waren durch fest angestellte Field Worker zu vertreiben, müssen wir Ihr Vertretungsgesuch leider ablehnend beantworten.
9 Wir bedauern, Ihr Gesuch aufgrund Ihrer Forderungen (Bedingungen) ablehnen zu müssen.

Annahme des Gesuchs

1 Wir sind gern bereit, Sie mit einer unserer Vertretungen zu betrauen.
2 Bitte sprechen Sie zur Regelung aller Einzelheiten am ... bei uns vor.

Zona de representación
(desde el punto de vista del representante)

1 Estoy muy interesado en una representación exclusiva en la zona de ...
2 Dado que resido en ..., estaría especialmente interesado en una representación exclusiva en la región de ...
3 La única zona que me interesa para una representación es ...
4 En la zona de ..., mis conocimientos y relaciones locales serían de gran provecho para ustedes.
5 Soy completamente independiente, por cuya razón no condiciono la aceptación de la representación a que ésta se encuentre en una zona determinada.
6 La zona de mi representación era hasta ahora ...
7 Yo tenía representación exclusiva de la empresa ... en ...

Negativa a la solicitud

1 Lamentamos tener que informarle que, en el entretanto, concedimos a otra persona la representación.
2 Lamentablemente, no podemos concederle ninguna representación.
3 Nuestras zonas de representación están en la actualidad totalmente ocupadas.
4 Le ruego que vuelva a dirigirse a nosotros dentro de ... meses.
5 Lamentablemente, tenemos que informarle que nuestra plantilla de representantes está completa.
6 Entretanto, la plaza de representante vacante ha sido ocupada.
7 Ya hemos concedido la representación general en la zona de ...
8 Lamentamos tener que dar una respuesta negativa a su solicitud de representación, pues actualmente estamos vendiendo la mercancía por medio de viajantes fijos.
9 Lamentamos tener que rechazar su solicitud, pues no podemos aceptar sus pretensiones (condiciones).

Aceptación de la solicitud

1 Con gusto estamos dispuestos a confiarle una de nuestras representaciones.
2 Le rogamos nos visite el ... a fin de ultimar todos los detalles.

3 Sie können sofort als unser Vertreter tätig werden.
4 Wir sind bereit, Ihnen unsere Exklusiv-vertretung für den Raum ... zu über-tragen. Zur Erledigung aller relevanten Formalitäten bitten wir um Ihren Besuch am ...
5 Eine unserer Vertretungen im Raum ... ist vor kurzer Zeit frei geworden. Wir könnten Ihnen diese Stelle übertragen.
6 Wir freuen uns, Ihnen eine unserer Ver-tretungen übertragen zu können, und hoffen auf gute Zusammenarbeit.
7 Wir begrüßen Sie als unseren neuen Mitarbeiter.

3 Podríamos confiarle inmediatamente una representación.
4 Estamos dispuestos a conferirle nuestra representación exclusiva para la zona de ... Para la tramitación de todas las formalidades relevantes, le rogamos visi-tarnos el ...
5 Hace poco quedó vacante una de nues-tras representaciones en la zona de ..., por cuyo motivo podríamos darle esa plaza.
6 Nos alegramos poder concederle una de nuestras representaciones y confiamos en una buena colaboración.
7 Le saludamos como nuestro nuevo colaborador.

Branchenangabe

1 Wir werden Ihnen die Vertretung unserer ... übertragen.
2 Wir möchten Sie mit der Vertretung unserer Markenartikel des Lebensmittel-bereichs betrauen.
3 Erfahrungsgemäß sind in der ...branche die Verdienstchancen besonders gut.
4 Als Produzent von hochwertigen Investitionsgütern müssen wir von unseren Vertretern technische Kenntnisse verlangen.
5 Wie Sie sicherlich wissen, sind wir in der ...industrie tätig.
6 Da Sie bereits in der ...branche als Vertreter tätig waren, würde es Ihnen sicherlich keine großen Schwierigkeiten bereiten, unsere neuartige ... zu ver-treiben.
7 Ihre Vertretung umfasst sämtliche Artikel der ... verarbeitenden Industrie und des Handwerks.

Indicación del ramo

1 Le concederemos la representación de nuestros ...
2 Quisiéramos confiarle la representación de nuestros artículos de marca en el ramo de productos alimenticios.
3 La experiencia muestra que, en el ramo de ..., las posibilidades de ganancia son magníficas.
4 Como productor de valiosos bienes de inversión tenemos que exigir que nues-tros representantes tengan conocimien-tos técnicos.
5 Como usted seguramente sabe, trabaja-mos en la industria del (de la) ...
6 Como usted ya ha tenido una representa-ción en el ramo del (de la) ..., segura-mente no tropezará con grandes dificul-tades en la venta de nuestro nuevo ...
7 Su representación comprende todos los artículos de la industria transformadora de ... y de la artesanía.

Gebietsangabe

1 Ihr Vertretungsgebiet wird sich auf den Raum ... beschränken.
2 Ihre Vertretung beschränkt sich auf die Städte ..., ... und ...
3 Ihr Vertretungsgebiet liegt in ...
4 Wir haben nur noch in ... eine Vertretung zu vergeben.
5 Bitte teilen Sie uns umgehend mit, ob dieses Gebiet Ihren Vorstellungen ent-spricht.
6 Wir können Ihnen zur Auswahl die Gebiete ..., ... und ... vorschlagen.

Zona de la representación

1 La zona de su representación se limitará a la región de ...
2 Su representación se limita a las ciudades de ..., ... y ...
3 La zona de su representación está si-tuada en ...
4 Nos queda aún una sola representación vacante en ...
5 Le ruego nos informe lo antes posible si le conviene esa representación.
6 Usted puede elegir entre las zonas de ..., ... y ...

7 Bitte teilen Sie uns mit, welches Gebiet Ihnen zusagt.

8 Durch die Schaffung des Europäischen Marktes ergeben sich völlig neue Perspektiven hinsichtlich der Gebietsaufteilung. Wir könnten Ihnen den Raum ... oder ... als erweitertes Vertretungsgebiet offerieren.

Vergütungen (aus der Sicht der zu vertretenden Firma)

1 Als Vergütung erhalten Sie ... % Provision auf die von Ihnen getätigten Umsätze.

2 Ihre Provisionsforderungen können wir in dieser Form leider nicht erfüllen.

3 Wie unsere anderen Vertreter, würden auch Sie eine Provision von ... % erhalten.

4 Als Vergütungen erhalten Sie eine Provision in Höhe von ... % und eine ...-prozentige Gewinnbeteiligung zum Ende eines jeden Geschäftsjahrs.

5 Die höchstmögliche Provision, die wir Ihnen anbieten können, liegt bei ... %.

6 Zuzüglich zu der branchenüblichen Provision von ... % zahlen wir eine Delkredere-Provision von ... %.

7 Zu Verhandlungen über die Höhe Ihres Provisionssatzes bitten wir Sie, in den nächsten Tagen bei uns vorzusprechen.

8 Sie erhalten ein monatliches Fixum von ... und ... % Provision aus den von Ihnen getätigten Umsätzen.

9 Sie erhalten eine ...-prozentige Umsatzprovision und eine monatliche Spesenpauschale von ...

10 Wir gewähren Ihnen eine Umsatzprovision von ... %. Ihre gesamten Unkosten gehen zu Ihren Lasten.

11 Da unsere Umsatzprovision bereits ... % beträgt, ist es uns leider nicht möglich, uns an Lagerungs- oder Werbekosten zu beteiligen.

Vertragsdauer (aus der Sicht der zu vertretenden Firma)

1 Nach einer halbjährigen Probezeit sind wir bereit, den Vertretungsvertrag auf unbestimmte Zeit mit ...-monatiger Kündigungsfrist einzugehen.

7 Le ruego nos informe qué región le conviene.

8 Con la creación del Mercado Europeo se abren nuevas perspectivas en cuanto a la distribución de zonas, por lo que le podríamos ofrecer la región de ... o de ... como zona ampliada de representación.

Remuneraciones (desde el punto de vista de la empresa a representar)

1 Como remuneración percibirá usted una comisión del ... % por las ventas que realice.

2 Lamentablemente, no podemos cumplir en esa forma las condiciones que usted pide respecto a la comisiones.

3 Como todos nuestros representantes, percibiría usted una comisión del ... %.

4 Como remuneración recibe usted una comisión del ... % y una participación del ... % en las utilidades a fines de cada ejercicio.

5 La comisión más alta posible que le podemos ofrecer es del ... %.

6 Además de la comisión usual en el ramo del ... %, pagamos una comisión de garantía del ... %.

7 Para tratar sobre la cuantía de la comisión, le rogamos nos visite en los próximos días.

8 Usted percibirá un sueldo fijo mensual de ... y una comisión del ... % sobre las ventas que realice.

9 Usted recibirá una comisión del ... % del volumen de las ventas y una cantidad global mensual de ... para gastos.

10 Le concedemos una comisión del ... % sobre las ventas. Todos sus gastos corren por su cuenta.

11 Dado que nuestra comisión sobre las ventas se eleva ya al ... %, lamentamos no nos sea posible contribuir en gastos de almacenaje y publicidad.

Duración del contrato (desde el punto de vista de la empresa a representar)

1 Después de un período de prueba de medio año estamos dispuestos a concertar el contrato de representación por tiempo indefinido, con un plazo de antelación de ... meses para la rescisión.

2 Als Vertragsdauer schlagen wir zunächst ... Jahre vor.
3 Wir sind bereit, mit Ihnen einen Vertretungsvertrag von ...-jähriger Dauer abzuschließen.
4 Nach einer Einarbeitungszeit von sechs Monaten können wir uns dann über die Dauer Ihres Vertretungsvertrages unterhalten.
5 Ihr Vertretungsvertrag wird auf unbestimmte Zeit abgeschlossen. Er ist von beiden Seiten durch eingeschriebenen Brief mit einer ...-monatigen Kündigungsfrist kündbar.
6 Ihre Wünsche hinsichtlich der Vertragsdauer werden wir gern berücksichtigen.
7 Leider ist es uns nicht möglich, derart spezielle Vertragswünsche zu erfüllen.
8 Jede Kündigung muss schriftlich erfolgen.
9 Die Vertragsdauer möchten wir in einem persönlichen Gespräch festlegen.

2 Proponemos que el contrato tenga una duración inicial de ... años.
3 Estamos dispuestos a celebrar con usted un contrato de representación con una duración de ... años.
4 Después de un período de iniciación de 6 meses podremos hablar sobre la duración de su contrato de representación.
5 Su contrato de representación se celebrará por tiempo indefinido. Será rescindible a instancia de cualquiera de las partes, por carta certificada, con ... meses de antelación.
6 Con gusto tomaremos en consideración sus deseos relativos a la duración del contrato.
7 Lamentablemente, en lo que respecta al contrato, no nos es posible satisfacer deseos tan especiales.
8 La notificación de rescisión sólo será válida si se realiza en forma escrita.
9 Deseamos fijar la duración del contrato en una conversación personal.

Vorstellungstermin

1 Wir möchten Sie bitten, sich am ... bei uns vorzustellen.
2 Bitte teilen Sie uns mit, ob Ihnen der ... als Vorstellungstermin angenehm ist.
3 Als Vorstellungstermin käme nur der ... infrage.
4 Als Vorstellungstermine schlagen wir Ihnen den ... oder den ..., jeweils um ... Uhr, in unserem Haus vor.
5 Ihren Wünschen hinsichtlich des von Ihnen vorgeschlagenen Vorstellungstermins entsprechen wir gern.
6 Die Kosten, die Ihnen durch die Vorstellung in unserem Hause entstehen, werden wir gegen Belege übernehmen.

Fecha de presentación

1 Le rogamos nos visite el ...
2 Por favor, infórmenos si el ... le conviene como fecha para la presentación.
3 El único día que podría tener lugar la presentación sería el ...
4 Para su visita de presentación en nuestra casa le proponemos el ... o el ..., en ambos casos a las ...
5 Satisfacemos con gusto sus deseos relativos a la fecha de presentación propuesta por usted.
6 Le reembolsaremos los gastos en que incurra con motivo de su presentación en nuestra casa facilitándonos los comprobantes.

Vertretungsvertrag

Parteien

1 Zwischen Herrn (Frau) ... und der Firma ... wird folgender Vertretungsvertrag geschlossen: ...
2 Vertrag zwischen Herrn (Frau) ... als Vertreter(in) und der Firma ... als vertretene Firma.

Contrato de representación

Partes

1 Entre el señor (la señora) ... y la empresa ... se celebra el siguiente contrato de representación: ...
2 Contrato entre el señor (la señora) ... como representante y la empresa ... como representada.

3 Die Firma ... und Herr (Frau) ... schließen den folgenden Vertretungsvertrag: ...
4 Vertragspartner des folgenden Vertretungsvertrags sind Herr (Frau) ... als Vertreter(in) und die Firma ... als Vertretene.
5 Zwischen dem Unterzeichnenden, der Firma ..., und Herrn (Frau) ... wird der folgende Vertretungsvertrag geschlossen: ...
6 Vertragliche Regelung der Vertretertätigkeit des (der) Herrn (Frau) ... für die Firma ...

Tätigkeit

1 Die Vertretertätigkeit des (der) Herrn (Frau) ... beschränkt sich auf Kundenbesuche und die Entgegennahme von Aufträgen.
2 Herr (Frau) ... übernimmt die Vertretung für unsere Markenartikel der ...branche.
3 Neben der Entgegennahme von Aufträgen umfasst die Vertretertätigkeit des (der) Herrn (Frau) ... auch die Beratung unserer Kunden.
4 Die Vertretertätigkeit des (der) Herrn (Frau) ... muss so ausgeführt werden, dass die Interessen unseres Hauses jederzeit gewahrt werden.
5 Geschäftsvermittlungen und -abschlüsse hat der Vertreter sofort an die zuständigen Stellen der Firma weiterzuleiten.
6 Die Tätigkeit des Vertreters umfasst neben den handelsüblichen Tätigkeiten auch den Kundendienst für unsere technischen Artikel.
7 Über die genaue Abgrenzung der Vertretertätigkeit des (der) Herrn (Frau) ... wird ein Zusatzvertrag abgeschlossen.
8 Da die Vertretertätigkeit mit Reisen verbunden ist, wird dem Vertreter ein Firmenwagen zur Verfügung gestellt.
9 Die Vertretertätigkeit verlangt den regelmäßigen Besuch unserer Kunden im Vertretungsgebiet.
10 Der Vertreter darf ausschließlich nur für uns arbeiten.
11 Will der Vertreter für andere Firmen tätig sein, bedarf es der Zustimmung der hier vertretenen Firma.
12 Anfragen der Kunden bei der Firma werden an den Vertreter weitergeleitet.

3 La empresa ... y el señor (la señora) ... celebran el siguiente contrato de representación: ...
4 Las partes del siguiente contrato de representación son el señor (la señora) ..., como representante, y la empresa ..., como representada.
5 Entre los abajo firmantes de la empresa ... y el señor (la señora) ..., se celebra el siguiente contrato de representación: ...
6 Régimen contractual de la actividad que ejercerá el señor (la señora) ... como representante de la empresa ...

Actividad

1 La actividad de representante del señor (de la señora) ... se limita a la visita de clientes y a la recepción de pedidos.
2 El señor (La señora) ... se hace cargo de la representación de nuestros artículos de marca del ramo del (de la) ...
3 Además de la recepción de pedidos, la actividad de representante del señor (de la señora) ... comprende también el asesoramiento de nuestros clientes.
4 El señor (La señora) ... debe ejercer la representación de manera tal que los intereses de nuestra firma se encuentren siempre protegidos.
5 El representante informará inmediatamente a los departamentos correspondientes de la firma sobre todos los negocios en que intervenga, o que cierre.
6 Además de realizar las actividades comerciales usuales, el representante prestará asistencia técnica a nuestros clientes en los artículos vendidos.
7 Para la delimitación exacta de la actividad de representación del señor (de la señora) ..., se celebrará un contrato suplementario.
8 Dado que la actividad de representante implica viajes, la firma pondrá a su disposición un automóvil.
9 El representante deberá visitar regularmente a los clientes de la firma que correspondan a su zona.
10 El representante trabajará exclusivamente para nuestra firma.
11 Si el representante desea trabajar para otras empresas necesita la aprobación de nuestra firma.
12 La firma transmitirá al representante las preguntas que formulen los clientes.

13 Direktfragen leiten wir an den Vertreter weiter.
14 Dem Vertreter wird Gebietsschutz zugesichert.
15 Für Kundenbestellungen, die direkt an uns gehen, wird dem Vertreter eine um ... % geringere Provision gezahlt.
16 Direktbestellungen werden wie Bestellungen behandelt, die über den Vertreter laufen.

Vertretungsgebiet

1 Dem Vertreter wird ein noch genau zu bezeichnendes Gebiet zugeteilt. Er muss seine Tätigkeit auf dieses Gebiet beschränken.
2 Das Vertretungsgebiet umfasst den gesamten Raum ...
3 Der Vertreter übernimmt eine Bezirksvertretung in ...
4 Der Vertreter darf ausschließlich Kunden im Raum ... aufsuchen.
5 Der Vertretungsvertrag erstreckt sich auf die folgenden Gebiete: ...
6 Herr (Frau) ... ist Alleinvertreter(in) für unsere Produkte in ...
7 Es ist dem Vertreter nicht erlaubt, über die Grenzen seines Vertretungsgebiets hinweg tätig zu werden.
8 Das Vertretungsgebiet ist vom Vertreter unbedingt einzuhalten.
9 Innerhalb seines Vertretungsgebiets wird dem Vertreter Gebietsschutz zugesichert.
10 Als unser Alleinvertreter im Raum ... wird Ihnen absoluter Gebietsschutz zugesichert.

Vergütungen

Gehalt

1 Der Vertreter bekommt für seine Tätigkeit ein Fixum in Höhe von ... zuzüglich der handelsüblichen Provisionen.
2 Dem Vertreter wird ein Fixum von ... gewährt.
3 Für seine (ihre) Tätigkeit als Vertreter(in) bekommt Herr (Frau) ... ein Fixum von ... monatlich im Voraus ausgezahlt.
4 Wir garantieren unserem Vertreter ein monatliches Fixum in Höhe von ...

13 Las preguntas directas se las transmitimos al representante.
14 Al representante se le asegura la exclusiva en su zona.
15 En los pedidos que nos hagan directamente los clientes, la comisión que se pagará al representante se reducirá en un ... %.
16 Los pedidos directos serán tratados sobre la misma base que los ordenados a través del representante.

Zona de representación

1 Al representante se le asignará una zona a delimitarse exactamente. Su actividad se desarrollará en esta zona exclusivamente.
2 La zona de representación comprende toda la región de ...
3 El representante se hace cargo de una representación en el distrito de ...
4 El representante sólo podrá visitar clientes en la zona de ...
5 El contrato de representación comprende las zonas siguientes: ...
6 El señor (La señora) ... es el (la) representante exclusivo(a) de nuestros productos en ...
7 El representante no está autorizado a desarrollar su actividad fuera de los límites de su zona.
8 El representante deberá respetar los límites de su zona.
9 Dentro de la zona respectiva, se le garantiza al representante el derecho a ejercer sus actividades .
10 Como representante exclusivo de nuestra firma en la zona de .., se le garantiza el absoluto ejercicio de su actividad.

Remuneraciones

Sueldo

1 El representante recibe por su actividad un sueldo fijo ascendente a ..., así como las comisiones usuales en el comercio.
2 Al representante se le concederá un sueldo fijo de ...
3 Por su actividad como representante, el señor (la señora) ... recibe un sueldo mensual fijo de ... por adelantado.
4 Garantizamos a nuestro representante un sueldo fijo mensual de ...

5 Neben Provision und handelsüblichen Spesen wird Herrn (Frau) ... ein Gehalt in Höhe von ... zugesichert.
6 Das monatlich zugesicherte Mindesteinkommen in Form eines Fixums beträgt ...
7 Herr (Frau) ... erhält ein Gehalt in Höhe von ...
8 Unabhängig von den erzielten Umsätzen erhält Herr (Frau) ... ein monatliches Fixum in Höhe von ...

Provisionen

1 Als Provision werden ... % der getätigten Umsätze vergütet.
2 Die anfallenden Provisionsbeträge werden monatlich an den Vertreter überwiesen.
3 Für seine Bemühungen wird dem Vertreter eine Provision in Höhe von ... % des von ihm getätigten Umsatzes vergütet.
4 Wir gewähren weiterhin eine Provision in Höhe von 1 % auf die vom Vertreter auf Lager gehaltenen Waren.
5 Provisionen für stornierte Aufträge werden zurückbelastet.
6 Unserem Gebietsvertreter zahlen wir ... % Provision auf die von ihm getätigten Umsätze und ... % Provision auf die aus seinem Vertretungsgebiet direkt eingehenden Aufträge.
7 Die Provisionen betragen ... % auf den getätigten Umsatz und ... % auf die auf Lager gehaltenen Waren.
8 Provisionen werden nur für Waren gewährt, die vom Kunden bereits bezahlt worden sind.

Spesen

1 Nur unbedingt notwendige Übernachtungskosten werden als Spesen anerkannt.
2 Angemessene Reisespesen werden dem Vertreter zurückerstattet.
3 Aufwendungen des Vertreters werden nur bis zu einer Höhe von maximal ... (pro Monat) rückvergütet.
4 Der Vertreter hat Anspruch auf die handelsüblichen Spesen.
5 Gegen Einreichung der erforderlichen Belege werden dem Vertreter die handelsüblichen Spesen vergütet.

5 Además de las comisiones y de los gastos usuales en el comercio, al señor (a la señora) ... se le asegura un sueldo ascendente a ...
6 Los ingresos mensuales mínimos garantizados en forma de un sueldo fijo ascienden a ...
7 El señor (La señora) ... recibe un sueldo de ...
8 Independientemente de las ventas que realice, el señor (la señora) ... percibirá un sueldo fijo mensual de ...

Comisiones

1 Como comisión se pagará el ... % de las ventas realizadas.
2 Los importes de las comisiones se girarán mensualmente al representante.
3 Por sus gestiones se pagará al representante una comisión ascendente al ... % de las ventas que realice.
4 Además damos una comisión del 1 % por las mercancías que el representante mantenga en almacén.
5 Las comisiones correspondientes a pedidos anulados darán lugar a la cancelación respectiva.
6 A nuestro representante regional le pagamos una comisión del ... % de las ventas que realice y una comisión del ... % de los pedidos que recibamos directamente de su zona de representación.
7 Las comisiones ascienden al ... % de las ventas realizadas y al ... % de las mercancías mantenidas en almacén.
8 Sólo se abonarán comisiones por las mercancías que ya hayan sido pagadas por los clientes.

Gastos

1 Sólo serán reconocidos como gastos los costos de pernoctación imprescindibles.
2 Al representante se le reintegrarán los gastos de viaje adecuados.
3 Sólo se reintegrarán los gastos del representante que no sobrepasen una cantidad máxima de ... (por mes).
4 El representante tiene derecho a los gastos usuales en el comercio.
5 Mediante la presentación de los recibos correspondientes, se reintegrarán al representante los gastos usuales en el comercio.

6 Zur Abgeltung der Aufwendungen erhält der Vertreter einen monatlichen Pauschalbetrag von ...

7 Die Firma behält sich eine genaue Überprüfung der Spesenabrechnungen vor.

8 Spesen können im Rahmen der gesetzlichen Bestimmungen nur bis zur Höhe von ... monatlich anerkannt werden.

9 Die Spesen werden zusammen mit den Provisionen monatlich an den Vertreter überwiesen.

10 Spesen werden nicht vergütet.

11 Sämtliche anfallenden Spesen hat der Vertreter selbst zu tragen.

12 Mit der Zahlung der Provision sind sämtliche Ansprüche von Seiten des Vertreters abgegolten.

6 Como pago de los gastos, el representante recibe una cantidad global mensual de ...

7 La firma se reserva el derecho de revisar cuidadosamente las cuentas de gastos.

8 Sólo se pueden reconocer gastos hasta una cantidad mensual de ... en el marco de la normativa vigente.

9 Los gastos se girarán mensualmente al representante junto con las comisiones.

10 No se abonarán los gastos.

11 El representante tiene que pagar por su cuenta todos los gastos en que incurra.

12 Al pagarse las comisiones vencen todos los derechos y reclamaciones del representante.

Abrechnung

1 Die Gehalts- und Provisionsabrechnungen erfolgen monatlich.

2 Die angefallene Provision wird monatlich an den Vertreter überwiesen.

3 Provisionen und Spesen werden monatlich an Sie überwiesen.

4 Auf Wunsch erfolgt eine Bevorschussung der Provisionen. Die Abrechnung wird vierteljährlich durchgeführt.

5 Die Abrechnung wird Ihnen per Einschreiben zugesandt.

6 Einspruch gegen die Provisionsabrechnung kann nur innerhalb von ... Tagen erfolgen.

7 Das vertraglich vereinbarte Gehalt wird monatlich auf das Konto des Vertreters überwiesen. Die Abrechnung erfolgt dann vierteljährlich.

Liquidación de cuentas

1 Las cuentas por concepto de sueldos y comisiones se liquidan mensualmente.

2 La comisión respectivamente pagadera se gira mensualmente al representante.

3 Las comisiones y los gastos se le girarán a usted mensualmente.

4 A petición se efectúa un anticipo de las comisiones. La liquidación se realiza trimestralmente.

5 Le enviaremos la liquidación de cuentas por correo certificado.

6 Toda reclamación contra la liquidación de las comisiones deberá realizarse dentro de los ... días siguientes.

7 La cantidad acordada contractualmente como sueldo se girará mensualmente a la cuenta del representante. La liquidación se efectuará trimestralmente.

Werbung

Unterstützung durch die Firma

1 Bei der Werbung wird der Vertreter von der Firma unterstützt.

2 Für Werbezwecke wird dem Vertreter eine Summe von ... jährlich zur Verfügung gestellt.

3 Die Werbung für die vom Vertreter vertretenen Produkte wird je zur Hälfte von beiden Vertragspartnern getragen.

4 Ausgaben des Vertreters für Werbezwecke werden von uns erstattet.

Publicidad

Apoyo por parte de la firma

1 La firma apoyará al representante en las campañas publicitarias que éste realice.

2 Para fines publicitarios se pondrá a disposición del representante una cantidad anual de ...

3 La publicidad de los productos representados por el representante será sufragada a medias por cada una de las partes contratantes.

4 Reembolsaremos los gastos de publicidad del representante.

5 Die Werbung für die von Herrn (Frau) . . .
  vertretenen Markenartikel wird von uns
  durchgeführt.
6 Wir haben die Werbeagentur . . . mit der
  Werbung für die von Herrn (Frau) . . . vertretenen Produkte beauftragt.
7 Die Werbungskosten des Vertreters
  werden bis zur Höhe von . . . jährlich von
  uns getragen.
8 Die Werbung wird von uns nach
  modernsten Methoden durchgeführt.
9 Der Hersteller verpflichtet sich, für seine
  Markenartikel selbst zu werben.
10 Der jährliche Werbeetat beträgt
  (mindestens) . . .

Alleinwerbung des Vertreters

1 Der Vertreter hat die Werbung für seine
  Produkte selbst durchzuführen.
2 Die Firma ist bereit, die dem Vertreter
  entstehenden Werbungskosten zur Hälfte
  zu tragen.
3 Die Produktwerbung muss der Vertreter
  aus eigenen Mitteln bestreiten.
4 Dem Vertreter wird von uns kostenlos
  Werbematerial zur Verfügung gestellt.
5 Dem Vertreter wird das ihm von der Firma
  zur Verfügung gestellte Werbematerial
  berechnet.

Wettbewerbsverbot

1 Der Vertreter verpflichtet sich, nach Kündigung dieses Vertrages . . . Jahre nicht
  für Konkurrenzfirmen tätig zu werden.
2 Das Wettbewerbsverbot wird auf . . . Jahre
  festgesetzt.
3 Der Vertreter verpflichtet sich, ausschließlich für uns zu arbeiten.
4 Der Vertreter darf erst nach . . . Jahren
  ab Kündigung dieses Vertrages für
  Konkurrenzfirmen tätig werden.
5 Bestandteil dieses Vertretungsvertrags ist
  ein Wettbewerbsverbot von . . . Monaten
  nach Kündigung.

5 Nosotros nos hacemos cargo de la
  publicidad de los artículos de marca
  representados por el señor (la señora) . . .
6 Hemos encargado a la agencia publicitaria . . . la publicidad de los productos
  representados por el señor (la señora) . . .
7 Los gastos de publicidad del representante, hasta la cantidad de . . . anuales,
  corren a nuestro cargo.
8 Realizamos la publicidad según los métodos más modernos.
9 El fabricante se compromete a encargarse por sí mismo de la publicidad de
  sus artículos de marca.
10 El presupuesto anual destinado a la publicidad es de . . . (por lo menos).

Publicidad exclusiva del representante

1 El representante tiene que realizar por sí
  mismo la publicidad de sus productos.
2 La firma está dispuesta a pagar la mitad
  de los gastos de publicidad en que
  incurra el representante.
3 La publicidad del producto deberá ser sufragada por el representante con sus propios recursos.
4 Suministraremos gratuitamente al
  representante el material publicitario.
5 Se le cargará en cuenta al representante
  el material publicitario que le facilite la
  empresa.

Prohibición de competir

1 El representante se obliga a no trabajar
  para empresa competidoras durante . . .
  años, a partir de la fecha de rescisión de
  este contrato.
2 La prohibición de trabajar para empresas
  competidoras tendrá una duración de . . .
  años.
3 El representante se obliga a trabajar exclusivamente para nosotros.
4 El representante sólo podrá trabajar para
  empresas competidoras una vez transcurridos . . . años, a partir de la rescisión de
  este contrato.
5 Este contrato de representación incluye
  una prohibición de trabajar para empresas competidoras durante . . . meses, a
  partir de la rescisión del contrato.

Vertragsdauer

1 Dieser Vertretungsvertrag hat eine Gültigkeitsdauer von ... Jahren.
2 Der Vertretungsvertrag wird auf unbestimmte Zeit geschlossen.
3 Der Vertrag wird vorerst für eine Dauer von ... Jahren geschlossen. Wird er innerhalb dieses Zeitraums nicht gekündigt, so verlängert er sich stillschweigend um ein weiteres Jahr.
4 Die Vertragsdauer beträgt ... Jahre.
5 Der zwischen dem Vertreter, Herrn (Frau) ..., und der Firma geschlossene Vertretungsvertrag ist erstmals frühestens am ... kündbar.
6 Nach Ablauf des Probehalbjahrs ist der Vertretungsvertrag erstmals frühestens zum ... kündbar.
7 Dieser Vertretungsvertrag wird vorerst zur Probe auf ein halbes Jahr abgeschlossen. Nach Ablauf der Probezeit verlängert er sich stillschweigend um ... Jahre.
8 Die Probezeit für die Vertretertätigkeit des (der) Herrn (Frau) ... beträgt ... Monate.
9 Nach Ende der Probezeit von ... Monaten kann die Vertretung mit sofortiger Wirkung gekündigt werden.

Kündigung

1 Nach einer Mindestvertragsdauer von ... Jahren ist dieser Vertretungsvertrag von beiden Parteien mit ...-monatiger Frist kündbar.
2 Verstößt eine der beiden Parteien gegen diesen Vertrag, kann er fristlos gekündigt werden. Die Kündigung muss per eingeschriebenem Brief erfolgen.
3 Nach ... Jahren ist dieser Vertretungsvertrag jeweils vierteljährlich kündbar.
4 Bei der Kündigung muss von beiden Parteien eine Frist von ... Monaten eingehalten werden.
5 Sollte einer der Vertragspunkte verletzt werden, kann nicht der gesamte Vertrag als nichtig erklärt werden.

Vertragsänderungen

1 Beide Parteien behalten sich Vertragsänderungen vor.

Duración del contrato

1 Este contrato de representación tiene una duración de ... años.
2 El contrato de representación se firma por tiempo indefinido.
3 El contrato tendrá una duración inicial de ... años. Si dentro de este período no se rescinde, se prorrogará tácitamente por otro año.
4 La duración del contrato es de ... años.
5 El contrato de representación firmado entre el señor (la señora) ... y la empresa no podrá rescindirse antes del ...
6 Una vez transcurrido el período de prueba de seis meses, el contrato de representación no podrá rescindirse antes del ...
7 Este contrato de representación se celebra primero por un período inicial de prueba de medio año.
Transcurrido el período de prueba, se entenderá prorrogado tácitamente por ... años.
8 El período de prueba del señor (de la señora) ... como representante es de ... meses.
9 Transcurrido el período de prueba de ... meses, la representación podrá rescindirse con efecto inmediato.

Rescisión

1 Después de una duración mínima de ... años, cualquiera de las partes podrá pedir la rescisión del contrato de representación con ... meses de antelación.
2 Si una de las partes infringe este contrato, la otra parte podrá rescindirlo sin sujeción a plazo alguno. La notificación de la rescisión deberá hacerse por carta certificada.
3 Transcurridos ... años de vigencia, este contrato de representación será rescindible trimestralmente.
4 Para pedir la rescisión, las partes deberán observar un plazo de ... meses.
5 La infracción de una de las cláusulas de este contrato no dará derecho a la nulidad de todo el contrato.

Modificaciones del contrato

1 Ambas partes se reservan el derecho de modificar el contrato.

2 Bei einer unvorhergesehenen Veränderung der Wirtschaftslage können einzelne Punkte dieses Vertretungsvertrags in beiderseitigem Einverständnis geändert werden.

3 Wir behalten uns eine Änderung des Fixums und der Provision vor.

4 Die Probezeit für den Vertreter, Herrn (Frau) . . ., kann von uns verlängert bzw. verkürzt werden.

5 Änderungen des Vertretungsvertrags vom . . . zwischen Herrn (Frau) . . . und der Firma . . .: . . .

6 Die Mindestvertragsdauer wird in beiderseitigem Einverständnis um . . . Jahre verlängert. Danach ist der Vertrag von beiden Seiten mit sofortiger Wirkung kündbar.

7 In Abänderung des Vertrags vom . . . gewähren wir unserem(r) Vertreter(in), Herrn (Frau) . . ., ab sofort eine Provision in Höhe von . . . %.

8 Jede Vertragsänderung bedarf zu ihrer Gültigkeit der Schriftform.

9 Mündliche Vertragsänderungen sind nicht gültig.

10 Auf Wunsch des Vertreters, Herrn . . ., wird seine Probezeit um . . . Monate verlängert.

11 Zusatzvertrag zu obigem Vertretungsvertrag: . . .

12 Auf Wunsch des Vertreters, Herrn . . ., wird das Vertretungsgebiet um die Städte . . . und . . . vergrößert.

13 Der Vertreter, Herr . . ., erhält zusätzlich das Alleinvertretungsrecht für unsere Artikel für . . .

14 Der Provisionssatz wird auf . . . % erhöht.

15 Auf Wunsch des(r) Vertreters(in), Herrn (Frau) . . ., wird obiger Vertretungsvertrag wie folgt abgeändert: . . .

16 Vertragsänderungen bleiben vorbehalten.

17 Auf Wunsch des Vertreters kann die Probezeit verlängert werden.

18 Durch Änderung einzelner Punkte wird der übrige Vertrag in seiner Gültigkeit nicht beeinträchtigt.

2 Si se produce un cambio imprevisto de la situación económica, podrán modificarse, por acuerdo mutuo de las partes, puntos individuales de este contrato.

3 Nos reservamos el derecho de modificar el sueldo fijo y la comisión.

4 El período de prueba del (de la) representante, señor (señora) . . ., puede ser prolongado o acortado por nosotros.

5 Modificaciones del contrato de representación celebrado el día .. entre el señor (la señora) . . . y la empresa . . .:

6 De común acuerdo, la duración mínima del contrato se prorroga por . . . años. Transcurrido este plazo, el contrato será rescindible por cualquiera de las partes, con efecto inmediato.

7 Como modificación al contrato del . . ., concedemos a nuestro(a) representante, el señor (la señora) . . ., a partir del día de hoy, una comisión del . . . %.

8 Toda modificación del contrato requiere para su validez la forma escrita.

9 Las modificaciones verbales del contrato no son válidas.

10 A petición del representante, señor . . ., se prorroga su período de prueba por . . . meses.

11 Contrato adicional al contrato de representación antes mencionado:

12 A petición del representante, señor . . ., se amplia la zona de representación de manera que también incluya las ciudades de . . . y . . .

13 El representante, señor . . ., recibe adicionalmente el derecho de representación exclusiva de nuestros artículos en . . .

14 El tipo de comisión se aumenta al . . . %.

15 A petición del (de la) representante, señor (señora) . . ., el mencionado contrato de representación se modifica come sigue:

16 Se reserva el derecho de introducir modificaciones en el contrato.

17 A solicitud del representante puede prolongarse el período de prueba.

18 La modificación de cláusulas particulares del contrato no afectará la validez de las restantes.

Einführung des Vertreters

1 Wir möchten unserer verehrten Kundschaft in ... mitteilen, dass ab ... Herr (Frau) ... unsere Firma dort vertreten wird.
2 In Zukunft wird Sie unser neuer Vertreter, Herr ..., besuchen.
3 Wir würden uns sehr freuen, wenn Sie auch unserem(r) neuen Vertreter(in), Herrn (Frau) ..., Ihr Vertrauen schenkten.
4 Wir haben Herrn (Frau) ... zum Alleinvertreter unserer Markenartikel im Raum ... ernannt und sind überzeugt, dass er (sie) zu Ihrer vollen Zufriedenheit arbeiten wird.
5 Herr (Frau) ... übernimmt ab ... unsere Vertretung bei Ihnen. Wir hoffen, dass Sie ihm (ihr) ebenso viel Vertrauen entgegenbringen wie seinem (ihrem) Vorgänger.
6 Unser neuer Vertreter für den Bezirk ..., Herr ..., nimmt am ... seine Tätigkeit auf.
7 Unser neuer Vertreter, Herr ..., wird sich am ... bei Ihnen vorstellen. Er wird sich bemühen, zu Ihrer vollen Zufriedenheit zu arbeiten.
8 Herr (Frau) ... hat mit Wirkung vom ... unsere Alleinvertretung in ... übernommen.
9 Unser neuer Vertreter, Herr ... wird in Zukunft das Callcenter leiten und Ihnen für alle Fragen zur Verfügung stehen.
10 Bitte teilen Sie uns mit, wann unser neuer Vertreter, Herr ..., bei Ihnen vorsprechen kann.

Presentación del representante

1 Nos complace informar a nuestra estimada clientela en ... que, a partir del ..., el señor (la señora) ... representará a nuestra firma en ésa.
2 En el futuro les visitará nuestro nuevo representante, el señor ...
3 Mucho nos alegraría si ustedes también honraran con su confianza a nuestro(a) nuevo(a) representante, el señor (la señora)...
4 Hemos nombrado al señor (a la señora) ... representante exclusivo(a) de nuestros artículos de marca en la zona de ..., estando convencidos de que su trabajo les satisfará plenamente.
5 Desde el día ..., el señor (la señora) ... se encargará de la representación nuestra en todo lo relacionado con su casa. Confiamos en que ustedes depositarán en él (ella) la misma confianza que en su predecesor.
6 Nuestro nuevo representante en el distrito de .., el señor ..., iniciará sus actividades el ...
7 Nuestro nuevo representante, el señor ..., les visitará el ..., haciendo todo lo posible para que ustedes queden plenamente satisfechos.
8 Desde el día ..., el señor (la señora) ... se ha encargado de nuestra representación exclusiva en ...
9 En el futuro, nuestro nuevo representante, el señor ..., tendrá a su cargo nuestro centro de llamadas/Call-Center, y estará a su disposición para responder a todas las preguntas que deseen formular.
10 Les rogamos nos informen cuándo podrá visitarles nuestro nuevo representante, el señor ...

Bericht des Vertreters

Tätigkeit

1 Ich habe bereits eine Anzahl von Kunden mit Erfolg besucht.
2 Mit meinem neuen computergestützten Besuchssystem habe ich gute Erfolge erzielen können.
3 Ich bin zurzeit im Raum ... tätig.

Informe del representante

Actividad

1 Ya he visitado, con éxito, varios clientes.
2 Con mi nuevo sistema de visitas asistido por ordenador he podido obtener éxitos considerables.
3 En estos momentos estoy trabajando en la zona de ...

4 Der Pkw hat meine Tätigkeit wesentlich erleichtert.

5 Ich habe den Kunden ... leider nicht angetroffen. Deshalb werde ich bei meiner nächsten Tour wieder bei ihm vorsprechen.

6 Leider muss ich Ihnen mitteilen, dass der neue Artikel nicht ankommt.

7 Meine Tätigkeit im Raum ... hat viel versprechend begonnen.

8 Mit dem neuen Verkaufsprogramm konnte ich bis jetzt meinen Umsatz um ... % steigern.

9 Durch die Marktentwicklung haben sich die Absatzchancen Ihrer Produktion beträchtlich verbessert.

Schwierigkeiten

1 Leider sind bei unseren Verhandlungen mit der Firma (Herrn) ... Schwierigkeiten aufgetreten.

2 Aufgrund des weit verzweigten Kundennetzes ergeben sich Besuchsschwierigkeiten.

3 Es ist mit großen Schwierigkeiten verbunden, den Artikel Nr. ... zu verkaufen.

4 Die derzeit denkbar ungünstigen Straßenverhältnisse machen es unmöglich, die Kunden fristgerecht aufzusuchen.

5 Unsere Kunden weigern sich, auf die geforderten Zahlungsbedingungen einzugehen.

6 Die neue Kollektion lässt sich nur in Großstädten und mittelgroßen Städten absetzen.

7 Bei der Vorführung des Artikels ergeben sich Probleme.

8 Schwierigkeiten ergeben sich aus der schlechten Belieferung der Kunden.

9 Bei der Vorführung des Artikels Nr. ... haben sich technische Probleme ergeben.

10 Einige Kunden befürchten aufgrund der neuen technischen EU-Vorschriften Schwierigkeiten bei der Benutzung des Geräts.

11 Könnte man den Artikel Nr. ... nicht in einer einfacher zu handhabenden Ausführung auf den Markt bringen?

12 Mir scheint der Markt für den Artikel Nr. ... noch nicht aufnahmefähig genug.

13 Das Kundennetz ist derart weit verzweigt, dass ich die von Ihnen vorgeschriebene Tour nicht einhalten kann.

4 El automóvil me ha facilitado mucho el trabajo.

5 Lamentablemente, no pude encontrar al cliente ... Volveré a visitarle en mi próximo recorrido.

6 Lamento tener que comunicarles que el nuevo artículo no tiene buena acogida.

7 Mis gestiones en la zona de ... han comenzado siendo muy prometedoras.

8 Mediante el nuevo programa de ventas he podido incrementar mi volumen de ventas en un ... %, hasta el día de hoy.

9 El desarrollo del mercado ha dado por resultado que mejoren considerablemente las posibilidades de venta de sus productos.

Dificultades

1 Lamentablemente, en nuestras negociaciones con la empresa (el señor) ... se han presentado dificultades.

2 Debido a la vasta ramificación de los clientes, las visitas a éstos presentan ciertas dificultades.

3 En la venta del artículo número ... tropezamos con grandes dificultades.

4 El pésimo estado actual de las carreteras impide visitar a los clientes dentro de los plazos previstos.

5 Nuestros clientes se niegan a aceptar las condiciones de pago propuestas.

6 La nueva colección sólo puede venderse en las ciudades grandes y medianas.

7 En la presentación del artículo surgen dificultades.

8 Las dificultades surgen como consecuencia del deficiente suministro a los clientes.

9 En la presentación del artículo número ... han surgido dificultades técnicas.

10 Algunos clientes temen encontrar dificultades en la utilización del aparato, con motivo de las nuevas disposiciones técnicas de la UE.

11 ¿No se podría presentar al mercado el artículo n° .. en un modelo que fuera más fácil de manipular?

12 Me parece que el mercado no ofrece todavía posibilidades de venta para el artículo n° ...

13 La red de clientes es tan extensa que me resulta imposible cumplir el recorrido propuesto por ustedes.

14 Es ergibt sich im neuen Callcenter das Problem, dass wir die Kunden nur telefonisch beraten können.

14 El problema que surge con el nuevo centro de llamadas/Call-Center es que sólo podemos asesorar a los clientes telefónicamente.

Allgemeine Marktlage

1 Die Marktverhältnisse sind zurzeit ausgezeichnet.
2 Aufgrund der hervorragenden Marktverhältnisse ist ein bedeutender Mehrverkauf zu erwarten.
3 Zurzeit herrscht Hochkonjunktur auf unserem Markt. Daher wäre ich für möglichst schnelle Ausführung meiner Aufträge dankbar.
4 Die Marktverhältnisse sind ausgeglichen.
5 Es freut mich, Ihnen mitteilen zu können, dass der Markt für unsere Artikel wieder aufnahmefähig ist.
6 Wegen der angespannten Marktverhältnisse ist es uns leider unmöglich, mehr Ware abzusetzen.
7 Die anhaltende, weltweite Rezession erschwert das Geschäft.
8 Ich möchte Ihnen mitteilen, dass der Markt gesättigt ist. Ich sehe deshalb für die Zukunft keine großen Verkaufschancen.
9 Durch das Auftreten einer neuen Firma auf unserem Markt haben sich unsere Absatzchancen merklich verschlechtert.
10 Ich glaube, dass der Markt nunmehr ein neues Produkt aufnehmen kann.
11 Es scheint, dass der Markt für Ihre Artikel ... und ... gesättigt ist.

Situación general del mercado

1 Actualmente, la situación del mercado es magnífica.
2 Dada la excelente situación del mercado, es de esperar un importante aumento en las ventas.
3 Actualmente, nuestro mercado se encuentra en un período de alta coyuntura. Por ello, agradecería la ejecución más rápida posible de mis pedidos.
4 El mercado presenta una situación de equilibrio.
5 Me complace poder informarles que el mercado vuelve a presentar posibilidades de venta para nuestros artículos.
6 Debido a la tensa situación del mercado, desafortunadamente, nos es imposible la venta de más mercancías.
7 La persistente recesión mundial hace más difícil el negocio.
8 Quisiera informarles que el mercado se encuentra saturado. Por tanto, no veo grandes posibilidades de ventas en el futuro.
9 En nuestro mercado ha hecho aparición una nueva firma, por cuya razón, se han reducido, en gran medida, nuestras posibilidades de venta.
10 Yo creo que ahora el mercado está en condiciones de recibir un nuevo producto.
11 Parece que el mercado está saturado para sus artículos ... y ...

Kaufkraft

1 Die Kaufkraft des Geldes sinkt rapide.
2 Die Kaufkraft der Kunden lässt nach.
3 Die Kauflust unserer Kunden wird auch durch die wirtschaftliche Unsicherheit nicht beeinträchtigt.
4 Unsere Kunden scheinen wieder kauffreudiger zu werden.
5 Es ist mit einem Anstieg/Nachlassen der Kaufkraft zu rechnen.

Poder adquisitivo

1 El poder adquisitivo del dinero disminuye rápidamente.
2 El poder adquisitivo de los clientes se reduce.
3 El deseo adquisitivo de nuestros clientes no será afectado por la inseguridad de la situación económica.
4 Parece que nuestros clientes están nuevamente en mejor disposición de comprar.
5 Se puede contar con un aumento/descenso del poder adquisitivo.

6 Zunehmende Belebung der Konjunktur lässt ein Ansteigen der Kauflust unserer Kunden erwarten.

7 Die Abschwächung der Konjunktur lässt einen Rückgang der Kauflust unserer Kunden befürchten.

8 Beträchtliche Lohnerhöhungen haben die Absatzchancen für Ihre Produkte verbessert.

9 Die Konjunkturentwicklung hat die Kaufkraft weiter gesteigert/verringert.

Konkurrenten

1 Wir sind auf diesem Markt konkurrenzlos.

2 Die Zahl der Konkurrenten steigt ständig.

3 Ich muss Ihnen leider mitteilen, dass die Zahl der Konkurrenten auf diesem Markt von Jahr zu Jahr zunimmt.

4 Das Anwachsen der Konkurrenten ist auf den steigenden Bedarf an diesen Produkten zurückzuführen.

5 Die Globalisierung der Wirtschaft hat dazu geführt, dass die Zahl der Konkurrenten von ... auf ... gestiegen ist.

6 Die Zahl der Konkurrenten geht zurzeit etwas zurück.

7 Dank der hervorragenden Qualität unserer Produkte nimmt die Zahl der Konkurrenten ab.

8 Ich freue mich, Ihnen mitteilen zu können, dass wir mit unseren Produkten der Konkurrenz weit überlegen sind.

9 Durch die Fusion der Firmen ... und ... ist uns ein nicht zu übersehender neuer Konkurrent entstanden.

10 Die Firma ... möchte auf unserem Markt tätig werden.

11 Wir können unsere Position nur halten, wenn wir gegen die immer stärker werdende Konkurrenz vorgehen.

12 Unsere Konkurrenz ist noch schwach. Sie wird einen Preiskampf wohl kaum überstehen.

13 Durch den Konkurs der Firma ... dürfte der Konkurrenzkampf auf unserem Markt beendet sein.

14 Das Verhalten der Konkurrenten ist bedenklich.

15 Bedauerlicherweise gelingt es der Firma ..., den Markt immer mehr an sich zu reißen.

6 La creciente animación de la coyuntura permite esperar un aumento en el deseo de compra de nuestros clientes.

7 El debilitamiento de la coyuntura hace temer un retroceso de la disposición a comprar de nuestra clientela.

8 Los aumentos considerables de los salarios han mejorado las posibilidades de venta de sus productos.

9 El desarrollo de la coyuntura ha hecho aumentar/disminuir más el poder adquisitivo.

Competidores

1 No tenemos competencia en ese mercado.

2 El número de competidores aumenta continuamente.

3 Lamentablemente, debo participarles que el número de competidores en este mercado aumenta de un año a otro.

4 El aumento de los competidores se debe al incremento de la demanda de esos productos.

5 La globalización de la economía ha tenido como consecuencia que el número de competidores haya aumentado de ... a ...

6 Actualmente, el número de competidores está disminuyendo algo.

7 La magnífica calidad de nuestros productos hace que disminuya el número de los competidores.

8 Me complace poder informarles que con nuestros productos estamos en una situación de supremacía frente a nuestros competidores.

9 Con la fusión de las firmas ... y ... ha surgido un nuevo competidor que no podemos perder de vista.

10 La empresa ... quiere iniciar sus actividades en nuestro mercado.

11 Sólo podremos mantener nuestra posición si hacemos frente a competidores cada vez más fuertes.

12 Nuestra competencia es todavía débil y, seguramente, no podría resistir una lucha de precios.

13 La quiebra de la empresa ... debe tener por consecuencia la eliminación de la competencia en nuestro mercado.

14 La forma en que actúan nuestros competidores es inquietante.

15 Lamentablemente, la empresa ... gana cada vez más terreno en el mercado.

16 Die Konkurrenz versucht, den Markt mit unlauteren Mitteln an sich zu reißen.
17 Die Konkurrenz bemüht sich, unsere Kunden abzuwerben.
18 Wiederholt musste ich feststellen, dass Vertreter der Konkurrenz unsere Kunden aufgesucht haben.
19 Leider erobert unsere Konkurrenz mit besserer Qualität den Markt.
20 Durch eine große Werbekampagne versucht die Konkurrenz, den Markt an sich zu reißen.
21 Das Verhalten der Konkurrenz ist (nicht) Besorgnis erregend.
22 Die Konkurrenz versucht, mit neuen Artikeln den Markt zu erobern.
23 Die stürmische Expansion unserer Konkurrenzfirma lässt vermuten, dass diese demnächst den Preiskampf aufnehmen wird.
24 Die neuen Bestimmungen der WHO (Welthandelsorganisation) haben dazu geführt, dass sich auf dem ohnehin umkämpften Markt noch mehr Anbieter gegenseitig Konkurrenz machen.

16 En la lucha por el mercado, nuestros competidores no están "jugando limpio".
17 Los competidores están tratando de ganarse a nuestros clientes.
18 He comprobado en múltiples ocasiones que los representantes de los competidores han visitado a nuestros clientes.
19 Lamentablemente, nuestros competidores se ganan el mercado con la mejor calidad de sus productos.
20 Nuestros competidores tratan de ganarse el mercado mediante una gran campaña publicitaria.
21 La actitud de nuestros competidores (no) es motivo de preocupación.
22 Nuestros competidores tratan de conquistar el mercado con nuevos artículos.
23 La vertiginosa expansión de la firma competidora hace pensar que en el futuro próximo iniciará la lucha de precios.
24 Las nuevas disposiciones de la OMC (Organización Mundial de Comercio) han conllevado que en un mercado, de por sí ya muy reñido, cada vez mayor número de oferentes se hagan mutuamente competencia.

Verbesserungsvorschläge

1 Den Anstrengungen der Konkurrenz ist nur mit einer großen Werbekampagne zu begegnen.
2 Die Konkurrenz muss mit besserer Qualität übertroffen werden.
3 Durch eine Verkürzung der Lieferfristen wären wir der Konkurrenz gegenüber im Vorteil.
4 Um die Konkurrenz bei unseren Kunden auszuschalten, sollten wir bessere Zahlungskonditionen anstreben.
5 Durch die Einrichtung einer Homepage im Internet könnten Sie die Werbung wesentlich intensivieren.
6 Durch gezielte Werbeaktionen könnten wir den Markt erobern und den Konkurrenzkampf beenden.
7 Für eine etwas preiswertere Ausführung Ihres Artikels Nr. .... wäre der Markt noch aufnahmefähig.
8 Die Verpackung Ihrer Produkte müsste stabiler sein.
9 Die Verpackung Ihrer Waren entspricht nicht den neuen Richtlinien der EU. Bitte treffen Sie entsprechende Vorkehrungen.

Proposiciones de mejora

1 Sólo mediante una gran campaña publicitaria se puede hacer frente a los esfuerzos de nuestros competidores.
2 Tenemos que vencer a nuestros competidores a base de una mejor calidad.
3 Reduciendo los plazos de suministro, obtendríamos ventaja sobre nuestros competidores.
4 Para eliminar la competencia, debemos ofrecer a nuestros clientes mejores condiciones de pago.
5 Si crearan una página Web en Internet, podrían intensificar considerablemente la publicidad.
6 Con una campaña publicitaria bien dirigida, podríamos conquistar el mercado y terminar la lucha competitiva.
7 El mercado podría todavía aceptar un modelo que fuera algo más barato que su artículo n° ...
8 El embalaje de sus productos tendría que ser más resistente.
9 El embalaje de sus géneros no corresponde a las nuevas directivas de la UE. Les rogamos tomar las medidas pertinentes.

Aufträge

1 Ich füge die Aufträge der Firma ... bei.
2 Hiermit überreiche ich Ihnen die eingeholten Aufträge.
3 Als Anlage erhalten Sie die eingegangenen Aufträge.
4 Die in dieser Woche erhaltenen Aufträge lege ich bei.
5 Die beigefügten Aufträge sind sofort zu bearbeiten.
6 Ich bitte den beiliegenden Auftrag des Kunden, Herrn ... , bis zum ... zu bearbeiten.
7 Die Aufträge sind auf Wunsch des Kunden bis Anfang nächsten Monats zurückzustellen.
8 Bitte beachten Sie beim Auftrag der Firma ... die Sonderwünsche hinsichtlich der Qualität.
9 Die Aufträge der beiden Firmen ... und ... konnte ich nur mit der Zusage eines Zahlungszieles von ... Monaten erhalten.
10 Um den Auftrag der Firma ... einzuholen, musste ich ihr einen Mengenrabatt von ... % zusichern.
11 Ich habe der Firma ... zugesagt, dass wir ihr die Lieferung per Express zu unseren Lasten senden werden.
12 Da die Firma ... mit der Bearbeitung ihres letzten Auftrags unzufrieden war, konnte ich diesmal keinen Abschluss tätigen.

Pedidos

1 Adjunto les envío los pedidos de la empresa ...
2 Con la presente les envío los pedidos recibidos.
3 Adjunto reciben ustedes los pedidos llegados.
4 Adjunto les envío los pedidos recibidos en esta semana.
5 Los pedidos adjuntos deben ser ejecutados inmediatamente.
6 Les ruego ejecuten el pedido adjunto del cliente, señor ..., a más tardar el día ...
7 A petición de los clientes, la ejecución de los pedidos deberá posponerse hasta principios del mes próximo.
8 Les ruego que en relación con el pedido de la empresa ... tengan en cuenta sus deseos especiales respecto a la calidad.
9 Los pedidos de las empresas ... y ... sólo pude conseguirlos aceptando un plazo de pago de ... meses.
10 Para obtener el pedido de la empresa ..., tuve que concederle un descuento del ... % por cantidad.
11 Le he prometido a la empresa ... que suministraremos la mercancía por expreso, a nuestro cargo.
12 Dado que la empresa ... no estaba satisfecha con la ejecución de su último pedido, esta vez no he podido obtener de ella ningún pedido.

Firmenbericht an den Vertreter

Bestätigung der Aufträge

1 Hiermit bestätigen wir Ihnen den Eingang der Aufträge vom ...
2 Am ... sind Ihre Aufträge bei uns eingegangen. Wir danken Ihnen dafür.
3 Die Aufträge der Kunden ... sind bei uns eingetroffen. Lieferung erfolgt wie vorgeschrieben (gewünscht).
4 Mit Dank bestätigen wir Ihnen den Eingang Ihrer Aufträge.
5 Wir bedanken uns für Ihre Aufträge. Die Sonderwünsche der Firma ... werden wir gern erfüllen.

Informe de la firma al representante

Confirmación de los pedidos

1 Por medio de la presente acusamos recibo de los pedidos del ...
2 El ... recibimos sus pedidos, los cuales agradecemos.
3 Recibimos los pedidos de los clientes ... El suministro se realizará en la forma prescrita (deseada).
4 Agradecidos, acusamos recibo de sus pedidos.
5 Le agradecemos sus pedidos. Gustosamente satisfaremos los deseos especiales de la firma ...

6 Die Aufträge der Firma ... sind bei uns eingegangen. Bitte teilen Sie Herrn ... mit, dass sich die Lieferung durch die Sonderwünsche hinsichtlich Farbgebung und Qualität um ca. ... Tage verzögert.

6 Hemos recibido los pedidos de la empresa ... Le rogamos comunique al señor ... que, debido a los deseos especiales relativos al color y la calidad, el suministro se demorará unos ... días.

Formelles zu den Aufträgen

1 Dürfen wir Sie bitten, bei den nächsten Aufträgen deutlicher zu schreiben, da sonst Fehllieferungen nicht ausgeschlossen sind.
2 Bitte geben Sie beim nächsten Mal das Ausstellungsdatum an.
3 Wir bitten Sie, die Auftragsnummer des Kunden und die zuständige Abteilung zu vermerken.
4 Wir bitten Sie, E-Mail-Aufträge direkt an uns weiterzuleiten, sie aber vorsichtshalber nochmals per Brief oder Fax zu bestätigen.
5 Wir möchten Sie darauf hinweisen, dass von jetzt an das Original und ein Durchschlag des Auftrags eingesandt werden müssen.
6 Versäumen Sie bitte nicht, den Kunden persönlich unterschreiben zu lassen, da sonst die Gefahr der Annahmeverweigerung bei Eingang der Ware besteht.
7 Sie können in Zukunft derartige Sonderwünsche unserer Kunden keinesfalls akzeptieren.
8 Bitte vermerken Sie auf allen Aufträgen die Mehrwertsteuer-Nr., die Identifikationsnummer sowie die Verbrauchssteuer-Nr., wie dies in den EU-Richtlinien vorgeschrieben wird.

Formalidades de los pedidos

1 Le rogamos que los próximos pedidos los escriba con mayor claridad, a fin de evitar errores en los suministros.
2 Le rogamos que en su próxima carta nos informe sobre la fecha de la orden.
3 Le rogamos nos indique el número del pedido del cliente y el departamento competente.
4 Sírvanse cursarnos directamente los pedidos que hagan por e-mail. Sin embargo, como medida de precaución, les rogamos que nos los confirmen por carta o fax.
5 Queremos indicarle que en adelante será necesario enviar el original y una copia del pedido.
6 Por favor, encárguese de que los clientes firmen personalmente, pues en otro caso existe el peligro de que se nieguen a recibir la mercancía.
7 En el futuro no podrá usted aceptar, en ningún caso, semejantes deseos especiales de los clientes.
8 De conformidad con las directivas de la UE, les rogamos se sirvan indicar en todos sus pedidos el número del impuesto sobre el valor añadido, número de identificación así como número del impuesto sobre el consumo.

Materielles zu den Aufträgen

1 Sie forderten mit Auftragsnummer ... für den Kunden ... einen Artikel Nr ... an. Dieser Artikel ist in unserem Katalog nicht enthalten.
2 Den angegebenen Artikel führen wir nicht.
3 Sie führten in Ihrem Auftrag Nr. ... vom ... den Artikel Nr. ... an, den es gar nicht gibt. Bitte berichtigen Sie diesen Irrtum.
4 Wir möchten Sie auf einen Fehler in Ihrem Auftrag Nr. ... hinweisen: Die Artikelnummer ist nicht ..., sondern ...
5 Die Waren aus dem Auftrag des Kunden ... sind zur vorgesehenen Zeit leider nicht lieferbar.

Contenidos de los pedidos

1 Con el pedido n° ... usted solicitó para el cliente ... un artículo número ... Este artículo no figura en nuestro catálogo.
2 El artículo indicado no está en nuestro programa de ventas.
3 Usted se refirió en su orden n° ... del ... al artículo n° ..., que no existe. Por favor, rectifique ese error.
4 Queremos llamarle la atención sobre un error en su pedido n° ... El número de ese artículo no es el ... sino el ...
5 Lamentablemente, las mercancías correspondientes al pedido del cliente ... no podrán suministrarse en el tiempo previsto.

6 Der Artikel Nr. . . . aus Ihrem Auftrag vom
. . . ist nicht mehr lieferbar.
7 Bitte fragen Sie Ihre Kunden, ob wir für
den Artikel Nr. . . . Ersatz liefern sollen.
8 Sie sind keinesfalls berechtigt, ein
Zahlungsziel von . . . Monaten einzuräumen.

6 Ya no nos es posible suministrar el artículo número . . . de su pedido del . . .
7 Le ruego les pregunte a sus clientes si
podemos suministrarles otro artículo en
sustitución del n° . . .
8 Usted no está en absoluto autorizado
para conceder un plazo de pago de . . .
meses.

Anerkennungsschreiben

1 Für die uns geleisteten Dienste möchten
wir Ihnen unsere Anerkennung aussprechen.
2 Wir sind mit Ihrer Vertretertätigkeit bisher
sehr zufrieden.
3 Es ist uns eine Freude, Ihnen als einem
unserer besten Vertreter zu danken und
unser Lob auszusprechen.
4 In Anerkennung Ihrer ausgezeichneten
Leistungen haben wir uns entschlossen,
ab sofort Ihre Provision um . . . % zu
erhöhen.

Escritos de reconocimiento

1 Queremos expresarle nuestro reconocimiento por los servicios que nos ha pres-
tado.
2 Hasta ahora hemos estado muy satisfechos de su actividad como representante.
3 Con sumo gusto le expresamos nuestro
agradecimiento, al que va unido un sincero elogio, por ser usted uno de nuestros mejores representantes.
4 En reconocimiento a sus excelentes
servicios, hemos decidido aumentarle
su comisión en un . . . % con efecto
inmediato.

Zurechtweisung des Vertreters

1 Leider können wir Ihre derzeitigen
Arbeitsmethoden nicht dulden.
2 Wir bedauern, Ihnen sagen zu müssen,
dass wir mit Ihrer Arbeit nicht zufrieden
sind.
3 Wir bitten Sie, in Zukunft sorgfältiger zu
arbeiten.
4 Ihre Arbeitsweise befriedigt uns nicht.
5 Ihre im letzten Quartal getätigten Abschlüsse sind wenig zufrieden stellend.
6 Ihre Umgangsweise mit den Kunden hat
häufig zu Beschwerden Anlass gegeben.
7 Leider sind bei uns Beschwerden über
Ihre Verhandlungsweise eingegangen.
Wir bitten Sie um mehr Höflichkeit den
Kunden gegenüber.
8 Ihre Kunden klagen über Unzuverlässigkeit.
9 Wir bitten Sie, Ihre Kunden besser zu
betreuen.
10 Wir müssen Sie darauf aufmerksam
machen, dass die Zahl der bisher von
Ihnen eingegangenen Aufträge zu niedrig
ist.

Reprimenda al representante

1 Lamentablemente, nosotros no podemos
permitir sus actuales métodos de trabajo.
2 Lamentamos tener que informarle que no
estamos satisfechos con su trabajo.
3 Le rogamos que en el futuro trabaje con
mayor cuidado.
4 Su forma de trabajo no nos satisface.
5 Las transacciones que usted hizo en el
último trimestre son poco satisfactorias.
6 Su forma de tratar a los clientes ha dado
motivo a frecuentes quejas.
7 Lamentablemente, nos han llegado
quejas sobre la forma en que usted lleva
a cabo las negociaciones. Le rogamos
sea más amable con los clientes.
8 Sus clientes se quejan de su falta de
formalidad.
9 Le rogamos atienda mejor a sus clientes.
10 Tenemos que llamarle la atención acerca
de que, hasta ahora, el número de los
pedidos que hemos recibido de usted es
demasiado reducido.

Produktionsausweitung

1 Wir haben einen neuen Artikel in unser Programm aufgenommen.
2 Wir möchten Sie darauf hinweisen, dass wir neue Produkte herstellen.
3 Ein neues Produkt von uns ist auf dem Markt. Die Prospekte liegen bei. Bitte werben Sie bei Ihren Kunden für den Artikel.
4 Wir freuen uns Ihnen mitteilen zu können, dass wir unser Warenangebot wesentlich erweitert haben. Bitte sprechen Sie darauf auch Ihre Kunden an.
5 Wir haben folgende Artikel neu in unser Programm aufgenommen: . . .
6 Wegen der starken Nachfrage haben wir unser Warenangebot im Hinblick auf . . . erweitert. Teilen Sie das bitte Ihrer Kundschaft mit.
7 Unser neuestes Modell der Serie . . . ist fertig gestellt. Prospekte haben wir beigefügt.
8 Folgende neue Artikel haben wir anzubieten: . . . Wir hoffen, Sie verkaufen diese mit großem Erfolg.

Auslaufende Artikel

1 Bitte weisen Sie Ihre Kunden darauf hin, dass wir die Produktion des Artikels Nr. . . . eingestellt haben.
2 Folgende Artikel haben wir aus unserem Verkaufsprogramm gestrichen: . . .
3 Bitte machen Sie bei Ihren nächsten Besuchen Ihre Kunden darauf aufmerksam, dass der Artikel Nr. . . . ausläuft.
4 Wir fertigen folgende Artikelserie nicht mehr: . . . Bitte berücksichtigen Sie dies bei Ihren Verkaufsgesprächen.
5 Die Produktion des Artikels Nr. . . . ist für uns unrentabel geworden. Unterrichten Sie die Kunden in Ihrem Vertretungsgebiet bitte davon, dass wir diesen Artikel nicht mehr fertigen.

Preisveränderungen

1 Infolge ständig steigender Kosten sehen wir uns leider gezwungen, unsere Preise ab . . . um . . . % zu erhöhen.

Ampliación de la producción

1 Hemos incluido un nuevo artículo en nuestro programa de ventas.
2 Nos permitimos llamarle la atención acerca de que fabricamos nuevos productos.
3 Un nuevo producto nuestro ya está en el mercado. Adjunto le enviamos los folletos. Le rogamos lo recomiende a sus clientes.
4 Nos complace poder informarle que hemos ampliado considerablemente los artículos de nuestra oferta. Le rogamos haga saber esto a sus clientes.
5 Los siguientes artículos han sido incluidos por primera vez en nuestro programa:
6 En vista de la gran demanda, hemos ampliado nuestra oferta con respecto a . . . Le rogamos informe a su clientela de ello.
7 Ya está listo nuestro último modelo de la serie . . . Adjunto le remitimos los folletos.
8 Ofrecemos los siguientes nuevos artículos . . . Confiamos en que los venderá con gran éxito.

Artículos fuera de producción

1 Le rogamos avise a sus clientes que hemos dejado de producir el artículo n° . . .
2 Hemos retirado de nuestro programa de ventas los artículos siguientes:
3 Le rogamos que, en sus próximas visitas a los clientes, les advierta que retiramos de nuestro programa el artículo número . . .
4 Ya no fabricamos la siguiente serie de artículos: . . . Le rogamos tenga en cuenta esta circunstancia en sus negociaciones.
5 La producción del artículo n° . . . ya no nos resulta rentable. Por tanto, tenga la amabilidad de informar a los clientes de su zona que ya no fabricamos ese artículo.

Cambios de precio

1 Como consecuencia de la continua subida de los costos, nos vemos obligados, lamentablemente, a aumentar en un . . . % nuestros precios a partir de . . .

2 Wir sind sicher, dass unsere Marktposition trotz der notwendigen Preiserhöhung um ... % ungefährdet ist.
3 Um unseren Marktanteil in Ihrem Land zu erhöhen, reduzieren wir ab sofort unsere Preise um ... %.

2 Estamos seguros de que, a pesar de haber tenido que aumentar el precio en un ... %, nuestra posición en el mercado no corre peligro.
3 A fin de aumentar nuestra participación en el mercado de su país, rebajamos de inmediato nuestros precios en un ... %.

Briefwechsel zwischen Kunde, Firma und Vertreter

Kunde an Firma

1 Bitte teilen Sie mir mit, wann ich mit dem Eintreffen der Lieferung rechnen kann.
2 Unterrichten Sie Ihren Vertreter bitte darüber, dass weitere Besuche zwecklos sind.
3 Bei Ihrer letzten Lieferung fehlte der Lieferschein (die Rechnung). Bitte senden Sie ihn (sie) nach.
4 Lassen Sie mir durch Ihren Vertreter bitte Prospekte über Ihr neues Sonderangebot zukommen.
5 Wenn uns Ihr Vertreter die neue Musterkollektion vorlegen könnte, wären wir in der Lage, bis zum ... zu bestellen.
6 Wir haben mehrmals das Callcenter Ihrer Vertretung in ... angerufen. Es war jedoch nicht in der Lage, uns in angemessener Weise zu helfen.
7 Ihr Vertreter ist in der letzten Woche nicht erschienen; wir senden Ihnen deshalb unseren Auftrag direkt zu.
8 Der jetzige Vertreter ist sehr unhöflich.
9 Wir müssen annehmen, dass unsere Aufträge von Ihrem Vertreter nicht sachgemäß bearbeitet werden.
10 Das Verhalten Ihres Vertreters gibt zu Klagen Anlass.
11 Ihr Vertreter, Herr ..., ist unzuverlässig.

Firma an Vertreter

1 Wie uns der Kunde ... mitteilte, sind Sie in der letzten Woche nicht bei ihm erschienen. Bitte teilen Sie uns Ihre Gründe mit.

Correspondencia entre el cliente, la empresa y el representante

Cliente a empresa

1 Les ruego me informen cuándo puedo contar con la llegada del suministro.
2 Por favor, infórmenle a su representante que no tiene sentido otra visita.
3 En su último envío faltaba la nota de entrega (la factura). Les ruego me la envíen.
4 Les ruego me envíen a través de su representante los folletos de su nueva oferta especial.
5 Si su representante nos presentara el nuevo muestrario, podríamos hacer el pedido antes del ...
6 Nos hemos puesto en contacto varias veces con el centro de llamadas/Call-Center de su representación en ... Sin embargo, no pudimos obtener la ayuda la ayuda/asesoría (adecuada) que necesitábamos.
7 Su representante no nos visitó la semana pasada, por lo que les enviamos directamente nuestro pedido.
8 Su actual representante es muy descortés.
9 Lamentablemente, debemos suponer que su representante no ejecuta nuestros pedidos en forma adecuada.
10 El comportamiento de su representante da motivo de queja.
11 Su representante, el señor ..., no es digno de confianza.

Empresa a representante

1 Según nos informó el cliente señor ..., usted no le visitó la semana pasada. Le ruego nos informe sobre sus motivos.

2 Der Kunde ... schreibt uns, dass ihm die neue Musterkollektion nicht vorgelegt wurde. Bitte holen Sie das Versäumte nach.

3 Der Kunde, Herr ..., moniert, dass Sie zum vereinbarten Termin nicht bei ihm erschienen sind. Bitte holen Sie den Besuch sofort nach.

4 Uns ist berichtet worden, dass Ihr Callcenter nicht effizient arbeitet. Bitte nehmen Sie hierzu Stellung.

5 Bitte nehmen Sie Stellung zu dem Vorfall vom ...

6 Die Firma ... hat sich zum zweiten Mal über Sie beschwert. Was haben Sie dazu zu sagen?

7 Hiermit leiten wir eine Beschwerde aus Ihrem Kundenkreis an Sie weiter.

8 Wie kommt es, dass sich unsere Kunden immer wieder über Ihre Unzuverlässigkeit beschweren?

2 El cliente ... nos escribe que no se le ha presentado el nuevo muestrario. Le ruego subsane cuanto antes esta omisión.

3 El cliente, señor ..., nos ha llamado la atención sobre el hecho de que usted no se presentó el día señalado para la visita. Le rogamos cumpla cuanto antes la visita.

4 Nos han informado de que su centro de llamadas/Call-Center no trabaja eficientemente. Quisiéramos conocer su punto de vista al respecto.

5 Le rogamos nos comunique lo que tenga que decirnos en relación con el caso del ...

6 La firma ... se ha quejado por segunda vez de usted. ¿Qué tiene usted que alegar al respecto?

7 Por medio de la presente le transmitimos una queja proveniente de su clientela.

8 ¿Cómo se explica que nuestros clientes se quejen una y otra vez de su falta de formalidad?

Vertreter an Firma

1 Ich möchte mich für den Vorfall vom ... entschuldigen.

2 Leider war es mir am ... nicht mehr möglich, den Kunden ... aufzusuchen.

3 Weil ich mich an dem fraglichen Tag nicht wohl fühlte, habe ich meine Tour vorzeitig abbrechen müssen.

4 Ich werde das Versäumte binnen kurzem nachholen.

5 Die Beschwerde des Herrn ... ist mir unverständlich; ich habe ihn termingerecht aufgesucht.

6 Die Beschuldigungen des Kunden ... weise ich zurück.

7 Ich war zum verabredeten Zeitpunkt bei Herrn (Frau) ..., er (sie) war jedoch nicht anzutreffen.

8 Die Firma ... ist ein sehr schwieriger Kunde. Bitte prüfen Sie die Beschwerden sorgfältig.

9 Ich versichere Ihnen, dass derartige Fehler in Zukunft nicht mehr vorkommen werden.

Representante a empresa

1 Les ruego me disculpen por el incidente del ...

2 Lamentablemente, el día ... me resultó materialmente imposible visitar al cliente ...

3 Ese día no me sentía bien, por cuyo motivo tuve que terminar el viaje antes de tiempo.

4 La omisión será subsanada en breve.

5 No comprendo la queja del señor ..., ya que le visité en la fecha fijada.

6 Rechazo las inculpaciones del cliente ...

7 Fui a la casa del señor (de la señora) ..., en la fecha y hora convenidas, pero, lamentablemente, él (ella) no se encontraba allí.

8 La firma ... es un cliente muy difícil. Les ruego examinen cuidadosamente las quejas.

9 Les aseguro que en el futuro no volverán a producirse errores de esta clase.

Firma an Kunden

1 Unser Vertreter ist bevollmächtigt, den Rechnungsbetrag entgegenzunehmen.

2 Die von unserem Vertreter angegebenen Konditionen sind verbindlich.

Empresa a cliente

1 Nuestro representante está autorizado para recibir el importe de la factura.

2 Nos consideramos obligados con las condiciones ofrecidas por nuestro representante.

3 Wir danken Ihnen für Ihre Anfrage. Unser Vertreter, Herr . . . , wird Ihnen demnächst einen Besuch abstatten.
4 Wir hoffen, dass unser neuer Vertreter Ihre Wünsche erfüllen wird.
5 Wir können uns nicht vorstellen, dass unser Vertreter, Herr . . ., zu Klagen Anlass gibt. Unsere Kunden sind außerordentlich zufrieden mit ihm.
6 Herr (Frau) . . . konnte Sie wegen Krankheit am . . . leider nicht besuchen.
7 Wir werden in Zukunft nicht mehr Herrn . . ., sondern Frau . . . beauftragen, mit Ihnen zu verhandeln.
8 Ihre Beschwerde haben wir an unseren Vertreter, Herrn . . . , weitergeleitet.
9 Unser Vertreter, Herr . . ., wird zur Überprüfung der Angelegenheit am . . . zu Ihnen kommen.
10 Bitte sprechen Sie den Vertreter bei seinem nächsten Besuch bei Ihnen auf diesen Vorfall an.

3 Le agradecemos la pregunta que nos hace. Nuestro representante, el señor . . ., le visitará en breve.
4 Confiamos en que nuestro nuevo representante satisfará sus deseos.
5 No nos podemos imaginar que nuestro representante, el señor . . ., dé motivo de queja. Nuestros clientes están muy satisfechos con él.
6 Lamentablemente, el señor (la señora) . . ., no les pudo visitar el . . . por encontrarse enfermo(a).
7 En el futuro, no será el señor . . ., sino la señora . . ., la encargada de negociar con ustedes.
8 Hemos transmitido su queja a nuestro representante, el señor . . .
9 Nuestro representante, el señor . . ., les visitará el . . . para examinar el asunto.
10 Les rogamos hablen de este asunto con nuestro representante en su próxima visita.

Unstimmigkeiten zwischen Firma und Vertreter

Auftragsabwicklung

Beschwerden der Firma

1 Mit der Art Ihrer Auftragsabwicklung sind wir nicht einverstanden.
2 Bei Ihren Aufträgen häufen sich die Stornierungen.
3 Bitte gehen Sie bei der Auftragsabwicklung sorgfältiger vor.
4 Sie sind nicht berechtigt, Kunden Sondervergünstigungen zu gewähren.
5 Wir hoffen, dass Sie sich in Zukunft an Ihre Vorschriften hinsichtlich der Auftragsannahme halten.
6 Auf Ihren Aufträgen fehlen die Mehrwertsteuer, die Identifikationsnummer und auch die Verbrauchssteuer-Nummer. Diese sind nach den EU-Vorschriften aber unerlässlich.
7 Die von Ihnen zugesicherte Lieferzeit können wir nicht einhalten.
8 Die von Ihnen zugesicherten Sonderrabatte machen die Aufträge für uns zu einem Verlustgeschäft.

Divergencias entre empresa y representante

Tramitación del pedido

Quejas de la empresa

1 No estamos de acuerdo con la forma en que usted tramita los pedidos.
2 En los pedidos que se tramitan por conducto suyo son frecuentes las cancelaciones.
3 Le rogamos ponga más cuidado en la tramitación de los pedidos.
4 Usted no está autorizado para conceder a los clientes facilidades especiales.
5 Confiamos que en el futuro usted se ajustará a las indicaciones relativas a la aceptación de pedidos.
6 En sus pedidos faltan el impuesto sobre el valor añadido así como los números de identificación y del impuesto al consumo, los cuales, sin embargo, son imprescindibles, de conformidad con las disposiciones de la UE.
7 No podemos cumplir el plazo de suministro garantizado por usted.
8 Las rebajas especiales prometidas por usted hacen de los pedidos un negocio deficitario para nosotros.

9 Unsere Kunden beschweren sich, dass das Person Ihres Callcenters unhöflich ist und oft nicht erschöpfende Auskunft geben kann. Bitte stellen Sie diese Mängel unverzüglich ab.

Antwort des Vertreters

1 Bitte teilen Sie mir die Gründe für Ihre plötzliche Unzufriedenheit mit meiner Auftragsabwicklung mit.
2 Bisher waren Sie mit meiner Arbeitsweise zufrieden. Lassen Sie mich bitte umgehend Ihre Wünsche im Hinblick auf die Auftragsabwicklung wissen.
3 Um überhaupt Aufträge zu erhalten, muss ich den Kunden immer weiter entgegenkommen.
4 Bei dieser Auftragsabwicklung laufen Sie Gefahr, von der Konkurrenz vom Markt verdrängt zu werden.
5 Ich muss darauf bestehen, dass meine Aufträge schneller und sorgfältiger ausgeführt werden.
6 Ihre Auftragsabwicklung lässt sehr zu wünschen übrig.
7 Die Erledigung der Aufträge entspricht nicht unseren vertraglichen Vereinbarungen.
8 Ich habe das Personal des Callcenters angewiesen, sich besonders höflich zu verhalten. Hinsichtlich der Auskunftserteilung ist es schwierig, alle Fragen am Telefon zu beantworten.

Provisions- und Spesenabrechnung

Aufstellung des Vertreters

1 Mit der Durchführung Ihrer Provisionsabrechnung bin ich nicht einverstanden.
2 Ich bin nicht bereit, auf meine Provision zu warten, bis der Kunde zahlt.
Bitte machen Sie mir einen neuen Abrechnungsvorschlag.
3 Die Provisionszahlung für den letzten Monat steht heute noch aus.
4 Ihre Provisionszahlungen werden von Jahr zu Jahr geringer. Ich bin nicht bereit, bei ständig steigenden Unkosten diese Kürzungen hinzunehmen.

9 Nos han llegado quejas de nuestros clientes porque el personal de su centro de llamadas/Call-Center es descortés y, con frecuencia, incapaz de brindar una información exhaustiva. Sírvase subsanar estas deficiencias inmediatamente.

Respuesta del representante

1 Les ruego me indiquen los motivos por los cuales ustedes repentinamente no están satisfechos con la forma en que tramito los pedidos.
2 Hasta ahora ustedes estaban satisfechos con mi forma de trabajo. Les ruego me hagan saber inmediatamente sus deseos relativos a la tramitación de los pedidos.
3 Para obtener pedidos tengo que ser cada vez más flexible con los clientes.
4 Con esa forma de tramitar los pedidos corren ustedes el peligro de que los competidores les ganen el mercado.
5 Debo insistir en que mis pedidos se ejecuten más rápida y cuidadosamente.
6 La tramitación que ustedes dan a los pedidos deja mucho que desear.
7 La tramitación de los pedidos no corresponde a nuestros acuerdos contractuales.
8 He instruido al personal del centro de llamadas/Call-Center para que sea cortés en el trato con nuestros clientes. Con respecto a las informaciones que algunos de ellos nos solicitan, debo manifestarle que nos resulta difícil poder responder satisfactoriamente a todas sus preguntas por teléfono.

Liquidación de comisión y de gastos

Especificación del representante

1 No estoy de acuerdo con la forma en que ustedes han liquidado las comisiones.
2 No estoy dispuesto a esperar hasta que el cliente pague para cobrar mi comisión. Les ruego me propongan otra forma de liquidación.
3 Todavía está pendiente el pago de comisiones correspondiente al mes pasado.
4 Los pagos que, por concepto de comisión, ustedes me hacen, disminuyen de año en año. No estoy dispuesto a aceptar estas reducciones, pues los gastos aumentan continuamente.

5 Es wurden mir vertraglich ... % Provision zugesichert. Die Kürzungen meiner Provision auf ... % kann ich nicht hinnehmen.

6 In meiner Provisionsabrechnung vom letzten Monat hatten Sie ... Aufträge nicht berücksichtigt. Ich bitte um sofortige Berichtigung und Überweisung des Betrags.

7 Nach meinen Unterlagen müsste sich meine Provision für den letzten Monat auf ... belaufen. Bitte überprüfen Sie die Abrechnung.

8 Bitte überweisen Sie mir unverzüglich meine fällige Provision.

9 Ihre Provisionszahlungen verzögern sich leider von Monat zu Monat.

10 Auch für stornierte Aufträge muss ich auf Zahlung meiner Provision bestehen, weil die Stornierungen durch Ihr Verschulden verursacht wurden.

11 Leider enthalten Ihre Provisionsabrechnungen immer wieder Fehler. Ich bitte Sie nochmals um genaue Berechnung meines Anteils.

Antwort der Firma

1 Ihre Beschwerde in Sachen Provisionsabrechnung ist unbegründet.

2 In unserer Provisionsabrechnung für den Vormonat können wir keinen Fehler entdecken.

3 Wir bitten den Additionsfehler in unserer letzten Provisionsabrechnung zu entschuldigen.

4 Für diese kleinen Aufträge sind Ihre Provisionsforderungen zu hoch.

5 Ihre Beschwerde in Sachen unserer letzten Provisionsabrechnung ist uns unverständlich.

6 Wir werden den irrtümlich übersehenen Provisionsbetrag bei Ihrer nächsten Abrechnung berücksichtigen.

7 Bitte entschuldigen Sie den Fehler in unserer letzten Provisionsabrechnung.

8 Wir haben bereits am ... unsere Bank beauftragt, die fällige Provision auf Ihr Konto zu überweisen.

9 Wir weisen Sie darauf hin, dass laut Vertrag die Provisionen erst nach Eingang der Rechnungsbeträge fällig werden. Ihre Reklamation ist deshalb unbegründet.

10 Die Höhe Ihrer Spesen ist für uns nicht mehr tragbar.

11 Ihre Ausgaben stehen in keinem Verhältnis zu Ihren Erfolgen.

5 Se me aseguró contractualmente una comisión del ... %, por lo que no puedo aceptar la disminución de mi comisión a un ... %.

6 En mi cuenta de comisión del mes pasado ustedes no consideraron ... pedidos. Les ruego su rectificación inmediata y el giro de la cantidad correspondiente.

7 De acuerdo con mis cuentas, mis comisiones del mes pasado ascienden a ... Les ruego que revisen la liquidación.

8 Les ruego me giren inmediatamente mi comisión pendiente.

9 Lamentablemente, sus pagos de comisiones se retrasan de mes en mes.

10 Debo insistir en que en mis comisiones se incluyan también las correspondientes a pedidos cancelados, ya que las cancelaciones se produjeron por culpa de ustedes.

11 Lamentablemente, sus liquidaciones de comisiones siempre contienen errores. Una vez más les ruego efectuar un cálculo exacto de mi participación.

Respuesta de la firma

1 Su queja en relación con la liquidación de las comisiones carece de fundamento.

2 En la liquidación de comisiones del mes pasado no pudimos hallar error alguno.

3 Le rogamos disculpe el error de adición en nuestra última liquidación de comisiones.

4 Sus pretensiones de comisión son demasiado altas para estos pedidos pequeños.

5 No comprendemos su queja relativa a nuestra última liquidación de comisiones.

6 En la próxima liquidación, tendremos en cuenta la cantidad que por error habíamos omitido.

7 Le rogamos disculpe el error en nuestra última liquidación de comisiones.

8 El ... dimos instrucciones a nuestro banco para que transfiera a su cuenta el importe de la comisión pendiente.

9 Le advertimos que, de acuerdo con el contrato, las comisiones son pagaderas sólo después de recibido el importe de la factura. Por ello, no tiene motivo su queja.

10 No podemos continuar aceptando una cantidad tan alta por concepto de gastos.

11 Sus gastos no guardan relación alguna con sus éxitos comerciales.

12 Wir sind nicht bereit, Ihre Spesen in voller Höhe zu tragen.
13 Wir sind der Meinung, dass Ihre Spesenabrechnungen zu hoch ausfallen.
14 Wir werden Ihnen die Spesen in Höhe der vorgelegten Quittungen vergüten.
15 Ihre Angaben zur Spesenhöhe stimmen nicht mit der Gesamtsumme der Quittungen überein. Den Differenzbetrag können wir leider nicht übernehmen.

Stellungnahme des Vertreters

1 Ihre Spesenabrechnung liegt unter dem vertraglich vereinbarten Betrag.
2 Ich bin nicht bereit, die Spesen selbst zu tragen.
3 Ich werde Ihnen Belege zusenden, die die Höhe meiner Spesenabrechnung rechtfertigen.
4 Eine Diskussion über die Richtigkeit meiner Spesenangaben dürfte sich angesichts der beigefügten Belege wohl erübrigen.
5 Im Hinblick auf meine Aufträge kann es keine Debatte über meine Spesen geben.
6 Wie ich Ihrem Brief entnehme, sind Sie nicht mehr bereit, meine Spesen voll zu tragen. Ich muss deshalb auf einer Provisionserhöhung von ... % bestehen.

Kündigung der Vertretung

Vertragsgemäße Kündigung durch die Firma

1 Wir weisen Sie darauf hin, dass Ihre Vertretung vertragsgemäß zum Ende dieses Jahres ausläuft.
2 Wir sind an einer Verlängerung Ihrer Vertretertätigkeit nicht interessiert.
3 Wir werden Ihren demnächst auslaufenden Vertrag nicht erneuern.
4 Schon heute teilen wir Ihnen mit, dass wir Ihren Vertretungsvertrag fristgerecht zum Ende dieses Jahres kündigen werden.
5 Da Sie den Anforderungen, die wir an unsere Vertreter stellen, nicht genügen, sehen wir uns bedauerlicherweise gezwungen, Ihren Vertrag zum ... termingerecht zu kündigen.
6 Ihr Vertretungsvertrag läuft am ... aus. Wir sind nicht bereit, diesen Vertrag zu erneuern.

12 No estamos dispuestos a cargar con la totalidad de sus gastos.
13 Estimamos que sus cuentas de gastos son demasiado altas.
14 Le abonaremos los gastos en la cuantía de los recibos presentados.
15 La cuantía de los gastos que usted expresa no está de acuerdo con la suma total de los recibos. Nos es imposible asumir el pago de la diferencia.

Informe del representante

1 Su liquidación de gastos es inferior a la cantidad acordada en el contrato.
2 No estoy dispuesto a cargar con los gastos.
3 Les enviaré los comprobantes justificativos de la cuantía de la cuenta de gastos.
4 En vista de los comprobantes adjuntos, parece improcedente toda discusión sobre la justificación de mis gastos.
5 En vista de mis pedidos, no puede haber discusión sobre mis gastos.
6 Según los términos de su carta, en el futuro, ustedes no están dispuestos a hacerse cargo de la totalidad de mis gastos. Por este motivo, debo insistir en un aumento del ... % en mis comisiones.

Rescisión de la representación

Rescisión contractual por la empresa

1 Queremos llamarle la atención de que, de acuerdo con el contrato, su representación terminará a fines del presente año.
2 No estamos interesados en una prórroga de su trabajo de representación.
3 No renovaremos su contrato que vencerá próximamente.
4 Desde hoy le comunicamos que rescindiremos su contrato de representación el día fijado para su vencimiento, es decir, a fines del corriente año.
5 Puesto que usted no satisface las condiciones que demandamos de nuestros representantes, nos vemos obligados, lamentablemente, a dar por terminado su contrato en la fecha normal de vencimiento, es decir ...
6 Su contrato de representación vence el ..., no estando nosotros dispuestos a renovarlo.

Vertragsgemäße Kündigung durch den Vertreter

1 Da ich eine andere Tätigkeit annehmen werde, kündige ich meinen Vertretungsvertrag fristgerecht zum Ende dieses Jahres.
2 Mein Vertretungsvertrag läuft am ... aus. An einer Verlängerung bin ich nicht interessiert.
3 Aus persönlichen Gründen kann ich den Vertretungsvertrag leider nicht erneuern.
4 Mein Gesundheitszustand erlaubt es mir nicht, weiterhin als Vertreter tätig zu sein.
5 Da ich meinen Wohnsitz ändern werde, ist es mir leider unmöglich, den Vertretungsvertrag zu erneuern.
6 Eine andere Firma hat mir eine Exklusivvertretung angeboten. Meinen Vertretungsvertrag bei Ihnen werde ich deshalb nicht verlängern.

Fristlose Kündigung durch die Firma

1 Sie haben unsere vertraglichen Vereinbarungen nicht eingehalten. Ihren Vertretungsvertrag kündigen wir aus diesem Grund mit sofortiger Wirkung.
2 Ihre Vertretertätigkeit für uns endet mit dem heutigen Tage.
3 Es sind häufig Klagen aus dem Kundenkreis Ihres Gebiets an uns herangetragen worden. Wir sind deshalb leider gezwungen, Ihren Vertretungsvertrag fristlos zu kündigen.
4 Da Sie mehrfach gegen Artikel ... unseres Vertrags verstoßen haben, sehen wir uns leider gezwungen, Ihnen die Vertretung fristlos zu kündigen.
5 Wenn Sie nicht bis zum ... den vertraglich festgelegten Mindestumsatz erreichen, sehen wir uns leider gezwungen, die Vertretung fristlos zu kündigen.

Fristlose Kündigung durch den Vertreter

1 Da Sie gegen Punkt ... unseres Vertrags verstoßen haben, kündige ich die Vertretung hiermit fristlos.

Rescisión contractual por el representante

1 Tengo el propósito de dedicarme a otra actividad. Por esta razón, les informo que mi contrato de representación terminará en la fecha establecida, es decir, a fines de este año.
2 Mi contrato de representación vence el ..., no estando yo interesado en su prórroga.
3 Lamentablemente, por motivos personales no puedo renovar el contrato de representación.
4 El estado de mi salud no me permite continuar trabajando como representante.
5 Debido a que cambiaré de domicilio, lamentablemente, no me es posible renovar el contrato de representación.
6 Otra empresa me ha ofrecido una representación exclusiva. Por ello, no prorrogaré el contrato de representación que tengo celebrado con ustedes.

Rescisión inmediata del contrato por la empresa

1 Usted no ha cumplido lo estipulado en el contrato. Por este motivo, rescindimos su contrato de representación con efecto inmediato.
2 Con el transcurso del día de hoy termina su trabajo de representante de nuestra empresa.
3 Con frecuencia nos fueron presentadas quejas por parte de clientes de su zona. Por esta razón, nos vemos obligados, lamentablemente, a rescindir su contrato de representación con efecto inmediato.
4 Debido a que usted ha infringido repetidas veces el artículo ... de nuestro contrato, lamentablemente, nos vemos obligados a rescindir de inmediato el contrato de representación.
5 Si antes del ... usted no alcanza el volumen mínimo de venta establecido en el contrato, nos veremos obligados, lamentablemente, a rescindir el contrato sin sujeción a plazo alguno.

Rescisión inmediata del contrato por el representante

1 Con motivo de que ustedes han infringido el punto ... de nuestro contrato de representación, doy por rescindido el contrato con efecto inmediato.

2 Die von der Firma vertraglich zugesicherte Werbeunterstützung ist bis
heute ausgeblieben. Ich sehe mich
deshalb gezwungen, den Vertretungsvertrag fristlos zu kündigen.

3 Die Vertretertätigkeit für Sie bietet mir
nicht den vertraglich in Aussicht
gestellten Verdienst. Ich muss deshalb
mit sofortiger Wirkung vom Vertrag
zurücktreten.

4 Da sich Ihre Provisionsabrechnungen
immer mehr verzögern, sehe ich mich
gezwungen, mit sofortiger Wirkung vom
Vertretungsvertrag zurückzutreten.

5 Von Ihrer Seite ist keine Bereitschaft zu
erkennen, Ihren Verpflichtungen aus
unserem Vertretungsvertrag nachzukommen. Deshalb kündige ich ihn mit
sofortiger Wirkung.

2 Hasta hoy no se ha realizado el apoyo
publicitario asegurado contractualmente
por la empresa. Por ello, me veo obligado
a rescindir de inmediato el contrato de
representación.

3 La representación de su empresa no
ofrece las perspectivas de ganancias que
sirvieron de base a nuestro contrato. Por
ello, tengo que renunciar a la representación con efecto inmediato.

4 Debido a que sus liquidaciones de comisiones se atrasan cada vez más, me veo
obligado a renunciar de inmediato a su
representación.

5 Ustedes no se muestran dispuestos a
cumplir las obligaciones impuestas en
nuestro contrato. Por ello, lo doy por
rescindido con efecto inmediato.

Kommissions- und Provisionsgeschäfte

Anbieten eines Kommissions- geschäfts: Einkauf

1 Wie wir gehört haben, übernehmen Sie
Einkaufskommissionen im Raum ... Bitte
teilen Sie uns mit, ob Sie auch für uns
tätig werden können.

2 Wir würden Sie gern mit unserer
Einkaufskommission in ... betrauen.

3 Könnten Sie in Ihrem Namen und für
unsere Rechnung in ... Einkäufe tätigen?

4 Für die Beschaffung unserer Rohstoffe in
... suchen wir einen Kommissionär.
Wären Sie bereit, diese Aufgabe zu übernehmen?

5 Sie wurden uns von der Firma ... als
Einkaufskommissionär empfohlen.

6 Sollten Sie bereit sein, für uns in ... eine
Einkaufskommission zu übernehmen, so
teilen Sie uns bitte Ihre Bedingungen mit.

7 Unser Einkaufskommissionär in ... steht
leider nicht mehr zu unserer Verfügung.
Könnten Sie seine Geschäfte für uns
übernehmen?

8 Wir sind ein mittleres Unternehmen der
...branche und würden Sie gern mit
unserer Einkaufskommission in ...
betrauen.

Negocios de comisión

Oferta de un negocio de comisión: compra

1 Nos hemos enterado de que usted se
hace cargo de compras a comisión en
la zona de ... Le rogamos nos informe si
también podría trabajar para nosotros.

2 Nosotros le confiaríamos con gusto
nuestras compras a comisión en ...

3 ¿Podría usted realizar compras en ... a
su nombre y por cuenta nuestra?

4 Buscamos un comisionista para la adquisición de nuestras materias primas en
... ¿Podría usted encargarse de este
trabajo?

5 Usted nos ha sido recomendado por la
firma ... como comisionista de compras.

6 En el caso de que usted esté dispuesto a
hacerse cargo de nuestras compras a
comisión en ..., le rogamos nos informe
sobre sus condiciones.

7 Nuestro comisionista de compras en ...,
lamentablemente, ha dejado de trabajar
para nosotros. ¿Podría usted encargarse
de sus negocios por nuestra cuenta?

8 Somos una empresa de tamaño mediano
en el ramo de ... y con gusto le confiaríamos nuestras compras a comisión en ...

9 Um uns von Zulieferern unabhängig zu machen, möchten wir im Raum ... eine Einkaufskommission errichten. Wären Sie bereit, diese Aufgabe zu übernehmen?
10 Wir sichern Ihnen überdurchschnittliche Provisionen zu.

9 A fin de independizarnos de los abastecedores, quisiéramos tener un comisionista de compras en la zona de ... ¿Estaría usted dispuesto a encargarse de este trabajo?
10 Le aseguramos comisiones superiores a las normales.

Antwort des Kommissionärs

1 Aus zeitlichen Gründen ist es mir leider nicht möglich, eine Einkaufskommission für Sie zu übernehmen.
2 Bedauerlicherweise kann ich nicht für Sie als Einkaufskommissionär tätig werden.
3 Gegen eine gute Provision bin ich bereit, Ihre Einkaufskommission zu übernehmen.
4 Ich bin bereit, ab Anfang des nächsten Jahres auf Kommissionsbasis für Sie als Einkäufer tätig zu werden.
5 Zu meinem Bedauern bin ich nicht in der Lage, eine Einkaufskommission zu übernehmen. Ich kann Ihnen aber die Firma ... empfehlen.
6 Ich bin bereit, als Kommissionär für Sie tätig zu werden. Bitte teilen Sie mir Ihre Provisionssätze mit.
7 Wenn Sie gewillt sind, neben einer angemessenen Provision auch für meine Spesen und Lagerkosten aufzukommen, bin ich bereit, Ihre Einkaufskommission zu übernehmen.
8 Ich bin bereit, für Sie auf Kommissionsbasis einzukaufen. Bitte senden Sie mir eine Liste über Art, Menge und Qualität der gewünschten Waren.
9 Ich teile Ihnen mit, dass ich grundsätzlich bereit bin, für Sie als Einkaufskommissionär tätig zu werden, und schlage vor, alle weiteren Fragen in einem persönlichen Gespräch zu erörtern.

Respuesta del comisionista

1 Lamentablemente, por falta de tiempo, no me es posible hacerme cargo de sus compras a comisión.
2 Lamentablemente, no puedo trabajar para ustedes como comisionista de compras.
3 Sobre la base de una buena comisión, estoy dispuesto a encargarme de sus compras.
4 Estoy dispuesto a encargarme de sus compras, sobre la base de una comisión, a partir del año próximo.
5 Lamentablemente, no puedo encargarme de una comisión de compras. Sin embargo, puedo recomendarles la firma ...
6 Estoy dispuesto a trabajar para ustedes como comisionista. Les ruego que me informen sobre los porcentajes de comisión.
7 Estoy dispuesto a hacerme cargo de su comisión de compras, a condición de que ustedes, además de pagarme una comisión adecuada, corran con mis gastos y con los derechos de almacén.
8 Estoy dispuesto a comprar a comisión para ustedes. Les ruego me envíen una lista expresando tipo, cantidad y calidad de las mercancías deseadas.
9 Por medio de la presente les informo que, en principio, estoy dispuesto a trabajar para ustedes como comisionista de compras. Les propongo tratar todas las cuestiones pertinentes en una conversación personal.

Anbieten eines Kommissionsgeschäfts: Verkauf

1 Wir suchen für den Raum ... ein Handelsunternehmen, das unsere Produkte in Kommission vertreibt.
2 Wären Sie bereit, unsere Produkte auf Kommissionsbasis zu verkaufen?

Oferta de un negocio de comisión: venta

1 Buscamos una empresa comercial que venda nuestros productos a comisión en la zona de ...
2 ¿Estaría usted dispuesto a vender nuestros productos a comisión?

3 Wie wir erfahren haben, haben Sie in . . . noch freie Lagerkapazitäten. Würden Sie für uns als Verkaufskommissionär tätig werden?

4 Sie wurden mir von meinem Geschäftspartner, Herrn . . ., empfohlen. Wären Sie gewillt, auch für unsere Rechnung zu verkaufen?

5 Unser bisheriger Verkaufskommissionär in . . . hat sein Geschäft aufgegeben. Könnten Sie den Verkauf unserer Produkte übernehmen?

6 Der Markt ist für unsere Waren aufnahmefähig. Die Übernahme unserer Verkaufskommission in . . . wäre sicher lohnend für Sie.

7 Wir versuchen, unser Verkaufsnetz in der EU weiter auszubauen. Könnten Sie in . . . unsere Produkte auf Kommissionsbasis vertreiben?

8 Eine monatliche Provisionsgarantie in Höhe von . . . sichern wir Ihnen zu, wenn Sie unsere Verkaufskommission für . . . übernehmen.

9 Wir haben vor, ein Konsignationslager in Übersee einzurichten. Könnten Sie uns einen guten Konsignatar empfehlen?

10 Unsere Firma beabsichtigt, als Konsignant einen Konsignationshandel in . . . zu errichten. Wären Sie bereit, für uns als Konsignatar tätig zu werden?

11 Als Konsignatar können Sie uns die unverkäufliche Ware zurückschicken und Zollrückerstattung beantragen.

3 Nos hemos enterado de que, actualmente, no utilizan ustedes toda la capacidad de sus almacenes en . . . ¿Les interesaría ser nuestros comisionistas de ventas?

4 Usted nos ha sido recomendado por el señor . . . con quien tenemos relaciones comerciales. ¿Estaría usted dispuesto a vender también por nuestra cuenta?

5 Nuestro comisionista de ventas en . . . se ha retirado del negocio. ¿Podría usted encargarse de la venta de nuestros productos?

6 El mercado tiene capacidad de absorción para nuestra mercancía. La aceptación de nuestra comisión de ventas en . . . seguramente le resultaría provechosa.

7 Pretendemos ampliar nuestra red de ventas en la Unión Europea. ¿Podría usted vender nuestros productos en . . . a comisión?

8 Si usted acepta nuestra comisión de ventas en . . ., le aseguramos una garantía de comisión mensual de . . .

9 Tenemos la intención de establecer un almacén de consignación en ultramar. ¿Podrían ustedes recomendarnos un buen consignatario?

10 Nuestra casa tiene la intención de establecer como consignante un negocio de consignación. ¿Estaría usted dispuesto a trabajar para nosotros como consignatario?

11 Como consignatario usted puede devolvernos la mercancía invendible y solicitar la devolución de derechos de aduana.

Antwort des Kommissionärs/Konsignatars

1 Ich bin gern bereit, hier in . . . Ihre Verkaufskommission zu übernehmen.

2 Ich nehme Ihr Angebot zur Errichtung einer Verkaufskommission gern an.

3 Obwohl ich mich auf Einkaufskommission spezialisiert habe, übernehme ich Ihre Verkaufskommission sehr gern.

4 Gegen eine angemessene Provision bin ich bereit, Ihre Produkte auf Kommissionsbasis zu vertreiben.

5 Da ich geschäftlich überlastet bin, muss ich Ihr Kommissionsangebot leider ablehnen.

Respuesta del comisionista/consignatario

1 Con gusto estoy dispuesto a encargarme de sus ventas a comisión en . . .

2 Acepto con gusto su oferta de establecer un negocio de comisión de ventas.

3 Aunque me he especializado en compras a comisión, con mucho gusto me haré cargo de sus ventas a comisión.

4 Por una comisión adecuada estoy dispuesto a vender sus productos a base de una comisión.

5 Lamentablemente, tengo que rehusar la plaza de comisionista de ventas que me ofrecen por estar sobrecargado en mis negocios.

6 Es ist mir bedauerlicherweise nicht möglich, als Verkaufskommissionär für Sie tätig zu werden.
7 Leider muss ich Ihr Kommissionsangebot ablehnen. Ich kann Ihnen aber die Firma ... empfehlen.
8 Da ich mich vertraglich an die Firma ... gebunden habe, kann ich für Sie nicht als Verkaufskommissionär tätig werden.
9 Ich habe Ihr Angebot hinsichtlich der Übernahme einer Verkaufskommission an die Firma ... weitergeleitet und hoffe, damit in Ihrem Sinne gehandelt zu haben.
10 Ich bin an der Übernahme eines Konsignationslagers sehr interessiert und bitte um Mitteilung Ihrer Bedingungen.
11 Ich arbeite bereits als Konsignatar für ... und bin ggf. durchaus bereit, auch für Sie tätig zu werden.

6 Lamentablemente, no me es posible trabajar como su comisionista de ventas.
7 Lamentablemente, tengo que declinar su oferta de comisión. No obstante, puedo recomendarles la firma ...
8 No puedo trabajar para ustedes como comisionista de ventas porque estoy obligado contractualmente con la empresa ...
9 La oferta de comisión de ventas que ustedes me hicieron, la transmití a la empresa ... y con ello espero haber actuado de acuerdo con sus deseos.
10 Estoy muy interesado en hacerme cargo de un almacén de mercancías en consignación, por lo que les ruego me comuniquen sus condiciones.
11 Estoy trabajando ya como consignatario para ... y estaría, en caso dado, con sumo gusto dispuesto a trabajar también para ustedes.

Kommissionär ersucht um Einkaufskommission

1 Könnten Sie mir Ihre Einkaufskommission für ... übertragen?
2 Wie ich gehört habe, suchen Sie einen Einkaufskommissionär für den Raum ... Ich wäre bereit, für Sie tätig zu werden.
3 Ich habe mich auf den Einkauf von ... spezialisiert. Könnte ich auch für Sie als Einkaufskommissionär tätig werden?
4 Als Einkaufskommissionär für ... genieße ich einen guten Ruf. Darf ich auch Ihnen meine Dienste anbieten?
5 Es wäre mir eine große Freude, im Raum ... als Einkaufskommissionär für Sie tätig zu werden.
6 Ich habe gute Beziehungen nach Übersee. Darf ich Ihnen meine Dienste als Einkaufskommissionär anbieten?

Comisionista solicita comisión de compras

1 ¿Podrían ustedes confiarme sus compras a comisión en ...?
2 He oído que ustedes buscan un comisionista de compras en la zona de ... Estaría dispuesto a trabajar para ustedes.
3 Me he especializado en la compra de ... ¿Podría trabajar también para ustedes como comisionista de compras?
4 Tengo un buen nombre como comisionista de compras de ... ¿Podría ofrecerles también a ustedes mis servicios?
5 Sería para mí un gran placer el trabajar para ustedes como comisionista de compras en la zona de ...
6 Tengo buenas relaciones en ultramar. ¿Puedo ofrecerles mis servicios como comisionista de compras?

Antwort des Kommittenten

1 In Beantwortung Ihres Schreibens vom ... möchten wir Ihnen mitteilen, dass wir gern bereit sind, Ihnen unsere Einkaufskommission in ... zu übertragen.
2 Bitte besuchen Sie uns am ... zur vertraglichen Fixierung unserer Abmachungen.
3 Wir sind bereit, Ihnen eine Einkaufskommission zu übertragen.

Respuesta del comitente

1 En respuesta a su escrito del ..., le comunicamos que con gusto estamos dispuestos a confiarle nuestra comisión de compras en ...
2 Le ruego nos visite el ... para dar forma contractual a nuestros acuerdos.
3 Estamos dispuestos a confiarle una comisión de compras.

4 Da Ihre Referenzen uns sehr befriedigen, übertragen wir Ihnen unseren Einkauf auf Kommissionsbasis für den Raum ... Wir hoffen auf gute Zusammenarbeit.

5 Wir freuen uns über Ihr Angebot zur Übernahme einer Einkaufskommission.

6 Unser Geschäftsführer, Herr ..., wird Sie in den nächsten Tagen aufsuchen. Bei diesem Besuch können alle Fragen bezüglich der Qualitäten, Preise, Provisionen, Spesenvergütung usw. besprochen werden.

7 Aus organisatorischen Gründen müssen wir Ihr Angebot, eine Einkaufskommission für uns zu übernehmen, bedauerlicherweise ablehnen.

8 Obwohl Ihre Referenzen hervorragend sind, können wir Ihnen den kommissionsweisen Einkauf unserer Rohstoffe nicht übertragen. Die Gründe für diese Entscheidung sind ausschließlich innerbetrieblicher Natur.

9 Wir können Ihr Angebot, Einkäufe in Ihrem Namen und für unsere Rechnung zu tätigen, nicht akzeptieren, haben Sie jedoch unserem Geschäftspartner, der Firma ..., empfohlen. Bitte richten Sie Ihre Bewerbung dort an Herrn ...

4 Puesto que sus referencias nos satisfacen plenamente, le confiamos nuestras compras a comisión en la zona de ... Esperamos una buena cooperación.

5 Nos causó un gran placer la oferta de sus servicios como comisionista de compras.

6 Nuestro gerente, el señor ..., le visitará en los próximos días. En esa oportunidad podrá usted hablar sobre todo lo relativo a la calidad, los precios, las comisiones, el reembolso de gastos, etc.

7 Lamentablemente, por motivos de organización, tenemos que rehusar su ofrecimiento de encargarse de nuestras compras a comisión.

8 Aunque sus referencias son magníficas, no podemos confiarle la compra a comisión de nuestras materias primas. Los motivos de nuestra decisión son exclusivamente de orden interno.

9 Lamentablemente, no podemos aceptar su oferta de realizar compras a su nombre y por nuestra cuenta. Sin embargo, le hemos recomendado a usted a la empresa ..., con la que tenemos relaciones comerciales. Le rogamos presente su solicitud a la mencionada empresa, dirigida al señor ...

Kommissionär ersucht um Verkaufskommission

1 Es wäre für mich eine große Freude, Ihre Produkte auf Kommissionsbasis vertreiben zu können.

2 Könnten Sie mir den kommissionsweisen Verkauf Ihrer Waren in ... übertragen?

3 Ich bin auf den Verkauf von ... spezialisiert. Darf ich als Kommissionär auch für Sie tätig werden?

4 Als Verkaufskommissionär genieße ich einen guten Ruf. Darf ich auch Ihnen meine Dienste anbieten?

5 Ihr Warensortiment ist in ... sehr beliebt. Darf ich mich deshalb für das hiesige Gebiet als Verkaufskommissionär empfehlen?

6 Die Absatzchancen Ihrer Produkte halte ich für gut. Es würde mich freuen, wenn ich für Sie als Verkaufskommissionär tätig werden könnte.

7 Da ich nicht voll ausgelastet bin, würde ich gern Ihre Verkaufskommission übernehmen.

Comisionista solicita comisión de ventas

1 Sería para mí un gran placer vender sus productos a comisión.

2 ¿Podrían ustedes confiarme la venta a comisión de sus mercancías en ...?

3 Estoy especializado en la venta de ... ¿Podría trabajar como comisionista también para su empresa?

4 Tengo un buen nombre como comisionista de ventas. ¿Podría ofrecerles también a ustedes mis servicios?

5 Su surtido de mercancías gusta mucho en ... En vista de ello, ¿podría ofrecerme como vendedor a comisión en esta zona?

6 Estimo que las posibilidades de venta de sus productos son buenas. Mucho me alegraría si pudiera trabajar para ustedes como comisionista de ventas.

7 Dispongo todavía de tiempo libre, por lo que me encargaría gustosamente de su comisión de ventas.

Antwort des Kommittenten/Konsignanten

1 Leider müssen wir Ihr Angebot bezüglich der Übernahme einer Verkaufskommission ablehnen.
2 Da es uns aus organisatorischen Gründen nicht möglich ist, unsere Waren auf Kommissionsbasis zu vertreiben, können wir Ihr Angebot zu unserem Bedauern nicht annehmen. Dürfen wir Ihr Angebot an unseren Geschäftspartner, die Firma ... in ... , weiterleiten?
3 Wir eröffnen in ... eine Geschäftsstelle. Es ist uns deshalb nicht möglich, Ihnen den kommissionsweisen Verkauf unserer Waren zu übertragen.
4 Ihr Angebot, ein Konsignationslager in ... für unsere Produkte einzurichten, ist für uns von großem Interesse. Wir sind gern bereit, Sie mit dieser Aufgabe zu betrauen.
5 Zur vertraglichen Fixierung unserer Geschäftsbedingungen wird unser Geschäftsführer, Herr ..., am ... bei Ihnen vorsprechen.
6 Wir nehmen Ihr Angebot, unsere Produkte auf Konsignationsbasis zu vertreiben, gern an.
7 Mit der Regelung der Geschäftsbedingungen haben wir unseren Prokuristen, Herrn ..., beauftragt. Bitte teilen Sie uns einen Termin für seinen Besuch mit.
8 Wir freuen uns, Sie als Konsignatar mit dem Verkauf unserer Produkte betrauen zu können.

Unstimmigkeiten zwischen Kommittenten/Konsignanten und Kommissionär/Konsignatar

Schreiben des Kommittenten/Konsignanten

1 Ihre Spesenabrechnung erscheint uns zu hoch. Bitte überprüfen Sie Ihre Angaben.
2 Mit der Höhe Ihrer Spesenabrechnung sind wir nicht einverstanden.
3 Sollten sich Ihre Spesenforderungen nicht verringern, sähen wir uns gezwungen, Ihnen unsere Kommissionsgeschäfte (Konsignationsgeschäfte) zu entziehen.
4 Bei derartig hohen Spesen ist der kommissionsweise (konsignationsweise) Verkauf unserer Waren ein glattes Verlustgeschäft für uns.

Respuesta del comitente/consignador

1 Lamentablemente, tenemos que rehusar su ofrecimiento de hacerse cargo de nuestras ventas a comisión.
2 Lamentablemente, no podemos aceptar su oferta, pues por motivos de organización no nos es posible vender nuestras mercancías a comisión. ¿Podríamos transmitir su oferta a la empresa ... en ..., con la que tenemos relaciones comerciales?
3 Vamos a abrir una sucursal en ... Por eso, no nos es posible confiarle la venta a comisión de nuestras mercancías.
4 Su oferta de establecer un almacén de consignación en ... nos interesa mucho. Con gusto estamos dispuestos a confiarle este trabajo.
5 El día ..., nuestro gerente, el señor ..., le visitará a fin de fijar contractualmente nuestras condiciones comerciales.
6 Aceptamos con gusto su ofrecimiento de vender en consignación nuestros productos.
7 Para todo lo relativo al establecimiento de las condiciones comerciales, hemos dado instrucciones a nuestro apoderado, el señor ... Le ruego que nos informe cuándo podría visitarle.
8 Nos complace poder confiarle como consignatario la venta de nuestros productos.

Discrepancias entre comitente/consignador y comisionista/consignatario

Escrito del comitente/consignador

1 Su liquidación de gastos nos parece demasiado alta. Le rogamos que revise los datos.
2 No estamos de acuerdo con el importe de la liquidación de su cuenta de gastos.
3 Si usted no reduce la cantidad que solicita en concepto de gastos, nos veremos obligados a retirarle nuestros negocios a comisión (de consignación).
4 Con esos gastos tan grandes, la venta a comisión (en consignación) de nuestros productos nos ocasiona únicamente pérdidas.

5 In Ihrer Spesenabrechnung vom letzten Monat ist Ihnen ein Rechenfehler in Höhe von ... zu Ihren Gunsten unterlaufen.
6 Ihre Spesenforderungen sind uns zu hoch. Wir werden eine andere Firma mit dem kommissionsweisen (konsignationsweisen) Verkauf unserer Produkte beauftragen.
7 Wir hatten eine Provision in Höhe von ... % des Rechnungsbetrags vereinbart. Deshalb können wir nicht zulassen, dass Sie uns neuerdings eine Provision von ... % in Rechnung stellen.
8 Ihre letzte Provisionsabrechnung ist um ... zu hoch ausgefallen. Wir bitten Sie deshalb, Ihre nächste Abrechnung um diesen Betrag zu kürzen.
9 Wir werden Ihre Provisionsabrechnungen künftig genauer überprüfen müssen.
10 Die von Ihnen für unsere Kommissionswaren (Konsignationswaren) berechnete Lagermiete ist unbegreiflich hoch.
11 Im letzten Monat haben Sie für uns keine Einkäufe getätigt. Ihre Lagergeldforderung in Höhe von ... ist uns deshalb unverständlich. Wir bitten Sie, sich in Zukunft an die üblichen Lagermieten zu halten.
12 Ihre Lagergeldabrechnungen werden von Monat zu Monat höher.

5 En su liquidación de gastos del mes pasado incurrió usted en un error a su favor, por la cantidad de ...
6 Las cantidades que ustedes exigen en concepto de gastos son demasiado altas. Encargaremos a otra firma la venta a comisión (en consignación) de nuestros productos.
7 Habíamos acordado una comisión del ... % sobre el importe de la factura. Por ello, no podemos admitir que usted incluya en la liquidación una comisión del ... %, como ha hecho últimamente.
8 Su última cuenta de comisiones presenta un exceso de ... Por ello, le rogamos que deduzca ese importe de la cuantía de la próxima liquidación.
9 En el futuro tendremos que supervisar con más exactitud sus liquidaciones de comisiones.
10 La cantidad que usted nos carga por almacenaje de nuestras mercancías a comisión (en consignación) es incomprensiblemente alta.
11 En el último mes usted no ha hecho ninguna compra para nosotros. Por ello, no comprendemos su reclamación de la cantidad de ... en concepto de almacenaje. Le rogamos que en el futuro se ajuste a los alquileres usuales de almacenaje.
12 Sus derechos de almacenaje aumentan de mes en mes.

Antwort des Kommissionärs/Konsignatars

1 Da meine Spesenabrechnung nach bestem Wissen und Gewissen erfolgte, ist mir Ihre Beschwerde wegen deren Höhe unverständlich.
2 Den Additionsfehler in meiner Spesenabrechnung vom ... bitte ich zu entschuldigen.
3 Als Anlage überreiche ich Ihnen die Originalbelege, damit Sie sich von der Richtigkeit meiner Spesenabrechnung überzeugen können.
4 Die Spesen, die ich Ihnen in Rechnung stellte, sind mir tätsächlich entstanden. Als Beweis dafür überreiche ich Ihnen als Anlagen die betreffenden Originalbelege.
5 Ich kann in meiner Spesenabrechnung keinen Fehler entdecken.

Respuesta del comisionista/consignatario

1 No comprendo su queja relativa a la cuantía de la liquidación de los gastos, pues la realicé de buena fe, según mi leal saber y entender.
2 Les ruego me disculpen el error de adición en que incurrí en la liquidación de gastos del ...
3 Adjunto les envío los comprobantes originales para que puedan convencerse de la corrección de mi liquidación de gastos.
4 Los gastos que figuran en la cuenta fueron pagados realmente por mí. Como prueba de ello, adjunto les envío los comprobantes originales.
5 No puedo descubrir error alguno en mi cuenta de gastos.

6 Bei der Berechnung meiner Provision habe ich mich korrekt an unseren Kommissionsvertrag (Konsignationsvertrag) gehalten. Deshalb weise ich Ihre Beschwerde mit Nachdruck zurück.

7 Bitte entschuldigen Sie den Fehler in meiner Provisionsabrechnung vom ...

8 Ihre Beschwerde wegen meiner Provisionsabrechnung ist mir unverständlich. Ich habe genau ... % des Rechnungsbetrags als Provision berechnet.

9 Ich habe meine Provisionsabrechnung nochmals geprüft und keinen Fehler entdecken können. Deshalb bitte ich Sie, Ihre Kommissionskonten (Konsignationskonten) zu überprüfen.

10 Bitte entschuldigen Sie den Additionsfehler in meiner letzten Provisionsabrechnung.

11 Der Fehler in meiner letzten Provisionsabrechnung ist durch die Stornierung eines Auftrags entstanden.

12 Für Ihre Kommissionswaren (Konsignationswaren) habe ich Ihnen die übliche Lagermiete berechnet. Ihre Beschwerde wegen der Höhe des Lagergeldes ist mir daher unverständlich.

13 Für meinen Fehler bei der Berechnung des Lagergeldes für Ihre Kommissionswaren (Konsignationswaren) bitte ich um Entschuldigung. Ich werde den Betrag in Höhe von ... bei meiner nächsten Abrechnung berücksichtigen.

14 Das Lagergeld für Ihre Kommissionswaren (Konsignationswaren) habe ich nach bestem Wissen berechnet.

Beendigung des Kommissionsgeschäfts

Kündigung durch den Kommittenten/Konsignanten

1 Da Sie unsere Vorstellungen von der Qualität der von Ihnen einzukaufenden Waren wiederholt nicht berücksichtigt haben, sehen wir keine Grundlage mehr für eine weitere Zusammenarbeit. Wir sind deshalb gezwungen, unseren Einkaufskommissionsvertrag mit sofortiger Wirkung zu kündigen.

2 Da Sie unsere Interessen nicht nachhaltig genug vertreten, sehen wir keine Basis mehr für eine weitere Zusammenarbeit.

6 En el cálculo de mi comisión me he ajustado exactamente a nuestro contrato de comisión (de consignación). En consecuencia, debo rechazar decididamente sus quejas.

7 Les ruego disculpen el error en mi cuenta de comisiones del ...

8 No comprendo su queja relativa a mi cuenta de comisiones. He calculado como comisión exactamente el ... % del importe de la factura.

9 He vuelto a examinar mi liquidación de comisiones y no he podido hallar error alguno. Por ello, les ruego revisen sus cuentas de comisiones (de consignaciones).

10 Les ruego disculpen el error de adición en mi última liquidación de comisiones.

11 El error en mi última liquidación de comisiones se debió a la cancelación de un pedido.

12 Por las mercancías dadas en comisión (en consignación) les he cargado los derechos de almacenaje usuales. Por ello, no comprendo su queja relativa a la cuantía del alquiler del almacén.

13 Les ruego me disculpen el error en el cálculo de los derechos de almacenaje relativos a sus mercancías recibidas en comisión (en consignación). En la próxima cuenta tomaré en consideración la cantidad de ... cargada en exceso.

14 Los derechos de almacenaje por sus mercancías recibidas en comisión (en consignación) los calculé de acuerdo con mi leal saber y entender.

Terminación del negocio de comisión

Rescisión por el comitente/consignador

1 En repetidas ocasiones usted ha dejado de tomar en consideración nuestras indicaciones relativas a la calidad de las mercancías que debían comprarse. Por esta razón, nos vemos obligados a rescindir nuestro contrato de comisión de compra con efecto inmediato.

2 Debido a que usted no representa nuestros intereses en forma suficientemente eficaz, no vemos motivo alguno para continuar nuestra relación comercial.

3 Bitte betrachten Sie unsere Geschäftsverbindung auf Kommissionsbasis (Konsignationsbasis) als beendet.
4 Aus organisatorischen Gründen müssen wir unser Kommissionsgeschäft (Konsignationsgeschäft) leider beenden.
5 Ihre Spesen- und Lagergeldforderungen sind uns zu hoch geworden. Wir müssen deshalb unser Kommissionsgeschäft (Konsignationsgeschäft) mit Wirkung vom ... beenden.
6 Wie wir erfuhren, haben Sie gleichzeitig für unsere Konkurrenz eine Verkaufskommission übernommen. Wir sehen uns daher gezwungen, unsere Interessen in ... künftig selbst wahrzunehmen. Unsere Geschäftsverbindung ist beendet.
7 Bitte stellen Sie Ihre Einkäufe für unsere Rechnung sofort ein.

3 Le ruego considere como terminadas nuestras relaciones comerciales, en lo que respecta a negocios a comisión (en consignación).
4 Por razones de organización, sentimos mucho tener que dar por terminado nuestro negocio de comisión (de consignación).
5 Sus pretensiones relativas a gastos y derechos de almacenaje han aumentado demasiado. Por ello, tenemos que terminar nuestro negocio de comisión (de consignación) con efecto desde el ...
6 Nos hemos enterado de que usted, al mismo tiempo, aceptó una comisión de ventas para nuestra competencia. Por esta razón, nos vemos obligados, en el futuro, a atender por nuestra propia cuenta nuestros negocios en ... Nuestra relación comercial con usted está terminada.
7 Le rogamos deje inmediatamente de efectuar compras por nuestra cuenta.

Kündigung durch den Kommissionär/Konsignatar

1 Da Sie mit meiner Arbeitsweise unzufrieden sind, werde ich für Sie leider nicht länger tätig sein können.
2 Ihre Beschwerden wegen meiner Lagergeldabrechnungen veranlassen mich, unser Kommissionsgeschäft (Konsignationsgeschäft) als beendet zu betrachten.
3 Da ich am ... mein Geschäft aufgeben werde, kann ich in Zukunft leider nicht mehr als Ihr Einkaufskommissionär tätig sein.
4 Meine Geschäftsaufgabe zwingt mich, unseren Kommissionsvertrag (Konsignationsvertrag) mit sofortiger Wirkung zu kündigen. Die noch auf Lager befindliche Ware werde ich umgehend zurücksenden (sofern Sie keine anderen Anweisungen haben).
5 Ihre ständigen Beschwerden lassen mich vermuten, dass ich Ihre Interessen nicht zu Ihrer Zufriedenheit vertreten habe. Ich sehe mich deshalb veranlasst, von unserem Kommissionsgeschäft (Konsignationsgeschäft) zurückzutreten.
6 Da Sie mit der Zahlung des Lagergeldes schon ... Monate in Verzug sind, muss ich unsere Geschäftsverbindung abbrechen.

Rescisión por el comisionista/consignatario

1 Como ustedes no están satisfechos con mi trabajo, lamento comunicarles que no continuaré atendiendo sus negocios.
2 En vista de que ustedes ponen reparos a mi cuenta por concepto de derechos de almacenaje, me veo obligado a dar por terminado nuestro negocio de comisión (de consignación).
3 Lamentablemente, en el futuro no podré continuar trabajando como comisionista de compras con ustedes, pues el día ..., cesaré el negocio.
4 La liquidación de mi negocio me obliga a rescindir con efecto inmediato nuestro contrato de comisión (de consignación). Les devolveré inmediatamente la mercancía que todavía se encuentra en almacén (a menos que ustedes me den otras instrucciones).
5 Sus continuas quejas me inducen a pensar que no he representado sus intereses a su completa satisfacción. Por ello, me veo obligado a retirarme de nuestro negocio de comisión (de consignación).
6 En vista de que el pago de los derechos de almacenaje ya tiene un retraso de ... meses, me veo obligado a dar por terminadas nuestras relaciones comerciales.

7 Da Sie nicht bereit sind, meine Spesenforderungen anzuerkennen, trete ich
mit sofortiger Wirkung von unserem
Kommissionsvertrag (Konsignationsvertrag) zurück.

8 Ihre Konkurrenz hat mir ein besseres
Angebot gemacht, deshalb beende
ich meine Tätigkeit als Ihr Verkaufskommissionär.

7 Como ustedes no están dispuestos a
aceptar la cuantía de mis pretensiones de
gastos, me retiro, con efecto inmediato,
de nuestro negocio de comisión (de consignación).

8 Su competencia me ha hecho una oferta
mejor. Por este motivo, doy por terminado mi trabajo como comisionista de
ventas de ustedes.

Schreiben zu besonderen Gelegenheiten
Cartas por motivos especiales

Dankschreiben

1 Wir bedanken uns für das uns entgegengebrachte Vertrauen.
2 Wir danken Ihnen für den bei uns am ... eingegangenen Auftrag.
3 Für Ihr Verständnis hinsichtlich des Lieferverzugs danken wir Ihnen sehr.
4 Für die uns eingeräumte Zahlungsfrist möchten wir uns bestens bedanken.
5 Wir danken dafür, dass Sie die Mehrlieferung trotzdem abgenommen haben.
6 Für die zum Geschäftsjubliäum entgegengebrachten Glückwünsche bedanken wir uns herzlich.
7 Wir danken Ihnen für die uns gewährte längere Lieferfrist. In dieser Zeit war es uns möglich, die Ware zu beschaffen.
8 Besten Dank für den Auftrag. Wir möchten Ihnen gleichzeitig ein Sonderangebot unterbreiten.
9 Wir danken Ihnen für die freundliche Aufnahme unseres Herrn (unserer Frau) ... in Ihrem Hause.
10 Herzlichen Dank für Ihre freundliche Vermittlung in der Sache ...
11 Wir bedanken uns sehr und sind zu Gegenleistungen jederzeit gern bereit.

Cartas de agradecimiento

1 Agradecemos la confianza depositada en nosotros.
2 Le agradecemos su pedido recibido el ...
3 Agradecemos mucho su comprensión en lo que respecta a nuestra demora en el suministro.
4 Agradecemos infinitamente el plazo de pago concedido.
5 Les agradecemos que hayan aceptado el suministro, pese a que era por una cantidad mayor que la pedida.
6 Agradecemos muy cordialmente las felicitaciones recibidas con motivo de nuestro aniversario.
7 Les agradecemos la prórroga del plazo de suministro que nos concedieron. Gracias a ella pudimos procurar la mercancía.
8 Agradecemos el pedido efectuado y queremos hacerles, al mismo tiempo, una oferta especial.
9 Agradecemos la amable acogida que tuvo en su casa nuestro(a) empleado(a), el señor (la señora) ...
10 Agradecemos su amable mediación en el asunto ...
11 Queremos expresarles nuestro agradecimiento y quedamos, con gusto, en todo momento, a la recíproca.

Glückwünsche

Geschäftsjubliäum

1 Zu Ihrem ...-jährigen Geschäftsjubliäum möchten wir Ihnen unsere herzlichsten Glückwünsche aussprechen.

Cartas de felicitación

Aniversario de la firma

1 Reciban ustedes nuestras más cordiales felicitaciones con motivo de su ... aniversario.

2 Bei dieser Gelegenheit gratulieren wir zu Ihrem Geschäftsjubiläum herzlich.
3 Wir erlauben uns, Ihnen zu Ihrem Geschäftsjubliäum zu gratulieren, und hoffen auf weitere gute Zusammenarbeit.

Weihnachten und Neujahr

1 Die besten Glückwünsche zum Weihnachtsfest und Jahreswechsel!
2 Wir wünschen Ihnen schöne Feiertage und alles Gute im neuen Jahr.
3 Ein frohes Weihnachtsfest und ein gesundes neues Jahr wünschen wir Ihnen allen.
4 Wir gestatten uns, Ihnen und Ihren Mitarbeitern ein frohes Fest und ein erfolgreiches neues Jahr zu wünschen.
5 Schöne Feiertage und ein gesundes, erfolgreiches neues Jahr wünscht Ihnen ...
6 Auch für das neue Jahr hoffen wir auf eine gute Zusammenarbeit und wünschen Ihnen alles Gute.
7 Wir gestatten uns, Ihnen die besten Grüße und Wünsche für das neue Jahr zu übermitteln.

Geschäftseröffnung

1 Zur Geschäftseröffnung wünschen wir Ihnen viel Erfolg.
2 Wir hoffen, dass Sie mit Ihrem neuen Geschäft schöne Erfolge haben werden.
3 Wir gestatten uns, Ihnen zur Eröffnung Ihrer Verkaufsniederlassung in ... zu gratulieren, und hoffen auf eine gute Zusammenarbeit.
4 Wir erlauben uns, zu Ihrer Geschäftseröffnung am ... herzlich zu gratulieren.
5 Beste Wünsche zur Eröffnung Ihrer Zweigniederlassung! Bei dieser Gelegenheit möchten wir Sie auf unser Sonderangebot hinweisen.
6 Wir gratulieren Ihnen zu Ihrer Geschäftseröffnung und hoffen, dass wir bald zusammenarbeiten werden.
7 Wir beglückwünschen Sie zu Ihrer Geschäftserweiterung und hoffen zuversichtlich, Sie jederzeit zufrieden stellen zu können.

2 En esta oportunidad, queremos felicitarles con motivo del aniversario de su firma.
3 Nos permitimos felicitarles con motivo del aniversario de su firma y confiamos en la continuación de nuestras buenas relaciones comerciales.

Navidad y Año Nuevo

1 Reciban ustedes nuestras más cordiales felicitaciones con motivo de la Navidad y el Año Nuevo.
2 Les deseamos felices fiestas de Navidad y un venturoso Año Nuevo.
3 Les deseamos a todos ustedes felices fiestas de Navidad y un Año Nuevo pleno de salud.
4 Nos permitimos desearles a usted y a sus empleados una feliz Navidad y un próspero Año Nuevo.
5 Felices fiestas de Navidad y un próspero Año Nuevo, pleno de salud, les desea ...
6 En el nuevo año confiamos también en una buena cooperación y les deseamos los mayores éxitos.
7 Nos permitimos desearles a ustedes una feliz Navidad y un próspero Año Nuevo.

Apertura de casa comercial

1 Con motivo de la inauguración de su casa comercial, les deseamos mucho éxito.
2 Esperamos que tengan grandes éxitos en su nueva empresa.
3 Nos permitimos felicitarles con motivo de la inauguración de su delegación de ventas y confiamos en que entre nosotros habrá una buena cooperación.
4 Nos permitimos felicitarles cordialmente con motivo de la inauguración de su casa comercial el ...
5 Les felicitamos sinceramente con motivo de la apertura de su sucursal. Al mismo tiempo, queremos llamarles la atención sobre nuestra oferta especial.
6 Por medio de la presente, nos permitimos felicitarles con motivo de la inauguración de su empresa y confiamos en que pronto estableceremos relaciones comerciales.
7 Les felicitamos por la ampliación de su empresa y confiamos en que podamos servirles en todo momento.

Vermählung, Geburtstag

1 Wir möchten Ihnen anlässlich der Vermählung Ihres Sohnes (Ihrer Tochter) unsere herzlichen Glückwünsche übermitteln.
2 Zum ... Geburtstag senden wir Ihnen herzliche Glückwünsche.
3 Anlässlich der Geburt Ihres Sohnes (Ihrer Tochter) möchten wir Ihnen unsere herzlichsten Glückwünsche übermitteln.

Boda, cumpleaños

1 Con motivo del matrimonio de su hijo (su hija), queremos hacerle llegar nuestra más cordial felicitación.
2 Con motivo de su cumpleaños ..., reciba usted nuestra más cordial felicitación.
3 Con motivo del nacimiento de su hijo (hija), queremos hacerle llegar nuestra más cordial felicitación.

Kondolenzbriefe

1 Wir möchten Sie unseres tiefen Bedauerns über das Hinscheiden Ihres Aufsichtsratsvorsitzenden (-mitglieds), Herrn ..., versichern.
2 Es ist uns ein Bedürfnis, Ihnen zum Ableben Ihres Herrn (Ihrer Frau) ... unser aufrichtiges Beileid auszudrücken.
3 Zutiefst bedauern wir das plötzliche Ableben Ihres(r) hochgeschätzten Mitarbeiters(in), Herrn (Frau) ...
4 Die Belegschaft unserer Firma bedauert aufrichtig das unerwartete Ableben Ihres Betriebsleiters, Herrn ...
5 Über das unerwartete Ableben Ihrer verehrten Frau Gemahlin sind wir zutiefst erschüttert. Gestatten Sie uns, Ihnen unsere aufrichtige Anteilnahme zu bekunden.
6 Wir versichern Sie unserer aufrichtigen Anteilnahme.
7 Wir müssen Ihnen das Ableben unseres Herrn ... mitteilen.

Cartas de pésame

1 Por medio de la presente, queremos expresarles nuestro más sentido pésame por el fallecimiento del señor ..., presidente (miembro) de su Consejo de Administración.
2 Es para nosotros una necesidad expresarles nuestro sentido pésame por el fallecimiento del señor (de la señora) ...
3 Lamentamos profundamente el súbito fallecimiento de su apreciadísimo(a) empleado(a), el señor (la señora) ...
4 Todo nuestro personal lamenta sinceramente el inesperado fallecimiento del Gerente de su firma, el señor ...
5 Estamos profundamente conmovidos por el inesperado fallecimiento de su honorable esposa. Permítanos expresarle nuestro más sincero pésame.
6 Compartimos sinceramente su dolor.
7 Tenemos que comunicarles el fallecimiento de nuestro empleado, el señor ...

Firmeninformation

Geschäftseröffnung/Eröffnung einer Filiale oder Verkaufsniederlassung/Änderungen innerhalb der Firma

1 Wir teilen Ihnen mit, dass wir am ... in ... ein neues Geschäft eröffnen werden.
2 Bei dieser Gelegenheit möchten wir Ihnen mitteilen, dass wir in ... eine Zweigniederlassung eröffnet haben.
3 Am ... werden wir eine Verkaufsniederlassung in ... eröffnen.

Información de empresa

Apertura de un negocio o casa comercial/Apertura de una sucursal o agencia (delegación) de ventas/Cambios dentro de la empresa

1 Por medio de la presente, les comunicamos que el ..., inauguraremos una sucursal en ...
2 En esta oportunidad, quisiéramos informarles que hemos abierto una sucursal en ...
3 El ... abriremos una delegación de ventas en ...

4 Wir gestatten uns Ihnen mitzuteilen, dass wir in ... ein neues Geschäft eröffnet haben, und hoffen, Ihnen schon in Kürze ein günstiges Angebot unterbreiten zu können.

5 In ..., ...straße ..., haben wir ein neues Geschäft eröffnet. Wir hoffen, Sie werden sich bald mit uns in Verbindung setzen.

6 Die Eröffnung unseres neuen Geschäfts erfolgt am ...

7 Wir freuen uns Ihnen mitzuteilen, dass wir unseren gesamten Auftragsablauf auf ein neues Computer-Software-Programm umgestellt haben.

8 Bitte nehmen Sie zur Kenntnis, dass wir ab sofort alle Aufträge online bearbeiten werden.

9 Sie erreichen unser neues Callcenter unter der Tel.Nr. ...

10 Seit der Zusammenlegung unserer Geschäftsaktivitäten mit ... firmieren wir unter ... und sind telefonisch unter der Nr. ... und per Fax unter der Nr. ... zu erreichen. Unsere E-Mail-Adresse lautet ...

11 Unsere neue Telefonnummer lautet: ... Per Fax erreichen Sie uns unter... Ihre E-Mails schicken Sie bitte an:...

12 Wir möchten Sie darauf hinweisen, dass unserer Zweigniederlassung ein Auslieferungslager angegliedert ist.

13 Unsere Zweigniederlassung ist mit einer modernen Datenverarbeitungsanlage ausgestattet.

14 Über ein computergesteuertes Netzwerk steht unsere neue Zweigniederlassung in ständigem direktem Kontakt mit der Zentrale.

4 Nos permitimos comunicarles que hemos abierto un nuevo comercio en ... y esperamos poder hacerles una oferta ventajosa dentro de poco.

5 En ..., en la calle ..., número ..., hemos inaugurado un nuevo comercio. Confiamos en que pronto entrarán ustedes en contacto con nosotros.

6 La inauguración de nuestro nuevo comercio tendrá lugar el ...

7 Nos alegramos de poder comunicarles que hemos computerizado totalmente nuestro sistema de pedidos con un nuevo software.

8 Sírvanse tener presente que, a partir de la fecha, todos los pedidos serán procesados en línea/online.

9 Pueden ponerse en contacto con nuestro nuevo centro de llamadas/Call-Center llamando al ...

10 Desde la fusión de nuestras actividades comerciales con ..., nuestra razón social es ... Pueden contactarnos llamando al ... o enviando un fax al ... Nuestra dirección de correo electrónico/e-mail es ...

11 Nuestro nuevo número telefónico es el ... También pueden enviarnos un fax al ... Dirija su correo electrónico a ...

12 Queremos llamarles la atención de que nuestra sucursal dispone de un almacén de expedición.

13 Nuestra sucursal dispone de una moderna instalación de elaboración de datos.

14 La nueva sucursal se encuentra continuamente en contacto directo con nuestra central a través de una red computerizada.

Änderung des Firmennamens

1 Wir möchten Ihnen mitteilen, dass wir unseren Firmennamen geändert haben. Ab sofort heißt unsere Firma: ...

2 Nach erfolgtem Ausscheiden unseres(r) Gesellschafters (Gesellschafterin), Herrn (Frau) ..., heißt unsere Firma in Zukunft: ...

3 Wir teilen Ihnen mit, dass wir unsere Firma in eine KG umgewandelt haben.

4 Nach dem Zusammenschluss unseres Hauses mit ... möchten wir Ihnen die Firmenänderung bekannt geben. Der neue Name der Firma lautet: ...

Modificación de la razón social

1 Les queremos participar que hemos cambiado nuestra razón social. Con efecto inmediato el nombre de la firma es ...

2 Al haberse separado nuestro(a) socio(a), el Sr. (la Sra.) ..., en el futuro, el nombre de nuestra firma será ...

3 Por medio de la presente, les informamos que hemos transformado nuestra firma en una sociedad comanditaria.

4 Por haberse fundido nuestra firma con ..., nos permitimos informarles el cambio de razón social. El nuevo nombre de la firma es ...

5 Wegen der häufigen Verwechslung des Namens unserer Firma mit dem eines anderen Unternehmens haben wir uns zur Umbenennung unserer Firma entschlossen.
6 Laut Gesellschafterbeschluss vom ... führen wir ab ... den Namen ...
7 Ich teile Ihnen mit, dass ich mein Einzelunternehmen in eine ...gesellschaft umgewandelt habe.
8 Ab ... ist unsere Firma eine börsennotierte Aktiengesellschaft und heißt: ...

Änderung der Firmenanschrift

1 Wir teilen Ihnen mit, dass unsere Adresse ab ... wie folgt lautet: ...
2 Unsere neue Anschrift ist: ...
3 Wir sind umgezogen. Unsere neue Anschrift ist: ...
4 Bei dieser Gelegenheit möchten wir Ihnen mitteilen, dass sich unsere Adresse geändert hat. Bitte richten Sie Ihre Angebote in Zukunft an folgende Anschrift: ...
5 Seit dem ... hat unter Unternehmen mit ... fusioniert. Wir werden daher ab ... unseren Firmensitz in ... haben. Die Anschrift lautet:
6 Ab ... haben wir eine neue Anschrift. Wir sind in ... zu erreichen.
7 Unsere Firma hat den Sitz gewechselt. Wenden Sie sich bitte künftig an folgende Adresse: ...
8 Die erhebliche Expansion unseres Unternehmens hat uns dazu bewogen, einen neuen Standort zu wählen. Unser neues Fabrikgelände ist in ...
9 Durch das Outsourcing bestimmter Unternehmensteile sehen wir uns genötigt, die Auftragsannahme nach ... zu verlegen. Bitte senden Sie Ihre zukünftigen Bestellungen an folgende Anschrift:

Änderung der Telefon- und/oder Fax-Nummern sowie der E-Mail-Adresse

1 Unser Telefonanschluss hat sich geändert. Die neue Nummer lautet: ...
2 Bitte notieren Sie unsere neue Telefonnummer: ...

5 Debido a la frecuente confusión del nombre de nuestra firma con el de otra empresa, nos hemos decidido a modificar nuestra razón social.
6 Por acuerdo de la junta de socios del ..., a partir del ..., nuestra razón social será ...
7 Por medio de la presente, les participo que he transformado mi empresa personal en una compañía ...
8 A partir del .., nuestra empresa es una sociedad anónima con cotización bursátil, bajo la razón social: ...

Cambio del domicilio social

1 Por medio de la presente, les informamos que a partir del ... nuestra dirección es la siguiente: ...
2 Nuestra nueva dirección es: ...
3 Hemos cambiado de domicilio. Nuestra nueva dirección es ...
4 En esta oportunidad, queremos participarles el cambio de nuestra dirección. Les rogamos que, en el futuro, dirijan sus ofertas a la siguiente dirección: ...
5 Desde el ... nuestra empresa se ha fusionado con ..., y la nueva sede se encuentra en .... La dirección es la siguiente:
6 A partir del ... tenemos una nueva dirección. Nos trasladamos a ...
7 Nuestra firma ha cambiado de domicilio. Les rogamos que en adelante se dirijan a la dirección siguiente: ...
8 La considerable expansión de nuestra empresa motivó que escogiéramos otro emplazamiento. Nuestra nueva fábrica está en ...
9 Debido al proceso de outsourcing al que se han visto sometidas algunas dependencias de nuestra empresa, nos vemos obligados a trasladar la oficina de recepción de pedidos a ... En el futuro, les rogamos enviar sus órdenes a la siguiente dirección:

Cambio del número de teléfono y/o del número de fax y de la dirección de correo electrónico/e-mail

1 Tenemos un nuevo número de teléfono: ...
2 Por favor, anoten nuestro nuevo número de teléfono: ...

3 Wir haben ein Callcenter eingerichtet. Ab sofort wenden Sie sich bitte an folgende Tel.-Nr.: ...
4 Bitte notieren Sie unsere neue Fax-Nr. Sie lautet: ...
5 Bitte wählen Sie zwischen ... Uhr und ... Uhr unsere Tel.-Nr. ..., unsere Fax-Nr. ... oder schicken Sie uns unter ... eine E-Mail.
6 Klicken Sie bitte www ... an und Sie erhalten Zugang zu unserer Homepage im Internet. Dort finden Sie unser ständig aktualisiertes Angebot.

Änderung der Beteiligungsverhältnisse

1 Bei dieser Gelegenheit möchten wir Ihnen mitteilen, dass die Firma ... inzwischen ... % unseres Aktienkapitals besitzt.
2 Die ...-Bank hat ein größeres Aktienpaket unseres Unternehmens erworben.
3 Wir haben die Kapitalbasis unserer Firma um ... verbreitert.
4 Der Kapitalanteil unseres verstorbenen Gesellschafters, Herrn ..., ist auf Herrn (Frau) ... übergegangen.
5 Herr (Frau) ... und ich besitzen jetzt je ... % des Geschäftskapitals.
6 Im Zuge der Umwandlung unserer Gesellschaft in eine GmbH haben wir die Kapitalanteile verändert.
7 Im Zuge der Fusion mit ... sind ...% des Aktienkapitals auf die ... Gesellschaft übergegangen.

Austritt eines Gesellschafters

1 Wegen des Austritts des Gesellschafters (der Gesellschafterin), Herrn (Frau) ..., bin ich seit dem ... alleiniger Inhaber der Firma ...
2 Herr (Frau) ... ist aus unserer Gesellschaft ausgetreten.
3 Hiermit möchte ich Ihnen den Austritt meines(r) Gesellschafters (Gesellschafterin), Herrn (Frau) ..., bekannt geben.
4 Ich habe die traurige Pflicht, Sie vom plötzlichen Ableben unseres(r) Gesellschafters (Gesellschafterin), Herrn (Frau) ..., zu unterrichten.

3 Hemos establecido un centro de llamadas/Call-Center. A partir de ahora, pónganse en contacto con nosotros llamando al ...
4 Les rogamos tomar nota de nuestro nuevo número de fax, a saber, el ...
5 Entre la(s) ... y la(s) ... pueden llamarnos al ..., enviarnos un fax al ... o un mensaje por correo electrónico/un e-mail a la siguiente dirección:
6 Haciendo clic en/pulsando en www ... tendrán acceso a nuestra página Web en Internet. Allí encontrarán siempre nuestras ofertas actualizadas.

Modificaciones en las participaciones

1 Aprovechamos la oportunidad para informarles que la firma ... posee ahora el ... % de nuestro capital en acciones.
2 El banco ... ha adquirido un gran paquete de acciones de nuestra empresa.
3 Hemos aumentado en ... el capital de nuestra firma.
4 La participación de capital del fallecido socio, señor ..., ha pasado a manos del señor (de la señora) ...
5 Actualmente, el señor (la señora) ... y yo poseemos cada uno un ... % del capital social.
6 Con motivo de la transformación de nuestra compañía en una sociedad de responsabilidad limitada, hemos modificado las participaciones en el capital.
7 Como consecuencia de nuestra fusión con ..., el ... % del capital social/capital en acciones ha pasado a poder de la sociedad/compañía ...

Separación de un socio

1 Al haberse separado el socio (la socia), señor(a) ..., soy desde el ... el propietario único de la firma.
2 El señor (La señora) ... se ha separado de nuestra compañía.
3 Por medio de la presente, quiero informarles sobre la separación de mi socio(a), el señor (la señora) ...
4 Tengo el triste deber de participarles el súbito fallecimiento de nuestro(a) socio(a), el señor (la señora) ...

5 Der Gesellschaftsanteil unseres(r) aus-
geschiedenen Prokuristen (Prokuristin),
Herrn (Frau) ..., wurde zu gleichen Teilen
von den Herren ... und ... übernommen.
6 Wir sind sicher, dass sich der Austritt
unseres(r) Gesellschafters (Gesellschafterin), Herrn (Frau) ..., nicht nach-
teilig auf unsere Geschäftsbeziehungen
auswirken wird.
7 Mein(e) Teilhaber(in), Herr (Frau) ..., ist
aus der Firma ausgeschieden.
8 Ich habe den Gesellschaftsanteil
meines(r) verstorbenen Teilhabers (Teil-
haberin) übernommen.

5 La participación social de nuestro(a)
apoderado(a), el señor (la señora) ..., que
se ha separado, ha sido adquirida por
partes iguales por los señores ... y ...
6 Estamos seguros de que la baja de nues-
tro(a) socio(a), el señor (la señora) ..., no
producirá consecuencias perjudiciales en
nuestras relaciones comerciales.
7 Mi socio(a), el señor (la señora) ..., se ha
separado de la firma.
8 He adquirido la participación social de mi
fallecido(a) socio(a).

Aufnahme eines Gesellschafters

1 Herr (Frau) ... ist mit Wirkung vom ... als
beschränkt haftender (haftende) Gesellschafter (Gesellschafterin) in unsere Firma
eingetreten.
2 Wir haben Herrn (Frau) ... als Komple-
mentär(in) in unsere Firma aufgenommen.
3 Wir möchten Ihnen mitteilen, dass Herr
(Frau) ... als Gesellschafter(in) in unsere
Firma eingetreten ist.
4 Durch die Aufnahme von Herrn (Frau) ...
als Gesellschafter(in) haben wir unsere
Kapitalbasis beträchtlich verbreitern
können.
5 Herr (Frau) ... ist mit einer Kapitaleinlage
von ... in unsere Gesellschaft eingetreten.
6 Herr (Frau) ... ist als neue(r) Gesell-
schafter(in) unserer Firma mit der
Geschäftsführung betraut worden.
7 In Zukunft wird unser(e) neue(r) Gesell-
schafter(in), Herr (Frau) ..., unsere Firma
leiten.
8 Unser Gesellschaftskapital hat sich durch
die Aufnahme von Herrn (Frau) ... als
neuem(r) Gesellschafter(in) auf ... erhöht.

Incorporación de un socio

1 A partir del ..., el señor (la señora) ...
forma parte de nuestra firma como
socio(a) comanditario(a).
2 Hemos incorporado al señor (a la señora)
... en nuestra firma como socio(a) co-
manditario(a) personalmente responsable.
3 Quisiéramos comunicarles que el señor
(la señora) ... ha entrado en nuestra firma
con carácter de socio(a).
4 Al haber entrado a formar parte de
nuestra firma como socio(a) el señor
(la señora) ..., hemos aumentado considerablemente nuestro capital social.
5 El señor (La señora) ... ha entrado a
formar parte de nuestra firma, como
socio(a), aportando un capital de ...
6 El señor (La señora) ..., como nuevo(a)
socio(a) de nuestra firma, ha sido encar-
gado(a) de la gestión de los negocios.
7 En el futuro, la firma estará bajo la dirección de nuestro(a) nuevo(a) socio(a), el
señor (la señora) ...
8 Mediante la incorporación del señor (de
la señora) ... como nuevo(a) socio(a),
nuestro capital social se ha elevado a ...

Ernennungen

1 Mit sofortiger Wirkung wurde unser derzeitiger Prokurist, Herr ..., zum Direktor
ernannt.
2 Aufgrund seiner (ihrer) besonderen
Leistungen erteilen wir Herrn (Frau) ...
Prokura.
3 Wir freuen uns, Ihnen die Wahl des Herrn
(der Frau) ... zu unserem neuen Direktor
(zu unserer neuen Direktorin) bekannt
geben zu dürfen.

Nombramientos

1 Con efecto inmediato, ha sido nombrado
director nuestro actual apoderado, el
señor ...
2 Por los servicios excepcionales prestados, nombramos apoderado(a) general al
señor (a la señora) ...
3 Nos complacemos en comunicarles que
hemos elegido al señor (a la señora) ...
como nuestro(a) nuevo(a) director(a).

4 Wir möchten Sie davon in Kenntnis setzen, dass seit dem ... die Geschäftsleitung unseres Unternehmens bei Herrn (Frau) ... liegt.
5 Mit Wirkung vom ... wurde Frau (Herr) ... zum Mitglied des Vorstandes berufen.
6 Im Zuge der Zusammenlegung unserer Geschäftsaktivitäten sind folgende Damen (Herren) ... in den Vorstand berufen worden.
7 Unser(e) neue(r) Aufsichtsratsvorsitzende(r) ist mit Wirkung vom ... Frau (Herr) ...

4 Les informamos que, desde el ..., la gerencia/dirección de la empresa/compañía de la firma se encuentra en manos del señor (de la señora) ...
5 A partir del ..., la señora/ el señor ... ha sido nombrada /-o (designada/-o) miembro de la junta directiva/del directorio.
6 En el marco de la fusión de nuestras actividades comerciales, han sido nombrados miembros del directorio/de la junta directiva las siguientes personas: Sr. Don/Sra. Doña ...
7 Desde el ..., el señor/la señora ... es el/la nuevo/-a presidente/-a del consejo de supervisión.

Abberufungen

1 Herr (Frau) ..., Direktor(in) unseres Unternehmens, tritt mit Wirkung vom ... in den Ruhestand.
2 Wir möchten Ihnen mitteilen, dass der Geschäftsführer (die Geschäftsführerin) unserer Filiale in ... aus der Firma ausscheidet.
3 Hiermit teilen wir Ihnen mit, dass Frau (Herr) ... mit Wirkung vom ... nicht mehr Mitglied des Vorstandes (Aufsichtsrats) sein wird.
4 Zu unserem Bedauern müssen wir Ihnen mitteilen, dass unser langjähriges Vorstandsmitglied, Frau (Herr) ... mit Wirkung vom ... in den Ruhestand treten wird.
5 Am ... verlässt uns unser(e) langjährige(r) Geschäftsführer(in), Herr (Frau) ...
6 Aus gesundheitlichen Gründen ist unser(e) Direktor(in), Herr (Frau) ..., vorzeitig in den Ruhestand getreten.
7 Wir möchten Sie darüber informieren, dass Herr (Frau) ... nicht mehr als Vertreter(in) für uns tätig ist. Bitte wenden Sie sich in Zukunft direkt an die Firmenzentrale.

Relevo en el cargo

1 El señor (La señora) ..., director(a) de nuestra empresa, se jubila el día ...
2 Les queremos informar que el administrador (la administradora) de nuestra sucursal en ... se retira de la firma.
3 Por la presente les comunicamos que a partir del ... la señora/el señor ... cesará sus funciones como miembro del directorio/de la junta directiva (del consejo de supervisión).
4 Lamentamos tener que informarle que la señora/el señor ..., miembro del directorio/ de la junta directiva desde hace muchos años, se jubilará el día ...
5 El día ..., se despide de nosotros nuestro(a) gerente durante muchos años, el señor (la señora) ...
6 Por motivos de salud, nuestro(a) director(a), el señor (la señora) ..., ha tenido que retirarse prematuramente.
7 Queremos informarles que nuestro(a) representante, el señor (la señora) ..., ya no forma parte de nuestra firma. Les rogamos, en el futuro dirigirse directamente a nuestra oficina central.

Verabredungen

Besuchsanzeige

1 Unser Vertreter wird sich erlauben, Sie am ... zu besuchen.

Citas

Aviso de visita

1 Nuestro representante se permitirá visitarles el ...

2 Wir möchten Ihnen den Besuch unseres Rechtsanwalts (unserer Rechtsanwältin), Herrn (Frau) ..., ankündigen.
3 Unser(e) Anwalt(Anwältin) wird Sie demnächst in der Angelegenheit ... aufsuchen.
4 Wegen der Verhandlung über ... wird Sie in Kürze unser(e) Geschäftsführer(in) aufsuchen.
5 Wegen unvorhergesehener Terminschwierigkeiten müssen wir unseren Besuch bei Ihnen leider auf den ... verschieben.
6 Bei der derzeitigen Lage ist es uns unmöglich, den vorgesehenen Besuchstermin einzuhalten. Wir bitten deshalb um einen späteren Termin.
7 Leider kann unser(e) Vertreter(in) erst ... Tage später als verabredet zu Ihnen kommen.

2 Les queremos anunciar la visita de nuestro(a) abogado(a), el señor (la señora) ...
3 Nuestro(a) abogado(a) les visitará próximamente para tratar el asunto de ...
4 Nuestro(a) gerente les visitará próximamente para tratar sobre ...
5 Debido a dificultades imprevistas en el cumplimiento de ciertos plazos, tenemos, lamentablemente, que posponer para el ... nuestra visita a ustedes.
6 Dada la situación actual, no nos es posible cumplir la visita en la fecha prevista. Les rogamos nos indiquen una fecha posterior.
7 Lamentablemente, nuestro(a) representante no puede visitarles hasta ... días después de la fecha acordada.

Bitte um Empfang

1 Wir bitten Sie, unsere(n) Vertreter(in) am ... zu empfangen.
2 Es wäre sehr freundlich von Ihnen, wenn Sie Herrn (Frau) ... am ... empfangen könnten.
3 Wir hoffen, Sie empfangen Herrn (Frau) ... zu dem vorgeschlagenen Termin.
4 Wir würden uns freuen, wenn Sie unseren (unsere) Geschäftsführer(in) noch in dieser Woche empfangen könnten.
5 Unser(e) Experte (Expertin) wird am ... bei Ihnen eintreffen. Es wäre sehr freundlich, wenn Sie ihn (sie) zu diesem Zeitpunkt empfangen könnten.
6 Es wäre uns angenehm, wenn Sie uns am ... empfangen würden.
7 Da sich unser(e) Vertreter(in) zurzeit in Ihrer Stadt aufhält, würden wir uns freuen, wenn Sie ihm (ihr) einen Gesprächstermin geben könnten.

Solicitud de recibimiento

1 Les rogamos reciban a nuestro(a) representante el ...
2 Sería muy amable de su parte si pudieran recibir al señor (a la señora) ... el ...
3 Esperamos ustedes recibirán al señor (a la señora) ... en la fecha propuesta.
4 Nos alegraría si ustedes pudieran recibir a nuestro(a) gerente en el curso de esta semana.
5 Nuestro(a) experto(a) les visitará el ... Sería muy amable de su parte si pudieran recibirle(la) en esta fecha.
6 Mucho nos agradaría si ustedes nos pudieran recibir el ...
7 Dado que nuestro(a) representante se encuentra actualmente en esa ciudad, nos alegraría que le concedieran una entrevista.

Bitte um Zimmerbestellung und -abbestellung

1 Wir bitten Sie, für Herrn (Frau) ... anlässlich seines (ihres) Besuches in Ihrem Haus vom ... bis ... ein Zimmer zu bestellen.
2 Bitte bestellen Sie für uns im Hotel ... vom ... bis zum ... ein Doppelzimmer mit Bad.

Solicitud de reserva y de cancelación de habitación

1 Les rogamos que, con motivo de la visita del señor (de la señora) ... a su casa, le reserven una habitación del ... al ...
2 Les rogamos nos reserven una habitación doble con baño en el hotel ... del ... al ...

3 Können Sie für Herrn (Frau) ... eine geeignete Unterkunft besorgen?
4 Bitte annullieren Sie unsere Zimmerbestellung im Hotel ...

Treffpunkt, Bitte um Abholung

1 Wir treffen uns am ... um ... Uhr im Hotel ... Bitte melden Sie sich am Empfang.
2 Bitte begeben Sie sich nach Ihrer Ankunft zum Schalter ... im Bahnhofsgebäude. Sie werden dort von Herrn (Frau) ... erwartet.
3 Können Sie uns vom Flugplatz abholen lassen?
4 Da wir die örtlichen Verkehrsverhältnisse nicht kennen, bitten wir um Abholung vom Flugplatz (Bahnhof).
5 Unser(e) Mitarbeiter(in)/Vertreter(in), Herr (Frau) ... kommt am ... mit Flug (Zug) ... um ... in ... an. Wir würden es dankbar begrüßen, wenn Sie dafür sorgen könnten, dass er (sie) dort abgeholt wird.

Besuchsabsage

1 Leider müssen wir unseren Besuch am ... bei Ihnen absagen.
2 Wir bedauern, unseren Besuchstermin nicht wahrnehmen zu können.
3 Bitte bestellen Sie unsere Zimmer im Hotel ... ab, da wir den vereinbarten Termin leider nicht wahrnehmen können.

Ausstellungen

Bekanntgabe einer Ausstellung

1 Gestatten Sie uns, Sie auf unsere Ausstellung in ... hinzuweisen.
2 Bei dieser Gelegenheit erlauben wir uns, Sie zu unserer Ausstellung in ... einzuladen.
3 In unserem neuen Ausstellungsgelände findet in der Zeit vom ... bis zum ... eine Fachmesse für ... statt.
4 Auf der Messe in ... sind wir mit einem eigenen Stand vertreten.

3 ¿Pueden ustedes procurar alojamiento adecuado para el señor (la señora) ...?
4 Les rogamos tengan la amabilidad de cancelar nuestra reserva de habitación en el hotel ...

Lugar de reunión, solicitud de ser recogido

1 Nos encontraremos el ..., a las ..., en el hotel ... Le ruego anuncie su presencia en la recepción.
2 Le rogamos que, a su llegada, se dirija a la ventanilla ... de la estación ferroviaria. Allí le esperará el señor (la señora) ...
3 ¿Podrían ustedes recogernos en el aeropuerto?
4 Como no conocemos los medios de transporte locales, les rogamos nos recojan en el aeropuerto (la estación ferroviaria).
5 Nuestro(a) empleado(a), el señor (la señora) ..., llegará a ... con el vuelo (tren) ... el día ..., a las ... Mucho les agradeceríamos se encargaran de recogerle(la).

Cancelación de visita

1 Sentimos mucho tener que cancelar nuestra visita del ... a su casa.
2 Sentimos mucho no poder cumplir la visita en la fecha fijada.
3 Por favor, cancelen la reserva de nuestras habitaciones en el hotel ..., ya que, lamentablemente, no podemos cumplir la visita en la fecha acordada.

Exposiciones

Anuncio de una exposición

1 Permítannos que les anunciemos nuestra exposición en ...
2 Aprovechamos la oportunidad para invitarles a nuestra exposición en ...
3 Del ... al ... tiene lugar una exposición monográfica de ... en nuestro nuevo recinto ferial.
4 En la Feria ... estamos representados con un stand propio.

5 Wir freuen uns, Ihnen bekannt geben zu können, dass am ... eine Ausstellung unserer Erzeugnisse in ... stattfinden wird.

6 Vom ... bis zum ... ist in ... eine Ausstellung. Wir sind dort mit unseren Sommerartikeln vertreten. Unser Stand befindet sich in Halle Nr. ...

7 Die Firmen ... und ... geben bekannt, dass sie am ... eine gemeinsame Ausstellung in ... veranstalten.

8 Auf der vom ... bis ... in ... stattfindenden Fachmesse sind unsere Waren auf dem deutschen Stand in Halle ... ausgestellt.

9 In den Messehallen der Stadt findet zurzeit die ...-Ausstellung statt. Wir sind dort mit zwei Ständen vertreten.

10 Bitte entnehmen Sie die Lage unserer Stände dem Ausstellungskatalog.

11 Im Rückgebäude unseres Hauses findet vom ... bis zum ... eine kleine Ausstellung statt, in der alle unsere Artikel gezeigt werden.

Einladung zum Besuch einer Ausstellung

1 Bitte beehren Sie uns mit Ihrem Besuch auf der ...-Messe.

2 Wir freuen uns auf Ihren Besuch unseres Standes während der ...-Messe.

3 Wir würden uns sehr freuen, wenn Sie uns auf der Ausstellung besuchen könnten.

4 Wir erlauben uns, Sie zur Eröffnung der ...-Messe herzlich einzuladen.

5 Vielleicht können Sie es ermöglichen, am ... an unserem kleinen Empfang zur Eröffnung der Ausstellung teilzunehmen. Er beginnt am ... um ... in ...

6 Zu unserer Ausstellung laden wir Sie herzlich ein und hoffen zuversichtlich, dass unser dort gezeigtes Sortiment von Interesse für Sie sein wird.

7 Unsere Musterausstellung beginnt am ... Wir gestatten uns, Sie herzlich dazu einzuladen.

8 Die Geschäftsleitung erlaubt sich, Sie zur Eröffnung unserer Frühjahrsausstellung am ... um ... einzuladen.

9 Die Ausstellung beginnt am ... Wir bitten Sie, unseren Stand zu besuchen. Seine Lage erfahren Sie am Informationsschalter.

5 Nos alegramos poderles anunciar que el ... se celebrará una exposición de nuestros productos en ...

6 Del ... al ... se celebrará una exposición en ... Allí estaremos representados con nuestros artículos de verano. Nuestro stand se encuentra en el pabellón número ...

7 Las firmas ... y ... anuncian la celebración de una exposición conjunta el ... en ...

8 En la feria monográfica que tiene lugar en ... del ... al ..., exponemos nuestros artículos en el stand alemán en el pabellón ...

9 En los pabellones de la ciudad se celebra actualmente la exposición de ... donde estamos representados con dos stands.

10 Les ruego se informen sobre el emplazamiento de nuestros stands en el catálogo de la exposición.

11 En el edificio situado en la parte posterior de nuestra casa se celebrará una pequeña exposición del ... al ... en la que se mostrarán todos nuestros artículos.

Invitación para visitar una exposición

1 Les rogamos nos honren con su visita en la Feria de ...

2 Nos alegraríamos si pudieran visitar nuestro stand en la Feria de ...

3 Nos complacería que ustedes pudieran visitarnos en la exposición.

4 Nos permitimos invitarles cordialmente a la inauguración de la Feria de ...

5 Quizás puedan ustedes asistir el ... a nuestra pequeña recepción con motivo de la inauguración de la exposición. Comenzará el ... a las ..., en ...

6 Les invitamos muy cordialmente a nuestra exposición y confiamos en que nuestro surtido les interesará.

7 Nos permitimos invitarles muy cordialmente a nuestra exposición de muestras que se inaugurará el ...

8 La dirección de nuestra firma se permite invitarles a la inauguración de nuestra Exposición de Primavera en ... el ...

9 La exposición se inaugura el ... Les rogamos visiten nuestro stand. En el puesto de información les indicarán donde estamos situados.

Organisation der Ausstellung

1 Hiermit bestellen wir gemäß Ausstellungs-katalog für die Zeit vom ... bis zum ... den Stand Nr. ... in Halle ...
2 Bitte reservieren Sie uns für die ...-Aus-stellung den Stand Nr. ... im Freigelände.
3 Wir benötigen auf unserem Stand zwei elektrische Anschlüsse.
4 Bitte tragen Sie dafür Sorge, dass unser Stand mit Strom- und Wasseranschluss ausgestattet ist.
5 Können Sie uns für die Dauer der Aus-stellung einen Dolmetscher vermitteln?
6 Entsprechend Ihrer Bitte haben wir Ihren Stand mit allen gewünschten audiovisuel-len Einrichtungen versehen.
7 Wir bitten Sie um Installierung von 3 ISDN-Leitungen, einer Internet- und einer E-Mail-Verbindung.
8 Können Sie bitte dafür sorgen, dass wir auf unserem Stand auch Projektionsmög-lichkeiten für Computergrafiken haben?
9 Für die Dauer der Messe benötigen wir Telefon-, Fax- und E-Mail- Anschluss auf unserem Stand. Bitte machen Sie uns ein Angebot.

Organización de la exposición

1 Por medio de la presente, solicitamos que se nos reserve, de acuerdo con el catálogo de exposición, el stand número ... en el pabellón ... desde el ... hasta el ...
2 Les rogamos que, para la Exposición de ..., nos reserven el stand número ... en el recinto al aire libre.
3 En nuestro stand necesitamos dos enchufes eléctricos.
4 Les rogamos se encarguen de que nuestro stand sea provisto de las corres-pondientes conexiones de electricidad y agua.
5 ¿Pueden ustedes contratarnos un intér-prete para la exposición?
6 Según lo solicitado/ Correspondiendo a sus deseos, hemos instalado en su puesto/stand todos los equipos audio-visuales deseados/ solicitados.
7 Sírvanse instalar tres (3) líneas de red di-gital de servicios integrados (RDSI), una línea de Internet y otra de correo electró-nico/e-mail, respectivamente.
8 ¿Podría Ud. lograr que tengamos en nuestro puesto/stand la posibilidad de proyectar algunas infografías/transparen-cias (= Folien)?
9 Durante la feria, necesitamos que nuestro puesto/stand esté equipado con línea te-lefónica, de fax y de correo electrónico. Sírvanse hacernos una oferta.

Hinweis auf Computer/ Internet

1 Dürfen wir Sie auf unsere Homepage im Internet unter www ... hinweisen.
2 Sicherlich sind Sie unserem Namen schon auf Bannern im Internet begegnet und kennen daher unser Ausstellungspro-gramm.
3 Unter www ... können Sie alle Informatio-nen über das Messeprogramm der ... Ausstellung erfahren.

Referencia al ordenador/ a la computadora/al Internet

1 Quisiéramos llamar su atención con res-pecto a nuestra página (Web) en Internet en www ...
2 Con seguridad ustedes ya han visto nuestro nombre en ventanas/superficies publicitarias de Internet y, por lo tanto, conocen nuestro programa/nuestra gama de productos para exposiciones.
3 En www ... encontrarán toda la informa-ción acerca del programa de la feria/de la exposición de ...

4 Bestellen Sie online! Besuchen Sie unseren Internet-Shop unter www ...!

5 Wir haben unser Bestellsystem modernisiert. Sie können jetzt auch online bestellen (buchen).

6 Lassen Sie sich bei uns registrieren, damit Sie mit eigenem Password Zugang zu Ihren Daten haben.

7 Sie erhalten ab sofort ein neues Password. Damit können Sie alle Vorgänge auf dem Bildschirm weiterverarbeiten.

8 Unser computergestütztes Auftragsprogramm ermöglicht Ihnen eine direkte Einschaltung in unser System. Hierdurch kann wertvolle Arbeitszeit gespart werden.

9 Die neue Software ermöglicht es Ihnen, unsere Werbevorlagen individuell für Ihre Zwecke zu bearbeiten.

10 Mit dieser Software können Sie selbst eigene Programme erstellen. Bei Fragen hilft Ihnen unser Callcenter unter der Nr. ... oder unser Internet-Dienst unter www ...

11 Die Gebrauchsanweisung für unsere neue Software ist leicht verständlich. Sollten Sie trotzdem Fragen haben, hilft Ihnen die Rubrik FAQ (Frequently Asked Questions) im Internet unter www ... weiter.

12 Als besonderen Service bieten wir Ihnen die Teilnahme an regionalen Internet-Foren. Dort können Sie mit Kollegen Erfahrungen austauschen.

4 ¡Pida en línea/online! ¡Visite nuestra tienda en Internet/tienda virtual en www ...!

5 Hemos modernizado nuestro sistema de pedidos. Ahora también puede hacer/pasarnos sus órdenes/pedidos/reservas en línea/online.

6 Permítanos que le registremos a fin de tener acceso a sus datos con su propia contraseña.

7 En el acto recibirá usted una nueva contraseña con la que podrá ejecutar todas las operaciones en la pantalla/... efectuar en pantalla todos los pasos necesarios.

8 Nuestro programa de pedidos computerizado le permite conectarse directamente a nuestro sistema. De ese modo puede ahorrarse horas de trabajo valiosas.

9 El nuevo software le permite adecuar nuestras plantillas de publicidad a sus propias necesidades/a su medida/a la medida de sus necesidades.

10 Con este software puede usted crear/desarrollar sus propios programas. Si tuviera preguntas, llame a nuestro centro de llamadas/Call-Center al ... o póngase en contacto con nuestro servicio de Internet en www ...

11 Las instrucciones de operación /uso/manejo *(Am. Lat.)* de nuestro software son muy sencillas. Si a pesar de ello tuviera alguna pregunta, encontrará ayuda en la rúbrica /el punto de menú/el apartado FAQ (las preguntas más frecuentes) en Internet en www ...

12 Como servicio adicional/ especial le ofrecemos la participación en foros regionales de Internet. Allí podrá intercambiar experiencias con otros especialistas como Ud.

Korrespondenz mit offiziellen Stellen
Correspondencia con organismos oficiales

Anschreiben an offizielle Stellen

1 An die Handelskammer in ...
2 An ... Handelskammer in ...
3 Wir bitten Sie um Mitteilung, ob und wann in ... eine ...-Messe stattfindet.
4 Würden Sie uns bitte mitteilen, an wen wir uns wenden sollen, um einen Ausstellungsstand auf der ...-Messe zu bestellen?
5 Könnten Sie uns bei Hotelreservierungen (Beschaffung einer Wohnung während der Messe, Verpflichtung von Standpersonal) behilflich sein?
6 Können Sie uns Adressen von Firmen geben, die auf der Messe ...arbeiten durchführen?
7 Können Sie uns mitteilen, welche Dokumente wir für die Einfuhr von ... in Ihr Land benötigen?
8 Sind für die Einfuhr von ...produkten EU-Vorschriften erlassen worden?
9 Können Sie uns sagen, welche Papiere wir für den Transitverkehr durch EU-Länder benötigen?
10 Bestehen in der EU Kontingente für die Einfuhr von ...?

Escritos a organismos oficiales

1 A la Cámara de Comercio de ...
2 A la ... Cámara de Comercio de ...
3 Les rogamos nos informen si y cuándo se celebra una exposición de ... en ...
4 ¿Podrían ustedes informarnos a quién debemos dirigirnos para pedir un stand en la Feria de ...?
5 ¿Podrían ustedes ayudarnos en las reservas de hoteles (adquisición de un apartamento durante la Feria, en obtener personal para el stand)?
6 ¿Pueden ustedes darnos direcciones de empresas que efectúen trabajos de ... en la Feria?
7 ¿Pueden ustedes comunicarnos qué documentos se precisan para la importación de ... a su país?
8 ¿Han sido dictadas normas en la UE para la importación de productos ...?
9 ¿Nos pueden decir qué papeles se necesitan para el tránsito por países en la UE?
10 ¿Existen en la UE contingentes para la importación de ...?

Antworten offizieller Stellen

1 Wir teilen Ihnen mit, dass die nächste
...-Messe vom ... bis zum ... in ... stattfindet.
2 Wegen eines Ausstellungsstandes für die
...-Messe müssen Sie sich an die ...
wenden. Wir haben diese veranlasst,
Ihnen Formulare zu schicken, die Sie bitte
ausgefüllt zurücksenden wollen.
3 Die ...-Messe findet vom ... bis zum ...
statt.
4 Wir sind gern bereit, Ihnen bei Hotelreservierungen behilflich zu sein, wenn
Sie uns Ihre Wünsche frühzeitig mitteilen.
5 Wir schicken Ihnen in der Anlage eine
Hotelliste (eine Liste der auf der Ausstellung mit ...arbeiten beschäftigten
Firmen) zu. Sie können sich dann selbst
an das für Sie infrage kommende Hotel
(an die für Sie infrage kommende Firma)
wenden.
6 Als Handelskammer dürfen wir Ihnen
keine einzelne Firma empfehlen. Sie erhalten aber anbei eine Liste der Firmen,
die bei uns in der ...branche als Mitglieder eingetragen sind.
7 In der Anlage erhalten Sie unsere neueste
EU-Broschüre, die Ihre Fragen sicherlich
erschöpfend beantwortet.
8 Für die von Ihnen genannten Produkte
bestehen zz. in der EU keine Import-
beschränkungen.
9 Aus der in der Anlage beigefügten
Broschüre können Sie ersehen, welche
Kontingente für welche Waren bestehen.
10 Für weitere Fragen oder im Falle Ihres
persönlichen Besuches stehen wir jederzeit gern zur Verfügung.
11 Für den Transitverkehr durch die EU
benötigen Sie: ...
12 Wir sind gern bereit, Sie bei Bedarf
mit den entsprechenden Firmen (einer
Anwaltskanzlei, einem Notar, den zuständigen Leuten) in Verbindung zu
bringen.

Respuestas de organismos oficiales

1 Les comunicamos que la próxima Feria
de ... se celebrará del ... al ... en ...
2 Para la obtención de un stand en la Feria
de ... deben ustedes dirigirse a ... A
instancia nuestra, les serán enviados
formularios, los cuales rogamos remitirnos una vez rellenados.
3 La Feria de ... tiene lugar del ... al ...
4 Con sumo gusto, estamos dispuestos a
ayudarles en la reserva de hoteles si
ustedes nos comunican sus deseos a
tiempo.
5 Les adjuntamos a la presente una lista de
hoteles (de las empresas ocupadas con
trabajos de ... en la exposición). Ustedes
mismos podrán entonces dirigirse al hotel
(a la empresa) que les interese.
6 En nuestra calidad de Cámara de Comercio no nos está permitido recomendar a
ninguna empresa. No obstante, les incluimos una lista de las casas registradas en
nuestra institución como miembros del
ramo de ...
7 Como anexo ustedes encontrarán
nuestro último folleto sobre la UE el cual
da respuesta, con seguridad, de forma
exhaustiva a sus preguntas.
8 Para los productos citados por ustedes
no existen en la actualidad restricciones
de importación en la UE.
9 Del folleto adjunto podrán ustedes
desprender para qué artículos existen
contingentes.
10 Para más información o en caso de su
visita, estamos con sumo gusto a su
disposición en todo momento.
11 Para el tránsito por la UE necesitan
ustedes: ...
12 Con gusto estamos dispuestos, en caso
de necesidad, a ponerles en contacto
con las firmas pertinentes (un bufete de
abogados, un notario, las personas competentes).

Hotelkorrespondenz
Correspondencia de hoteles

Allgemeines

Generalidades

1 Zimmerarten:
  Einzel- bzw. Einbettzimmer
  Doppel- bzw. Zweibettzimmer
  (getrennte Betten)
  Doppel- bzw. Doppelbettzimmer
  (nebeneinander stehende Betten)
  Doppelzimmer mit französischem Bett
  (breites Bett für zwei Personen)
  Dreier- bzw. Dreibettzimmer
  Klappbett
  Extrabett
  Kinderbett
  Couch
2 Einrichtungen:
  Bad bzw. Dusche
  Etagenbad
  Bidet und Toilette
  Etagentoilette
  fließend heißes und kaltes Wasser im
  Zimmer
  Telefon
  Radio und Fernsehapparat
  Kühlschrank (Minibar)
  Stahltresor
  Schreibtisch
  Sitzgruppe
  Küche, Kochnische
  Garderobenschrank, Garderobenzimmer
  Salon, Aufenthaltsraum
  Balkon, Veranda, Terrasse, Garten
3 Lage:
  Himmelsrichtung
  (nach Norden, Süden, Osten, Westen)
  Morgensonne, Abendsonne
  Blick auf . . .
  Hauptgebäude, Neubau, Anbau,
  Nebengebäude
  mit (Sonnen-)Balkon
4 Preise:
  Zimmer mit Frühstück
  Halbpension (Zimmer, Frühstück und eine
  Mahlzeit)

1 Tipos de habitación:
  habitación individual/de una cama
  habitación doble/de dos camas
  (camas separadas)
  habitación doble
  (con camas juntas)
  habitación doble con cama de
  matrimonio
  habitación triple o de tres camas
  cama plegable
  cama extra
  cama de niño
  sofá-cama
2 Instalaciones sanitarias y mobiliario:
  baño/ducha
  baño en piso
  bidé y servicios
  servicios del piso
  agua corriente caliente y fría en la
  habitación
  teléfono
  radio y televisor
  refrigerador (minibar)
  caja de seguridad
  escritorio
  sillones y sofá
  cocina, cocinilla
  armario, guardarropa
  salón, sala de estar
  balcón, galería, terraza, jardín
3 Situación:
  orientación (situado al norte, sur, este,
  oeste)
  sol por la mañana, sol por la tarde
  vista a . . .
  edificio principal, edificio nuevo, anejo,
  dependencia
  con balcón (soleado)
4 Precios:
  Habitación con desayuno
  Media pensión (habitación, desayuno
  y una comida)

Vollpension (Zimmer, Frühstück, Mittag-
und Abendessen)
Pauschal (mit Erklärung, was inbegriffen)
Bedienung (Service), Taxen, Heizung
inbegriffen/zusätzliche Berechnung
5 Benutzung von:
Tennisplatz, Skilift, Schwimmbad,
Freibad, Hallenbad, Sauna, Solarium
Golfplatz, Strand, Ruderboot, Segelschiff,
Motorboot
Hat Ihr Hotel ein eigenes Schwimmbad?
Ist die Benutzung der Tennisplätze im
Zimmerpreis inbegriffen?
Steht ein Tennistrainer (Golflehrer) zur
Verfügung?
6 Transporte:
Was kostet der Hotelwagen vom
Bahnhof/Flughafen bis zum Hotel?
Wie lange braucht ein Taxi vom Haupt-
bahnhof bis zu Ihrem Hotel?
Wie oft fährt die Seilbahn?
Wie weit ist es bis zur Seilbahn?
Bieten Sie einen Hotel-Transferservice?

Pensión completa (habitación, desayuno,
almuerzo y cena)
precio global (especificando los servicios)
Servicio, impuestos, calefacción
incluidos/cuenta suplementaria
5 Con derecho a:
Pista de tenis, telesquí, piscina, piscina al
aire libre, piscina cubierta, sauna, solario
Campo de golf, playa, barco de remos,
barco de vela, lancha motora
¿Dispone su hotel de una piscina propia?
¿Está incluido en los precios de las
habitaciones el derecho a usar la pista de
tenis?
¿Disponen de un entrenador de tenis
(profesor de golf)?
6 Transportes:
¿Cuánto cuesta el servicio del automóvil
del hotel desde la estación/el aeropuerto
hasta el hotel?
¿Cuánto tiempo se necesita en taxi
desde la estación hasta el hotel?
¿Cuál es el horario del funicular?
¿Qué distancia hay hasta la estación del
teleférico?
¿Tiene el hotel autobuses propios para el
traslado de viajeros?

Sonderwünsche

Transport

1 Hotelwagen:
Wir bitten Sie, uns mit Ihrem Hotelwagen
am Bahnhof abzuholen.
2 Flugzeug/Eisenbahn:
Unser Flug Nr. . . ./Zug Nr. . . . von . . .
kommt um . . . Uhr an.
(Wichtig! Immer den Abfahrtsort, die
Ankunftszeit und die Flug- bzw Zugnummer angeben. Der Hotelwagen kann
Sie dann auch bei Flug- bzw. Zug-
verspätungen abholen.)
3 Mietwagen:
Wir bitten Sie, uns einen Mietwagen
(möglichst einen . . .) an den Flughafen zu
schicken bzw. dort zur Verfügung stellen
zu lassen.

Deseos especiales

Transporte

1 Vehículo del hotel:
Les rogamos nos recojan con el vehículo
del hotel en la estación.
2 Avión/Ferrocarril:
Nuestro vuelo número . . ./tren número . . .
de . . . llega a las . . .
(¡Importante! Indíquese siempre el lugar
de partida, la hora de llegada y el número
del vuelo o del tren. De esta forma, el
vehículo del hotel podrá también recoger-
les en caso de demora del avión o del
tren).
3 Automóvil de alquiler:
Les rogamos nos manden un automóvil
de alquiler (de ser posible, un . . .) al aeropuerto o nos lo pongan allí a disposición,
respectivamente.

Reservierungen

1 Essen:
Bitte reservieren Sie uns für ..., ... Uhr,
einen Fenstertisch für ... Personen in
Ihrem Restaurant ...
2 Theaterkarten:
Bitte bestellen Sie für ... im Schauspiel-
haus ... Karten, möglichst I. Rang Mitte.
Bitte bestellen Sie für einen der Abende
... Opernkarten für ...
3 Könnten Sie uns bitte ... Karten für das
Musical ... vorbestellen lassen?
4 Stadtrundfahrt:
Bitte melden Sie uns für eine Stadtrundfahrt am Vormittag des ... an.
5 Ausflug:
Bitte organisieren Sie für uns einen Ausflug nach ...
Bitte bestellen Sie uns einen Führer für
die ...-Tour.
6 Dolmetscher:
Bitte bestellen Sie uns einen Dolmetscher
für ... von ... bis ca. ... Uhr.
7 Sekretärin:
Bitte besorgen Sie mir eine Sekretärin
für Geschäftskorrespondenz für ...,
für den ..., um ... Uhr.
8 Material:
Für unsere Konferenz benötigen wir
Schreibmaterial, Wandtafeln, Leinwand
(Overheadprojektor, Flipchart, Video-
anlage, Diaprojektor, Multivisionsanlage,
Desktopcomputer, Faxgerät, E-Mail-An-
schluss, 3 ISDN-Leitungen).

Rechnungsstellung

1 Zahlungsweise:
Wir bitten Sie, uns die Rechnungen der
Herren ... und ... zur Regulierung zu
übersenden.
2 Rechnung:
Wir bitten Sie, uns die Rechnung für
Zimmer und Frühstück zu schicken.
Die übrigen Extras werden von Herrn ...
direkt beglichen.
3 Bank:
Wir haben unsere Bank beauftragt, den
Betrag von ... auf Ihr Konto zu über-
weisen.

Reservas

1 Comidas:
Por favor, resérvennos para ..., a las ...,
una mesa junto a una ventana, para ...
personas, en su restaurante.
2 Entradas (billetes) de teatro:
Les rogamos reserven ... entradas para
... en el teatro, de ser posible en el centro del primer piso.
Por favor, reserven para una de las
noches ... billetes de ópera para ...
3 Por favor, ¿podrían hacernos reservar
billetes para el musical ...?
4 Visita de la ciudad:
Les ruego nos inscriban para una visita
de la ciudad en la mañana del ...
5 Excursión:
Les rogamos nos organicen una excursión a ...
Les ruego nos proporcionen un guía para
la excursión ...
6 Intérprete:
Les rogamos nos contraten un intérprete
de ... para el ... desde las ... hasta las
... aproximadamente.
7 Secretaria:
Por favor, procúrenme una secretaria para
correspondencia comercial en ... para el
... a las ...
8 Material:
Para nuestra conferencia necesitamos
objetos de escritorio, pizarras, una pantalla (proyector a luz diurna, proyector
de diagramas, instalación de vídeo, proyector diapositivas, equipo multivisión,
ordenador portátil, aparato de fax, conexión de correo electrónico/e-mail, tres (3)
líneas).

Facturación

1 Forma de pago:
Les rogamos nos envíen las cuentas de
los señores ... y ... para su liquidación.
2 Cuenta:
Les rogamos nos envíen la cuenta de
habitación y desayuno. Los extras
restantes serán pagados directamente
por el señor ...
3 Banco:
Hemos dado instrucciones a nuestro
banco para que transfiera a su cuenta la
cantidad de ...

4 Scheck:
Als Anlage überreichen wir Ihnen unseren
Scheck Nr. . . . über . . . zur Begleichung
der Rechnung für Herrn . . . vom . . .

5 Kreditkarte:
Bitte teilen Sie uns mit, ob Sie
die . . .-Kreditkarte akzeptieren.

6 Anzahlung:
Gern leisten wir für obige Reservierung
eine Anzahlung in Höhe von . . .

7 Vorauszahlung:
Als Anlage erhalten Sie unseren Scheck
Nr. . . . über . . . Diesen Betrag wollen Sie
bitte als Anzahlung für den Aufenthalt von
Herrn . . . betrachten.

4 Cheque:
Adjunto les enviamos nuestro cheque
bancario número . . . por la cantidad de
. . . como pago de la cuenta del señor . . .
del . . .

5 Tarjeta de crédito:
Les ruego nos informen si aceptan la
tarjeta de crédito de . . .

6 Pago a cuenta:
Con gusto les enviamos la cantidad de
. . . como pago a cuenta por la reserva
indicada.

7 Pago por adelantado:
Adjunto les enviamos nuestro cheque
número . . . por la cantidad de . . . como
pago por adelantado de la estancia del
señor . . .

Auskunft

1 Auf der Hotelrechnung finden wir unter
„Sonstiges" den Betrag von . . . Wir bitten
Sie, uns diesen Betrag aufzuschlüsseln.

2 In Ihrer Rechnung sind . . . für Wäsche
(Reinigung) aufgeführt. Herr (Frau) . . . hat
jedoch während seines (ihres) Aufenthalts
keine Wäsche (Teile zur Reinigung) weg-
gegeben. Wir bitten um Gutschrift des
Betrages bei unserem nächsten Besuch
in Ihrem Hause.

Aclaraciones

1 En la cuenta del hotel, en la columna
"Varios", aparece la cantidad de . . . Les
rogamos nos expliquen en detalle a qué
corresponde.

2 En su cuenta observamos . . . por lavado
de ropa (limpieza en seco). El señor (la
señora) . . ., sin embargo, no dio ropa a
lavar (limpiar) durante su estancia. Les
rogamos nos abonen en cuenta este importe en nuestra próxima visita a su hotel.

Anforderung von Unterlagen

Demanda de informaciones

Menüvorschläge

Wir beabsichtigen, am . . . mit etwa . . .
Personen in Ihrem Hotel das Mittagessen
(Abendessen) einzunehmen. Deshalb
bitten wir Sie, uns Menüvorschläge sowie
eine Weinkarte zukommen zu lassen.

Sugerencias sobre menús

Tenemos planeado almorzar (cenar) en
su hotel el . . . con unas . . . personas. Al
efecto, les rogamos nos hagan llegar
sugerencias sobre menús así como una
lista de vinos.

Prospekte

Für eine zwei- bis dreitägige Tagung in . . .
suchen wir geeignete Übernachtungs-
möglichkeiten sowie ein Sitzungszimmer
für ca. . . . Personen. Bitte schicken Sie
uns Ihren Prospekt mit Preisangaben.

Prospectos

Para un congreso en . . ., que durará dos
o tres días, buscamos alojamiento adecuado así como una sala de sesiones
para unas . . . personas. Les rogamos nos
envíen prospectos del hotel con indicación de precios.

Fundgegenstände

1 Seit seinem (ihrem) letzten Aufenthalt vom
... bis zum ... in Ihrem Haus vermisst
unser Herr (unsere Frau) ... folgenden
Gegenstand: ... Wir wären Ihnen dankbar, wenn Sie uns mitteilen könnten, ob er
bei Ihnen gefunden worden ist.
2 Herr (Frau) ... hat während seines (ihres)
Aufenthaltes in ... am ... seine (ihre)
Geldbörse mit folgendem Inhalt verloren:
... Falls Sie diese Geldbörse gefunden
haben sollten, wären wir Ihnen für baldige
Nachricht per Fax an unsere Nr. ... sehr
dankbar.

Zimmer, Wert- und Fundgegenstände

Zimmerbezug:
laut Bestätigung
(normal ab 14.00/15.00 Uhr).
Zimmeraufgabe:
laut Hotelanweisung (normal zwischen
12.00 und 14.00 Uhr).
Wertgegenstände:
Das Hotel ist für Wertgegenstände nur
verantwortlich, wenn diese dem Hotelier
gegen schriftliche Quittung übergeben
wurden.
Fundgegenstände:
Fundgegenstände werden dem Gast nicht
automatisch nachgeschickt. Fragen Sie
schriftlich im Hotel nach verlorenen
Gegenständen nach, damit eine gründliche Nachforschung gewährleistet ist.

Checklists

Buchungen

Klare, übersichtliche Buchung.
Zusätzlich zum Wochentag Datum
angeben.
Ungefähre Ankunftszeit angeben.
(Vielfach werden Reservierungen nur bis
18.00 Uhr aufrechterhalten.)
Bei Abholung Flug- oder Zugnummer
angeben.
Bei Rechnungsstellung an Firma fest-
halten, wer was bezahlt.

Objetos hallados

1 Desde su última estancia del ... al ... en
su hotel, el señor (la señora) ... echa de
menos el siguiente objeto: ... Les agradeceríamos si nos pudieran informar si
encontraron ustedes este objeto.
2 El señor (La señora) ... perdió durante su
estancia en ... el ... su monedero con el
siguiente contenido: ... En caso de que
hubieran hallado el mismo, les quedaríamos muy agradecidos si nos pasaran
una pronta noticia por fax a nuestro
número ...

Habitación, objetos de valor y objetos hallados

Ocupación de la habitación:
Según confirmación (normalmente a partir
de las 2 ó 3 de la tarde).
Desocupación de la habitación:
Según las normas del hotel (generalmente
entre las 12 del día y las 2 de la tarde).
Objetos de valor:
El hotel sólo se hace responsable de
los objetos de valor dados en custodia
mediante recibo por escrito.
Objetos hallados:
Los objetos hallados no se envían al
huésped automáticamente. En caso de
pérdida de algún objeto, diríjase por
escrito al hotel, a fin de que se proceda a
una investigación adecuada.

Listas de control

Reservas

Reserva clara.
Además del día de la semana, indicar la
fecha.
Indicar la hora aproximada de llegada.
(A menudo sólo se mantienen reservas
hasta las 6 de la tarde.)
En caso de que se recojan personas,
indicar el número de vuelo o del tren.
En la presentación de cuentas a las
firmas, aclarar bien quién paga cada
partida.

Formularvorschlag

Firmen mit viel Hotelkorrespondenz verwenden zweckmäßig einen vorge-druckten dreifachen Formularbrief: Origi-nal + Durchschlag 1 an Hotel, Durch-schlag 1 mit Reservierungsbestätigung des Hotels an Firma zurück, Durchschlag 2 bleibt bei der Firma.
Formularbrief enthält:
1. Name des Gastes
2. Ankunftsdatum mit Wochentag
3. Abreisedatum mit Wochentag
4. Zimmerart
5. Ankunftszeit, Abholwünsche
6. Rechnungsstellung
7. Besondere Wünsche
8. Platz für Reservierungsbestätigung durch das Hotel.

Telefon – Fax – Computer

Telefon

Vorteil: rasche Bestätigung
Nachteil: Fehlerquellen
Telefongespräche nach Möglichkeit schriftlich bestätigen!

Fax

Vorteil: Es geht über eine Telefonleitung in fast alle Teile der Welt. Es erfolgt in schriftlicher und unterschriftsreifer Form und wird in den meisten Ländern als rechtsverbindlich anerkannt.

Internet

Vorteil: Durch die Verfeinerung der Soft-ware-Systeme sind bereits die meisten Fluggesellschaften, Reisebüros und Hotels online. Ein Bestätigungscode garantiert die sofortige Buchung.

Proposición de formulario

Las firmas que tienen mucha correspon-dencia con hoteles utilizan conveniente-mente una carta formulario impresa, por triplicado: El original y la primera copia se envían al hotel; el hotel, después de con-firmada la reserva, devuelve la primera copia a la firma; la segunda copia la con-serva la firma.
La carta formulario contiene:
1. Nombre del huésped
2. Fecha de llegada, con indicación del día de la semana
3. Fecha de partida, con indicación del día de la semana
4. Tipo de habitación
5. Hora de llegada, deseos de recogida
6. Presentación de cuenta
7. Deseos especiales
8. Lugar para confirmación de reserva por el hotel.

Teléfono – fax – ordenador

Teléfono

Ventaja: confirmación rápida
Desventaja: fuente de errores
De ser posible, las conversaciones tele-fónicas deben confirmarse por escrito.

Fax

Ventaja: Llega a través de una línea tele-fónica a casi todos los rincones del mundo. Se transmite en forma escrita y lista para ser firmada. En la mayor parte de los países, el fax es reconocido como legalmente vinculante.

Internet

Ventaja: Gracias al perfeccionamiento de los sistemas de software, la mayor parte de las compañías de aviación, agencias de viajes y hoteles están conectados a la Red/online. Un código de confirmación garantiza la reserva /el pedido de modo inmediato.

Bankkorrespondenz
Correspondencia bancaria

Kontoeröffnung

1 Um unsere Exportgeschäfte erledigen zu können
   - haben wir die Absicht, bei Ihrer Bank ein Girokonto zu eröffnen.
   - bitten wir Sie, auf den Namen von ... ein Girokonto zu eröffnen.
   - wären wir Ihnen sehr dankbar, wenn Sie unter der Bezeichnung ... ein Girokonto eröffnen würden.
   - möchten wir hiermit die Eröffnung eines Girokontos beantragen.
2 Wir bitten Sie um Angabe der Formalitäten, die für die Eröffnung erforderlich sind.
3 Zwecks Eröffnung bitten wir um Angabe der zu erfüllenden Formalitäten.
4 Wir wären Ihnen sehr dankbar, wenn Sie uns Ihre Bedingungen mitteilen würden.
5 In der Anlage erhalten Sie als anfänglichen Betrag einen Scheck über die Summe von ...
6 Die unterschriftsberechtigten Personen, die aus diesem Grunde für uns verbindlich zeichnen, sind: (Name) (Unterschrift)
7 Herr ... kann allein oder die Herren ... und ... können gemeinschaftlich auf dieses Konto ziehen.
8 Zeichnungsberechtigt sind entweder Herr ... allein oder die Herren ... und ... gemeinsam.
9 Die Korrespondenz ist an ... zu richten.
10 Die Kontoauszüge müssen uns per Post
   - monatlich,
   - jedes Mal, wenn eine Kontobewegung erfolgt, zugestellt werden.

Kontoschließung

1 Aufgrund der Einstellung unserer Geschäfte ...

Apertura de cuenta

1 Para la tramitación de nuestras operaciones de exportación,
   - tenemos la intención de abrir una cuenta corriente en su Banco.
   - les rogamos establecer una cuenta corriente a nombre de ...
   - rogamos se sirvan abrir una cuenta corriente bajo la denominación ...
   - por la presente solicitamos la apertura de una cuenta corriente.
2 Les rogamos indicar las formalidades/trámites a cumplir para su apertura.
3 A los efectos de apertura, les rogamos nos indiquen los trámites a seguir.
4 Mucho les agradeceríamos nos informen sobre sus condiciones.
5 Adjunto remitimos a ustedes un cheque por importe de ... como suma inicial.
6 Las personas autorizadas para firmar, y que, por lo tanto, nos obligan con su firma son: (nombre) (firma)
7 Podrán girar sobre esta cuenta el Sr. ..., solo, o los Sres. ... y ..., mancomunadamente.
8 Están autorizados para firma el Sr. ..., exclusivamente, o los Sres. ... y ..., en común.
9 La correspondencia deberá dirigirse a ...
10 Los extractos de cuenta deberán sernos remitidos por correo
   - mensualmente.
   - en cada momento que haya un movimiento de cuenta.

Cierre de cuenta

1 Debido al cese de nuestros negocios,

2 Als Folge des starken Rückgangs der Exportgeschäfte in Ihrem Land
   - bitten wir Sie, mit sofortiger Wirkung unser Girokonto zu schließen.
   - bitten wir Sie, das Konto, das wir bei Ihnen haben, zu löschen.
3 Wir bitten Sie, den Guthabensaldo auf ... zu übertragen.
4 Der Saldo, den das Konto zu unseren Gunsten aufweist, soll überwiesen werden auf ...
5 Der Saldo zu Ihren Gunsten einschließlich der Beträge, die Ihnen aus Zinsen und Provisionen zustehen, wird Ihnen gezahlt, sobald wir die Abrechnung erhalten.

2 Como consecuencia del fuerte retroceso del negocio de exportación a su país,
   - rogamos efectuar, con efecto inmediato, el cierre de nuestra cuenta corriente.
   - rogamos se sirvan cancelar la cuenta que mantenemos con ustedes.
3 Rogamos transferir el saldo acreedor a ...
4 El saldo que arroja la cuenta a nuestro favor deberá ser transferido a ...
5 El saldo a favor de ustedes, incluyendo las cantidades que les corresponden por concepto de intereses y comisiones, se lo pagaremos tan pronto como recibamos la liquidación.

Kreditanträge

Solicitudes de crédito

1 Wir bitten Sie, uns die Bedingungen mitzuteilen, zu denen Sie bereit wären,
   - ein Akkreditiv zu eröffnen.
   - einen Kontokorrentkredit zu gewähren.
   - einen Überziehungskredit zu gewähren.
   - einen Blankokredit zu vereinbaren.
   - einen Diskontkredit zu gewähren.
   - einen Avalkredit zu gewähren.
   - ein widerrufliches/unwiderrufliches Akkreditiv zu eröffnen.
2 Um mögliche Zahlungen leisten zu können, ...
3 Um die günstigen Notierungen des Marktes nutzen zu können, ...
4 Um unsere Rohstoffkäufe zu finanzieren, ...
5 Da wir die Absicht haben, in nächster Zeit erhebliche Mengen von ... zu importieren, ...
6 Infolge des starken Anstiegs unserer Außenhandelsgeschäfte
   - bitten wir Sie um Mitteilung, zu welchen Bedingungen Sie bereit wären, uns einen kurzfristigen/mittelfristigen/langfristigen Kredit in Höhe von ... zu gewähren.
7 Als Garantie können wir Ihnen
   - die Abtretung aller unserer Außenstände,
   - die Lombardierung von negoziierbaren Dokumenten/von Waren/von unbeweglichen Gütern/unseres Lagers/unseres Fahrzeugparks anbieten.

1 Les rogamos nos indiquen las condiciones en que ustedes estarían dispuestos a
   - extender un crédito documentario.
   - conceder un crédito en cuenta corriente.
   - conceder un crédito de descubierto/en concepto de sobregiro.
   - concertar un crédito en blanco.
   - conceder un crédito en forma de descuento de letras.
   - conceder un crédito de aval.
   - efectuar la apertura de un crédito documentario revocable/irrevocable.
2 Para atender eventuales pagos,
3 Para aprovechar cotizaciones favorables del mercado,
4 A fin de financiar nuestras compras de materias primas,
5 Teniendo la intención de importar próximamente considerables cantidades de ...,
6 Como consecuencia del fuerte incremento de nuestras operaciones de comercio exterior,
   - les rogamos nos informen bajo qué condiciones estarían dispuestos a concedernos un crédito a corto plazo/medio plazo/a largo plazo por importe de ...
7 Como garantía podemos ofrecerles
   - la cesión de todos nuestros cobros pendientes.
   - la pignoración de efectos negociables/de mercancías/de bienes inmuebles/de nuestro almacén/de nuestro parque de vehículos.

8 Falls Sie zusätzliche Garantien wünschen, könnten wir Ihnen diese beschaffen.

9 Die Exportversicherung deckt 80 % des wirtschaftlichen und 85 % des politischen Risikos ab.

10 Zu Ihrer Information
- teilen wir Ihnen mit, dass unsere Firma die Absicht hat, ihr Kapital um ca. . . . auf . . . zu erhöhen; dies bedeutet für Sie eine zusätzliche Sicherheit.
- übersenden wir Ihnen in der Anlage unsere Bilanzen für die letzten drei Jahre.
- erlauben wir uns, Ihnen anbei den Wirtschaftsprüfungsbericht zu übersenden.

11 Falls Sie zusätzliche Informationen über die Solvenz unseres Unternehmens wünschen,
- bitten wir Sie, sich an folgende unserer Lieferanten zu wenden: . . .
- bitten wir Sie, sich mit der Handelskammer von . . . in Verbindung zu setzen.

8 En caso de que ustedes deseen garantías adicionales, podríamos proporcionárselas.

9 El seguro de exportación cubre el 80 % del riesgo económico y el 85 % del riesgo político.

10 Para su información,
- les participamos que nuestra empresa tiene la intención de realizar un aumento de capital próximamente de . . . a . . ., lo cual les proporcionará seguridad adicional.
- adjunto les remitimos nuestros balances de los tres últimos años.
- nos permitimos enviarles adjunto el informe de auditoría.

11 Para más informaciones sobre la solvencia de nuestra empresa,
- les rogamos dirigirse a nuestros suministradores siguientes: . . .
- sírvanse ponerse en contacto con la Cámara de Comercio de . . .

Übersendung von Dokumenten

Remesa de documentos

1 Wir bitten Sie, Ihrer Korrespondenzbank in . . . Anweisungen zu erteilen,
- die beigefügten Dokumente gegen Zahlung unseres Wechsels zu übergeben.
- dem Empfänger/Konsignatar die Verschiffungsdokumente gegen Barzahlung unserer Rechnung Nr. . . . vom . . . auszuhändigen.
- den Bezogenen den Frachtbrief sowie die Rechnung nach Akzeptierung unseres 30-Tage-Sichtwechsels zu übergeben.

2 Im Zusammenhang mit unserer Lieferung von . . . übersenden wir Ihnen anbei: das Konnossement, die Versicherungspolice, das Rechnungsdoppel, das Ursprungszeugnis
- und bitten Sie, die Übergabe an die Empfänger/Konsignatare gegen Zahlung unserer Rechnung Nr. . . . über den Gesamtbetrag von . . . zu veranlassen.
- und bitten Sie, den Wechsel, den wir auf 30 Tage Sicht ausgestellt und gestern an Sie geschickt haben, den Bezogenen zum Akzept vorzulegen.

1 Rogamos den instrucciones a su corresponsal en . . . de
- entregar los documentos adjuntos contra pago de nuestra letra.
- entregar la documentación de embarque al consignatario contra pago al contado de nuestra factura núm. . . . del . . .
- entregar la carta de porte y factura a los librados, previa aceptación de nuestra letra a 30 días vista.

2 En relación con nuestro suministro de . . ., les remitimos adjunto: conocimiento de embarque, póliza de seguros, duplicado de factura, certificado de origen,
- rogándoles efectuar la entrega a los consignatarios contra pago de nuestra factura núm. . . . por un importe total de . . .
- rogándoles se sirvan presentar la letra enviada ayer para su aceptación a 30 días vista por los librados.

3 Bitte schreiben Sie den infrage stehenden Betrag nach Abzug Ihrer Auslagen unserem Konto gut.

4 Wir bitten Sie, den genannten Betrag zu gegebener Zeit dem Konto, das wir bei Ihnen haben, gutzuschreiben.

Kontoauszug

1 Nach Prüfung des Kontoauszugs, den Sie uns mit Ihrem Schreiben vom ... übersandten,
   – bestätigen wir Ihnen hiermit, dass wir mit dem daraus hervorgehenden Saldo einverstanden sind.
   – fügen wir unsere Einverständniserklärung mit unserer Unterschrift versehen bei.
   – erlauben wir uns, Sie auf einen Fehler aufmerksam zu machen, den wir darin gefunden haben.
   – möchten wir darauf hinweisen, dass Sie uns aus Versehen den Betrag von ... nicht gutgeschrieben haben.
   – teilen wir Ihnen mit, dass Sie uns die am ... erfolgte Eingangsbuchung nicht gutgeschrieben haben.

2 Bitte prüfen Sie die Angelegenheit/diese Differenz und senden Sie uns einen berichtigten Kontoauszug zu.

3 Wir bitten Sie, die notwendigen Nachforschungen anzustellen.

4 Wir sind sicher, dass Sie die Rechtmäßigkeit unserer Beanstandung anerkennen.

5 Nach Überprüfung Ihrer Belastung für Zinsen/Provisionen/Bankgebühren müssen wir Ihnen leider mitteilen, dass wir mit Ihrer Abrechnung nicht einverstanden sind.

6 Wie aus der dem Kontoauszug beigefügten Eintragung/Buchung ersichtlich ist, betrifft uns die Belastung/Gutschrift nicht.

7 Da die genannte Eintragung/Buchung uns nicht betrifft, bitten wir Sie um Richtigstellung/Verbesserung.

8 Die Anlage zu Ihrem Kontoauszug vom ... für die Eintragung des Betrags von ... mit dem Vermerk „gemäß Anlage" war Ihrem Kontoauszug nicht beigefügt.

9 In Übereinstimmung mit unseren Büchern lautet der von uns mit Datum vom ... ausgestellte Scheck auf den Betrag von ... und nicht ...

Extracto de cuenta

1 Examinado el extracto de cuenta que nos remitieron con su carta del ...,
   – les confirmamos con la presente nuestra conformidad con el saldo que arroja el mismo.
   – les adjuntamos el acuse de conformidad, debidamente firmado.
   – hemos encontrado un error sobre el cual nos permitimos llamar su atención.
   – hacemos constar que por equivocación no nos han acreditado el importe de ...
   – les informamos que no nos han abonado el ingreso efectuado el ...

2 Sírvanse examinar el asunto/esta diferencia y remitirnos un extracto rectificado.

3 Rogamos hagan las investigaciones necesarias.

4 Estamos seguros de que ustedes reconocerán que nuestra reclamación es fundada.

5 Habiendo revisado su cargo por intereses/comisiones/gastos bancarios, sentimos tener que comunicarles que no estamos de acuerdo con su cuenta.

6 Como se desprende del asiento adjunto al extracto de cuenta, el cargo/abono no nos concierne.

7 Dado que dicha nota de asiento no nos corresponde, rogamos a ustedes su rectificación/corrección.

8 El anexo a su extracto de cuenta del ... relativo al asiento por importe de ..., con la especificación "según anexo", no fue incluido en el extracto.

9 De acuerdo con nuestros libros, el cheque expedido por nosotros con fecha ... es por la cantidad de ... y no ...

10 Leider haben wir die folgenden Tagesaus-
züge unseres Kontos Nr. . . .
- vom . . . bis zum . . .
- der Nr. . . . bis zur Nr. . . .
nicht erhalten.
11 Wir nehmen an, dass sie in der Post
verloren gegangen sind.
12 Wir bitten Sie um Übersendung von
Duplikaten.
13 Sie können mit Ihrer PIN (personal identification number) und entsprechender Software sämtliche Kontobewegungen über
das Internet abrufen und speichern.

10 Lamentablemente, no hemos recibido los
siguientes extractos diarios de nuestra
cuenta núm. . . .
- del . . . al . . .
- del núm. . . . al núm. . . .
11 Suponemos que se extraviaron en el
correo.
12 Rogamos el envío de duplicados.
13 Con su NIP (número de identificación personal; personal identification number,
PIN) y el software correspondiente puede
usted solicitar/demandar todos los movimientos de su cuenta a través de Internet
y almacenarlos/guardarlos/archivarlos/
memorizarlos.

Börsengeschäfte

1 Wir bitten Sie, für uns zum niedrigst-
möglichen Kurs die folgenden Wertpapiere zu kaufen:
. . . Aktien von . . .
. . . Staatliche Obligationen
. . . Investmentzertifikate
und unser Konto Nr. . . . entsprechend zu
belasten.
2 Wir möchten die Tendenz zur Baisse bei
den Kursnotierungen der Aktien des
Chemiesektors ausnutzen und bitten Sie
daher, für uns . . . Aktien von . . . zur
Höchstnotierung von . . . zu kaufen.
3 Wir bitten Sie, diese Wertpapiere auf
unsere Rechnung in einem Sammel-
depot/Streifbanddepot aufzubewahren.
4 Die infrage stehenden Wertpapiere werden
abgeholt/sollen uns übersandt werden.
5 Wir bitten Sie, die folgenden Wertpapiere,
die Sie auf unseren Namen aufbewahren,
zum bestmöglichen Kurs zu verkaufen: . . .
6 Unsere Börsen-Software ermöglicht es Ihnen, nicht nur sämtliche Börsenkurse ab-
zurufen, sondern auch Transaktionen über
das Internet durchzuführen.

Operaciones bursátiles

1 Les rogamos compren para nosotros, a la
cotización más baja posible, los siguientes valores:
. . . acciones de . . .,
. . . títulos de la Deuda Pública,
. . . certificados de inversión,
con cargo a nuestra cuenta núm. . . .
2 Aprovechando la tendencia a la baja de
las cotizaciones de las acciones del
sector químico, rogamos compren para
nosotros . . . acciones de . . . al cambio de
. . . como máximo.
3 Rogamos mantener en custodia estos
títulos-valores por nuestra cuenta, en
depósito colectivo/depósito separado.
4 Los títulos-valores en cuestión serán
recogidos/deberán sernos remitidos.
5 Les rogamos se sirvan vender al mejor
cambio los siguientes títulos-valores
que mantienen en custodia a nuestro
nombre: . . .
6 Nuestro software bursátil le permite no
sólo solicitar/ demandar todas las cotizaciones bursátiles sino también realizar
transacciones a través de Internet.

Bargeldloser Zahlungsverkehr

1 Wir bitten Sie uns mitzuteilen, ob Sie damit einverstanden sind, dass wir in Zukunft
Ihre Rechnung für . . . durch Direkt-
abbuchung vom Konto vornehmen.

Movimiento de pagos por transferencia/sin efectivo

1 Les rogamos informarnos si están de
acuerdo en que efectuemos en el futuro
la liquidación de sus facturas para . . .
mediante adeudo directo en cuenta.

2 Ab sofort zahlen Kunden, die ihren Zahlungsverkehr über das Internet abwickeln, um 50% reduzierte Gebühren.

3 In der Anlage erhalten Sie Ihre Scheckkarte für das Jahr ...

4 Anbei erhalten Sie Ihre Code-Nummer für direkte Abbuchungen von Ihrem Bankautomaten.

5 Die beiliegende verschlüsselte Kennziffer-Kodierung ist sorgfältig aufzubewahren und bei Verlust sofort der Bank zu melden.

6 Über Ihre Telefon-PIN (personal identification number) können Sie Ihren Kontostand und die Kontenbewegungen erfahren und Überweisungen ausführen.

7 Ihr Bankauftrag Nr. ... ist heute per SWIFT erledigt worden. Sie erhalten sofort Nachricht, wenn die Abbuchung des Betrages von unserer ausländischen Filiale bestätigt worden ist.

8 Mit der beigefügten Kreditkarte können Sie bargeldlos bis zum jeweiligen Betrag von ... zahlen. Bitte bewahren Sie sie sorgfältig auf.

9 In der Anlage erhalten Sie Ihre neuen Schecks Nr. ... bis Nr. ... Die für das Jahr ... gültige Scheckkarte ist ebenfalls beigefügt.

10 Die beiliegende Kreditkarte berechtigt Sie zum Einkauf in folgenden Geschäften und Tankstellen: ...

11 Für jede Transaktion benötigen Sie eine TAN (transaction number), die Ihre Unterschrift ersetzt. Bitte denken Sie daran, die verbrauchten TAN's auszustreichen.

2 A partir de ahora, los clientes que efectúen sus pagos a través de Internet abonarán sólo el 50% de las tasas/de los derechos.

3 Adjunto le remitimos su tarjeta de cheques para el año ...

4 Como anexo, recibe usted su número clave para efectuar directamente retiradas de fondos de los cajeros automáticos.

5 La cifra codificada adjunta debe ser guardada cuidadosamente y, en caso de pérdida, informar de ello al banco.

6 A través de su NIP telefónico (número de identificación personal; personal identification number, PIN) puede usted informarse de su estado de su cuenta y de los movimientos efectuados, así como también realizar transferencias.

7 Su orden bancaria n° ... fue tramitada hoy por el sistema SWIFT. Una vez recibamos la confirmación de nuestra sucursal del exterior referente al adeudo del importe, les pasaremos el aviso correspondiente.

8 Con la tarjeta de crédito adjunta usted podrá hacer pagos sin efectivo hasta el importe de ... cada vez. Le rogamos guardarla cuidadosamente.

9 Como anexo, le remitimos sus nuevos cheques, del n° ... al n° ..., así como la tarjeta de cheques en vigor para el año ...

10 La tarjeta de crédito adjunta le faculta para la compra en las siguientes tiendas y estaciones de servicio: ...

11 Para cada transacción requiere usted un TAN (transaction number; número de transacción), que sustituye su firma/que cumple la función de una firma. Por favor, no olvide tachar de su lista los TAN ya utilizados.

Marketing und Werbung
Investigaciones de mercado y publicidad

Marktforschung

Anfragen

1 Wir sind sehr daran interessiert, die Absatzmöglichkeiten der von uns hergestellten Waren ermitteln zu lassen.
2 Könnten Sie uns eine oder mehrere Agenturen nennen, die sich in ... mit Marktforschung beschäftigen? Welche von diesen Firmen empfehlen Sie?
3 Wir danken Ihnen für Ihr Schreiben vom ..., mit dem Sie sich bereit erklären, für uns eine Marktuntersuchung in ... zu übernehmen. Natürlich hätten wir gern gewusst, wie hoch die Kosten für uns sein werden.
4 Können Sie auch eine entsprechende Untersuchung im benachbarten ... übernehmen?
5 Bitte teilen Sie uns mit, für welche international bekannten Firmen Sie bereits Marktuntersuchungen in ... durchgeführt haben.
6 Wir sind vor allem daran interessiert zu erfahren, mit welcher Konkurrenz wir zu rechnen haben.
7 Könnten Sie Ihren Bericht in ... Sprache vorlegen?
8 Wie lange benötigen Sie, um einen vollständigen Bericht zu erarbeiten?
9 Als Anlage überreichen wir Ihnen eine Liste von Ländern, mit denen wir in erfolgreicher Geschäftsbeziehung stehen.
10 Haben Sie die Möglichkeit, eine Marktstudie für den gesamten EU-Bereich auszuarbeiten?

Investigación de mercado

Solicitudes

1 Estamos muy interesados en investigar las posibilidades de venta de las mercancías que producimos.
2 ¿Podrían ustedes mencionarnos una o más agencias que se encarguen de investigación de mercado en ...? ¿Cuál de ellos recomiendan ustedes?
3 Les agradecemos su carta del ... en la que nos informan que están dispuestos a realizar una investigación de mercado en ... por nuestra cuenta. Claro está que nos habría gustado saber a cuánto ascenderán los gastos.
4 ¿Podrían ustedes también hacerse cargo de una investigación correspondiente en el vecino ...?
5 Les rogamos nos informen para qué firmas, internacionalmente conocidas, ya han realizado ustedes investigaciones de mercado en ...
6 Estamos especialmente interesados en saber cuáles serían las empresas con quienes concurriríamos en el mercado.
7 ¿Pueden ustedes hacer su informe en ... (idioma)?
8 ¿Qué tiempo necesitan ustedes para hacer un informe completo?
9 Adjunto les enviamos una lista de los países con los que tenemos buenas relaciones comerciales.
10 ¿Tienen ustedes la posibilidad de elaborar un estudio de mercado para todo el ámbito de la UE?

Antworten

1 Wir senden Ihnen heute eine Liste von Unternehmen, die für Sie Marktforschung in ... betreiben können.
2 Die Agentur ... ist uns bekannt; wir können sie Ihnen bestens empfehlen.
3 Wir sind bereit, die Marktuntersuchung in ... durchzuführen, und wären Ihnen für Ihren Auftrag dankbar. Die Kosten werden annähernd ... betragen.
4 Wir bedanken uns für Ihren Auftrag und werden diesen schnellstens und, wie wir hoffen, zu Ihrer vollen Zufriedenheit ausführen.
5 Wenn keine besonderen Schwierigkeiten auftreten, betragen die Kosten ...
6 Wir bedauern, Ihnen mitteilen zu müssen, dass wir auf dem ... Gebiet keine Marktforschung betreiben.
7 In ... empfehlen wir Ihnen die Firma ..., deren Arbeit uns bekannt ist.
8 Wir teilen Ihnen mit, dass wir bis heute folgende international anerkannte Firmen zu unseren Kunden zählen: ...
9 Wir sind gern bereit, den Bericht in ... Sprache vorzulegen.
10 Leider sind wir nicht in der Lage, den Bericht in ... Sprache vorzulegen, wir können ihn nur in ... Sprache abfassen.
11 Um Ihnen einen gründlichen Bericht zu liefern, benötigen wir ... Wir erwarten Ihre Nachricht baldigst und danken Ihnen schon heute dafür.
12 Da wir bereits im gesamten EU-Raum vertreten sind, besteht keinerlei Schwierigkeit, eine entsprechende Marktstudie zu erstellen. Sie kann in jeder EU-Sprache ausgefertigt werden.
13 Wir danken für Ihren Auftrag zur Durchführung der Marktstudie und werden Ihnen in den nächsten Tagen einen Vorschlag über das Marketing-Mix vorlegen.
14 Um die Field-Research bestmöglich durchführen zu können, müssten wir Außendienstmitarbeiter beschäftigen. Dies würde den Preis erheblich verteuern.
15 Zur Durchführung der Meinungsumfragen setzen wir vorwiegend Studenten ein. Die Auswertung der Fragebögen erfolgt durch unsere Marketing-Agentur.
16 Sobald die Auswertung der Marktforschung vorliegt, können wir Ihnen Vorschläge für geeignete Werbeträger unterbreiten.

Respuestas

1 Hoy les enviamos una lista de empresas que podrían encargarse de la investigación de mercado en ... para ustedes.
2 Conocemos la agencia ... y podemos recomendarla plenamente.
3 Estamos dispuestos a realizar la investigación de mercado en ... y les agradeceríamos la orden correspondiente. Los costos serán de aproximadamente ...
4 Les agradecemos su orden y la ejecutaremos cuanto antes, esperando cumplirla a su entera satisfacción.
5 Si no surgen dificultades especiales, los gastos ascenderán a ...
6 Lamentamos tener que informarle que en el área de ... no realizamos investigación de mercado.
7 En ... les recomendamos la firma ... cuya forma de trabajar conocemos.
8 Por medio de la presente, les informamos que tenemos como clientes a las siguientes firmas internacionales conocidas:
9 Estamos dispuestos a presentarles el informe en ... (idioma).
10 Lamentablemente, no estamos en condiciones de presentarles el informe en ... Sólo podemos redactarlo en ...
11 Para suministrarles un informe completo necesitamos ... Esperamos sus noticias cuanto antes y les damos las gracias por anticipado.
12 Dado que estamos representados en todo el ámbito de la UE, no existen dificultades de ninguna clase en cuanto a la elaboración del estudio de mercado correspondiente, pudiendo ser redactado éste en cualquiera de las lenguas de la UE.
13 Les agradecemos su encargo de efectuar un estudio de mercado, a cuyo efecto les presentaremos en los próximos días una propuesta sobre el "marketing mix".
14 A fin de poder ejecutar lo mejor posible el "field research", tendríamos que recurrir a colaboradores del servicio exterior, lo cual encarecería el precio considerablemente.
15 Para la realización de encuestas empleamos, en la mayoría de los casos, estudiantes. La evaluación de los cuestionarios la lleva a cabo nuestra agencia de marketing.
16 Tan pronto tengamos la evaluación de la investigación de mercado, les podremos presentar propuestas sobre agencias de publicidad adecuadas.

17 Unser Institut ist auf Maßnahmen der Verkaufsförderung spezialisiert und könnte Ihnen in jeder Weise behilflich sein.

18 Für die Erstellung einer Marktstudie benötigen wir genaue Angaben über die Art des Produkts, seine Absatzmöglichkeiten und die Vertriebskanäle.

17 Nuestro instituto está especializado en medidas para el fomento de ventas, pudiendo serles de utilidad de cualquier modo.

18 Para la redacción de un estudio de mercado, necesitamos datos exactos sobre la naturaleza del producto, sus posibilidades de venta y los canales de distribución.

Werbung und Publicrelations

Anfragen

1 Hiermit möchten wir Sie bitten uns mitzuteilen, ob Sie daran interessiert wären, für unser Produkt ... eine Werbekampagne zu organisieren.

2 Bitte erarbeiten Sie uns ein Angebot für eine Werbekampagne im Wert von ca. ... Die Werbeträger sollen Rundfunk, Fernsehen, die Tagespresse und das Internet einschließen.

3 Bitte unterbreiten Sie uns ein Werbeangebot für ...

4 Die Firma ... hat uns Ihre Agentur empfohlen. Wir bitten Sie, uns kurz mitzuteilen, welches Marketing-Mix Sie für die in der Anlage näher beschriebenen Produkte unseres Hauses empfehlen würden.

5 Die Marke ... ist Ihnen sicher ein Begriff. Bisher hat uns die Agentur ... in ... vertreten. Da wir mit ihren Diensten nicht mehr zufrieden sind, möchten wir anfragen, ob Sie an der Übernahme eines Werbevertrages interessiert sind. Welche wären ggf. Ihre Bedingungen?

6 Sie sind uns als PR-Agentur empfohlen worden. Falls Sie an einer Zusammenarbeit interessiert sind, bitten wir um Kontaktaufnahme mit Herrn (Frau) ... unter der Telefonnummer ...

7 Die amerikanische Gesellschaft ... plant, sich auf dem ... Markt zu etablieren. Sie sucht zu diesem Zweck eine PR-Agentur. Sind Sie interessiert?

Publicidad y relaciones públicas

Demanda de información

1 Con la presente, quisiéramos rogarles nos informen si estarían interesados en organizar para nuestro producto ... una campaña de publicidad.

2 Les rogamos se sirvan elaborarnos una oferta para una campaña publicitaria ascendente a ... aproximadamente. Los soportes publicitarios/Los medios de publicidad deben incluir la radio, la televisión, la prensa diaria e Internet./Se debería hacer publicidad por radio, televisión, Internet y en la prensa diaria.

3 Les rogamos hacernos una oferta publicitaria para ...

4 La empresa ... nos ha recomendado su agencia. Les rogamos comunicarnos de forma sucinta qué "marketing mix" recomendarían para los productos de nuestra casa, descritos detalladamente en el anexo.

5 La marca ... les será, seguramente, bien conocida. Hasta ahora estuvimos representados por la agencia ... de ... Dado que ya no estamos satisfechos con los servicios de ésta, quisiéramos preguntarles si están interesados en concluir un contrato publicitario. ¿Cuáles serían, en caso dado, sus condiciones?

6 Ustedes nos fueron recomendados como agencia de relaciones públicas. En caso de que estuvieran interesados en una cooperación, les rogamos ponerse en contacto con el señor (la señora) ... llamando al teléfono ...

7 La compañía americana ... proyecta establecerse en el mercado de ..., buscando al efecto una agencia de relaciones públicas. ¿Estarían ustedes interesados?

8 Unsere Firma möchte in nächster Zeit ihr Image in der Öffentlichkeit verbessern. Hierfür benötigen wir die Dienste einer erfahrenen Agentur. Könnten Sie uns entsprechende Vorschläge unterbreiten und eine Preisvorstellung nennen?

Antworten

1 Vielen Dank für Ihr Schreiben vom . . . Wir sind an der Übernahme eines Werbeauftrags für Ihre Produkte sehr interessiert und schlagen vor, dass unser(e) Mitarbeiter(in), Herr (Frau) . . ., Sie persönlich aufsucht, um nähere Einzelheiten zu besprechen.
2 In der Anlage erhalten Sie unseren Prospekt für die Durchführung allgemeiner Werbekampagnen. Für die Ausarbeitung individueller Kampagnen benötigen wir nähere Angaben wie folgt: . . .
3 Wir würden uns sehr freuen, die Werbung für Ihre Produkte (für Ihre Marke . . ., Ihr Logo . . .) zu übernehmen.
4 Als PR-Agentur, die im gesamten EU-Raum tätig ist, verfügen wir auch über sprachlich und fachlich geschulte Mitarbeiter, die in jedem EU-Land tätig sein können. Wir stehen für ein persönliches Gespräch jederzeit zur Ihrer Verfügung.
5 Für die von Ihnen vorgesehene Werbekampagne eignen sich besonders Werbespots im Fernsehen (Annoncen in der Tagespresse, Rundschreiben, Werbeslogans auf Haus- oder Wandplakaten, Werbung auf Tragetaschen und Packpapier, Werbung durch Neonreklame, Annoncen auf Theater- und Kinokarten oder -programmen, Reklame auf Kraftfahrzeugen).
6 Die statistische Auswertung Ihrer Marktstudie zeigt, dass die geeignetsten Werbe- (PR-) Mittel folgende wären: . . .
7 Wenn Sie eine imagefördernde PR-Kampagne starten möchten, empfehlen wir Ihnen unbedingt unser neues Internet-Werbeprogramm mit folgenden Möglichkeiten zur Auswahl . . .

8 Nuestra empresa desearía mejorar próximamente su imagen pública. Para ello necesitamos los servicios de una agencia experimentada. ¿Podrían ustedes someternos las propuestas pertinentes e indicarnos un precio aproximado?

Respuestas

1 Agradecemos mucho su carta del . . . Estamos muy interesados en encargarnos de la publicidad de sus productos, proponiéndoles al efecto que nuestro(a) colaborador(a), el señor (la señora) . . ., les visite personalmente para discutir los detalles.
2 Como anexo hallarán ustedes un prospecto relativo a la ejecución de campañas publicitarias de tipo general. Para la elaboración de campañas de tipo individual necesitamos los siguientes pormenores: . . .
3 Mucho nos complacería hacernos cargo de la publicidad de sus productos (de su marca . . ., su logotipo . . .).
4 Como agencia de relaciones públicas, activa en todo el ámbito de la UE, disponemos también de colaboradores, con dotes tanto lingüísticas como técnicas, que podrían ejercer su actividad en cualquier país de la UE. Estamos a su entera disposición, en todo momento, para llevar a cabo una conversación personal.
5 Para la campaña de publicidad prevista por ustedes se prestan, en especial, "spots" publicitarios en la televisión (anuncios en diarios, circulares, eslogans publicitarios en carteleras o vallas, publicidad en bolsas y papel de envolver, propaganda por medio de anuncios luminosos, en billetes o programas de teatro y cine, propaganda en vehículos).
6 La evaluación estadística de su estudio de mercado demuestra que los medios más apropiados de publicidad (relaciones públicas) serían: . . .
7 Si desea iniciar una campaña (de relaciones públicas) para promover su imagen, le recomendamos muy encarecidamente nuestro nuevo programa de publicidad en Internet, que le ofrece las siguientes posibilidades: . . .

Angebot einer Werbe- oder PR-Agentur

1 Wir sind auf die Werbung von ... spezialisiert und würden auch Sie gern zu unseren Kunden zählen. Anbei übersenden wir Ihnen unser Leistungsprofil.

2 Als Anlage überreichen wir Ihnen einen Katalog über die Dienstleistungen, die wir für Sie erbringen können.

3 Dank unseres weit verzweigten Filialnetzes im gesamten EU-Bereich haben wir ein breites Streuungsspektrum anzubieten.

4 Sie können auch bei Spezialaufträgen mit schnellster Abwicklung rechnen.

5 Dürfen wir Ihnen unser neues Online-Werbeprogramm vorstellen? Mit Hilfe dieses Programms erreichen Sie Ihre Kunden noch schneller und problemloser.

6 Ohne unser Online-System ist Werbung heutzutage kaum noch denkbar. Wir sind jederzeit gern bereit, es Ihnen vorzustellen.

7 Auf der Messe ... haben wir vor, Ihnen unser neues Werbeprogramm vorzustellen. Dürfen wir mit Ihrem Besuch rechnen?

8 Anbei erhalten Sie unseren vielseitigen Prospekt sowie eine Referenzliste der Firmen, für die wir erfolgreich gearbeitet haben.

9 Wir sind eine auf das Internet spezialisierte Agentur. Neben der Erstellung kompletter Homepages auch mit Shop liegt unsere Stärke in der Werbung im Netz wie auch in den traditionellen Medien

10 Wir bieten Ihnen eine reichhaltige Palette an Werbemöglichkeiten im Internet, wie: Banner, Spots, Gewinnspiele usw.

Positive Antwort auf Angebot der Werbe- oder PR-Agentur

1 Wir danken für Ihr Angebot vom ... und würden uns freuen, einen entsprechenden Vorschlag von Ihnen ausarbeiten zu lassen.

Oferta de una agencia de publicidad o relaciones públicas

1 Estamos especializados en la publicidad de ... y con sumo gusto les tendríamos también a ustedes entre nuestra clientela. Les remitimos adjunto nuestro perfil de méritos.

2 Les remitimos adjunto un catálogo sobre los servicios que podríamos prestar a ustedes.

3 Gracias a nuestra extensa red de sucursales en todo el ámbito de la UE, podemos ofrecer un amplio espectro de difusión.

4 También en el caso de encargos especiales, pueden contar ustedes con una rápida ejecución.

5 ¿Nos permite presentarle nuestro nuevo programa para publicidad en línea/ online? Gracias a él podrá usted llegar a sus clientes más rápida y fácilmente.

6 Sin nuestro sistema en línea/online, la publicidad resulta casi inconcebible hoy en día. Estamos a su disposición para presentárselo cuando usted lo desee/en cualquier momento.

7 En la Feria de ... tenemos la intención de presentarles nuestro nuevo programa de publicidad. ¿Podemos contar con su visita?

8 Adjunto les enviamos nuestro amplio folleto, así como una lista de referencias de empresas para las cuales hemos actuado con éxito.

9 Somos una agencia especializada en Internet. Además de la creación de páginas Web completas, incluidas las tiendas virtuales, tenemos una gran experiencia con publicidad en la Red y en los medios tradicionales.

10 Le ofrecemos una gama muy amplia de posibilidades de publicidad en Internet, tales como ventanas /superficies publicitarias, spots y concursos.

Respuesta positiva a oferta de agencia de publicidad o relaciones públicas

1 Les agradecemos su oferta del ... y nos alegraría si nos elaboraran la propuesta respectiva.

2 Sie kennen unser Produkt ... Gern hören wir von Ihnen, wie Sie dieses werbeträchtig vermarkten.

3 Ihr neues Online-Programm würde uns sehr interessieren. Bitte machen Sie uns nähere Angaben.

4 Wir haben auf der ... Messe Ihre Firma kennen gelernt und interessieren uns für die modernen PR-Vorschläge, die Sie unterbreiten. Könnten Sie uns konkret sagen, wie Sie diese für unsere Firma umsetzen könnten?

5 Wir planen für die nächste Zukunft eine gezielte Werbekampagne für unsere Marke ... (unser Produkt ..., unser Firmenlogo). Hierfür steht ein Werbeetat von ca. ... (Währung) zur Verfügung. Wir bitten um Ihre Vorschläge.

6 Ihr Katalog für Werbung und PR hat uns gut gefallen. Bitte teilen Sie uns mit, wann wir einen Besuchstermin mit einem Ihrer Fachleute in unserem Hause vereinbaren können.

7 Ihre Angebotspalette für Werbung im Internet mit Bannern, Spots, Gewinnspielen usw. erscheint uns für unser Produkt interessant. Machen Sie uns bitte ein Angebot.

8 Werbung wird immer ausgefeilter.
Wir haben uns daher entschlossen, diese Arbeit in Zukunft einem erfahrenen Werbeteam außer Haus zu übertragen. Könnten Sie uns dabei unterstützen?

2 Ustedes conocen nuestro producto ... Nos agradaría nos informaran cómo comercializarían ustedes el mismo con una publicidad eficaz.

3 Nos interesa mucho su nuevo programa en línea/online. Sírvanse enviarnos más detalles/información más detallada al respecto.

4 Habiendo conocido su empresa en la Feria de ..., nos interesamos por las modernas propuestas que ustedes hacen en cuanto a relaciones públicas. ¿Nos podrían decir concretamente cómo podrían aplicar éstas a nuestra firma?

5 En el próximo futuro, planeamos una campaña publicitaria encauzada a nuestra marca ... (nuestro producto ..., nuestro logotipo ...), para la cual disponemos de un presupuesto publicitario de unos(as) ... (moneda). Les rogamos se sirvan hacernos llegar sus propuestas.

6 Su catálogo de publicidad y relaciones públicas nos ha gustado mucho. Les rogamos nos informen cuándo podríamos convenir una fecha para una visita de uno de sus expertos en nuestra casa.

7 La gama de posibilidades que nos ofrecen para hacer publicidad en Internet con ventanas/superficies publicitarias, spots, concursos, etc. nos parece interesante para nuestro producto. Sírvanse hacernos una oferta.

8 La publicidad se está volviendo cada vez más sofisticada.:
Por ello, nos hemos decidido a ceder esta actividad en el futuro a un equipo experimentado en cuanto a publicidad fuera de nuestra empresa. ¿Podrían ustedes darnos su apoyo al respecto?

Negative Antwort auf Angebot einer Werbe- oder PR-Agentur

1 Wir danken für Ihr Angebot vom ..., müssen dies jedoch aus Kostengründen leider ablehnen.

2 Da wir seit Jahren in unserer eigenen Abteilung Werbung und PR betreiben, können wir von Ihrem wirklich interessanten Angebot leider keinen Gebrauch machen.

Respuesta negativa a oferta de una agencia de publicidad o relaciones públicas

1 Les agradecemos su oferta del ... la cual sentimos, no obstante, tener que rehusar por sus altos costes.

2 Dado que efectuamos desde hace años en un departamento propio publicidad y relaciones públicas, sentimos no poder hacer uso de su verdaderamente interesante oferta.

3 Ihr Prospekt hat uns sehr interessiert. Zurzeit planen wir jedoch keine Werbe- oder PR-Kampagne.
4 Die weltweite wirtschaftliche Rezession zwingt uns leider, in diesem Jahr aus Kostengründen auf jegliche Werbung zu verzichten.
5 Da unsere Marke ... (unser Produkt ..., unser Firmenlogo) zurzeit recht gut bekannt ist, planen wir keine weitere Werbung.
6 Ihr Angebot hört sich zwar sehr gut an, übersteigt kostenmäßig jedoch bei weitem den von uns gesteckten Rahmen.
7 Es tut uns Leid Ihnen mitteilen zu müssen, dass wir bereits eine andere Werbe- agentur (ein anderes PR-Team) beauftragt haben.
8 Ihr für uns ausgearbeitetes Programm eines Marketing-Mix gefällt uns nicht so sehr und übersteigt auch kostenmäßig unser Budget. Wir ziehen es statt dessen vor, mit eigener Homepage im Internet zu werben.

3 Su folleto nos ha interesado mucho. No obstante, en la actualidad no planeamos ninguna campaña publicitaria o de rela- ciones públicas.
4 La recesión económica en todo el mundo nos obliga este año, desgraciadamente, a renunciar a toda clase de publicidad, debido a los elevados costes.
5 Dado que nuestra marca ... (nuestro producto ..., nuestro logotipo) es en la actualidad bastante conocida(o), no proyectamos hacer más publicidad.
6 Si bien su oferta parece ser muy venta- josa, desde el punto de vista de los costes, sobrepasa, con mucho, el margen que nos habíamos señalado.
7 Lamentamos tener que comunicarles que hemos encargado ya el asunto a otra agencia de publicidad (a otro equipo de relaciones públicas).
8 El programa referido a un concepto de marketing que elaboraron para nosotros no nos ha parecido muy adecuado. Además, supera en términos de coste las posibilidades de nuestro presupuesto. Por tal razón, hemos decidido hacer pu- blicidad en Internet con nuestra página Web propia.

Empfehlungsbriefe, Einführungsbriefe, Bewerbungen

Cartas de recomendación, cartas de presentación, solicitudes de empleo

Ankündigung eines Besuchers

1 Herr (Frau) ... von der Firma ... wird sich in den nächsten Tagen (Wochen) nach ... begeben und Sie auf meine Empfehlung aufsuchen.
2 Der Zweck des Besuches von Herrn (Frau) ... ist die Teilnahme an der Messe ... in Ihrer Stadt.

Bitte um Unterstützung

1 Es wäre möglich, dass Herr (Frau) ... während seines (ihres) Besuches (Aufenthaltes) in Ihrer Stadt einen Rat oder Hilfe braucht.
2 Da Sie Experte(in) auf dem Gebiet ... sind, wäre ich Ihnen dankbar, wenn Sie Herrn (Frau) ... bei der Beantwortung von diesbezüglichen Fragen helfen könnten.
3 Da Herr (Frau) ... keine Kontakte zur Firma ... hat, wäre es sehr liebenswürdig von Ihnen, wenn Sie ihn (sie) mit den richtigen Leuten (richtigen Behörden, zuständigen Stellen) in Kontakt bringen könnten.
4 Ich habe Herrn (Frau) ... ein kurzes Einführungsschreiben an Sie mitgegeben.
5 Sie können Herrn (Frau) ... sicherlich einige nützliche Hinweise (Auskünfte) über die Marktlage in ... geben.
6 Wir sind Ihnen für jede Unterstützung, die Sie Herrn (Frau) ... geben könnten, sehr dankbar.

Anunciando a un visitante

1 El Sr. (La Sra.) ... de la casa ... se desplazará en los próximos días (semanas) a ... y, siguiendo mi recomendación, le hará una visita.
2 El propósito de la visita del Sr. (de la Sra.) ... es asistir a la Feria de ... en su ciudad (en ésa).

Petición de ayuda

1 Podría ser posible que el Sr. (la Sra.) ... necesitara consejo o ayuda durante su visita (estancia) en ésa.
2 Dado que usted es experto(a) en el sector del ... (de la ...), le quedaría muy agradecido si pudiera asistir al Sr. (a la Sra.) ... dándole respuesta a las preguntas pertinentes.
3 Dado que el Sr. (la Sra.) ... no tiene relación alguna con la empresa ..., sería muy amable de usted si pudiera ponerle(la) en contacto con las personas (autoridades, centros oficiales competentes) adecuadas.
4 He entregado al Sr. (a la Sra.) ... una breve carta de presentación dirigida a usted.
5 Seguramente que usted podrá dar al Sr. (a la Sra.) ... algunas indicaciones (informaciones) útiles sobre la situación del mercado en ...
6 Le (La) quedamos muy agradecidos por cualquier apoyo que pueda dar al Sr. (a la Sra.) ...

Auskunft über neue Mitarbeiter

1 Bei seiner (ihrer) Bewerbung hat Herr (Frau) ... Sie als Referenz genannt.
2 Wir haben gehört, dass Herr (Frau) ... früher bei Ihnen beschäftigt war.
3 Ihr früherer Mitarbeiter, Herr ..., bemüht sich um eine Anstellung bei uns.
4 Herr (Frau) ... hat sich auf unser Stellenangebot beworben und benennt Sie als Referenz.
5 Mit welchen Auskünften über Herrn (Frau) ... können wir rechnen?
6 Bitte teilen Sie uns mit, wie Sie Herrn (Frau) ... als Mitarbeiter(in) beurteilen.
7 Wie beurteilen Sie die fachliche und menschliche Qualifikation des Herrn (der Frau) ... ?
8 Wir wüssten gern, ob Herr (Frau) ..., Ihr(e) ehemalige(r) ..., sich in dieser Position bewährt hat.
9 Aus welchen Gründen ist Herr (Frau) ... bei Ihnen ausgeschieden?
10 Glauben Sie, Herr (Frau) ... ist dieser Aufgabe gewachsen?

Información sobre nuevos empleados

1 El señor (La señora) ... les ha mencionado a ustedes como referencia en su solicitud de empleo.
2 Se nos ha informado que el señor (la señora) ... estuvo empleado(a) anteriormente con ustedes.
3 Un antiguo empleado de ustedes, el señor ..., ha solicitado una plaza en nuestra firma.
4 El señor (La señora) ... ha contestado nuestra oferta de empleo y les ha mencionado a ustedes como referencia.
5 ¿Qué información acerca del señor (de la señora) ... podríamos recibir de ustedes?
6 Nos complacería conocer la opinión que ustedes se han formado del señor (de la señora) ... como empleado(a).
7 ¿Cómo juzgan ustedes las cualidades profesionales y humanas del señor (de la señora) ...?
8 Quisiéramos saber si el señor (la señora) ..., su antiguo(a) ..., desempeñó bien esa posición.
9 ¿Por qué motivos dejó de trabajar con ustedes el señor (la señora) ...?
10 ¿Creen ustedes que el señor (la señora) ... puede desempeñar esa función?

Einarbeitung

1 Bitte teilen Sie uns mit, wann Herr (Frau) ... zur Einarbeitung zu Ihnen ins Werk kommen kann.
2 Wir legen großen Wert darauf, dass Herr (Frau) ... in die Bedienung der Anlagen eingearbeitet wird.
3 Die Einarbeitung sollte so schnell wie möglich erfolgen.
4 Für die Einarbeitung haben wir ... Tage geplant.
5 Hiermit bestätigen wir Ihnen den gewünschten Termin ... für die Einarbeitung von Herrn (Frau) ...
6 Wir versichern Ihnen, dass wir Herrn (Frau) ... zur Einarbeitung einen Platz in unserem nächsten Kurs reservieren werden.
7 Langjährige Erfahrung und erstklassiges Schulungspersonal geben Ihnen die Gewähr, dass die Einarbeitung allen Anforderungen entspricht.

Capacitación

1 Les rogamos nos informen cuándo puede el señor (la señora) ... ir a la fábrica para capacitarse en su trabajo.
2 Para nosotros es muy importante que el señor (la señora) ... aprenda el manejo de la instalación.
3 El aprendizaje debe realizarse cuanto antes.
4 Estimamos que la capacitación exige ... días.
5 Por medio de la presente, les confirmamos la fecha deseada del ... para la capacitación del señor (de la señora) ...
6 Les aseguramos que en nuestro próximo curso de capacitación reservaremos una plaza al señor (a la señora) ...
7 Una experiencia de muchos años y un personal técnico-docente de primera clase les garantizan que la capacitación responde a todas las exigencias.

Positive Referenz

1. In Beantwortung Ihrer Anfrage vom ... über Herrn (Frau) ... freue ich mich zu bestätigen, dass er (sie) ... Jahre in unserem Unternehmen tätig war und seine (ihre) Arbeit stets in hervorragender Weise verrichtet hat.
2. Wir haben Herrn (Frau) ... immer zuverlässig in seiner (ihrer) Arbeit und in höchstem Maße vertrauenswürdig und liebenswert gefunden.
3. Ich kann Ihnen Herrn (Frau) ... uneingeschränkt empfehlen.
4. Wir kennen Herrn (Frau) ... seit vielen Jahren als vertrauenswürdige(n) Geschäftspartner(in).
5. Herr (Frau) ... arbeitet seit vielen Jahren in unserem Unternehmen und erfreut sich allerseits größten Vertrauens und ausgesprochener Beliebtheit.
6. Herr (Frau) ... ist aufgeschlossen, freundlich, äußerst zuverlässig und immer gründlich in seiner (ihrer) Arbeit.
7. Auf eigene Initiative hin besuchte Herr (Frau) ... Lehrgänge und Fortbildungsveranstaltungen.
8. Ich bin sicher, dass Herr (Frau) ... jede verantwortungsvolle Aufgabe gewissenhaft erledigen wird.
9. Wir können uns über Herrn (Frau) ... nur äußerst positiv äußern und haben keine Bedenken, ihn (sie) weiterzuempfehlen.
10. Wir haben sehr bedauert, dass Herr (Frau) ... unsere Firma verlassen hat, da er (sie) seine (ihre) Arbeit stets mit äußerster Präzision, Pünktlichkeit und Zuverlässigkeit erledigt hat.

Vage Referenz

1. Es ist richtig, dass Herr (Frau) ... von ... bis ... bei uns beschäftigt war.
2. Herr (Frau) ... war von ... bis ... in unserer ...abteilung tätig und mit ... Arbeiten betraut.
3. Leider können wir nichts Näheres über Herrn (Frau) ... sagen.
4. Herr (Frau) ... hat sich stets bemüht, die ihm (ihr) übertragenen Aufgaben gewissenhaft zu erfüllen.

Referencia positiva

1. En respuesta a su petición de informes del ... sobre el Sr. (la Sra.) ..., me complace confirmar que éste (ésta) estuvo ... años al servicio de nuestra empresa y que desempeñó siempre su trabajo de manera excelente.
2. Hemos considerado siempre al Sr. (a la Sra.) ... como persona cumplidora en su trabajo y digna de toda confianza y sumamente simpática.
3. Puedo recomendarle al Sr. (a la Sra.) ... sin reparos.
4. Conocemos al Sr. (a la Sra.) ... desde hace muchos años como socio(a) de confianza.
5. El Sr. (La Sra.) ... está al servicio de nuestra empresa desde hace muchos años y goza en todas partes de la máxima confianza y evidentes simpatías.
6. El Sr. (La Sra.) ... es persona comunicativa, amable y merecedora de la máxima confianza y siempre concienzuda en su trabajo.
7. El Sr. (La Sra.) ... asistió por iniciativa propia a cursillos y seminarios de perfeccionamiento.
8. Estoy seguro de que el Sr. (la Sra.) ... ejecutará esmeradamente cualquier tarea que exija responsabilidad.
9. Sólo podemos emitir una opinión sumamente positiva sobre el Sr. (la Sra.) ..., no viendo ningún inconveniente en recomendarle(la).
10. Hemos lamentado mucho que el Sr. (la Sra.) ... haya abandonado nuestra casa, ya que siempre realizó su trabajo con suma puntualidad y fiabilidad.

Referencia vaga

1. Es cierto que el Sr. (la Sra.) ... estuvo empleado(a) en nuestra empresa del ... hasta el ...
2. El Sr. (La Sra.) ... trabajó del ... al ... en nuestro departamento de ..., estando encargado(a) de las tareas de ...
3. Desgraciadamente no podemos dar pormenores sobre el Sr. (la Sra.) ...
4. El Sr. (La Sra.) ... se ha esforzado siempre en cumplir escrupulosamente las tareas que se le confiaron.

5 Herr (Frau) ... hatte die Aufgabe, in der ... Abteilung allgemeine Büroarbeiten zu verrichten. Zu Beanstandungen gab es keinen Anlass.
6 Wir müssen Ihnen leider mitteilen, dass wir über Herrn (Frau) ...s Tätigkeiten in unserem Hause keine näheren Angaben machen können, da der zuständige Vorgesetzte nicht mehr bei uns tätig ist.

5 El Sr. (La Sra.) ... tenía la tarea de realizar los trabajos propios de oficina en el departamento de ..., no habiendo existido motivo alguno de queja.
6 Sentimos tener que participarles no estar en condiciones de proporcionarles información más detallada sobre el Sr. (la Sra.) ..., debido a que el jefe encargado ya no está a nuestros servicios.

Bewerbungsschreiben

Eingangsformeln

1 Wie ich aus ... entnehme, suchen Sie zum ... eine(n) ...
2 Von der hiesigen Stelle des Arbeitsamtes habe ich erfahren, dass Sie eine(n) versierte(n) ... suchen.
3 Hiermit bewerbe ich mich um die von Ihnen ausgeschriebene Stelle als ...
4 Herr (Frau) ... hat mir gesagt, dass Sie eine Vakanz für eine(n) ... haben. Ich wäre an dieser Stelle sehr interessiert und glaube, dass ich die nötigen Voraussetzungen erfülle.
5 Ich habe von Herrn (Frau) ... gehört, dass in Ihrem Unternehmen die Stelle eines (einer) ... frei ist, und erlaube mir, mich bei Ihnen zu bewerben.
6 Mit Interesse habe ich in der ... Zeitung (Zeitschrift) vom ... gelesen, dass Sie ab ... eine(n) ... suchen.
7 Ich möchte mich bei Ihnen um den Posten als ... bewerben.

Weitere Einzelheiten

1 In der Anlage finden Sie meinen Lebenslauf (eine kurze Aufstellung meines beruflichen Werdegangs/eine Liste mit Referenzen/eine Übersicht über meine Ausbildung und Berufserfahrung).
2 Bitte entnehmen Sie Einzelheiten meines schulischen und beruflichen Werdegangs dem beigefügten Lebenslauf (Curriculum Vitae).
3 Ich habe vom ... bis ... als ... gearbeitet und verfüge über gründliche Kenntnisse im Bereich des/der ...
4 Ich bin ... Jahre alt, ... Nationalität und habe nach dem ... Schulabschluss eine Lehre als ... absolviert.

Solicitudes de empleo

Frases de introducción

1 Como desprendo de ..., buscan ustedes con efecto al ... un (una) ...
2 A través de la delegación de ésta del Inem, me he enterado de que ustedes buscan un (una) ... versado(a).
3 Con la presente, solicito la plaza sacada a concurso (oposiciones) por ustedes de ...
4 El Sr. (La Sra.) ... me dijo que ustedes tienen una vacante para el cargo de ... Estaría muy interesado(a) en esta plaza y creo que reúno los requisitos indispensables.
5 Por el Sr. (la Sra.) ... me he enterado de que en su empresa está vacante una plaza para el cargo de ..., a cuyo efecto quisiera presentar mi candidatura.
6 Con interés he leído en el periódico (la revista) ... del ... que ustedes buscan un(a) ... a partir del ...
7 Quisiera presentar mi candidatura para la plaza de ...

Detalles complementarios

1 Les remito adjunto mi currículum vitae (una breve relación de mi historial profesional/una lista de referencias/un resumen de mi formación y experiencia profesional).
2 Del currículum vitae adjunto podrán ustedes desprender detalles de mi historial escolar y profesional.
3 He trabajado del ... al ... como ..., disponiendo de profundos conocimientos en el sector del (de la) ...
4 Tengo ... años de edad, soy de nacionalidad ... y, después de terminar la escuela (el colegio), he absuelto un aprendizaje como ...

5 Nach dem Schulabschluss wurde ich bei der Firma ... zum ...-Kaufmann (zur ... -Kauffrau) ausgebildet.
6 Ich habe soeben mein Studium als ... an der ... Universität abgeschlossen.
7 Am ... habe ich mein Diplom als EU-anerkannte Europa-Sekretärin in den drei Sprachen Englisch, Französisch und Deutsch erhalten.
8 Mit der Erlangung des Europadiploms als ... habe ich den Nachweis erbracht, dass ich in jedem Land der EU als ... tätig sein kann.
9 Nach ...-jähriger Berufserfahrung auf dem Gebiet ... möchte ich mich nunmehr verändern und einige Erfahrungen auf dem Gebiet ... sammeln.
10 Ich habe gehört, dass Sie besonderen Wert auf Mitarbeiter legen, die Erfahrungen mit der ... Software (mit dem ... Computerprogramm, im Internet, im Online-Geschäft usw.) besitzen. Auf diesem Gebiet kenne ich mich besonders gut aus.
11 Mein gegenwärtiges Gehalt ist ... (Währung) pro Jahr.
12 Meine jetzige Stelle ist mit ... (Währung) pro Monat (Jahr) dotiert.
13 Ich kann Ihnen jederzeit Referenzen geben, falls Sie eine Auskunft über meine Person wünschen.
14 Folgende Personen sind bereit, für mich eine Referenz zu geben: ...
15 Zeugniskopien meiner früheren Arbeitgeber sind beigefügt.
16 Mein jetziger Arbeitgeber ist über meine Bewerbung informiert. Sie können sich daher jederzeit wegen einer Auskunft an ihn wenden.
17 Ich könnte in meiner jetzigen Stelle zum ... kündigen. Somit wäre das früheste Antrittsdatum bei Ihnen der ...
18 Da ich im Augenblick keine Beschäftigung habe, wäre ich sofort verfügbar.

5 Después de terminar la escuela hice mi formación profesional como ... mercantil en la empresa ...
6 Acabo de terminar mis estudios como ... en la Universidad de ...
7 El ... recibí el diploma de secretaria europea reconocida en el ámbito de la UE en los idiomas inglés, francés y alemán.
8 Con la obtención del diploma europeo como ... he aducido la prueba que estoy en condiciones de trabajar en cualquier país de la UE como ...
9 Después de ... años de experiencia profesional en el ramo de ..., quisiera ahora cambiar de empleo para adquirir algunas experiencias en el ramo de ...
10 He sabido que para ustedes es muy importante contar con colaboradores/empleados que tengan experiencia con el software de ... (con el programa para ordenadores ...; en Internet; con transacciones en línea/online; etc.) Este es un campo que conozco profundamente.
11 Mi sueldo actual es de ... (moneda) por año.
12 Mi plaza actual está remunerada con ... (moneda) mensualmente (anualmente).
13 En caso de que deseen información sobre mi persona, les puedo dar en todo momento referencias.
14 Las siguientes personas están dispuestas a dar referencias sobre mí: ...
15 Adjunto copias de los certificados de mis anteriores empresas.
16 Mi jefe actual está informado sobre mi candidatura, por lo que se pueden dirigir a él, en todo momento, en cuanto a referencias.
17 Podría avisar mi cese en mi actual empleo con efecto al ..., con lo que me sería posible comenzar en su empresa a partir del ...
18 Dado que de momento estoy desocupado, estaría inmediatamente a su disposición.

Schlussworte

1 Ich wäre Ihnen dankbar, wenn Sie mir bald die Gelegenheit zu einem persönlichen Vorstellungsgespräch geben würden.
2 Zur Klärung weiterer Fragen stehe ich Ihnen jederzeit für ein persönliches Vorstellungsgespräch zur Verfügung.

Frases finales

1 Les quedaría muy agradecido si me dieran pronto oportunidad de celebrar una entrevista con ustedes.
2 Para esclarecer cuestiones adicionales, estoy en todo momento a su disposición para celebrar una entrevista personal.

3 Bitte unterrichten Sie mich unter der Tel.-Nr. . . . (Fax-Nr. . . ., E-Mail-Adresse . . .) von Ihrer Entscheidung.
4 Ich wäre Ihnen dankbar, wenn Sie mich bei der Besetzung dieser Stelle in Betracht ziehen würden, und stehe Ihnen für ein persönliches Gespräch jederzeit gern zur Verfügung.
5 Ich bin für ein Vorstellungsgespräch auch kurzfristig verfügbar. Meine Tel.-Nr. ist . . . Falls Sie mich nicht erreichen, wäre ich Ihnen dankbar, wenn Sie eine Nachricht auf meinem Anrufbeantworter hinterlassen oder mir eine Mail an meine E-Mail-Adresse . . . schicken würden. Ich melde mich dann sofort.
6 Ich bitte, meine Bewerbung als streng vertraulich zu behandeln, und erwarte mit Interesse Ihre Antwort.
7 Ich danke Ihnen im Voraus für eine baldige Nachricht.

3 Sírvanse informarme de su decisión llamando al . . ., enviando un fax al . . . o un mensaje por correo electrónico/un e-mail a la siguiente dirección:
4 Les agradecería me tuvieran en cuenta al ocupar esta plaza, a cuyo efecto estoy, en todo momento, con sumo gusto a su disposición para celebrar una entrevista personal.
5 Estoy a su disposición, también a corto plazo, para una entrevista. Mi número de teléfono es el . . . En caso de que no consigan hablar conmigo personalmente, les agradecería me dejaran recado en mi contestador automático o me enviaran un mensaje a mi dirección de correo electrónico . . . Me pondré en contacto con ustedes a la mayor brevedad posible.
6 Rogándoles tratar mi candidatura de manera estrictamente confidencial, quedo con interés en espera de sus noticias.
7 Les doy gracias anticipadas por una pronta respuesta.

Antwort auf Bewerbung und Einladung zum Vorstellungsgespräch

1 Wir danken für Ihre Bewerbung vom . . . für den Posten eines (einer) . . .
2 Mit großem Interesse haben wir Ihre Anzeige in der Spalte „Stellengesuche" in der . . . Zeitung (Zeitschrift) gelesen.
3 Füllen Sie bitte das beigefügte Bewerbungsformular aus. Wir bitten Sie, dieses zum Vorstellungsgespräch mitzubringen.
4 Herr (Frau) . . ., Leiter (Leiterin) unseres Personalbüros, würde sich freuen, Sie am . . . zu einem persönlichen Vorstellungsgespräch zu empfangen.
5 Wir haben Ihre Bewerbung für die Stelle als . . . aus dem Internet erhalten und teilen Ihnen mit, dass wir interessiert sind, Sie persönlich kennen zu lernen. Wir werden Sie in den nächsten Tagen anrufen, um einen Vorstellungstermin zu vereinbaren.
6 Wir bitten Sie, sich am . . . um . . . Uhr in unserer Personalabteilung zu melden. Bitte bestätigen Sie schriftlich oder telefonisch diesen Termin.

Respuesta a solicitud de empleo e invitación a personarse para entrevista

1 Le agradecemos su solicitud de empleo del . . . para la plaza de . . .
2 Con sumo interés hemos leído su anuncio en la columna "Solicitudes de Empleo" en el periódico (la revista) . . .
3 Sírvase rellenar el formulario de candidatura adjunto y traerlo para la entrevista.
4 El Sr. (la Sra.) . . ., jefe(a) de nuestra sección de personal, se complacerá en recibirle(la) el . . . para celebrar una entrevista personal.
5 Hemos obtenido de Internet su solicitud de empleo para cubrir el puesto de . . . Estamos interesados en conocerle personalmente. Le llamaremos por teléfono en los próximos días con el fin de acordar una fecha para la entrevista de selección.
6 Sírvase presentarse el . . ., a las . . ., en nuestro departamento de personal, a cuyo efecto le rogamos confirmar esta cita por escrito o por teléfono.

7 Ihnen eventuell entstehende Reisekosten werden von uns übernommen.

7 Los gastos de viaje que se le pudieran ocasionar correrán de nuestra cuenta.

Einstellung

1 Im Anschluss an unsere Unterhaltung (an unser Vorstellungsgespräch) am ... freue ich mich, Ihnen die Stelle als ... in unserem Unternehmen anbieten zu können.
2 Es freut uns, Sie zum ... (mit Wirkung vom ...) in unserer Abteilung als ... einzustellen.
3 Wir freuen uns Ihnen mitzuteilen, dass Sie bei uns zum ... einen Ausbildungsplatz als ... erhalten.
4 Hiermit bestätigen wir, dass wir Sie mit Wirkung vom ... als ... zu einem Gehalt von ... mit einer zunächst auf ... Monate befristeten Probezeit einstellen werden.
5 Ihre Einstellung erfolgt zu den folgenden Bedingungen: ...

Aceptación de servicios

1 Como continuación a nuestra conversación (entrevista) del ..., me complace poder ofrecerle la plaza de ... en nuestra empresa.
2 Nos complace admitirle con efecto al ... en nuestro departamento de ... como ...
3 Nos complace participarle que ha obtenido una plaza de formación profesional como ... con efecto a partir del ...
4 Con la presente, le confirmamos que, con efecto al ..., le admitimos a nuestros servicios como interino con un sueldo de ... para un período de prueba de ... meses.
5 Su colocación está supeditada a las siguientes condiciones: ...

Absage auf Bewerbung

1 Wir danken für Ihre Bewerbung vom ..., müssen Ihnen aber leider mitteilen, dass wir diese nicht berücksichtigen konnten (Sie nicht in den engeren Kreis der Interessenten gekommen sind/wir die freie Stelle bereits besetzt haben/die Stelle mit einem Mitglied der Belegschaft besetzt wurde).
2 Da die Zahl der Bewerber ungewöhnlich hoch war, konnten wir Sie bei der engeren Auswahl leider nicht berücksichtigen.
3 Aufgrund der schlechten Geschäftslage können wir leider zurzeit keine freien Stellen (keine zusätzlichen Ausbildungsplätze) anbieten.
4 Wir danken Ihnen für das gezeigte Interesse, bitten Sie jedoch um Verständnis, dass wir Ihre Bewerbung nicht berücksichtigen konnten.

Rehusamiento de candidatura

1 Le agradecemos su solicitud de empleo del ... y sentimos tener que participarle que no pudimos atender la misma (que no se la tuvo en consideración en la elección de solicitantes/que ya hemos ocupado la vacante/que la plaza fue ocupada por un miembro de nuestra plantilla).
2 Dado que el número de solicitantes fue extraordinariamente elevado, no pudimos, por desgracia, tenerle en consideración al realizar la selección.
3 Debido a la precaria situación de los negocios, lamentamos no poder ofrecer por el momento una plaza (puestos adicionales de formación profesional).
4 Le agradecemos el interés mostrado y le rogamos tenga comprensión de que no podamos atender su oferta de servicios.

Kündigung durch den Arbeitgeber

1 Hiermit teilen wir Ihnen mit, dass wir Ihren Arbeitsvertrag zum ... kündigen.
2 Leider müssen wir Ihnen mitteilen, dass unsere Firma nicht bereit ist, Sie nach Ende der Probezeit weiter zu beschäftigen.
3 Bitte nehmen Sie dieses Schreiben als formelle Kündigung an.
4 Wegen der Rationalisierungsmaßnahmen in unserem Unternehmen sehen wir uns leider gezwungen, Ihren Arbeitsvertrag zum ... zu kündigen.
5 Da die Abteilung, in der Sie beschäftigt sind, im Zuge der Umstrukturierung unseres Unternehmens geschlossen wird, sehen wir uns leider genötigt, Sie zum ... zu entlassen.

Despido por parte de la empresa

1 Con la presente, le participamos que, con efecto al ..., hemos rescindido su contrato de trabajo.
2 Lamentamos tener que comunicarle que nuestra empresa no está dispuesta a continuar haciendo uso de sus servicios una vez terminado el periodo de prueba.
3 Sírvase considerar la presente como despido con carácter oficial.
4 Debido a las medidas de racionalización llevadas a cabo en nuestra empresa, lamentamos vernos obligados a rescindir su contrato de trabajo con efecto al ...
5 Dado que dentro del marco de la reestructuración de nuestra empresa, el departamento en que usted presta sus servicios quedará eliminado, nos vemos, muy a pesar nuestro, obligados a relevarle de su cargo.

Kündigung des Arbeitnehmers

1 Da mir mit Wirkung vom ... die Stelle eines (einer) ... angeboten worden ist, möchte ich hiermit mein Arbeitsverhältnis bei Ihnen zum ... auflösen.
2 Bitte nehmen Sie meine Kündigung als ... zum ... entgegen.
3 Ich wäre Ihnen dankbar, wenn Sie meine Kündigung zum ... annehmen würden.
4 Ich kündige hiermit fristgemäß mein Arbeitsverhältnis bei Ihnen zum ...
5 Da ich in einem anderen Unternehmen meine Sprachkenntnisse in ... verwerten kann, habe ich mich entschlossen, mein Arbeitsverhältnis bei Ihnen zum ... zu kündigen.
6 Da mir die Möglichkeit geboten worden ist, eine Zeit lang im Ausland zu arbeiten, bitte ich Sie, mich zum ... aus meinem Beschäftigungsverhältnis bei Ihnen zu entlassen.

Cese por parte del empleado

1 Dado que, con efecto al ..., se me ofreció un empleo como ..., con la presente quisiera rescindir, con efecto a partir del ..., la relación laboral con ustedes.
2 Sírvase aceptar con efecto al ... mi cese en el cargo de ...
3 Les agradecería aceptasen mi cese con efecto al ...
4 Con la presente, rescindo a su debido plazo mi relación laboral con ustedes con efecto al ...
5 Dado que puedo aprovechar mis conocimientos lingüísticos de ... en otra empresa, he decidido rescindir mi relación laboral con ustedes con efecto al ...
6 Dado que se me ofreció la posibilidad de trabajar cierto tiempo en el extranjero, les ruego rescindir mi relación laboral con ustedes con efecto al ...

Korrespondenz im Transportwesen
Correspondencia en el sector de transporte

Luftfracht

Anfrage an die Spedition

1 Ihre Adresse ist uns von Ihrer Botschaft (Konsulat, Industrie- und Handelskammer usw.) genannt worden.
2 Sind Sie in der Lage, Luftfrachttransporte für uns durchzuführen, und zu welchen Bedingungen? Bitte geben Sie uns einen kurzen Bescheid.
3 Würden Sie uns bitte die Rechtsvorschriften für den Luftfrachtverkehr zukommen lassen?
4 Ihre Anschrift entnahmen wir der Fachzeitschrift „... ".
5 Künftig werden wir unsere Waren – es handelt sich um normale Handelsware – verpackt in Kartons mit den Einzelabmessungen pro Sendung 34 x 34 x 50 cm, durchschnittliches Einzelgewicht 35 kg, per Luftfracht nach Buenos Aires, London, Paris, Madrid, Lissabon und München abfertigen. Wir bitten Sie uns mitzuteilen, welche Kosten pro Sendung ab Fabrik bis Empfangsflughafen entstehen.
6 Bitte geben Sie uns die Kosten an, die bei Charterung eines Flugzeugs für die Verfrachtung von ... entstehen.
7 Unser wöchentliches Frachtaufkommen nach ... beträgt ... t. Wir bitten Sie, mit der Luftfahrtgesellschaft ... eine Spezialrate für uns zu vereinbaren.
8 Besteht die Möglichkeit, eine Maschine (unverpackt auf Bohlen, mit den Maßen ...) mit Nur-Frachter nach ... – und unter welchen Bedingungen – zu versenden?
9 Bitte überprüfen Sie, ob unsere Erzeugnisse (siehe beigefügten Prospekt) Beförderungsbeschränkungen im Luftfrachtverkehr unterliegen.

Carga aérea

Solicitud a la agencia de transportes

1 La Embajada (El Consulado, La Cámara de Industria y Comercio, etc.) de su país nos facilitó su dirección.
2 ¿Pueden ustedes transportar nuestra mercancía como carga aérea, y bajo qué condiciones? Por favor, infórmennos brevemente al respecto.
3 Les rogamos nos envíen los reglamentos legales para el transporte de carga aérea.
4 Su dirección la tomamos de la revista especializada "...".
5 En el futuro expediremos nuestros artículos – se trata de mercancía normal – envasados en cajas de cartón de 34 x 34 x 50 cm, peso promedio 35 kg por unidad, por carga aérea a Buenos Aires, Londres, París, Madrid, Lisboa y Múnich. Les rogamos nos informen sobre el costo del transporte por remesa, desde la fábrica hasta los aeropuertos de destino.
6 Les rogamos nos informen del costo del flete de un avión para el transporte de ...
7 Nuestra carga semanal hacia ... asciende a ... toneladas. Les rogamos convengan una tarifa especial con la compañía aérea ...
8 ¿Existe una posibilidad de enviar una máquina (sin embalar, sobre tablas, cuyas dimensiones son ...) en un avión exclusivamente de carga hacia ... y bajo qué condiciones?
9 Les rogamos examinen si nuestros productos (véase prospecto adjunto) están sujetos a restricciones en el transporte como carga aérea.

10 Wann wird die Warenwert-Nachnahme, die Sie mit AWB-Nr. . . . erhoben haben, an uns überwiesen?
11 Können Sie eine Sendung von . . . kg mit der . . . (Fluggesellschaft) nach . . . verfrachten?
12 Aus der vorliegenden Korrespondenz ist nicht ersichtlich, ob Sie IATA-Agent sind. Da dies für uns von besonderer Wichtigkeit ist, bitten wir Sie um einen entsprechenden Bescheid.
13 Wir legen Wert darauf, dass Sie die IATA-Konzession besitzen.

Antwort des Spediteurs

1 Aufgrund Ihrer Anfrage vom . . . geben wir Ihnen folgende Einzelheiten bekannt: . . .
2 Ihre Ware tarifiert unter der Nr. . . .
3 Die Frachtkosten ab Flughafen . . . bis Eingangsflughafen . . . betragen pro kg . . .
4 Die Abholung von Ihrem Werk, die Behandlung am Flughafen (Erstellung des AWB, zollamtliche Abfertigung usw.) richtet sich nach dem Luftfracht-Nebengebührentarif, den wir Ihnen als Anlage überreichen.
5 Sollten sich noch Fragen ergeben, beantworten wir sie Ihnen gern.
6 Wunschgemäß erhalten Sie als Anlage die angeforderten Rechtsvorschriften für den Luftfrachtverkehr.
7 Soweit wir feststellen können, unterliegen Ihre Waren (keinen) Beförderungsbeschränkungen.
8 Die Charterung eines kompletten Flugzeugs für die Beförderung von . . . nach . . . würde sich auf . . . belaufen.
9 Eine Teilcharterung über . . . m³ von . . . nach . . . würde . . . kosten.
10 Eine Verfrachtung Ihrer Maschine in einem Nur-Frachter setzt voraus, dass Sie uns mindestens . . . Tage vor Abflugdatum einen verbindlichen Ladetermin nennen.
11 Um bei den einzelnen Luftfrachtgesellschaften eine Spezialrate zu erreichen, müssen täglich mindestens . . . kg verfrachtet werden.

10 ¿Cuándo nos remitirán la cantidad que ustedes percibieron como reembolso contra entrega de mercancía, según la hoja de transporte de carga aérea n°. . . .?
11 ¿Pueden ustedes encargarse de expedir por carga aérea, a través de la . . . (compañía aérea), una remesa de . . . kg a . . .?
12 En la correspondencia que hasta ahora hemos mantenido no se aclara si ustedes son agentes de la IATA. Como esto es de especial importancia para nosotros, les rogamos nos informen al respecto.
13 Damos gran importancia a que ustedes posean la licencia de la IATA.

Respuesta del agente de transportes

1 De acuerdo con su solicitud del . . ., les informamos sobre los siguientes detalles:
2 Su mercancía está comprendida en la tarifa número . . .
3 El flete por carga aérea desde el aeropuerto de . . . hasta el aeropuerto de destino se calcula a razón de . . . por kg.
4 La recogida de las mercancías en su fábrica, la tramitación en el aeropuerto (expedición de la AWB, trámites de aduana, etc.) se regulan por la tarifa de gastos accesorios del transporte de carga aérea, que adjunto les enviamos.
5 Gustosos les contestaremos eventuales preguntas.
6 Conforme con sus deseos, adjunto les enviamos los reglamentos legales solicitados relativos al transporte de carga aérea.
7 A nuestro juicio, sus mercancías (no) están sujetas a limitaciones en el transporte.
8 El flete de un avión completo para el transporte desde . . . hasta . . . ascendería a . . .
9 El flete parcial por . . . metros cúbicos desde . . . hasta . . . costaría . . .
10 El envío de su máquina en un avión exclusivamente de carga requiere que ustedes nos indiquen una fecha de carga por lo menos . . . días antes de la partida del avión.
11 Para obtener una tarifa especial de las distintas compañías de transporte de carga aérea deben expedirse diariamente por lo menos . . . kg.

12 Der Flughafen ... wird zurzeit nur von der Fluggesellschaft ... angeflogen. Eine Verladung mit der ... ist deshalb nicht möglich. 13 Wir sind bereits seit ... IATA-Agent und bringen somit alle Voraussetzungen für die fachgerechte Abwicklung Ihrer Luftfrachtsendungen mit.	12 Actualmente, el aeropuerto de ... sólo es servido por la Compañía ... Por esta razón no es posible efectuar carga mediante la ... 13 Somos agentes de la IATA desde ..., por lo que estamos en las mejores condiciones para la ejecución especializada de sus envíos por carga aérea.

Auftragserteilung

Ordenes de transporte

1 Wir kommen heute auf Ihr Angebot vom ... zurück und erteilen Ihnen hiermit den Auftrag, am ... folgende Sendungen zu übernehmen und per Luftfracht unverzüglich abzufertigen: ... Kartons = ... kg nach ... ... Kisten = ... kg nach ... ... Collis = ... kg nach ... Sämtliche Kosten bis zum jeweiligen Eingangsflughafen gehen zu unseren Lasten. Nach Abfertigung erwarten wir umgehend die Zusendung von je zwei Kopien der AWB. 2 Übernehmen Sie bitte am ... in unserem Werk ...... Kartons ... und versenden Sie diese gemäß beigefügtem Versandauftrag per Luftfracht nach ... 3 Bei der Firma ... sind am ... insgesamt ... Kisten Ersatzteile zu übernehmen, die Sie bitte unverzüglich per Luftfracht an nachstehende Adresse expedieren wollen: ... 4 Die Firma ... wird Ihnen die Ware am ... in Ihrem Flughafenbüro ... anliefern, die Sie bitte mit der nächsten Maschine nach ... ausfliegen wollen. 5 Die bei Ihnen lagernde Sendung ist nunmehr per Luftfracht nach ... zu versenden. 6 Genaue Versandinstruktionen entnehmen Sie bitte der beigefügten Fotokopie des Akkreditivs. 7 Wir beauftragen Sie hiermit, für den ... ein Charterflugzeug nach ... zum Preis von ... zu bestellen. 8 Die Sendung nach ... ist mit einer Warenwert-Nachnahme in Höhe von ... zu belasten. 9 Sofern eine Warenwert-Nachnahme möglich ist, bitten wir Sie, den Betrag von ... zu erheben.	1 Volvemos hoy a su oferta del ... y le hacemos el encargo de que el ... reciba y despache inmediatamente por carga aérea los siguientes envíos: ... cajas de cartón = ... kg a ... ... cajones = ... kg a ... ... paquetes = ... kg a ... Todos los costos hasta el aeropuerto de destino corren por nuestra cuenta. Les rogamos, una vez despachadas las mercancías, nos remitan inmediatamente, y con relación a cada envío, dos copias de la AWB. 2 Les rogamos el ... recojan en nuestra fábrica ...... cajas de cartón ... y las envíen por carga aérea a ..., de acuerdo con la orden de transporte adjunta. 3 En la firma ... deben recogerse el ... un total de ... cajas de piezas de repuesto. Les rogamos las expidan sin demora por carga aérea a la siguiente dirección: 4 La firma les entregará la mercancía el ... en su oficina del aeropuerto ... Les rogamos la envíen por el próximo avión a ... 5 La mercancía que ustedes tienen en su poder deben enviarla ahora por carga aérea a ... 6 Por favor, infórmense de las instrucciones detalladas de envío que figuran en la fotocopia adjunta del crédito documentario. 7 Por medio de la presente, les encargamos que nos fleten un avión a ... para el día ... al precio de ... 8 El envío a ... se entenderá contra reembolso del precio de la mercancía, ascendente a ... 9 De ser posible un reembolso contra entrega de la mercancía, les rogamos recaudar la cantidad de ...

10 Sollte eine Warenwert-Nachnahme nicht statthaft sein, so schicken Sie bitte das Gut ohne Belastung ab. Dann wären lediglich Ihre Manipulationsgebühren einzuziehen.
11 Beachten Sie bitte, dass als Notadresse jeweils die Firma ... einzusetzen ist.
12 Wir legen besonderen Wert darauf, dass Sie offizieller IATA-Agent sind.
13 Wir haben vom Warenempfänger die Order erhalten, mit der Verfrachtung nur IATA-Agenten zu beauftragen.
14 Der Empfänger wünscht ausdrücklich die Einschaltung der Speditionsfirma ...

10 De no ser procedente un reembolso contra entrega de la mercancía, les rogamos envíen los artículos sin cargo en cuenta. En este caso, ustedes percibirían exclusivamente sus derechos de manipulación.
11 Les rogamos tengan presente que eventualmente, en caso de emergencia, debe recurrirse a la firma ...
12 Damos especial importancia a que ustedes sean agentes oficiales de la IATA.
13 El consignatario nos ha dado la orden de que confiemos las expediciones exclusivamente a agentes de la IATA.
14 El consignatario ha manifestado espresamente que en la expedición debe intervenir la agencia de transporte ...

Auftragsbestätigung

1 Wir danken Ihnen für Ihre generelle Auftragserteilung, alle einkommenden Luftfrachtsendungen durch uns abfertigen zu lassen.
2 Auftragsgemäß werden wir die am ... zur Verladung bereitstehenden Güter übernehmen und per Luftfracht nach ... versenden.
3 Am ... werden wir in Ihrem Auftrag bei der Firma ... die avisierten Güter übernehmen und per Luftfracht weiterverladen.
4 Sobald die avisierten Waren in unserem Flughafenbüro angeliefert sind, werden wir die Abfertigung vornehmen.
5 Wir werden uns beim Versand der Güter genau nach Ihren Instruktionen richten.
6 Absprachegemäß haben wir in Ihrem Auftrag für den ... ein Charterflugzeug mit einer Nutzlast von ... bei der ... bestellt. Die Maschine wird pünktlich bereitstehen.

Confirmación de la orden

1 Les agradecemos su orden de carácter general, en virtud de la cual tramitaremos todos los envíos que ustedes reciban por carga aérea.
2 De conformidad con la orden, recibiremos las mercanías que estén listas para la carga el ... y las enviaremos por carga aérea a ...
3 De conformidad con su orden, el ... recibiremos en la firma ... las mercancías indicadas previamente y las reexpediremos por carga aérea.
4 Tan pronto se encuentren en nuestra oficina del aeropuerto las mercancías señaladas previamente, nos encargaremos de su expedición.
5 La mercancía será expedida de acuerdo con sus instrucciones.
6 De conformidad con la conversación que sostuvimos, hemos fletado un avión con una carga útil de ... toneladas para el día ..., en la ... El aparato será puesto a disposición puntualmente.

Diverse Bestimmungen

1 Sämtliche Packstücke im Flugverkehr nach ... sind neben der üblichen Markierung mit dem Ursprungsland zu kennzeichnen.
2 Die Handelsrechnungen sind in ... (Ort) vierfach, unbeglaubigt, mit allen handelsüblichen Angaben erforderlich.
3 In ... (Ort) benötigen Postsendungen gleiche Papiere wie Frachtsendungen.

Diversas disposiciones

1 En el tráfico aéreo a ... , todos los bultos deben llevar, además de las rotulaciones usuales, la indicación del país de origen.
2 En ... se exigen las facturas comerciales no legalizadas, por cuadruplicado, con los datos usuales en el comercio.
3 En ..., las remesas postales requieren los mismos papeles que los envíos de mercancías.

4 Warenmuster ohne Handelswert können
nach . . . zollfrei eingeführt werden.
5 Von der Zollbehörde in . . . nicht ab-
genommene Waren können unter Zoll-
aufsicht 3 Monate (im Freihafen zum Teil
länger) gebührenpflichtig eingelagert
werden. Danach erfolgt die öffentliche
Versteigerung.
6 Alle Einfuhrwaren unterliegen in . . . einem
Einheitszoll von . . . % sowie einer
Zusatzsteuer von . . . % für so genannte
Luxusgüter.
7 Warenmuster sind in . . . zollfrei, wohin-
gegen Werbegeschenke grundsätzlich der
Zollpflicht unterliegen.
8 Da in . . . jährlich Einfuhrquoten für . . . eingesetzt werden, die nicht überschritten
werden dürfen, bedarf es für darüber
hinausgehende Lieferungen einer Geneh-
migung des . . .-Ministeriums.

4 Las muestras sin valor comercial pueden
ser importadas en . . . exentas de derechos aduaneros.
5 Las mercancías no retiradas por las autoridades aduaneras en . . ., pueden ser
almacenadas 3 meses sujetas a derechos
(en el puerto franco, en parte, por más
tiempo). Transcurrido este tiempo, tiene
lugar la subasta pública.
6 Todas las mercancías importadas están
sujetas en . . . a un derecho uniforme del
. . . % así como a un impuesto suplementario del . . . % para los llamados bienes
de lujo.
7 Las muestras están en . . . exentas de
derechos aduaneros, mientras que, por el
contrario, los regalos promocionales
están sujetos, en principio, a aranceles.
8 Dado que en . . . se establecen anualmente cupos de importación para . . .,
que no deben ser sobrepasados, para
aquellos suministros en exceso se precisa una autorización del Ministerio de . . .

Seefracht und Binnenschifffahrtsfracht

Angebotsanforderungen

1 Wir haben . . . Kisten . . . (Abmessungen:
. . ., Gesamtgewicht: . . .), die FOB . . .
nach . . . zu liefern sind, und bitten Sie,
uns die günstigste Offerte vorzulegen.
2 Welche Kosten fallen bei Verfrachtung
von . . . Ballen . . . (Maße: . . ., Bruttogewicht: . . .) ab beladenem Schiff . . .
nach . . . an?
3 Laut uns vorliegender Seefrachttabelle
unterliegt unser Gut (. . .) keiner Tariffracht.
Können Sie uns demzufolge eine „offene
Rate" anbieten?

Carga marítima y por navegación interior

Solicitudes de oferta

1 Tenemos . . . cajas de . . . (dimensiones:
. . ., peso total: . . .) para enviar FOB . . . a
. . . Les rogamos nos hagan la oferta más
favorable.
2 ¿Qué derechos hay que pagar para el
despacho de . . . pacas de . . . (dimensiones: . . ., peso bruto: . . .), una vez cargada
la mercancía sobre el buque . . . con
destino a . . .?
3 De acuerdo con la lista de fletes marítimos
que tenemos a la vista, nuestra mercancía
(. . .) no se encuentra sujeta a ninguna
tarifa. En consecuencia, ¿podrían ustedes
ofrecernos una "tarifa en blanco"?

Allgemeine Anfragen an die Spedition

1 Ihre Anschrift ist uns von der hiesigen
Interessenvertretung Ihres Landes
genannt worden.
2 Teilen Sie uns bitte mit, welche
Reedereien Sie vertreten.

Solicitudes de carácter general a la agencia de transportes

1 Su dirección nos fue facilitada por la
representación de su país en esta ciudad.
2 Por favor, infórmennos cuáles son
las compañías navieras que ustedes
representan.

3 Sind die von Ihnen zu befrachtenden Schiffe ohne Ausnahme im Lloyd-Register verzeichnet?
4 Welche Angaben in Bezug auf das zu verladende Gut benötigen Sie?
5 Würden Sie unsere Stückgutpartien mit Konferenzschiffen oder mit Outsidern verladen?
6 Übermitteln Sie uns bitte Informationsmaterial über Bulk-Carrier.
7 Wie wirkt sich das Lash-Verfahren in der Praxis aus?
8 Geben Sie uns bitte per Fax oder E-Mail an, ab wann Ladebereitschaft für das Binnenschiff ... besteht.
9 Beinhaltet Ihr allgemeines Frachtangebot auch die anfallenden Schleusengelder?

3 ¿Están todos los barcos que ustedes utilizan en los fletes, sin excepción, inscritos en el Registro Lloyd?
4 ¿Qué datos necesitan ustedes en relación con la mercancía a embarcar?
5 ¿Embarcarían ustedes nuestras mercancías (embaladas individualmente) en barcos de la Conferencia o en barcos ajenos a ésta ("outsiders")?
6 Les rogamos nos envíen material informativo sobre el transporte de carga a granel (bulk-carrier).
7 ¿Cómo se desarrolla en la práctica el sistema "lash"?
8 Les rogamos nos indiquen por fax o correo electrónico/e-mail a partir de cuándo existe la posibilidad de carga para la nave de navegación fluvial ...
9 ¿Comprende su oferta general de flete también los derechos de exclusa originados?

Charteraufträge

1 Welche Verbindungen haben Sie zu Reedereien, die eine Vollcharter durchführen können?
2 Haben Sie Beziehungen zu Reedereien, die in Form von Jahresverträgen, leere (Bareboatcharter) Schiffe vermieten? Wir suchen Seeschiffe in einer Größenordnung von rund ... BRT, deren Baujahr nach 20 ... liegen muss.
3 Wir möchten über Sie eine Teilcharter für eine Ladung nach ... abschließen.
4 Seitens des Auftraggebers erhielten wir die Auflage, dass ein Schiff unter ... Flagge zu verwenden ist.
5 Zu welchen Bedingungen können Tanker gemietet werden?
6 Können Sie uns einen bestimmten Schiffstyp empfehlen, der sich für die Verladung von Schüttgütern eignet?

Ordenes de fletamento

1 ¿Qué relaciones tienen ustedes con compañías navieras capaces de poner a disposición un barco completo?
2 ¿Tienen ustedes relaciones con compañías navieras que arrienden barcos vacíos (bareboat charter) por medio de contratos anuales? Buscamos navíos de unas ... toneladas brutas, construidos después del año 20 ...
3 A través de ustedes queremos fletar parcialmente un buque para una expedición de carga a ...
4 Nuestro mandante nos dio instrucciones en el sentido de que el barco debía ser de bandera ...
5 ¿Bajo qué condiciones pueden arrendarse buques cisterna?
6 ¿Pueden ustedes recomendarnos un tipo determinado de barco que sea apropiado para la carga a granel?

Lademöglichkeit

1 Bitte prüfen Sie, ob für das Schiff ..., das am ... auslaufen soll, noch die Möglichkeit besteht, ... t ..., verpackt in Kunststoffsäcken, mit den Abmessungen ..., als Unterdeckladung fest zu übernehmen.
2 Kann für das am ... auslaufende Schiff ... noch eine Raumbuchung über ... m³ entgegengenommen werden?

Posibilidad de carga

1 Les rogamos averigüen si existe aún la posibilidad de que el barco ..., que debe zarpar el ..., reciba ... toneladas de ..., embaladas en saquitos de plástico con dimensiones de ..., como cargamento bajo cubierta.
2 ¿Puede el barco ..., que zarpa el ..., aceptar una reserva de espacio de carga de ... metros cúbicos?

3 Stellen Sie bitte fest, ob das Schiff ...
unsere Sendung als Optionspartie übernehmen kann. Welche zusätzlichen
Kosten entstehen dadurch?
4 Besteht eine Verlademöglichkeit per
Binnenschiff ohne Umladung von ...
nach ...?

Verladen, Löschen, Verfrachten

1 Teilen Sie uns bitte mit, ob unsere
Sendung im Laderaum oder auf Deck
verladen wird.
2 Besteht die Möglichkeit, uns beim Verladen unseres Guts den Stauplan zur
Verfügung zu stellen?
3 Geben Sie uns bitte bekannt, ob die nach
... zu verladenden Güter direkt verfrachtet werden, oder ob die Ware umgeladen
werden muss.
4 Wann beginnt die Entladung von
SS „...", die laut Schiffsliste am ... eintreffen soll?
5 Ist das Schiff schon eingelaufen?
6 Sind die mit MS „..." eingetroffenen
Güter bereits entladen? Sofern nein –
wann kann mit der Entladung gerechnet
werden?
7 Bitte, sorgen Sie dafür, dass die mit
SS „..." am ... eintreffenden Waren sofort auf ein Binnenschiff zur Weiterleitung
nach ... umgeladen werden.
8 Können Sie die am Schuppen ... liegenden Waren zu günstigen Bedingungen
übernehmen und per Lkw nach ... verfrachten?
9 Gibt es ab Schuppen ... eine direkte Verlademöglichkeit per Bahn oder ist eine
Umfuhr erforderlich?
10 Können Sie für uns die Verzollung im
Hafen vornehmen und anschließend die
Sendung auf dem schnellsten Weg nach
... weiterleiten?
11 Die am ... eingetroffenen Waren sind mit
einer Warenwert-Nachnahme in Höhe von
... belastet. Bitte senden Sie das Gut
sofort unter Nachnahme aller bisher entstandenen Kosten an ...
12 Bevor nicht mit dem Absender die Frage
der Warenwert-Nachnahme geklärt ist,
werden wir die Erzeugnisse auf keinen
Fall übernehmen.

3 Les rogamos averigüen si el barco ...
puede recibir nuestra remesa como carga
facultativa. ¿Qué costos adicionales se
producen por ese motivo?
4 ¿Existe una posibilidad de carga con
nave de navegación fluvial sin trasbordos
de ... a ...?

Carga, descarga, fletamento

1 Les rogamos nos informen si nuestro
envío será embarcado en la bodega o en
la cubierta.
2 ¿Existe la posibilidad de que para la
carga de nuestra mercancía se nos dé a
conocer el plan de estiba?
3 Les rogamos nos informen si las mercancías expedidas a ..., serán transportadas
directamente o si habrá que trasbordar-
las.
4 ¿Cuándo se inicia la descarga del vapor
"..." que, de acuerdo con el boletín
naviero, deberá arribar el ...?
5 ¿Ha llegado ya el barco?
6 ¿Se ha descargado ya la mercancía que
llegó en la motonave "..."? En caso
negativo, ¿cuándo se puede contar con
su descarga?
7 Les rogamos se encarguen de que las
mercancías que llegan el ... en la motonave "..." sean reembarcadas inmediatamente a ..., en un barco de navegación
interior.
8 ¿Pueden ustedes encargarse, en condiciones favorables, de la mercancía depositada en el tinglado ... y expedirla a ...
por camión?
9 ¿Es posible cargar directamente por
ferrocarril en el tinglado ... o es necesario
un transporte previo de la carga?
10 ¿Pueden ustedes realizar por nuestra
cuenta los trámites de la aduana en el
puerto y a continuación reexpedir la
mercancía por la vía más rápida a ...?
11 Las mercancías llegadas el ... están
sujetas al reembolso de su valor ascendente a ... Por favor, envíen inmediatamente esas mercancías a ... contra
reembolso de todos los gastos originados
hasta la fecha.
12 Hasta que no se esclarezca con el consignatario el asunto del reembolso del valor de la mercancía, no nos haremos
cargo de la misma.

13 Können Sie auch in Zukunft die eintreffenden Stückgutsendungen unter
ähnlich günstigen Bedingungen für ...
Tage im Freihafen zwischenlagern
und nach unseren Instruktionen Teilver-
zollungen durchführen?
14 Können Sie in unserem Auftrag mit Teilbarkonnossementen Lieferungen nach ...
vornehmen?
15 Ermitteln Sie bitte, ob das Konnossement
rein gezeichnet ist. Sollte eine Ein-
schränkung erfolgt sein, müssten wir
umgehend per Fax davon unterrichtet
werden.
16 Hat das Ihnen vorliegende Konnossement
einen Mängelvermerk?

13 ¿Pueden ustedes encargarse, también en
el futuro, de almacenar en el puerto
franco y en condiciones favorables similares, durante ... días, la mercancía
(envasada individualmente) que vaya
llegando, y despachar parte de ella en
la aduana, de acuerdo con nuestras
instrucciones?
14 ¿Pueden ustedes encargarse por nuestra
cuenta de envíos a ... mediante conocimientos de embarque divisibles?
15 Por favor, averigüen si el conocimiento de
embarque se encuentra suscrito sin
limitación. Si contuviera una limitación,
deben informarnos inmediatamente por
fax.
16 ¿Tiene el conocimiento de embarque en
su poder alguna cláusula relativa a defectos?

Container

1 Wir beabsichtigen, eine Sendung ... per
Container nach ... zu verfrachten.
Können Sie ein Durchfracht-Konnossement erstellen?
2 Läuft das nächste Containerschiff nach
... tatsächlich erst am ... aus?
3 Gibt es eine direkte Containerverlade-
möglichkeit nach ... ?
4 Wann kann ein Container nach ...
verladen werden?
5 Wie müssen die Waren im Container
verpackt sein?
6 Müssen wir bei Verwendung eines
Containers Leihgebühren bezahlen?
7 Muss für einen Container eine bestimmte
Pauschalfracht (Lump sum) bezahlt
werden?
8 Fallen bei der Rückführung des
Containers zusätzliche Kosten an?
9 Welche Möglichkeiten haben Sie, den
Container, der mit MS „..." am ... eintrifft,
nach ... zu verfrachten?
10 Mit welcher Laufzeit müssen wir ab
Eingangshafen, Containerterminal, nach
der Empfangsstation ... rechnen?
11 Da der Container CIF ... läuft, der
Empfänger der Ware seinen Geschäftssitz
jedoch in ... hat und von uns frei Haus
beliefert werden will, müssten Sie uns alle
ab Eingangshafen entstehenden Kosten
berechnen. Sofern Sie eine Vorauszahlung wünschen, bitten wir Sie, uns per
Fax zu informieren

Contenedor

1 Tenemos el propósito de enviar ... por
contenedor a ... ¿Pueden expedirnos un
conocimiento de tránsito?
2 ¿Es cierto que el próximo barco portacontenedores con destino a ... no zarpa
hasta el día ...?
3 ¿Es posible expedir una carga en contenedor directamente a ...?
4 ¿Cuándo puede cargarse un contenedor
con destino a ...?
5 ¿Cómo deben estar embaladas las mercancías que se carguen en contenedor?
6 Si utilizáramos un contenedor, ¿tendríamos que pagar tarifas de alquiler?
7 Cuando se utiliza un contenedor, ¿hay
que pagar un flete global (lump sum)?
8 ¿Es necesario pagar algún suplemento
por la devolución del contenedor?
9 ¿Que posibilidades tienen ustedes de
fletar el contenedor que arribará el ... en
la motonave "..." con destino a ...?
10 ¿Con qué período de tiempo tenemos
que contar desde el puerto de entrada,
terminal de contenedores, hasta la estación de destino ...?
11 Dado que el contenedor viaja CIF ...
y que el destinatario de la mercancía, con
domicilio social en ..., desea que le sumi-
nistremos franco domicilio, ustedes deberán calcularnos los gastos ocasionados a partir del puerto de llegada. En
caso de que deseen un pago anticipado,
les rogamos nos lo comuniquen por fax.

Gebühren

1 In welchen Währungen können die Charterkosten bezahlt werden?
2 Ist in die vorgesehenen Zeit-Charterverträge auch eine Klausel aufgenommen worden (breakdown clause), die bestimmt, wann die Mietzahlung infolge Maschinenschadens, Kollision oder ungenügender Besatzung unterbrochen wird?
3 Fällt bei einem Charter eine zusätzliche Vergütung für schnellere Beladung oder Entlöschung (dispatch-money) an?
4 Müssen wir außer den bereits aufgegebenen Ganz-(Teil-)Chartergebühren zusätzlich noch Deklarationskosten übernehmen?
5 Wann müssen die Chartergebühren beglichen werden?
6 Besteht Vorauszahlungszwang und gegebenenfalls in welcher Höhe?
7 Besteht für den Hafen ... nach wie vor eine Surcharge in Höhe von ... %?
8 Kann in absehbarer Zeit mit einer ermäßigten Surcharge gerechnet werden?
9 Können Sie uns mitteilen, wann mit dem Wegfall der Surcharge zu rechnen ist bzw. ob in nächster Zeit eine Reduzierung erfolgt?
10 Informieren Sie uns bitte über Konferenzraten in Bezug auf Primagen und Rabatte für die nach ... zu verladenden Güter.
11 Welche Vergünstigungen erhalten wir bei Zeichnung von Kontrakten?
12 In welcher Höhe werden Winterzuschläge anfallen?
13 Die eingegangenen Waren sollen im Freihafen auf unbestimmte Zeit zu unseren Lasten gelagert werden. Teilen Sie uns die hier anfallenden Kosten bitte schnellstens mit.
14 Welche Preisdifferenz besteht bei Verladung von ... t ..., Maße ..., mit Schiffen der Konferenzlinien gegenüber Outsiderverladung?

Aufträge

1 Aufgrund Ihres Angebots vom ... übertragen wir Ihnen die FOB-Verschiffung für die Sendung von ... Kisten ... im Gesamtgewicht von ... nach ...

Pagos

1 ¿En qué monedas pueden pagarse los fletes?
2 ¿Contienen los contratos temporales de flete previstos una cláusula que establezca cuándo se interrumpe el pago del flete como consecuencia de averías en las máquinas, colisión o tripulación insuficiente (breakdown clause)?
3 Cuando se fleta un buque, ¿hay que pagar una remuneración suplementaria por una carga o descarga más rápida que la prevista (dispatch-money)?
4 Aparte de las tarifas por flete total (parcial) del buque, ¿tenemos que pagar otros derechos de declaración?
5 ¿Cuándo deben pagarse las tarifas en concepto de flete?
6 ¿Existe obligación de pago anticipado? En caso afirmativo, ¿en qué cuantía?
7 ¿Continúa en vigor en el puerto de ... un recargo del ... %?
8 ¿Puede contarse con una rebaja del recargo en un futuro próximo?
9 ¿Pueden ustedes informarnos cuándo puede contarse con la supresión del recargo o si en el futuro próximo tendrá lugar una reducción?
10 Les rogamos nos informen sobre las tarifas de la Conferencia en relación con las primas y descuentos aplicables a las mercancías a embarcar con destino a ...
11 ¿Qué ventajas recibimos mediante la firma de contratos?
12 ¿A cuánto ascenderán los recargos de invierno?
13 Las mercancías arribadas deben ser almacenadas en el puerto franco por tiempo indefinido por nuestra cuenta. Les rogamos nos informen cuanto antes sobre los gastos que esto ocasione.
14 ¿Qué diferencia de precio existe entre la carga de ... toneladas de ... de dimensiones ..., en barcos de la Conferencia y en barcos que no pertenecen a la Conferencia (outsiders)?

Encargos

1 De acuerdo con su oferta del ..., les encargamos el embarque FOB de ... cajas de ... con un peso total de ... a ...

2 Ihr Angebot in Sachen des Transports von ... Ballen ... von ... nach ... akzeptieren wir und erteilen Ihnen hiermit den Auftrag.
3 Wir beauftragen Sie, für das am ... auslaufende Schiff „..." eine Raumbuchung über ... m³ vorzunehmen.
4 Buchen Sie bitte auf dem Schiff „..." unsere Partie ... als Unterdeckladung.
5 Gemäß Ihrer Zusage bitten wir Sie, unsere Partie ... als Optionssendung mit MS „..." zu verfrachten.

2 Aceptamos su oferta relacionada con el transporte de ... pacas de ... a ..., confirmándoles con la presente nuestro pedido.
3 Por medio de la presente, les encargamos nos reserven un volumen de carga de ... m³ en el barco "..." que zarpa el ...
4 Les rogamos reserven el transporte de nuestra partida ... en el vapor "..." como carga bajo cubierta.
5 Como ustedes están de acuerdo, les rogamos embarquen nuestra partida ... en el barco "..." como carga facultativa.

Antworten auf Anfragen

Respuestas a demandas de información

1 In sofortiger Erledigung Ihrer Anfrage teilen wir Ihnen mit, dass sich die FOB-Kosten für Ihre Kisten ..., Gesamtgewicht ... kg, auf ... belaufen.
2 Die Kosten für die Verfrachtung von ... Ballen ... ab beladenem Schiff „..." nach ... gliedern sich wie folgt auf: Seefrachtkosten bis ... kg ..., Versicherungsgebühr vom Warenwert ..., Kaigebühren pro 100 kg ...
3 Anhand der Zusammensetzung Ihrer Erzeugnisse stellen wir fest, dass die Ware unter ... tarifiert.
4 Wir können Ihnen mitteilen, dass es nach ... eine direkte Verschiffungsmöglichkeit gibt.
5 Ihre Güter fallen aufgrund der Wertklausel unter den Begriff „ad valorem".
6 Auf Ihre Anfrage teilen wir Ihnen mit, dass für das am ... auslaufende Schiff „..." Ihre Raumbuchung noch entgegengenommen werden kann.
7 Es ist nicht üblich, bei Stückgutpartien mit Stauplänen zu arbeiten.
8 Folgende Zwischenhäfen werden von SS „..." angelaufen: ...
9 Eine Rückfrage bei der Reederei ergab, dass Ihre angebotene Partie ... vom MS „..." als Unterdeckladung übernommen werden kann.
10 Wir sind selbstverständlich gern bereit, auch alle künftig für Sie eintreffenden Stückgutsendungen preisgünstig abzuwickeln.
11 Seitens der Reederei wird soeben bekannt gegeben, dass Ihre Partie nach ... noch als Optionssendung verbucht werden kann.

1 En respuesta inmediata a su solicitud, les informamos que los gastos de expedición FOB de sus ... cajas de ..., peso total ... kg ascienden a ...
2 Los costos de flete de ... pacas de ... desde el barco cargado "..." hasta ... se distribuyen de la forma siguiente: flete marítimo hasta ... kg ..., prima de seguro por valor de la mercancía ..., derechos de muelle por 100 kg ...
3 De la composición de sus productos deducimos que la mercancía está tarifada como ...
4 Les podemos participar que existe una posibilidad de embarque directo a ...
5 En virtud de la cláusula de valor, sus mercancías caen bajo el concepto de "ad valorem".
6 Respondemos a su solicitud de información expresándoles que el barco "...", que zarpa el ..., puede todavía aceptar el espacio que ustedes han pedido.
7 No se acostumbra a trabajar con planes de estiba cuando se trata de mercancías embaladas individualmente.
8 "..." hará escala en los puertos siguientes: ...
9 La compañía naviera nos ha respondido que puede recibir en el buque "...", como carga bajo cubierta, la partida que ustedes han ofrecido de ...
10 Claro está que estamos dispuestos a tramitar a precios favorables también en el futuro, los envíos de mercancías individuales que lleguen para ustedes.
11 La compañía naviera nos acaba de informar que su envío a ... todavía puede asentarse como carga facultativa.

12 Zusätzliche Kosten fallen in Höhe von . . .
an.
13 Laut Auskunft der Reederei wird Ihre
Ware auf Deck (im Laderaum) verladen.
14 Unsere Verbindungen zu allen namhaften
Reedereien erlauben uns, Ihnen jederzeit
Ganzcharter für Schiffe von etwa 8000
BRT zu vermitteln.
15 Selbstverständlich unterhalten wir auch
Beziehungen zu Reedereien, die in Form
von Jahresverträgen leere (bareboat
charter) Schiffe vermieten.
16 Für den Abschluss einer Teilcharter benötigen wir folgende Angaben: Gesamtgewicht der zu verladenden Güter, Raum-
maße der Einzelkolli, deren Gewichte,
unter Umständen Besonderheiten der
Ware.
17 Die handelsüblichen Bedingungen
enthalten selbstverständlich auch die
„Breakdown clause".
18 Zusätzliche Vergütungen für schnellere
Beladung oder Entlöschung von Charter-
schiffen werden von unserer Gesellschaft
gewährt (nicht gewährt).
19 Deklarationskosten fallen bei einer Ganz-
(Teil-)Charter an, und zwar in Höhe von
. . . % des Gesamt-Charterbetrags (fallen
nicht an).
20 Die Chartergebühren sind sofort bei Auftragserteilung mit . . . % fällig, der Rest
bei Übergabe der Ware im Empfangs-
hafen.
21 Es besteht Vorauszahlungszwang in Höhe
von . . . %.
22 Die Charterkosten sind in . . . zu bezahlen.
23 In Beantwortung Ihrer Anfrage teilen wir
Ihnen mit, dass wir für Ihre Sendung nach
. . . ein (kein) Durchfracht-Konnossement
erstellen können.
24 Das nächste Containerschiff läuft voraussichtlich am . . . aus.
25 Bei Verwendung eines Containers
müssen bestimmte Mindestfrachten
bezahlt werden, die jedoch frei aus-
gehandelt werden können.
26 Für die Rückführung eines Containers
fallen (keine) folgende Frachtkosten an:
. . .
27 Die Weiterleitung eines Containers ab
Hafen . . . nach . . . wird von der uns an-
geschlossenen Speditionsfirma . . . vorgenommen.
28 Die Laufzeit Ihres Containers ab Terminal
. . . nach Empfangsstation . . . beträgt ca.
. . . Tage.

12 Los costos adicionales ascienden a . . .
13 La compañía naviera informa que su
mercancía será embarcada sobre
cubierta (en la bodega).
14 Nuestras relaciones con todas las compañías navieras importantes nos permiten
fletar para ustedes en cualquier momento
la capacidad total de barcos de 8000
toneladas de registro bruto.
15 Naturalmente también tenemos relaciones con compañías navieras que arrien-
dan barcos vacíos (bareboat charter)
mediante contratos anuales.
16 Para convenir un flete parcial necesitamos los siguientes datos: peso total de
las mercancías a embarcar, dimensiones
de los paquetes individuales, su peso y
eventualmente las particularidades de la
mercancía.
17 Las condiciones usuales del comercio
incluyen, naturalmente, la denominada
"breakdown clause".
18 Nuestra compañía concede (no concede)
remuneraciones suplementarias por la
carga o descarga más rápida de los
barcos fletados.
19 En el caso de un fletamiento total (parcial)
(no) se originan gastos de declaración por
un importe correspondiente al . . . % de la
suma total del fletamiento.
20 El . . . % de los derechos de flete debe
pagarse inmediatamente al cerrarse el
contrato. El resto, a la entrega de la
mercancía en el puerto de destino.
21 Debe pagarse por adelantado el . . . %.
22 Los costos de flete se pagan en . . .
23 En relación con su solicitud, les
informamos que para su envío a . . . (no)
podemos expedirle un conocimiento de
tránsito.
24 El próximo barco portacontenedores
parte probablemente el . . .
25 Por la utilización de un contenedor deben
pagarse determinados fletes mínimos
que, sin embargo, pueden ser negocia-
dos libremente.
26 Por la devolución de un contenedor (no)
hay que pagar (los siguientes) costos de
flete:
27 La reexpedición del contenedor del
puerto de . . . a . . . será realizada por
nuestra firma asociada de expedición. . .
28 El transporte de su contenedor (no)
desde el terminal . . . hasta la estación de
destino . . . dura unos . . . días.

29 Durch die Umdisposition des Containers entstehen folgende Kosten: ..., die Sie bitte umgehend auf unser Konto bei der ... -Bank überweisen wollen.

30 Wunschgemäß überreichen wir Ihnen Informationsmaterial für Bulk-Carrier-Transporte.

31 Über die Praxis des Lash-Verfahrens gibt Ihnen unsere beigefügte Broschüre „..." Auskunft.

32 Die Maklerprovision richtet sich nach der jeweiligen Gebührenordnung.

33 Die von der Hafenverwaltung festgelegte Gebührenordnung überreichen wir Ihnen als Anlage.

34 Die Preisdifferenz zwischen Konferenz- und Outsiderfrachten beträgt etwa ... %.

35 Die Löschungskosten gemäß der uns vorliegenden Maß- und Gewichtslisten betragen insgesamt ...

36 Die Entladung des Schiffs erfolgt sofort nach Eintreffen am Kai ...

37 Das Schiff liegt bereits am Schuppen Nr. ... Die Entladung beginnt voraussichtlich heute gegen ... Uhr.

38 Auftragsgemäß werden wir die mit MS „..." eintreffenden Waren zum Zweck des Weitertransports nach ... sofort auf ein Binnenschiff umladen.

39 Selbstverständlich können wir jederzeit die am Schuppen ... liegenden Erzeugnisse per Lkw verfrachten.

40 Der Schuppen ... hat ein eigenes Anschlussgleis; wir empfehlen daher die Weiterverfrachtung per Bahn.

41 Wir sind auf Verzollungen im Hafen spezialisiert und verfügen über gut organisierte Sammeltransporte nach allen größeren Städten der EU.

42 Lieferungen nach ... können mit Teilbarkonnossementen vorgenommen werden.

43 Die Klassifikation des Schiffs „..." entnehmen Sie bitte beigefügter Liste.

44 Die von uns zu befrachtenden Schiffe sind ausnahmslos im Lloyd-Register verzeichnet.

45 Die am ... eingetroffene Ware liegt laut Konnossement unbeschädigt am Schuppen.

29 La nueva disposición del contenedor origina los siguientes costos: ... que rogamos giren cuanto antes a nuestra cuenta en el Banco ...

30 Conforme a sus deseos, nos permitimos enviarles material informativo sobre el transporte de carga a granel ("bulk carrier").

31 Nuestro folleto adjunto "..." les proporciona información sobre el "sistema lash".

32 Las comisiones del corredor se fijan de acuerdo con la tarifa correspondiente.

33 Adjunto les enviamos la tarifa establecida por la administración portuaria.

34 La diferencia de precios entre cargueros de la Conferencia y cargueros "outsiders" fluctúa alrededor del ... %.

35 Los gastos de descarga, de conformidad con la lista de dimensiones y pesos que tenemos a la vista, ascienden a un total de ...

36 La descarga del barco se realiza inmediatamente después que llegue al muelle ...

37 El barco ya se encuentra en el tinglado número ... La descarga está prevista para comenzar hoy alrededor de las ...

38 De acuerdo con su orden, inmediatamente trasbordaremos las mercancías que lleguen en el buque "..." a un barco de navegación fluvial para su reexpedición a ...

39 Claro está que en cualquier momento podemos expedir por camión los productos que se encuentran en el tinglado ...

40 El tinglado ... tiene un empalme directo, por lo que recomendamos la reexpedición por ferrocarril.

41 Estamos especializados en despachos de aduana en el puerto y disponemos de transportes colectivos, bien organizados, a todas las ciudades importantes de la UE.

42 Pueden realizarse suministros a ... con conocimientos de embarque divisibles.

43 Les rogamos vean de la lista adjunta la clasificación del barco "...".

44 Todos los barcos que utilizamos para el flete de mercancías están, sin excepción alguna, inscritos en el Registro Lloyd.

45 La mercancía llegada el ... se encuentra, según conocimiento de embarque, en buenas condiciones en el tinglado.

46 Das Konnossement weist einen Schadensvermerk auf. Mit der Besichtigung der Ware haben wir das Havariebüro ... beauftragt.	46 El conocimiento de embarque muestra una nota de daños. Hemos encargado a la oficina de tasación de averías ... la inspección de la mercancía.
47 Das vorliegende Konnossement ist rein gezeichnet.	47 El conocimiento de embarque presentado se encuentra suscrito sin limitación.
48 Eine eigene Gewichtsbescheinigung für die mit MS „..." am ... eingetroffenen Güter liegt (nicht) vor.	48 (No) Existe una declaración específica de peso de las mercancías llegadas en la motonave "..." el ...
49 Die Franchise bei Verladung von ... in Fässern ist Bestandteil unserer Konnossementsbedingungen.	49 La franquicia para el embarque de ... en barriles forma parte de las condiciones de nuestro conocimiento de embarque.
50 Die Bordbescheinigung ist am ... per Einschreiben an Sie abgesandt worden.	50 El manifiesto de embarque se lo remitimos el día ..., por correo certificado.
51 Der Liegeplatz des Binnenschiffs ... ist das Becken ...	51 El atracadero de la nave de navegación fluvial ... es la dársena ...
52 Das Liegegeld für das Schubschiff ... beträgt ... pro Tag.	52 Los derechos de estadía para el remolque ... se elevan a ... por día.
53 Der Kanal ... ist für Schiffe in der Größenordnung von ... BRT jederzeit passierbar.	53 El canal ... es navegable, en todo momento, para barcos del orden de ... toneladas de registro bruto.

Auftragserteilung

1 Ihre Referenzen haben uns so überzeugt, dass wir Ihnen hiermit den generellen Auftrag erteilen, sämtliche ein- und ausgehenden Seefrachten für uns abzuwickeln.

2 Die uns vorliegenden Prospekte lassen Ihre Leistungsfähigkeit erkennen. Wir übertragen Ihnen hiermit – vorerst zeitlich begrenzt – unsere ausgehenden FOB-Lieferungen.

3 Ihr Leistungsangebot überzeugt uns; wir übertragen Ihnen daher unsere gesamten Binnenschifftransporte.

Auftragserteilung mit Vorbehalten

1 Bevor wir Ihnen endgültig den Auftrag zum Chartern eines 8000 BRT großen Schiffs geben, bitten wir Sie, uns die genauen Kosten per Fax oder E-Mail mitzuteilen.

2 Wir erteilen Ihnen den Auftrag, eine Teilcharter von ... nach ... für uns durchzuführen.

3 Da Sie Refaktien für schnellere Beladung oder Entlöschung gewähren, erteilen wir Ihnen den Auftrag, ein Charterschiff für uns zu bestellen. Das Schiff soll zum Transport von ... auf der Strecke ... - ... eingesetzt werden.

Otorgamiento de orden

1 Las referencias que ustedes nos proporcionaron nos convencieron de tal modo que, por medio de la presente, les confiamos la comisión general de llevar a cabo para nosotros todos los fletes marítimos de llegada y de salida.

2 Los folletos en nuestro poder hacen patente su gran capacidad ejecutora. Por medio de la presente, les confiamos – inicialmente en forma temporal – nuestros suministros de salida FOB.

3 Su oferta de servicios nos ha convencido, por lo que les conferimos todos los transportes de navegación fluvial.

Otorgamiento de orden con reservas

1 Antes de que nosotros les demos definitivamente el encargo de fletar un barco de 8000 toneladas de registro bruto, les rogamos nos comuniquen por fax o correo electrónico los costos exactos.

2 Por medio de la presente, les encargamos nos contraten un flete parcial desde ... a ...

3 Ya que ustedes abonan refacciones por rápida carga o descarga, les encargamos fleten un barco para nosotros. El barco será destinado al transporte de ... entre ... y ...

4 Die Ganz-(Teil-)Charter bitten wir nur zu vergeben, wenn für uns keine Deklarationskosten entstehen.

5 Da Sie gemäß Ihrem Angebot vom ... ein Durchfracht-Konnossement nach ... erstellen können, übertragen wir Ihnen hiermit den Transport.

6 Wir bitten Sie, die bereits im Hafen liegende Sendung mit dem nächsten Containerschiff nach ... zu verladen.

7 Da zwischen Konferenz- und Outsiderfrachten eine erhebliche Spanne liegt, verlangen wir generell die Verfrachtung unserer Erzeugnisse mit Outsidern.

8 Sofern Sie uns ... % Sofortrabatt einräumen könnten, würden wir Ihnen den Verschiffungsauftrag erteilen.

9 Sobald Sie uns den bereits längst fälligen Zeitrabatt überwiesen haben, werden wir Ihnen neue Verschiffungsaufträge zukommen lassen.

10 Wir werden aufgrund der preislichen Vorteile umgehend eine Kontraktzeichnung vornehmen.

11 Sobald MS „..." unsere Ware gemäß B/L entladen hat, bitten wir Sie, das Gut an nachstehende Adresse frei (unfrei/frei Haus) weiterzuleiten: ...

12 Wir haben Ihnen bereits mitgeteilt, dass die mit SS „..." eintreffende Ware ohne Zwischenlagerung sofort mit einem Binnenschiff nach ... zu verfrachten ist.

13 Die am Schuppen ... liegenden ... Kisten sind – unter Nachnahme aller bisher entstandenen Kosten – per Lkw (Bahn) an ... zu versenden.

14 Die im Freihafen unter Einlagerungs-Nr. ... liegenden ... Ballen sind zu verzollen und anschließend an ... frei Haus zu expedieren.

15 Sobald ein Havariekommissar die beschädigte Ware besichtigt hat, bitten wir, eine Freischreibung der Güter zu erwirken.

16 Das Havariezertifikat ist neben einer Ausfertigung des B/L unter Bezugnahme auf die Schadens-Nr. ... an unseren Transportversicherer zu leiten.

4 Les rogamos sólo efectúen el flete total (parcial) en el caso de que no incurramos en gasto alguno por concepto de declaraciones.

5 Como, de acuerdo con su oferta del ..., ustedes pueden expedir un conocimiento de tránsito directo a ..., por medio de la presente, les confiamos el transporte.

6 Les rogamos embarquen la remesa que ya se encuentra en el puerto en el próximo buque portacontenedores con destino a ...

7 Debido a que entre el flete en barcos de conferencia y en barcos outsiders existe un gran margen, en general pedimos la expedición de nuestros productos en barcos outsiders.

8 En el caso de que ustedes nos puedan conceder una rebaja inmediata del ... %, les confiaríamos el embarque.

9 Tan pronto como ustedes nos hayan enviado el importe de la rebaja por concepto de tiempo, pagadero desde hace tiempo, les encargaremos nuevos embarques.

10 En vista de las ventajas en los precios, suscribiremos inmediatamente un contrato.

11 Tan pronto como el barco "..." haya descargado nuestra mercancía según el manifiesto de carga, les rogamos reexpidan inmediatamente la mercancía a la siguiente dirección ... franco (no franco, franco domicilio).

12 Ya les hemos informado a ustedes que la mercancía que llega en el vapor "..." debe ser embarcada inmediatamente, sin almacenaje intermedio, en un barco de navegación fluvial a ...

13 Las ... cajas que se encuentran en el tinglado ... deben enviarse – contra reembolso de todos los gastos originados hasta ahora - por camión (ferrocarril) a ...

14 Las ... pacas que se encuentran en el puerto franco, según el número ... de almacenaje, deben ser despachadas en la aduana y seguidamente enviadas a ... franco domicilio.

15 Tan pronto un tasador de averías haya inspeccionado la mercancía dañada, les rogamos obtengan la declaración de que las mercancías están libres de derechos.

16 El certificado de avería debe enviarse, junto con una copia del manifiesto de carga, a nuestro asegurador de transporte, haciendo referencia a los daños y perjuicios n° ...

17 Aufgrund Ihrer Zusage erteilen wir Ihnen den Auftrag, das Binnenschiff mit 2000 BRT zur Übernahme von ... in loser Schüttung am ... im Seehafen ..., Becken ..., bereitzustellen.

18 Sie haben uns bestätigt, dass eine Direktverfrachtung per Binnenschiff von ... nach ... möglich ist. Bitte übernehmen Sie bei der Firma ... folgende Sendung und verfrachten Sie diese umgehend: ...

Auftragsbestätigung

1 Wir nehmen gern zur Kenntnis, dass Sie uns ab sofort alle FOB- und CIF-Sendungen zur Weiterbehandlung übergeben.

2 Unser Inlandsbüro teilt uns soeben mit, dass wir ab heute alle aus- und eingehenden Schiffssendungen für Sie abfertigen dürfen. Wir freuen uns sehr darüber.

3 Das Maklerbüro ... erteilte uns den Auftrag, Ihnen zu bestätigen, dass die Raumbuchung auf SS „..." in Ordnung geht.

4 Wie Sie aus beigefügter B/L ersehen, ist die Sendung von ... Kisten ... am ... mit MS „..." ordnungsgemäß verschifft worden.

5 Dem Güterverzeichnis entnehmen wir, dass Ihre Sendung von ... Ballen ... aus ... am ... bei uns eintrifft.

6 Wir bestätigen Ihnen, dass Ihre Partie ... als Unterdeckladung auf SS „..." verfrachtet wurde.

7 Das am ... von Ihnen bestellte Charterschiff für eine Fahrt von ... nach ... liegt am ... im Hafen ..., Liegeplatz Nr. ..., zur Beladung bereit.

8 Ihre Sendung vom ... ist mit Container auftragsgemäß nach ... versandt worden.

9 Ihre Sendung von ... ist Ihrem Wunsch entsprechend mit dem Outsider „..." verschifft worden.

10 Wir können Ihnen ... % Sofortrabatt einräumen. Ihre im Schuppen lagernde Sendung werden wir noch heute verschiffen.

11 Da Sie die Kontrakte in der Zwischenzeit gezeichnet haben, werden wir sämtliche für Sie im Freihafen lagernden Sendungen schnellstens verschiffen.

17 En virtud de su aprobación, les encargamos aprontar el barco de navegación fluvial de 2000 toneladas de registro bruto para la carga de ... a granel el ... en el puerto de ..., dársena ...

18 Ustedes han confirmado que es posible efectuar un fletamiento directo con barco de navegación fluvial de ... a ... Les rogamos, por lo tanto, hacerse cargo de la siguiente expedición en la firma ... y despachar la misma inmediatamente:

Confirmación de orden

1 Con gusto hemos sabido que/Nos alegramos de saber que, con efecto inmediato, ustedes nos encargan la ulterior tramitación de todos sus envíos FOB y CIF.

2 Nuestra oficina interior nos acaba de informar que, a partir de hoy, estamos encargados de la tramitación de todos sus envíos marítimos de salida y de entrada, lo que celebramos mucho.

3 La oficina de corretaje ... nos encarga que les confirmemos que está en orden la reserva de espacio en el vapor "...".

4 Tal y como pueden ver en el manifiesto adjunto, la partida de ... cajas de ... ha sido embarcada en debida forma el ... en el buque "...".

5 Vemos en el manifiesto de carga que su envío de ... pacas ..., procedente de ..., nos llegará el ...

6 Por medio de la presente, les confirmamos que su partida de artículos ... fue fletada en el vapor "..." como carga bajo cubierta.

7 El barco fletado por ustedes el ... para un viaje de ... a ... está el ... en el atracadero número ... del puerto de ..., listo para la carga.

8 En cumplimiento de su orden, su envío de ... ha sido embarcado en contenedor con destino a ...

9 Su envío del ... ha sido embarcado, de acuerdo con sus deseos, en el barco outsider "...".

10 Les podemos conceder una rabaja inmediata del ... %. Hoy mismo embarcaremos el envío almacenado en el tinglado.

11 Como entretanto ustedes han firmado los contratos, embarcaremos cuanto antes todos los envíos almacenados en el puerto franco destinados a ustedes.

12 Die mit MS „..." eingetroffene Ware ist sofort auf das Binnenschiff „..." umgeladen worden.

13 Die am Schuppen ... liegenden ... sind heute weisungsgemäß unter Nachnahme aller Kosten an ... versandt worden.

14 Wir haben heute Ihre Sendung ... verzollt und sofort frei Haus an Sie abgesandt.

15 Das Havariezertifikat ist gemäß Ihrem Schreiben direkt an ... geschickt worden.

16 Die Gewichtsbescheinigung wurde am ... an ... versandt.

17 Die beschädigte Ware ist nach der Besichtigung durch einen vereidigten Sachverständigen freigegeben worden.

18 Wir haben gestern bei der Firma ... gemäß Ihrer Abholanweisung die betreffenden Güter übernommen und werden diese weisungsgemäß per Binnenschiff nach ... verfrachten.

19 Wir danken Ihnen für Ihre Auftragserteilung und werden das Binnenschiff ... zur Übernahme einer ...ladung am ... im Seehafen ... bereitstellen.

12 La mercancía llegada en el buque "..." ha sido inmediatamente trasbordada al barco de navegación fluvial "...".

13 En cumplimiento de sus instrucciones, los(las) ... que se encontraban en el tinglado ... fueron enviados(as) a ... contra reembolso de todos los gastos.

14 Hoy hemos declarado en la aduana su envío ... e inmediatamente lo remitimos a ustedes franco domicilio.

15 De acuerdo con su carta, el certificado de averías ha sido enviado directamente a ...

16 El certificado de peso ha sido enviado el ... a ...

17 Después de inspeccionada por un tasador de averías jurado, la mercancía dañada fue declarada libre.

18 Según sus instrucciones de recogida, ayer hicimos cargo de las mercancías en cuestión en la empresa ... y procederemos, de conformidad con sus deseos, a expedirla con barco de navegación fluvial a ...

19 Les agradecemos su pedido y, en cumplimiento del mismo, aprontaremos el barco de navegación fluvial ... para la toma de una carga de ... en el puerto de ... el ...

Straßentransport und Bahnfracht

Allgemeine Anfragen

1 Um unserer Kundschaft einen noch besseren Service bieten zu können, möchten wir mit leistungsstarken Speditionsfirmen zusammenarbeiten.

2 Um gegenüber unserer Konkurrenz bestehen zu können, sehen wir uns veranlasst, andere, verbesserte Verkehrsbedingungen zu wählen.

3 Übermitteln Sie uns bitte eine Leistungsübersicht über die einzelnen Sparten Ihrer Firma.

4 Da wir uns einen Überblick über die Leistungsfähigkeit Ihres Unternehmens verschaffen wollen, bitten wir Sie, uns Ihr Prospektmaterial zu senden.

5 Wir benötigen einen 20-t-Lkw für eine Sonderfahrt von ... nach ... Können Sie einen Sattelauflieger mit 12 m Ladelänge stellen?

Transporte por carretera y ferrocarril

Solicitudes de carácter general

1 A fin de poder ofrecer a nuestra clientela un mejor servicio, quisiéramos trabajar con agencias de transporte conocidas por su probada capacidad.

2 Para hacer frente a nuestros competidores, nos vemos precisados a elegir otras comunicaciones más eficaces.

3 Les rogamos nos informen sobre el trabajo de los distintos sectores de su empresa.

4 Les rogamos nos envíen prospectos para poder informarnos sobre la capacidad de su empresa.

5 Necesitamos un camión de 20 toneladas para un viaje especial de ... a ... ¿Pueden ustedes facilitarnos un semiremolque con una longitud de carga útil de 12 metros?

6 Wir benötigen ein Fahrzeug mit Palettenbreite und ... t Nutzlast für eine Fahrt von
... nach ...
7 Haben Sie eigene Lkw im Einsatz?
8 Verwenden Sie für die Verfrachtungen
Subunternehmer?
9 Bedienen Sie nur bestimmte Verbindungen mit eigenen Fahrzeugen?
10 Übernehmen Sie auch Gelegenheits-
transporte?
11 Führen Sie Fahrten im Nahverkehrsbereich aus?
12 Wir haben vor, unsere Lagerkapazität
stark zu verringern. Können Sie just-in-
time liefern?
13 Wir suchen ein Transportunternehmen,
das dem Transport nachgelagerte Pro-
zesse übernimmt. Konkret denken wir an
die Montage unserer Maschinen vor Ort
und die Übernahme des Kundendienstes.
14 Können Sie während des Transports eine
automatische Sendungsverfolgung
(tracking) gewährleisten?

6 Necesitamos un vehículo con capacidad
para transportar paletas y una carga útil
de ... toneladas para un viaje de ... a ...
7 ¿Disponen ustedes de camiones propios?
8 ¿Utilizan ustedes subempresarios para las
expediciones?
9 ¿Sirven ustedes sólo ciertos tramos con
vehículos propios?
10 ¿Aceptan ustedes también transportes de
ocasión?
11 ¿Trabajan ustedes también en el transporte de cercanías?
12 Tenemos el propósito de reducir considerablemente nuestras capacidades de
almacenaje. ¿Pueden suministrar en la
modalidad just-in-time, con la que no
necesitamos mantener stock en almacenes?
13 Buscamos un transportista/una empresa
(compañía) de transportes que asuma las
fases/los pasos posteriores al transporte
propiamente dicho. En concreto: debe
montar nuestras máquinas in situ y, además, encargarse del servicio al cliente
pos(t)venta.
14 ¿Puede garantizar durante el transporte un
seguimiento automático del envío (tracking)?

Spezielle Anfragen

1 Sind Sie in der Lage, einen Lkw zu
stellen, der unter Zollverschluss eine Partie ... von ... nach ... befördern kann?
2 Haben Sie in Ihrem Fahrzeugpark auch
Silo-Lkw?
3 Wir vergeben regelmäßig Transporte von
... nach ... Sind Sie an der Übernahme
derartiger Ladungen interessiert und zu
welchen Konditionen? Voraussetzung ist
allerdings, dass die Verfrachtung mit
Isotherm-Fahrzeugen durchgeführt wird.
4 Ab Seehafen ... verladen wir laufend
20-t-Partien und benötigen dafür Tankfahrzeuge der Güteklasse ... Können Sie
Lkw dieser Art stellen?
5 Haben Sie Erfahrungen im Transport
von ...?
6 Unterhalten Sie ein Fahrzeug mit einer
entsprechenden Hängevorrichtung?
7 Haben Sie in Ihrem Fuhrpark Wechsel-
pritschen im Einsatz?

Solicitudes de carácter especial

1 ¿Están ustedes en condiciones de facilitarnos un camión que, bajo precinto de
aduana, transporte una partida de ... de
... a ...?
2 ¿Tienen ustedes entre sus vehículos también camiones silos?
3 Adjudicamos con cierta regularidad transportes de ... a ... ¿Están ustedes interes-
sados en la aceptación de este tipo de
carga? En caso afirmativo, ¿bajo qué condiciones? Requisito indispensable es que
el transporte se realice en vehículos isotérmicos.
4 Desde el puerto de ... cargamos regularmente partidas de 20 toneladas, para las
que necesitamos camiones cisterna del
tipo ... ¿Pueden ustedes facilitarnos
camiones de esta clase?
5 ¿Tienen ustedes experiencia en el transporte de ...?
6 ¿Disponen ustedes de un vehículo con
dispositivo colgante?
7 ¿Cuentan ustedes con camiones provistos
de plataforma intercambiable?

8 Sind bei Ihnen die technischen Voraussetzungen gegeben, Container umzuschlagen?

9 Haben Sie entsprechende Betriebseinheiten?

10 Beschäftigen Sie sich auch mit Tiefladertransporten? Wir hätten eine Maschine, Gewicht ..., Maße ..., von ... nach ... zu transportieren.

Anschlussgleis

1 Wir beabsichtigen die Installierung eines Anschlussgleises für das Werk ...

2 Der Jahresausstoß unseres Werks beträgt ca. ... t.

3 Für den Abtransport der Erzeugnisse werden jährlich ca. ... Waggons benötigt.

4 Würden Sie durch einen Beauftragten Ihrer Gesellschaft die örtlichen Gegebenheiten prüfen lassen?

5 Ist unser Industriegelände in Ihrem Flächenplan bereits berücksichtigt?

6 Wie hoch werden die Baukosten des Anschlussgleises liegen?

7 Ist mit der Installierung eines Anschlussgleises ein bestimmter Mindestversand verbunden?

8 Müssen für das Anschlussgleis besondere Unterhaltungsgebühren bezahlt werden?

9 Nach welchen Gesichtspunkten richten sich die Anschlussgleisgebühren?

10 Werden bei Errichtung eines Anschlussgleises die Wünsche des Verladers berücksichtigt?

11 Sofort nach Fertigstellung des Anschlussgleises werden wir unseren gesamten Versand auf Bahn umstellen.

Bitte um Konditionen

1 Geben Sie uns bitte die Frachtkosten für ... Kisten ..., Gewicht ..., von ... nach ... bekannt.

2 Zu welchem Frachtsatz werden von Ihnen ... von ... nach ... befördert? Bitte teilen Sie uns die Frachtkosten für 5-/10-/15- und 20-t-Partien mit.

3 Übernehmen Sie die Verladung des Guts in eigener Regie oder müssen wir Verladepersonal stellen?

4 Gliedern Sie uns bitte die beweglichen Kosten für einen 5-t-Lkw auf.

8 ¿Cuentan ustedes con los medios técnicos requeridos para transbordar contenedores?

9 ¿Tienen ustedes los equipos necesarios?

10 ¿Se dedican ustedes también al transporte por medio de remolques de plataforma? Tenemos que transportar de ... a ... una máquina que pesa ... y cuyas dimensiones son ...

Vía de empalme

1 Tenemos en proyecto la instalación de una vía de empalme para la fábrica ...

2 La producción anual de nuestra fábrica es de unas ... toneladas.

3 Para el transporte de los productos se necesitan unos ... vagones al año.

4 Sería conveniente que un encargado de su compañía inspeccionara las condiciones del lugar.

5 ¿Está considerado ya en su plan de superficies nuestro terreno industrial?

6 ¿A cuánto ascenderán los costos de construcción de la vía de empalme?

7 ¿Está vinculada a la construcción de una vía de empalme una cierta cantidad mínima de envíos?

8 ¿Deben ser pagados derechos especiales para el mantenimiento de la vía de empalme?

9 ¿Sobre qué base se establecen los derechos para la utilización de la vía de empalme?

10 ¿Se tienen también en cuenta los deseos del cargador en la construcción de una vía de empalme?

11 Tan pronto como esté terminada la vía de empalme, transportaremos todos nuestros envíos por ferrocarril.

Solicitud de condiciones

1 Les rogamos nos informen cuánto cuesta el transporte de ... cajas de ..., peso ..., de ... a ...

2 ¿Qué tarifa de fletes aplican ustedes para el transporte de ... de ... a ...? Por favor, infórmennos sobre el costo de transporte de partidas de 5/10/15 y 20 toneladas.

3 ¿Se encargan ustedes mismos de la carga, o debemos ponerles personal de carga a su disposición?

4 Les rogamos nos detallen los costos variables de un camión de 5 toneladas.

5 Welchen monatlichen Mindestumsatz fordern Sie bei einer durchschnittlichen Tagesleistung von ... für Fahrzeuge, die im Nahverkehrsbereich eingesetzt werden?

6 In welchem Verhältnis müssen Last- zu Leerkilometern stehen?

7 Kommen bei Anforderung von Spezialfahrzeugen zu den üblichen Frachtsätzen noch Zuschläge hinzu?

8 Können Sie unsere Waren mit einer Warenwert-Nachnahme belasten, die Sie bei Auslieferung des Guts vom Empfänger kassieren?

9 Wann wird uns die von Ihnen kassierte Warenwert-Nachnahme gutgebracht?

10 Wie hoch belaufen sich die Kosten für einen kompletten Güterzug mit 50 Waggons von ... nach ...?

11 Welche Sonderfrachtsätze können Sie uns anbieten?

12 Senden Sie uns bitte Ihren Gütertarif zu. Aus dem Tarifwerk müssen sowohl der Stückgut-Frachtsatz als auch der Wagenladungstarif ersichtlich sein.

13 Zugleich benötigen wir ein Bahnhofsverzeichnis.

14 Wir wünschen ferner ein Exemplar des Nebengebührentarifs.

15 Im Besonderen informieren Sie uns bitte über die Kosten für die Benutzung der bahneigenen Krananlage.

16 Sind diese Kosten pauschal angesetzt oder muss die stundenweise Überlassung bezahlt werden?

17 Welche Lieferfristen liegen einem Frachtvertrag zugrunde?

18 Müssen für verkürzte Lieferfristen Sonderzuschläge bezahlt werden?

19 Werden für angeforderte, jedoch nicht benötigte Waggons Abbestellgebühren verlangt?

20 In welcher Höhe fallen derartige Gebühren an? Wie lange darf ein Verladevorgang dauern, bevor Waggonstandgelder bezahlt werden müssen?

Verpackungsmaterial

1 Können Sie uns Ihre eigenen Verpackungsmittel (Behälter, Paletten, Collicos usw.) stellen?

2 Werden die Verpackungsmittel kostenfrei gestellt?

3 Verlangen Sie für Ihre speditionseigenen Behältnisse bestimmte Gebühren?

5 ¿Qué cantidad global mínima mensual piden ustedes para un servicio de carga promedio diario de ... en el transporte de cercanías?

6 ¿Qué relación debe existir entre kilómetros carga/kilómetros vacío?

7 ¿Hay que pagar recargos sobre los fletes normales cuando se soliciten vehículos especiales?

8 ¿Podrían ustedes entregar nuestras mercancías al destinatario contra reembolso del valor de las mismas?

9 ¿Cuándo nos será abonado el valor de la mercancía cobrado por ustedes?

10 ¿Cuánto cuesta un tren de carga completo, con 50 vagones, de ... a ...?

11 ¿Qué tarifas de fletes especiales pueden ofrecernos?

12 Por favor, envíennos su tarifa de fletes. Las tarifas deben expresar claramente tanto los distintos tipos de fletes para mercancías individuales como los correspondientes a vagones completos.

13 Al mismo tiempo necesitamos una lista de estaciones ferroviarias.

14 Además deseamos que nos envíen un ejemplar de la tarifa de derechos suplementarios.

15 Les rogamos nos informen especialmente sobre los derechos por la utilización de las grúas propias de los ferrocarriles.

16 ¿Están fijados los costos como cantidades globales o debe pagarse la utilización por horas?

17 ¿Qué plazos de entrega se toman como base en un contrato de transportes?

18 ¿Deben pagarse recargos especiales por plazos de entrega más cortos?

19 ¿Se exigen derechos de anulación por vagones solicitados y no utilizados?

20 ¿A cuánto ascienden los derechos originados en tal caso? ¿Cuánto tiempo debe durar la carga sin que haya que pagar derechos extraordinarios por la utilización del vagón?

Material de embalaje

1 Pueden ustedes facilitarnos medios propios de embalaje (recipientes, paletas, paquetes, etc.)?

2 ¿Ofrecen ustedes sus medios propios de embalaje sin costos adicionales?

3 ¿Cobran ustedes ciertos derechos por la utilización de sus recipientes?

4 Werden bei Verwendung Ihrer Behälter (Paletten) Mindestfrachten erhoben?
5 Müssen für die Rückführung der Verpackungsmittel zusätzlich Kosten übernommen werden?
6 Könnten Sie uns Einwegbehälter zur Verfügung stellen?
7 Wie hoch wäre der Preis für eine Verpackungseinheit?

Transportkombinationen

1 Erläutern Sie uns bitte den Begriff „Kombinierte Verkehre".
2 Unterhalten Sie kombinierte Verkehre?
3 Wenn Ihre Firma solche Spezialverkehre nicht unterhält, können Sie uns dann mitteilen, an wen wir uns wenden sollen?
4 Welche Vorteile bringt der kombinierte Verkehr?
5 Bestehen für den kombinierten Verkehr besondere Auflagen?
6 Können wir uns gemeinsam mit Ihnen am kombinierten Verkehr beteiligen?
7 Welche Güter sind vom Transport im kombinierten Verkehr ausgeschlossen?
8 Müssen wir eine bestimmte Anzahl von Sattelaufliegern (Wechselpritschen/ Containern) in einen Pool einbringen?
9 Unterliegen die im kombinierten Verkehr eingesetzten Fahrzeuge bestimmten Höchst- oder Mindestmaßen?
10 Liegen genormte Paletten (Behälter) frachtmäßig günstiger?
11 Erhält man bei Aufgabe eines bestimmten monatlichen Kontingents Refaktien?
12 Nach welchen Gesichtspunkten werden Refaktien gewährt?
13 Wie gestaltet sich die Rückvergütung?
14 Sind damit zeitliche Auflagen verbunden?
15 Können im kombinierten Verkehr auch Sonderfahrzeuge wie etwa Silo-Lkw eingesetzt werden?
16 Muss für die Rückführung leerer Ladeeinheiten ebenfalls Fracht bezahlt werden?
17 Gibt es einen Sondertarif für die Rückführung von leeren Sattelaufliegern?
18 Muss für eine Ladeeinheit eine bestimmte Fracht bezahlt werden oder richtet sich diese nach dem geladenen Gewicht?

4 ¿Cobran ustedes fletes mínimos por la utilización de sus recipientes (paletas)?
5 ¿Deben pagarse costos adicionales por la devolución de los embalajes?
6 ¿Podrían ustedes proporcionarnos recipientes no recuperables?
7 ¿Cuál sería el precio de una unidad de embalaje?

Combinaciones de transporte

1 Por favor, aclárennos el concepto de "transporte combinado".
2 ¿Se ocupan ustedes del transporte combinado?
3 Si su empresa no se ocupa de este tipo de transporte especial, ¿podrían informarnos a quién debemos dirigirnos?
4 ¿Qué ventajas tiene el transporte combinado?
5 ¿Existen condiciones especiales para el transporte combinado?
6 ¿Podemos participar junto con ustedes en el transporte combinado?
7 ¿Qué mercancías se encuentran excluidas del transporte combinado?
8 ¿Debemos introducir en un "pool" una cierta cantidad de semiremolques (camiones con plataforma móvil/contenedores)?
9 ¿Están sujetos los vehículos utilizados en el transporte combinado a ciertas dimensiones máximas/mínimas?
10 ¿Existen ventajas de flete para el transporte de paletas (recipientes) normalizados?
11 ¿Conceden ustedes refacciones en el caso de un determinado volumen de tráfico mensual?
12 ¿En qué condiciones se conceden refacciones?
13 ¿Cómo se realiza el reembolso?
14 ¿Implica ello condiciones respecto al tiempo?
15 En el transporte combinado, ¿pueden también utilizarse vehículos especiales, por ejemplo, camiones silos?
16 ¿Hay que pagar también fletes por la devolución de unidades de carga vacías?
17 ¿Existe una tarifa especial para la devolución de semiremolques vacíos?
18 ¿Debe pagarse un terminado flete por la unidad de carga, o se rige el flete por el peso cargado?

Beförderungspapiere

1 Müssen die Beförderungspapiere vom Absender erstellt werden?
2 Innerhalb welchen Zeitraums können wir nachträgliche Verfügungen vornehmen?
3 Es ist allgemein üblich, dem Spediteur bei Abholung eines Guts die Begleitpapiere zu übergeben.
4 Eine nachträgliche Verfügung ist immer dann möglich, wenn die Ware noch nicht an den ursprünglichen Empfänger ausgeliefert worden ist.
5 Können die uns vorliegenden Frachtbrief-Formulare für Stückgutsendungen ebenso wie für ganze Wagenladungen verwendet werden?
6 Sind im Frachtbrief Korrekturen erlaubt?
7 Müssen hierbei Besonderheiten beachtet werden?
8 Dürfen wir im Frachtbrief eine Kurzmitteilung an den Empfänger vermerken?
9 Müssen wir im Frachtbrief neben dem Bruttogewicht auch das Volumen der Sendung angeben?
10 Dürfen dem Frachtbrief Anlagen beigefügt werden?
11 Sind bei Verwendung von Behältern (Paletten) Begleitpapiere vorgeschrieben, die wir anzufertigen haben?

Diverses

1 Teilen Sie uns bitte mit, wie lange eine Sendung per Express von ... nach ... braucht.
2 Kann eine Expressgutsendung nach ... mit einer Warenwert-Nachnahme belegt werden? Bis zu welcher Höhe?
3 Können Speditionsleistungen als Barvorschuss per Nachnahme eingezogen werden? Besteht der Höhe nach eine Beschränkung?
4 Wird eine Expressgutsendung grundsätzlich vor Zustellung dem Empfänger avisiert?
5 Kann der Empfänger die Ware selbst am Bestimmungsbahnhof abholen?
6 Besteht unter bestimmten Voraussetzungen ein Zustellungszwang durch den bahnamtlichen Rollführer?
7 Können Behälter als Expressgut verfrachtet werden?
8 Sind hierbei bestimmte Höchstgewichte zu beachten?

Documentos de transporte

1 ¿Debe el expedidor suministrar los documentos de transporte?
2 ¿Hasta cuánto tiempo después de dada una orden de transporte puede darse una orden suplementaria?
3 Es de uso corriente que al agente de transportes se le entreguen los documentos de porte cuando recoge la mercancía.
4 Siempre es posible una orden suplementaria mientras la mercancía no haya sido entregada al destinatario original.
5 ¿Podemos utilizar los talones de expedición en nuestro poder tanto para el transporte de mercancías individuales como de vagones completos?
6 ¿Se permiten correcciones en los talones de expedición?
7 En este caso, ¿deben cumplirse disposiciones especiales?
8 ¿Podemos hacer una pequeña notificación al destinatario en el talón de expedición?
9 ¿Debemos declarar en el talón de expedición, además del peso bruto también el volumen?
10 ¿Pueden incluirse anexos en el talón de expedición?
11 Cuando se emplean recipientes (paletas), ¿debemos expedir documentos de porte especiales?

Miscelánea

1 Les rogamos nos informen cuánto tarda un envío por expreso de ... a ...
2 ¿Es posible enviar mercancías por expreso a ... a entregar contra reembolso del precio? ¿Hasta qué cantidad?
3 ¿Pueden ser cobrados en efectivo los servicios de expedición a su entrega? ¿Existe un límite de cantidad?
4 ¿Se notifica, en principio, al destinatario un envío de mercancías por expreso antes de la entrega?
5 ¿Puede el destinatario recoger por sí mismo la mercancía en la estación ferroviaria de destino?
6 ¿Existe bajo ciertas condiciones la obligación de recibir los envíos mediante el servicio de entregas de la estación?
7 ¿Pueden transportarse recipientes como mercancía despachada por expreso?
8 ¿Hay que respetar en esta operación ciertos pesos máximos?

9 Können Sie uns für den Transport unserer Erzeugnisse Spezialwaggons vom Typ ... zur Verfügung stellen? Wir benötigen hiervon täglich ca. ... Stück.

10 Sind bei Ihrer Gesellschaft Waggons im Einsatz, die sich bevorzugt für Schüttgut eignen?

11 Können Sie für den Abtransport einer großen Maschinenanlage Tiefladewaggons bereitstellen? Wann müssen wir diese spätestens bei Ihnen bestellen?

12 Hat der Bestimmungsbahnhof ... eine Krananlage, mit der die Maschinenteile entladen werden können?

13 Besteht am Bestimmungsbahnhof ... die Möglichkeit, die Waggons per Straßenroller zum Empfänger zu überführen?

14 Übermitteln Sie uns bitte ein Verzeichnis der sich im Einsatz befindlichen Waggontypen. Wissenswert ist für uns im Besonderen die Aufgliederung nach der zulässigen Achs- und Meterlast.

15 Wichtig ist für uns eine Aufstellung der Lademaße.

16 Können Sie uns für den Transport von ... täglich ... Waggons mit Selbstentladeeinrichtung stellen?

Angebote

1 Wir sind jederzeit in der Lage, einen 20-t-Lkw für Sonderfahrten von ... nach ... für Sie abzustellen.

2 Die Gestellung eines Sattelaufliegers mit 12 m Ladelänge ist nach vorheriger Abstimmung möglich.

3 Fahrzeuge mit Palettenbreite müssen ca. ... Tage vor Transportbeginn angefordert werden.

4 Unser Unternehmen setzt ausschließlich eigene Fahrzeuge ein.

5 Für bestimmte Verbindungen bedienen wir uns verschiedener Subunternehmer.

6 Es trifft zu, dass wir in allen größeren Städten der EU eigene Lkw im Einsatz haben.

7 Wir verstehen uns als integriertes Logistikunternehmen und sind in der Lage, Zusatzleistungen zu übernehmen.

8 Selbstverständlich führen wir auch Fahrten im Nahverkehrsbereich aus.

9 Unsere Geschäftsbedingungen bitten wir Sie der Rückseite unseres Briefbogens zu entnehmen.

9 ¿Pueden ustedes poner a nuestra disposición, para el transporte de nuestros productos, vagones especiales del tipo ...? Necesitamos unos ... vagones cada día.

10 ¿Disponen ustedes de vagones apropiados para la carga a granel?

11 ¿Pueden ustedes poner a nuestra disposición vagones góndola para el transporte de una gran instalación? ¿Con qué anticipación debemos hacer la solicitud?

12 ¿Tiene la estación ferroviaria de destino ... una grúa propia con la que se puedan descargar las partes de la máquina?

13 ¿Existe la posibilidad en la estación ferroviaria de destino ... de hacer llegar los vagones al destinatario mediante remolque por carretera?

14 Por favor, hágannos llegar una lista de los tipos de vagones en servicio. Para nosotros es especialmente importante la información relativa a la carga admisible por eje y por metros.

15 Para nosotros es importante una lista de las dimensiones de carga.

16 ¿Pueden ustedes facilitarnos diariamente ... vagones con equipo propio de descarga para el transporte de ...?

Ofertas

1 Nuestra empresa está en condiciones de poner a su disposición en cualquier momento un camión de 20 toneladas para viajes especiales de ... a ...

2 Mediante acuerdo previo es posible facilitarles un semiremolque con una longitud de carga útil de 12 m.

3 Los vehículos de anchura apropiada para el tranporte de paletas deben ordenarse unos ... días antes del inicio del transporte.

4 Nuestra empresa utiliza exclusivamente vehículos propios.

5 Para ciertos tramos nos servimos de distintos subempresarios.

6 Efectivamente, en todas las ciudades más grandes de la EU utilizamos camiones propios.

7 Somos una empresa de logística integral que está en condiciones de asumir servicios auxiliares/adicionales.

8 Claro está que también hacemos viajes de servicio de cercanías.

9 Nuestras condiciones comerciales figuran al dorso de nuestra carta.

10 Da wir in erster Linie Auslandstransporte durchführen, besitzt ein Großteil unserer Lkw Zollverschluß, so dass sich keine Schwierigkeiten bei der Verfrachtung Ihrer Ware von ... nach ... ergeben.
11 Wir sind ein ISO 2000 ff.-zertifierter Logistikanbieter und können auch extrem enge Zeitpläne garantieren.
12 Wir haben uns auf just-in-time Lieferungen spezialisiert. Kontaktieren Sie uns unter Tel./Fax. Nr. ... E-Mail-Anschrift ...
13 Die sich bei uns im Einsatz befindlichen Tankfahrzeuge haben die Güteklasse ..., und wir sind ab Seehafen ... aufnahmefähig.

Kostenstellung

1 Die Frachtkosten für ... Kisten ..., Gewicht ..., von ... nach ... betragen ...
2 Der Frachtsatz für ... von ... nach ... beträgt
   für 5-t-Partien pro kg ...
   für 10-t-Partien pro kg ...
   für 15-t-Partien pro kg ...
   für 20-t-Partien pro kg ...
3 Die Verladung des Guts muss durch den Absender vorgenommen werden.
4 Gern geben wir Ihnen die variablen Kosten für einen 5-t-Lkw an: ...
5 Der monatliche Mindestumsatz muss bei einer durchschnittlichen täglichen Entfernung/Strecke von ... km mit ..., im Nahverkehrsbereich mit ..., angesetzt werden.
6 Die Last- und Leerkilometer sollten in einem Verhältnis von ... zu ... stehen.
7 Für Spezialfahrzeuge gibt es Sondertarife, die alle Zuschläge bereits beinhalten.
8 Wir können Warenwert-Nachnahmen bei Zustellung erheben; der Nachnahmebetrag wird außerhalb des Kontokorrent-Verfahrens umgehend an Sie überwiesen.
9 Für die Einziehung der Nachnahme erheben wir ... % vom Warenwert.

Kosten für Verpackungsmittel

1 Unsere firmeneigenen Verpackungsmittel können wir Ihnen jederzeit stellen.

10 Debido a que nosotros nos ocupamos principalmente de transportes internacionales, la mayoría de nuestros camiones posee precintos de aduana, por lo que no hay dificultad alguna en el transporte de sus mercancías de ... a ...
11 Somos una empresa de/oferente de logística certificada según ISO 2000 y sgtes., y también podemos garantizar el cumplimiento de cronogramas muy ajustados.
12 Nos hemos especializado en el suministro según la modalidad just-in-time. Por favor, pónganse en contacto con nosotros llamándonos al teléfono ..., o mandándonos un fax al ...; también puede enviarnos un mensaje por correo electrónico/un e-mail a ...
13 Los camiones cisterna que utilizamos son de la clase ... y podemos cargar desde el puerto marítimo de ...

Costos

1 Los gastos de transporte de ... cajas de ..., peso ..., de ... a ... ascienden a ...
2 La tarifa de transportes de ... de ... a ... es la siguiente:
   ... por kg para partidas de 5 toneladas
   ... por kg para partidas de 10 toneladas
   ... por kg para partidas de 15 toneladas
   ... por kg para partidas de 20 toneladas.
3 La carga de la mercancía debe efectuarla el expedidor.
4 A continuación les informamos gustosamente sobre los costos variables de un camión de 5 toneladas:
5 La cantidad global mensual mínima para una utilización diaria de ... como promedio debe fijarse en ..., y para el transporte de cercanías en ...
6 La relación kilómetros carga/kilómetros vacío debe ser ...
7 Para vehículos especiales existen tarifas especiales que incluyen todos los recargos.
8 Podemos cobrar del destinatario el valor de la mercancía a la entrega. El importe correspondiente se le gira inmediatamente, sin pasarlo por cuenta corriente.
9 Por la cobranza del precio de la mercancía percibimos un ... % de su valor.

Costos de los medios de embalaje

1 En todo momento, podemos proporcionarles nuestros propios medios de embalaje.

2 Die Gebühren richten sich nach unserer internen Preisaufstellung; eine kostenfreie Überlassung ist leider nicht möglich.
3 Bei Verwendung unserer speditionseigenen Verpackungsmittel müssen entsprechende Mindestfrachten berechnet werden, die sich nach Größenordnung staffeln.
4 Für die Rückführung unserer Verpackungseinheiten fallen (keine) folgende Gebühren an: ...
5 Einwegbehälter in den Formaten ... können Ihnen gegen Kostenerstattung zur Verfügung gestellt werden.
6 Die Preise entnehmen Sie bitte der beigefügten Aufstellung.

Transportkombinationen

1 Beim „Kombinierten Verkehr" handelt es sich um eine Beförderungsart, bei der der Lkw-Unternehmer gemeinsam mit der Bahn Leistungen erbringt.
2 Wir unterhalten „Kombinierte Verkehre" nach folgenden Orten: ...
3 Neben seiner allgemeinen volkswirtschaftlichen Bedeutung bringt der „Kombinierte Verkehr" für den einzelnen Transportunternehmer erhebliche Kosteneinsparungen, vor allem im Personalbereich, mit sich.
4 Eine Zusammenarbeit ist (leider nicht) möglich.
5 Folgende Güter können wegen der einschlägigen Bedingungen nicht im „Kombinierten Verkehr" befördert werden: ...
6 Die Einbringung einer bestimmten Anzahl von Sattelaufliegern (Wechselpritschen/Containern) in einen Pool ist gegenwärtig nicht erforderlich.
7 Die im „Kombinierten Verkehr" eingesetzten Fahrzeuge unterliegen bestimmten Höchstmaßen und einer begrenzten Gesamtlast.
8 Die Beförderung von Paletten (Behältern) liegt frachtmäßig (nicht) günstiger.
9 Refaktien werden bei einer bestimmten Mindestaufgabe gewährt. Die Bedingungen entnehmen Sie bitte beiliegendem Merkblatt.
10 Im „Kombinierten Verkehr" können auch Silofahrzeuge eingesetzt werden, sofern sie die zulässigen Höchstmaße und -gewichte nicht überschreiten.
11 Bei der Rückführung von leeren Sattelaufliegern usw. fallen selbstverständlich Kosten an, die sich nach der jeweiligen Frachtentabelle richten.

2 Los derechos se ajustan a nuestra lista interna de precios. Lamentablemente, no podemos entregarles gratuitamente nuestro embalaje.
3 En la utilización de nuestros medios de embalaje deben calcularse portes mínimos que se escalonan de acuerdo con el tamaño de los envases.
4 Por el retorno de nuestras unidades de embalaje se cobran los siguientes derechos: ... (no se cobran derechos).
5 Podemos facilitarles al costo envases no recuperables de tamaño ...
6 La lista adjunta les informa de los precios.

Combinaciones de transporte

1 En el "transporte combinado", el servicio se presta conjuntamente por el porteador de camiones y la empresa ferroviaria.
2 Nosotros tenemos "transporte combinado" hacia los siguientes lugares:
3 Además de ser importante para la economía nacional en general, el "transporte combinado" proporciona a los empresarios de transporte grandes economías de gastos, especialmente en personal.
4 (Lamentablemente, no) Es posible establecer una cooperación.
5 Las siguientes mercancías no pueden ser incluidas en el "transporte combinado" debido a condiciones de tipo específico:
6 Actualmente no es necesaria la inclusión de un cierto número de semiremolques (camiones con plataforma móvil/contenedores) en un "pool".
7 Los vehículos empleados en el "transporte combinado" están sujetos a ciertas medidas máximas y a una carga total limitada.
8 Para el transporte de paletas (recipientes) (no) existen ventajas de flete.
9 Se conceden refacciones por una cierta cantidad mínima de envíos. Las condiciones para ello figuran en la hoja adjunta.
10 En el "transporte combinado" también pueden utilizarse vehículos-silos, siempre que no rebasen las dimensiones y pesos máximos permitidos.
11 Naturalmente, la devolución de los semiremolques vacíos, etc., ocasiona gastos que se establecen según la tabla de fletes correspondiente.

12 Die Fracht wird zurzeit pro Ladeeinheit berechnet.

Fracht- und Begleitpapiere

1 Die Frachtbriefe sind in der Regel vom Auslieferer der Ware auszustellen.
2 Es müssen grundsätzlich die genormten Frachtbriefe ausgefertigt werden.
3 Für Stückgutsendungen und komplette Wagenladungen werden einheitliche Frachtbriefe verwendet.
4 Korrekturen im Frachtdokument sind erlaubt; sie müssen jedoch gegengezeichnet werden.
5 Kurzmitteilungen, die in unmittelbarem Zusammenhang mit der zu befördernden Ware stehen, sind erlaubt.
6 Es empfiehlt sich, im Frachtbrief die Brutto-, Tara- und Nettogewichte anzugeben.
7 In der Regel wird das frachtpflichtige Gewicht von der Bahn gestellt.

Diverses

1 Die Zustellung Ihrer Sendungen erfolgt durch die Firma ...
2 Der Bestimmungsbahnhof ... hat einen (keinen) bahnamtlichen Rollführer.
3 Sofern der Empfänger am Bestimmungsbahnhof eine Vollmacht zugunsten eines bestimmten Spediteurs abgegeben hat, erfolgt durch diesen die Zustellung seiner Sendungen.
4 Bestimmte zollamtliche Behandlungen nimmt der ortsansässige Spediteur vor.
5 Für Rollfuhrleistungen gibt es feste Tarife, zweiseitige Preisabsprachen sind jedoch möglich.
6 Ob die Zustellungskosten vom Empfänger zu tragen sind, richtet sich nach dem Frankaturvermerk.
7 Auf Ihre Anfrage teilen wir Ihnen mit, dass eine Expressgutsendung nach ... eine Laufzeit von ca. ... Stunden hat.
8 Eine Expressgutsendung kann mit einer Warenwert-Nachnahme bis zur Höhe von ... belegt werden.
9 Speditionsleistungen können per Nachnahme bis zur Höhe von ... eingezogen werden.

12 El flete se calcula actualmente por unidad de carga.

Documentos de porte y anexos

1 Por regla general, los talones de expedición son extendidos por los suministradores de las mercancías.
2 En principio, tienen que confeccionarse talones de expedición del tipo normalizado.
3 Para mercancías individuales y para cargas de vagones completos se utilizan los talones de expedición del mismo tipo.
4 Se permiten correcciones en el documento de transporte pero deben ser especialmente refrendadas.
5 Se permiten pequeñas aclaraciones relacionadas directamente con la mercancía objeto del transporte.
6 Se recomienda expresar en el talón de expedición los pesos bruto/tara/neto.
7 Por regla general, el peso que sirve de base al pago de los fletes lo determinan los ferrocarriles.

Miscelánea

1 La empresa ... se encargará del transporte de sus envíos.
2 La estación ferroviaria de destino ... (no) tiene su propio servicio de camionaje.
3 Cuando el destinatario ha dado en la estación ferroviaria de destino un poder en favor de determinado expedidor, éste se encarga entonces del transporte de los envíos.
4 El expedidor local se encarga de determinados trámites en la aduana.
5 Existe una tarifa fija para los servicios de camionaje. Sin embargo, también es posible un acuerdo bilateral sobre los precios.
6 Si corresponden o no al destinatario los costos de entrega, depende de lo que se haya expresado en el documento de porte.
7 Respondiendo a su pregunta, les comunicamos que un envío de carga por expreso a ... tarda unas ... horas.
8 En un envío de carga por expreso puede imponerse la condición de entrega contra reembolso hasta una cantidad de ...
9 Los servicios de expedición pueden ser cobrados por el procedimiento de reembolso hasta una cantidad de ...

10 Wenn auf dem Frachtbrief ein entsprechender Hinweis auf die Avisierung der Sendung vorhanden ist, erfolgt seitens der Bahn die Benachrichtigung des Empfängers.
11 Der Empfänger kann die Ware am Bestimmungsbahnhof selbst abholen.
12 Ein Zustellungszwang besteht (nicht).
13 Behälter können nur bis zu einem Gewicht von ... per Expressgut versandt werden.
14 Wir sind in der Lage, Ihnen Spezialwaggons vom Typ ... bei rechtzeitiger Anmeldung in ausreichender Zahl bereitzustellen.
15 Unser Wagenpark umfasst auch Spezialwaggons für Schüttgut.
16 Tiefladewaggons stehen uns nur beschränkt zur Verfügung; es muss daher eine rechtzeitige Anmeldung des Transports erfolgen.
17 Der Bestimmungsbahnhof ... hat eine ... t tragende Krananlage.
18 Eine Zustellung per Straßenroller ist (leider nicht) möglich.
19 Wunschgemäß erhalten Sie ein Verzeichnis der sich im Einsatz befindlichen Waggons, dem Sie auch die betriebstechnischen Daten entnehmen können.
20 Waggons mit Selbstladeeinrichtung können nach vorherigem Avis bereitgestellt werden.
21 Die Nachbeeisung von Kühlwagen wird ab einer bestimmten Entfernung vorgenommen.
22 Kühlwagen werden in der Regel nach Sonderfahrplan abgefertigt.

Spezielle Auftragserteilung

1 Wir beziehen uns auf Ihre Offerte vom ... und übertragen Ihnen die Durchführung des Transports per Sonderfahrt am ... von ... nach ...
2 Bitte stellen Sie uns am ... einen Sattelauflieger von ... m Ladelänge.
3 Für den ... benötigen wir ein Fahrzeug, das Palettenbreite hat.
4 Da Sie nach ... eigene Fahrzeuge einsetzen, erteilen wir Ihnen hiermit den Auftrag, folgende Sendung zu übernehmen: ...
5 Wir erteilen Ihnen die Order, für die Zeit vom ... bis zum ... sämtliche Nahverkehrstransporte ab Werk ... nach ... durchzuführen.

10 Cuando en el talón de expedición se hace constar que debe notificarse la llegada de la mercancía, los ferrocarriles avisan al destinatario.
11 El destinatario puede recoger por sí mismo la mercancía en la estación ferroviaria de destino.
12 (No) Existe obligación de entrega.
13 Sólo se pueden expedir recipientes por expreso hasta un peso máximo de ...
14 Estamos en condiciones de facilitarles vagones especiales del tipo ... en número suficiente efectuando la notificación con la debida antelación.
15 Nuestro parque móvil comprende también vagones especiales para la carga a granel.
16 Sólo disponemos de un limitado número de vagones de carga baja; por eso es necesario hacer la solicitud a tiempo.
17 La estación ferroviaria de destino ... tiene grúas que cargan hasta ... toneladas.
18 (Lamentablemente no) Es posible el transporte mediante remolque por carretera.
19 Correspondiendo a sus deseos, les enviamos una lista de los vagones disponibles, en la que figuran también los datos técnicos correspondientes.
20 Mediante aviso anticipado pueden facilitarse vagones con equipos propios de descarga.
21 El reaprovisionamiento de hielo a los vagones frigoríficos se realiza a partir de una cierta distancia.
22 Los vagones frigoríficos se despachan por regla general según un horario especial.

Ordenes de carácter especial

1 Nos referimos a su oferta del ... y les encargamos por medio de la presente la ejecución del transporte mediante viaje especial el ... de ... a ...
2 Les rogamos que el ... nos suministren una rastra con una longitud de carga útil de ... m.
3 Para el ... necesitamos un vehículo de anchura apropiada para el transporte de paletas.
4 Como ustedes utilizan vehículos propios para el transporte hacia ..., por medio de la presente les encargamos el siguiente envío: ...
5 Les confiamos la orden de ejecutar todo el transporte de cercanías desde la fábrica ... a ... durante el período del ... al ...

6 Mit Ihren Geschäftsbedingungen erklären wir uns einverstanden.

7 Hiermit erteilen wir Ihnen den Auftrag, am ... unsere Sendung ... bei der Firma ... zu übernehmen und mit einem Fahrzeug mit Zollverschluss nach ... zu verfrachten.

8 Wir wollen uns erstmals Ihrer Dienste im Siloverkehr bedienen und bitten Sie, am ... gemäß Versandauftrag Nr. ... folgende Partie zu übernehmen: ...

9 Zu übernehmen sind mit Isotherm-Fahrzeug am ... bei Firma ... insgesamt ... t ...

10 Als Probeauftrag sind am Tanklager ... ... t gemäß beigefügter Abholbescheinigung zu übernehmen.

11 Am ... sind bei der Firma ...... abholbereit, die Sie bitte zum genannten Termin übernehmen wollen.

12 Wir haben heute einen Container an Sie abgesandt, der sofort nach Eingang zur Beladung der Firma ... zugestellt werden muss.

13 Bei der Firma ... sind am ... ca. ... t ... abholbereit, die Sie bitte gleich übernehmen wollen.

14 Ihrem Angebot zufolge bitten wir Sie, die Sendung ... am ... bei uns abzuholen und nach ... zu verfrachten.

15 Alle normalen Stückgutsendungen sind automatisch durch den Rollfuhrunternehmer ... zuzustellen, Sendungen mit Warenwert-Nachnahme sind uns grundsätzlich zuvor zu avisieren.

16 Geben Sie bitte Ihrer Empfangsstelle die Anweisung, dass eingehende Waggonladungen uns umgehend telefonisch avisiert werden, da wir die Entladung selbst vornehmen.

17 Ab sofort sind die für uns eingehenden Waggons am Anschlussgleis der Firma ... bereitzustellen.

6 Aceptamos sus condiciones comerciales.

7 Por medio de la presente, les confiamos la orden de recibir el ... nuestro envío de ... en la firma ... y, con un vehículo provisto de precinto de aduana, transportarlo a ...

8 Queremos utilizar por primera vez sus servicios en el transporte de silos y, por tanto, les rogamos que reciban el ..., de acuerdo con la orden de expedición número ..., la siguiente partida: ...

9 Ustedes deben recibir el ... en la empresa ... un total de ... toneladas de ... para transporte en vehículos isotérmicos.

10 Les confiamos, a prueba, la orden siguiente: recoger en el depósito ... ... toneladas de acuerdo con el vale adjunto.

11 El ... se encuentran en la empresa ...... listos para ser recogidos de los cuales les rogamos se hagan cargo en la fecha mencionada.

12 Hoy les hemos enviado a ustedes un contenedor que, inmediatamente después de llegar, debe ser puesto a disposición de la firma ... para fines de carga.

13 El día ... habrá en la firma ... unas ... toneladas de ... listas para su recogida, de las cuales les rogamos se hagan cargo inmediatamente.

14 De acuerdo con su oferta, les rogamos que recojan en nuestra casa ... la partida ... y la expidan a ...

15 Todos los envíos normales de mercancías individuales deberán sernos remitidos, automáticamente, por medio de la empresa de camiones ... Por el contrario, los envíos con reembolso del valor de la mercancía deberán sernos, en principio, notificados con anticipación.

16 Les rogamos que den instrucciones a su oficina de recepción para que nos avise inmediatamente por teléfono los vagones que lleguen destinados a nuestra empresa, pues nosotros mismos nos encargamos de la descarga.

17 Con efecto inmediato, los vagones que lleguen para nosotros deberán situarse en la vía de empalme de la empresa ...

Versandanzeige

1 Wir danken für den uns erteilten Auftrag und bestätigen Ihnen, dass Ihre Sendung vom ... ordnungsgemäß verfrachtet wurde.

Aviso de envío

1 Les agradecemos su orden y les confirmamos por medio de la presente que su envío del ... fue expedido en debida forma.

2 Wir werden bemüht sein, auch künftige Transportaufträge stets zu Ihrer vollen Zufriedenheit abzuwickeln.

3 Die uns mit Ihrer Versandanweisung übergebenen Sendungen sind heute an die vorgeschriebenen Empfänger abgesandt worden.

4 Sämtliche Sendungen, die Sie uns am ... übergeben haben, sind noch am selben Tag bearbeitet worden.

5 Gemäß Ihren Frachtbriefen wurden die Waren unverzüglich expediert.

6 Laut Ihrer Verladeanweisung vom ... haben wir die Sendung ... am ... mit Eilvermerk nach ... versandt.

2 Nos esmeraremos en ejecutar, a su completa satisfacción, sus órdenes de transporte.

3 Los envíos recibidos junto con sus instrucciones de expedición han sido despachados hoy al destinatario señalado.

4 Todos los envíos que ustedes nos entregaron el ... fueron tratados en el mismo día.

5 De acuerdo con sus cartas de porte, las mercancías fueron expedidas inmediatamente.

6 De acuerdo con sus instrucciones de carga del ..., el ... hemos despachado por expreso el envío ... a ...

Transportversicherung

Konditionen

1 Der Käufer (Verkäufer) trägt das Risiko des Transports.

2 Während des Transports ist die Ware gegen Verlust und/oder Beschädigung versichert.

3 Das Risiko des Verlusts oder der Beschädigung der Ware wird von uns getragen (ist von Ihnen zu tragen).

4 Die Ware ist auf dem Transport versichert.

5 Die Ware wird von uns auf unsere (Ihre) Kosten gegen Transportschäden versichert.

6 Wir (Sie) tragen die Kosten der Transportversicherung.

7 Die Ware ist bis zum Eintreffen am Erfüllungsort gegen Beschädigung oder Verlust versichert.

8 Die Kosten der Transportversicherung tragen Käufer und Verkäufer je zur Hälfte.

9 Auf Ihren Wunsch schließen wir eine Transportversicherung ab, deren Kosten wir Ihnen in Rechnung stellen.

10 Wenn Sie es wünschen, versichern wir die Ware zu Ihren Lasten.

11 Es kann eine Transportversicherung abgeschlossen werden, mit deren Kosten wir Sie belasten.

12 Die Kosten der Transportversicherung sind im Kaufpreis (nicht) enthalten.

13 Die Kosten der Transportversicherung werden (nicht) gesondert berechnet.

Seguro de transporte

Condiciones

1 El comprador (vendedor) asume el riesgo del transporte.

2 La mercancía está asegurada durante el transporte contra pérdida y/o deterioro.

3 Nosotros asumimos (Ustedes asumen) el riesgo de pérdida o de deterioro de la mercancía.

4 La mercancía se encuentra asegurada durante el transporte.

5 Nosotros aseguramos la mercancía contra daños en el transporte. Los gastos de seguro corren por cuenta nuestra (de ustedes).

6 Los gastos de seguro de transporte corren por cuenta nuestra (de ustedes).

7 La mercancía se encuentra asegurada contra deterioro o pérdida hasta la llegada al lugar de destino.

8 El vendedor y el comprador corren por partes iguales con los gastos del seguro de transporte.

9 Si ustedes lo desean, aseguraremos la mercancía contra los riesgos del transporte y les cargaremos en cuenta los gastos.

10 Si ustedes lo desean, les aseguraremos la mercancía a su cargo.

11 Puede celebrarse un seguro de transporte, cuyos gastos cargaríamos a ustedes.

12 Los gastos del seguro de transporte están (no están) incluidos en el precio de compra.

13 Los gastos del seguro de transporte se cobran (no se cobran) por separado.

Anfragen

1 Für den Abschluss einer Transportversicherung benötigen wir Angaben
über die Seetüchtigkeit und Güte des
Schiffes (Schiffsklassifikation), das Sie
zur Verladung unserer Güter vorgesehen
haben.
2 Liegt die am ... eingetroffene Ware unbeschädigt im Warenzollverschlusslager?
Sollten irgendwelche Beschädigungen/
Diebstähle festgestellt worden sein,
würden wir zur Vorlage bei unseren
Transportversicherern unbedingt das
Schadensattest eines vereidigten Sachverständigen benötigen.
3 Haben Sie die Bordbescheinigung
(board receipt) bereits an uns abgesandt?
Das Dokument wird von unseren
Transportversicherern verlangt.
4 Liegt eine separate Gewichtsbescheini-
gung für die mit MS „..." eingetroffene
Sendung vor? Eine solche Bescheinigung
wird soeben von der Transportversiche-
rung bei uns angefordert.
5 Teilen Sie uns bitte mit, ob unser
Erzeugnis (durchschnittlicher Wert per
kg ...) frachttechnisch unter den Begriff
„ad valorem" fällt.
6 Sind bei Abschluss einer Versicherung
gemäß der Institute Cargo Clauses,
Deckung B, die folgenden Risiken abge-
deckt:
Abhandenkommen
Aufruhr
Beraubung
Beschädigung
Beschmutzung
Bruch
Diebstahl
Erdbeben
Hakenriss
Krieg
Nässe
Oxydation
Plünderung
Raub
Rost
Sabotage
Schäden durch Beiladung
Seewasserschäden
Streik
Verbiegung?
7 Welche Risiken beinhaltet eine Clause
C-Deckung?

Demandas

1 Para el convenio de un seguro de transporte, necesitamos datos sobre las
condiciones técnicas de navegación y
calidad (clasificación) del barco que
ustedes han previsto para el embarque
de nuestras mercancías.
2 ¿Se encuentra en buenas condiciones en
el depósito de mercancías bajo precinto
de aduana la carga llegada el ...?
En el caso de que se compruebe cualquier deterioro/robo, necesitaríamos
imprescindiblemente, para presentarlo a
nuestro asegurador de transporte, un
certificado de daños y perjuicios expedido por un tasador jurado.
3 ¿Nos han enviado ustedes ya el manifiesto de embarque (bord receipt)?
Nuestro asegurador de transporte nos
pide ese documento.
4 ¿Existe un certificado de peso separado
relativo a la carga llegada en la motonave
"..."? El asegurador de transporte nos
está pidiendo precisamente ese documento.
5 Les rogamos nos informen si nuestro
producto (cuyo valor promedio es de ...
por kg) puede ser considerado dentro del
concepto "ad valorem" desde el punto de
vista técnico del tráfico de carga.
6 ¿Se encuentran cubiertos en un seguro,
concluido bajo cobertura "B", de las
Institute Cargo Clauses, los riesgos:
extravío
motín
robo
daño
mancha
rotura
hurto
terremoto
desgarradura
guerra
humedad
oxidación
saqueo, pillaje
moho
sabotaje
daños por carga
daños causados por el agua de mar
huelga
torsión?
7 ¿Qué riesgos comprende la cobertura
según cláusula"C"?

8 Können (Müssen) wir bei Aufgabe der Versicherungssumme einen imaginären Gewinn einkalkulieren? Sofern ja, bis zu welcher Höhe?

Angebote

1 Wir danken Ihnen für Ihre Anfrage und übermitteln Ihnen heute die gewünschten Prämientarife.
2 Als Anlage überreichen wir Ihnen wunschgemäß die neuesten Prämientarife, aufgegliedert nach Land-/See-/ und Lufttransporten.
3 Da aus unserer Broschüre sämtliche Transportversicherungsarten ersichtlich sind, erübrigt es sich, auf Ihre spezielle Frage einzugehen.
4 Sie finden die entsprechende Prämie auf Seite ... Beachten Sie bitte, dass zur angeführten Prämie noch ... % Versicherungssteuern hinzukommen.
5 Zum Zweck des Abschlusses einer Generalpolice erlauben wir uns, Ihnen ein Antragsformular zukommen zu lassen. Bitte geben Sie uns dieses Formular, in allen Teilen ausgefüllt, bald zurück. Wir werden Ihnen dann umgehend unser Angebot unterbreiten.

Auftragserteilung

1 Aufgrund der uns vorliegenden Prämientarife erteilen wir Ihnen hiermit den Auftrag, unsere Sendung ... nach ... gegen allgemeine Risiken zu versichern.
2 Wir bitten Sie, folgende Sendung mit f.p.a.-Deckung (w.p.a.-Deckung) gemäß den Institute Cargo Clauses, Deckung C (Deckung B) zu versichern: ...
3 Wir erteilen Ihnen den Auftrag, uns eine Versicherungspolice für unsere Exportsendungen zukommen zu lassen.
4 Die uns mitgeteilten/genannten Prämiensätze entsprechen nicht unseren Erwartungen. Der Abschluss einer Generalpolice steht deshalb nicht zur Diskussion.
5 Das Konkurrenzangebot liegt wesentlich günstiger. Wir werden unsere Versicherungsabschlüsse dort tätigen.

8 ¿Podemos (Debemos) incluir una ganancia imaginaria al indicar la suma asegurada? En caso positivo, ¿a cuánto ascendería?

Ofertas

1 Agradecemos su petición y les enviamos hoy las tarifas de primas solicitadas.
2 Adjunto les enviamos, de acuerdo con sus deseos, las últimas tarifas de primas, clasificadas según el transporte por tierra/mar/y aire.
3 En nuestro folleto se explican todos los tipos de seguros de transporte. Por esta razón, no es necesario que nos refiramos a su pregunta especial.
4 Ustedes pueden encontrar la prima correspondiente en la página ... Por favor, tengan en cuenta que a la prima señalada hay que añadirle un ... % de impuesto de seguro.
5 Para la subscripción de una póliza general, nos permitimos enviarles un formulario de solicitud. Les rogamos llenen este formulario en todas sus partes y nos lo devuelvan cuanto antes. De inmediato les enviaremos, entonces, nuestra oferta.

Ordenes

1 Basados en la tarifa de primas en nuestro poder, les encargamos por medio de la presente que aseguren contra riesgos generales nuestro envío ... a ...
2 Les rogamos aseguren con garantía f.p.a. (w.p.a.) de acuerdo con las Institute Cargo Clauses Cobertura C (Cobertura B) el envío siguiente: ...
3 Les encargamos expidan y nos envíen una póliza de seguro para nuestros envíos de exportación.
4 Las primas ofrecidas no nos satisfacen. Por esta razón, la subscripción de una póliza general queda fuera de toda discusión.
5 La oferta de una compañía competidora es mucho más favorable que la de ustedes. Por eso, subscribiremos nuestros seguros con ella.

Auftragsbestätigung

1 Wir danken Ihnen für Ihren Auftrag und erlauben uns, Ihnen als Anlage die Versicherungspolice zu überreichen.
2 Für künftige Abschlüsse stehen wir Ihnen jederzeit zur Verfügung.
3 Für Ihre Sendung nach ... erhalten Sie wunschgemäß ein Versicherungszertifikat.
4 Durch den Abschluss einer Generalpolice bei unserer Gesellschaft sind Ihre Sendungen nunmehr gegen alle Risiken abgesichert. Die bei Ihnen ein- oder ausgegangenen Sendungen wollen Sie uns bitte monatlich nachträglich melden.

Umfang des Versicherungsschutzes

1 Bitte versichern Sie unsere Sendung bis zur Grenze (einschließlich Verzollung/bis zum Bestimmungsort).
2 Gemäß Ihrer Anforderung haben wir die für Sie bestimmte Sendung bis zur Grenze (einschließlich Verzollung/bis zum Bestimmungsort) versichert.
3 Ist die Sendung nach Ankunft bis zur Anlieferung bei uns versichert?
4 Die Sendung ist bis zum Bestimmungsort (bis Entladung vom Sammeltransport/bis zur Anlieferung bei Ihnen) versichert.

Schadensfall

1 Betreff: Ihren (Unseren) Schadensfall vom ...
2 Bitte senden Sie uns die notwendigen Versicherungsformulare, damit wir den Schadensfall melden können.
3 Die von Ihnen angeforderten Versicherungsformulare sind an Sie abgegangen.
4 Wir möchten Ihnen den folgenden Schadensfall melden und bitten Sie, einen Ihrer Agenten damit zu beauftragen, den Schaden an Ort und Stelle zu inspizieren.
5 Wir haben von Ihrem Schadensfall Kenntnis genommen und ihn an die Versicherungsgesellschaft weitergeleitet.
6 Die beigefügten Versicherungsformulare wollen Sie bitte ausgefüllt an uns zurücksenden.
7 Wir haben Ihre Anweisungen vom ... erhalten und werden uns mit ... in Verbindung setzen.

Confirmación de orden

1 Agradecemos su orden y nos permitimos enviarles adjunto la póliza de seguro.
2 Estamos siempre a su disposición para futuros seguros.
3 De conformidad con sus deseos, reciben ustedes un certificado de seguro de su remesa a ...
4 Mediante la póliza general suscrita con nuestra compañía, sus envíos se encuentran ahora asegurados contra todo riesgo. Les rogamos que, cada mes, nos hagan saber posteriormente los envíos que hayan entrado/salido.

Extensión de la protección del seguro

1 Les rogamos aseguren nuestro envío hasta la frontera (incluyendo el despacho de aduana/hasta el lugar de destino).
2 De acuerdo con su solicitud, hemos asegurado el envío destinado a ustedes hasta la frontera (incluyendo el despacho de aduana/hasta el lugar de destino).
3 ¿Se encuentra asegurado el envío desde la llegada hasta la entrega a nosotros?
4 El envío se encuentra asegurado hasta el lugar de destino (hasta la descarga del transporte colectivo/hasta la entrega a ustedes).

Caso de siniestro

1 Asunto: Su (Nuestro) caso de siniestro del ...
2 Les rogamos nos envíen los formularios de aseguramiento necesarios para poder notificar el caso de siniestro.
3 Ya les hemos enviado los formularios de aseguramiento que solicitaron.
4 Quisiéramos notificarles el siguiente caso de siniestro y les rogamos encarguen a uno de sus agentes que inspeccione sobre el terreno los daños ocurridos.
5 Hemos tomado nota de su caso de siniestro y lo hemos transmitido a la compañía de seguros.
6 Les rogamos nos devuelvan, debidamente rellenados, los formularios de aseguramiento adjuntos.
7 Hemos recibido sus instrucciones del ... y nos pondremos en contacto con ...

Anhang

Internationale Handelsabkürzungen und Fachausdrücke

a.c.	año corriente *laufendes Jahr*		brl.	barril *Fass*
a/c	a cargo *zulasten* a cuenta *auf Rechnung*		bto.	bulto *Ballen* bruto *brutto*
a.c.	año corriente *laufendes Jahr*		c/	cargo *zulasten von*
a/cgo.	a cargo *zulasten*		C/	Calle *Straße*
a/cta.	a cuenta *auf Rechnung*		c. cap. *cap°*	capítulo *Kapitel (Kap.)*
acr.	acreedor *Gläubiger*		C^a	Compañía *Gesellschaft*
adj.	adjunto *beiliegend*		c/c	cuenta corriente *laufendes Konto*
Adm(on)	Administración *Verwaltung*		CC	Código Civil *Bürgerliches Gesetzbuch*
a/f	a favor *zugunsten*		C.deC.	Código de Comercio *Handelsgesetzbuch*
apdo.	apartado *Postfach*		c/dto.	con descuento *mit Skonto*
art. art°	artículo *Artikel*		CFR	costes y flete *cost and freight*
atte.	atentamente *mit freundlichen Grüßen*		cgo.	cargo *zulasten von*
a/v	a vista *auf Sicht*		Cía	Compañía *Gesellschaft*
Av(da).	Avenida *Avenue, Allee*		CIF	costes, seguro y flete *cost, insurance, freight*
Barna.	Barcelona		CIP	flete y seguro pagado hasta *carriage and insurance paid to*
Bco.	Banco *Bank*			
BOE	Boletín Oficial del Estado *Staatsanzeiger*		cm	centímetro *Zentimeter*

Comp	Compañía *Gesellschaft*	d/p	días plazo *Tage Frist*
C.P.	Código Postal *Postleitzahl*	D/P	documentos contra pago *Dokumente gegen Zahlung*
CPD	Centro de Proceso de Datos *Rechenzentrum* *Datenverarbeitungsbank*	dpdo.	duplicado *Duplikat*
CPT	flete pagado hasta *carriage paid to*	Dpto.	Departamento *Abteilung*
cta.	cuenta *Konto*	Dr.	Doctor *Doktor*
cta.cte.	cuenta corriente *laufendes Konto*	d/v	días vista *Tage Sicht*
ch.	cheque *Scheck*	ECU	European Currency Unit
D	Debe *Soll*	Ed.	Edición *Ausgabe, Auflage (Aufl.)*
D.	Don *Herr (Anrede)*	EE.UU.	Estados Unidos *USA*
Dª	Doña *Frau (Anrede)*	e.p.m.	en propia mano *persönlich übergeben*
D/A	documentos contra aceptación *Dokumente gegen Akzept*	etc.	etcétera *usw.*
DAF	franco frontera *delivered at frontier*	Excmo.	Excelentísimo *Anrede für hochgestellte* *Personen*
dcha.	derecha *rechts*	EXW	en fábrica *ex works*
DDP	libre de derechos *delivered duty paid*	fact.	factura *Rechnung*
DDU	derechos aduaneros a cargo del comprador *delivered duty unpaid*	FAS	franco al costado del buque *free alongside ship*
DEQ	sobre muelle *delivered ex quay*	f/c	ferrocarril *Eisenbahn*
DES	sobre buque *delivered ex ship*	FCA	libre fletador *free carrier*
d/f	días fecha *Tage nach Sicht*	FF.CC.	ferrocarriles *Eisenbahnen*
dif.	diferencia *Differenz*	FMI	Fondo Monetario Internacional *Internationaler* *Währungsfonds (IWF)*
divid.	dividendo *Dividende*	FOB	franco a bordo *free on board*
dna.	docena *Dutzend*	G/	giro *Tratte*

gr.	gramo	*Gramm*
gral.	general	*allgemein*
g/v	gran velocidad	*Eilgut*
h	hora	*Stunde (Std.)*
H	Haber	*Haben*
ha.	hectárea	*Hektar*
hl.	hectolitro	*Hektoliter*
Hno(s)	Hermano(s)	*Bruder, Gebrüder*
id.	ídem	*dasselbe, dito*
imp.	importe	*Betrag*
incl.	inclusive	*einschließlich*
Ing.	ingeniero	*Ingenieur*
int.	interés	*Zins*
IVA	Impuesto sobre el Valor Añadido	*Mehrwertsteuer*
izq(da)	izquierda	*links*
kg	kilogramo	*Kilogramm*
km	kilómetro	*Kilometer*
l.	litro	*Liter*
L/	letra de cambio	*Wechsel*
lb.	libra	*Pfund*
Ltda.	Limitada	*mit beschränkter Haftung*

m.	metro; minuto	*Meter; Minute (min.)*
m/c m/cta.	mi cuenta	*meine Rechnung*
m/c m/cgo	mi cargo	*zu meinen Lasten*
m.f.	mi favor	*zu meinen Gusten*
m/fact.	mi factura	*meine Rechnung*
mill.	millones	*Millionen*
m/L	mi letra	*mein Wechsel*
mm	milímetro	*Millimeter*
m/o	mi orden	*meine Order*
m/v.	meses vista	*Monate Sicht*
n/	nuestro, nuestra	*unser, unsere*
n/c n/cta.	nuestra cuenta	*unser Konto*
n/cgo.	nuestro cargo	*zu unseren Lasten*
n/c.c. n/cta.cte	nuestra cuenta corriente	*unser Girokonto*
n/f	nuestro favor	*zu unseren Gunsten*
n/L	nuestra letra	*unser Wechsel*
n/o	nuestra orden	*unsere Order*
n° núm.	número	*Nummer*
OMC	Organización Mundial del Comercio	*Welthandelsorganisation (WHO)*
p.a.	por autorización	*im Auftrag*
P.A.	por ausencia	*in Abwesenheit*

pág.	página *Seite*	R.P.	respuesta pagada *Rückantwort bezahlt*
p/c p/cta.	por cuenta *auf Rechnung*	rte.	remite(nte) *Absender*
p.d.	por delegación *in Vertretung*	s/	según *gemäß*
P.D.	postdata *Nachtrag, PS*	S.A.	Sociedad Anónima *Aktiengesellschaft*
PED	Procedimiento (o Proceso) Electrónico de Datos *EDV*	S.C.	Sociedad Colectiva *OHG*
p.ej.	por ejemplo *zum Beispiel*	Sdad.	sociedad *Gesellschaft*
P.N.	peso neto *Nettogewicht*	S.enC.	Sociedad en Comandita *Kommanditgesellschaft*
p.n/c p.n/cta.	por nuestra cuenta *auf unsere Rechnung*	s.b.f.	salvo buen fin *vorbehaltlich richtigen Eingangs*
P°	Paseo *Promenade, Allee*	s/c s/cta.	su cuenta *Ihre Rechnung*
p.o.	por orden *im Auftrag*	s/cgo.	su cargo *zu Ihren Lasten*
p.p.	por poder *per Prokura*	S.E.u.O.	salvo error u omisión *Irrtum vorbehalten*
ppdo.	próximo pasado *letzter Monat*	s/f	su favor *zu Ihren Gunsten*
pral.	principal *hauptsächlich*	s/fact.	su factura *Ihre Rechnung*
Pta(s).	Peseta, Pesetas	s/L	su letra *Ihr Wechsel*
p/v	pequeña velocidad *Frachtgut*	s/o	su orden *Ihre Order*
PVP	Precio de Venta al Público *Verkaufspreis*	Sr(es).	señor(es) *Herr(en)*
PYME	Pequeña y Mediana Empresa *Klein- und Mittelbetriebe*	Sra(s).	señora(s) *Frau(en)*
Pza.	Plaza *Platz*	Srta(s).	señorita(s) *Fräulein*
q.m.	quintal métrico *Doppelzentner*	S.R.L.	Sociedad de Responsabili- dad Limitada *GmbH*
ref.	referencia *Betreff*	T	tara; tomo *Tara; Band (Bd.)*
RFA	República Federal de Alemania *BRD*	tel(s).	teléfono(s) *Telefonnummer(n)*

TIF	Transportes Internacionales por Ferrocarril *Internationale Eisenbahntransporte*
TIR	Transportes Internacionales en Ruta *Internationale Lkw-Transporte*
T.T.	transferencia telegráfica *telegrafische Überweisung*
UE	Unidad Europea *Europäische Union (EU)*
UME	Unión Monetaria Europea *Europäische Währungsunion (EWU)*
v.	véase *siehe (s.)*

V.B. V° B°	Visto Bueno *gesehen und genehmigt*
vlcta.	valor en cuenta *Wert erhalten*
Vd(s).	usted(es) *Sie (Anrede)*
Vda.	viuda *Witwe*
v.g.	verbi gracia *zum Beispiel*
vol.	volumen *Band (Bd.)*
v/r	valor recibido *Wert erhalten*

Länderverzeichnis mit Geschäftssprache und Währung

D = Deutsch, E = Englisch, F = Französisch, S = Spanisch

In den meisten Ländern der Europäischen Gemeinschaft gilt der Euro ab dem 01.01.2002 als offizielles Zahlungsmittel.

Afghanistan – *Afganistán*　　　　E
1 Afghani = 100 Puls
1 afgani = 100 puls

Ägypten – *Egipto*　　　　E/F
1 ägypt. Pfund = 100 Piaster
1 libra egipcia = 100 piastras

Albanien – *Albania*　　　　F/E
1 Lek = 100 Quindarka

Algerien – *Argelia*　　　　F
1 alg. Dinar = 100 Centimes
dinar argelino

Andorra　　　　F/S
franz. Franc/Peseta
franco francés/peseta

Angola　　　　E
1 neuer Kwanza = 100 Lwei
nuevo kuanza

Antigua und Barbuda　　　　E
1 ostkaribischer $ = 100 Cents
dólar del Caribe Oriental

Argentinien – *Argentina, La*　　　　S
1 arg. peso = 100 Centavos
peso argentino

Armenien – *Armenia*　　　　E
1 Rubel = 100 Kopeken
1 rublo = 100 copeques

Aserbaidschan – *Azerbaiyán*　　　　E
1 Manat

Äthiopien – *Etiopía*　　　　E/F
1 Birr = 100 Cents

Australien – *Australia*　　　　E
1 austr. $ = 100 Cents
dólar australiano

Bahamas – *Bahamas, Las*　　　　E
1 Bahama-$ = 100 Cents
dólar bahamés

Bahrain　　　　E
1 Bahrain-Dinar = 1000 Fils
dinar de Bahrain

Bangladesch – *Bangladesh*　　　　E
1 Taka = 100 Poisha

Barbados　　　　E
1 Barbados-$ = 100 Cents
dólar de Barbados

Belau　　　　E
1 US $ = 100 Cents
dólar estadounidense

Belgien – *Bélgica*　　　　F
1 belg. Franc = 100 Centimes
franco belga

Belize – *Belice*　　　　E
1 Belize-$ = 100 Cents
dólar de Belice

Benin – *Benín*　　　　F
1 CFA-Franc = 100 Centimes
franco CFA

Bhutan – *Bután*　　　　E
1 Ngultrum = 100 Chetrum

Bolivien – *Bolivia*　　　　S
1 Boliviano = 100 Centavos

Bosnien-Herzegowina –　　　　D/F/E
Bosnia-Herzegovina
1 jugosl. Dinar = 100 Para
dinar yugoslavo

Botswana – *Botsvana*　　　　E
1 Pula = 100 Thebe

Brasilien – *Brasil, El*　　　　E
1 Real = 100 Centavos

Brunei　　　　E
1 Brunei-$ = 100 Cents
dólar de Brunei

Bulgarien – *Bulgaria* E/F/D 1 Lew = 100 Stotinki *lev*	Fidschi – *Fiyi* E 1 Fidschi-$ = 100 Cents *dólar de Fiyi*
Burkina Faso F 1 CFA-Franc = 100 Centimes *franco CFA*	Finnland – *Finlandia* E/D 1 Finnmark = 100 Penniä *marco finlandés*
Burundi F 1 Burundi-Franc = 100 Centimes *franco de Burundi*	Frankreich – *Francia* F 1 franz. Franc = 100 Centimes *franco francés*
Chile S 1 chilen. Peso = 100 Centavos *peso chileno*	Gabun – *Gabón, El* F 1 CFA-Franc = 100 Centimes *franco CFA*
China, Volksrepublik – E *República Popular de China* 1 Renminbi Yuan = 10 Jiao	Gambia E 1 Dalasi = 100 Butut
Costa Rica S 1 Costa Rica-Colón = 100 Céntimos *colón de C.R.*	Georgien – *Georgia* E/D/F 1 Rubel = 100 Kopeken *1 rublo = 100 copeques*
Dänemark – *Dinamarca* D/E 1 dän. Krone = 100 Øre *corona danesa*	Ghana E 1 Cedi = 100 Pasewas
Deutschland – *Alemania* D 1 Deutsche Mark = 100 Pfennige *marco alemán*	Grenada – *Granada* E 1 oberkaribischer $ = 100 Cents *dólar del Caribe Oriental*
Dominica E 1 ostkarib. $ = 100 Cents *dólar del Caribe Oriental*	Griechenland – *Grecia* E/D/F 1 Drachme = 100 Lepta *dracma*
Dominikanische Republik – S *República Dominicana, La* 1 dominikanischer Peso = 100 Centavos *peso dominicano*	Großbritannien – *Gran Bretaña* E 1 Pfund Sterling = 100 Pence *1 libra esterlina = 100 peniques*
Dschibuti – *Yibuti* F Dschibuti-Franc = 100 Centimes *franco de Yibuti*	Guatemala S 1 Quetzal = 100 Centavos
Ekuador – *Ecuador, El* S 1 Sucre = 100 Centavos	Guinea F 1 Guinea-Franc = 100 Cauris *franco guineano*
Elfenbeinküste – *Costa del Marfil, La* F 1 CFA-Franc = 100 Centimes *franco CFA*	Guinea, Äquatorial – S/F *Guinea Ecuatorial, La* 1 CFA-Franc = 100 Centimes *franco CFA*
El Salvador S 1 Salvador-Colón = 100 Centavos *colón de El Salvador*	Guinea-Bissau E 1 Guinea-Bissau-Peso = 100 Centavos *peso de Guinea Bissau*
Eritrea E k. A.	Guyana E 1 Guyana-$ = 100 Cents *dólar de Guyana*
Estland – *Estonia* E/D estn. Krone = 100 Senti *corona estoniana*	Haiti – *Haití* F 1 Gourde = 100 Centimes
Europäische Union – *Unión Europea* 1 Euro = 100 Cents *1 Euro = 100 Cents*	Honduras S 1 Lempira = 100 Centavos
	Indien – *India, La* E 1 indische Rupie = 100 Paise *rupia india*

Indonesien – *Indonesia*	E
1 Rupiah = 100 Sen	
rupia	

Irak – *Irak, El*	E
1 Irak-Dinar = 1000 Fils	
dinar iraqués	

Iran – *Irán, El*	E/F/D
1 Rial = 100 Dinar	

Irland – *Irlanda*	E
1 irisches Pfund = 100 Pence	
1 libra irlandesa = 100 peniques	

Island – *Islandia*	E/D
1 isländ. Krone = 100 Aurar	
corona islandesa	

Israel	E
1 Schekel = 100 Agorot	

Italien – *Italia*	E/F
1 ital. Lira = 100 centesimi	
lira italiana	

Jamaika – *Jamaica*	E
1 Jamaika-$ = 100 Cents	
dólar jamaicano	

Japan – *Japón, El*	E
1 Yen = 100 Sen	

Jemen, Yemen, El	E
1 Rial = 100 Fils	

Jordanien – *Jordania*	E
1 Jordan-Dinar = 1000 Fils	
dinar jordano	

Jugoslawien – *Yugoslavia*	E/D/F
(Serbien – *Serbia*)	
1 jugosl. Dinar = 100 Para	
dinar yugoslavo	

Kambodscha – *Camboya*	F
1 Riel = 100 Sen	

Kamerun – *Camerún, El*	F/E
1 CFA-Franc	
franco CFA	

Kanada – *Canadá, El*	E/F
1 kanad. $ = 100 Cents	
dólar canadiense	

Kap Verde – *Cabo Verde*	E
1 Kap-Verde-Escudo = 100 Centavos	
escudo de C. V.	

Kasachstan – *Kazajstán*	E
1 Tumen = 1 Rubel	

Katar – *Qatar*	E
Katar-Riyal = 100 Dirham	
riyal de Qatar	

Kenia	E
1 Kenya-Shilling = 100 Cents	
chelín keniano	

Kirgisien/Kirgistan – *Kirgistán*	E
1 Som = 100 Tyin	

Kiribati	E
1 austral. $ = 100 Cents	
dólar australiano	

Kolumbien – *Colombia*	S
1 kolumb. Peso = 100 Centavos	
peso colombiano	

Komoren – *Comores, Las*	F
1 Komoren-Franc = 100 Centimes	
franco de Las Comores	

Kongo – *Congo, El*	F
1 CFA-Franc = 100 Centimes	
franco CFA	

Korea-Nord – *Corea del Norte*	E
1 Won = 100 Chon	

Korea-Süd – *Corea del Sur*	E
1 Won = 100 Chon	

Kroatien – *Croacia*	D/E/F
1 kroat. Dinar = 100 Para	
dinar croacio	

Kuba – *Cuba*	S
1 kuban. Peso = 100 Centavos	
peso cubano	

Kuwait	E
1 Kuwait-Dinar = 10 Dirham	
dinar kuwaití	

Laos	F
1 Kip = 100 At	

Lesotho	F
1 Loti = 100 Cisente	

Lettland – *Letonia*	E/D
1 lettischer Rubel = 100 Santims	
rublo lituano	

Libanon – *Líbano, El*	F/E
1 liban. Pfund = 100 Piaster	
1 libra libanesa = 100 piastras	

Liberia	E
1 Liberia-$ = 100 Cents	
dólar liberiano	

Libyen – *Libia*	E/F
1 libyscher Dinar = 1000 Dirham	
dinar libio	

Liechtenstein	D
1 Schweizer Franken = 100 Rappen	
franco suizo	

| Litauen – *Lituania* | E/D |
| 1 Litas = 100 Centas | |

Luxemburg – *Luxemburgo*	F/D
1 lux. Franc = 100 Cents	
franco luxemburgués	

Madagaskar – *Madagascar*	F
1 Madagaskar-Franc = 100 Cents	
franco malgache	

| Malawi | E |
| 1 Kwacha = 100 Tambala | |

| Malaysia – *Malasia* | E |
| 1 Ringgit = 100 Sen | |

| Malediven – *Maldivas, Las* | E |
| 1 Rufiyaa = 100 Laari | |

Mali – *Malí*	F
1 CFA-Franc = 100 Centimes	
franco CFA	

Malta	E
1 maltes. Lira = 100 Cents = 100 Mils	
lira maltesa	

| Marokko – *Marruecos* | F/S |
| 1 Dirham = 100 Centimes | |

Marshall-Inseln – *Islas Marshall, Las*	E
1 US $ = 100 Cents	
dólar estadounidense	

| Mauretanien – *Mauritania* | F |
| 1 Ouguiya = 5 Khoums | |

Mauritius – *Mauricio*	E
1 Mauritius-Rupie = 100 Cents	
rupia de Mauricio	

| Mazedonien – *Macedonia* | E/D/F |
| 1 Denar (Übergangswährung) | |

Mexiko – *México*	S
1 mex. Peso = 100 Centavos	
peso mexicano	

Mikronesien – *Micronesia*	E
1 US $ = 100 Cents	
dólar estadounidense	

Moldawien – *Moldavia*	E
1 Rubel = 100 Kopeken	
1 rublo = 100 copeques	

Monaco – *Mónaco*	F
1 franz. Franc = 100 Centimes	
franco francés	

| Mongolei – *Mongolia* | E |
| 1 Tugrik = 100 Mongo | |

Montenegro	E/D/F
1 jugosl. Dinar	
dinar yugoslavo	

| Mosambik – *Mozambique* | E |
| 1 Metical = 100 Centavos | |

| Myanmar | E |
| 1 Kyat = 100 Pyas | |

Namibia	E
1 südafr. Rand = 100 Cents	
rand surafricano	

Nauru	E
1 austral. $ = 100 Cents	
dólar australiano	

Nepal	E
1 nepal. Rupie = 100 Paisa	
rupia nepalesa	

Neuseeland – *Nueva Zelanda*	E
1 Neuseeland-$ = 100 Cents	
dólar neozelandés	

| Nicaragua | S |
| 1 Córdoba = 100 Centavos | |

Niederlande – *Países Bajos, Los*	E/D/F
1 holl. Gulden = 100 Cents	
florín holandés	

Niger – *Níger, El*	E
1 CFA-Franc = 100 Centimes	
franco CFA	

| Nigeria | E |
| 1 Naira = 100 Kobo | |

Norwegen – *Noruega*	E/D
1 norw. Krone = 100 Öre	
corona noruega	

| Oman – *Omán* | E |
| 1 Rial Omani = 1000 Baizas | |

Österreich – *Austria*	D
1 öst. Schilling = 100 Groschen	
chelín austríaco	

Pakistan – *Pakistán*	E
1 pakist. Rupie = 100 Paisa	
rupia pakistani	

| Panama – *Panamá* | S |
| 1 Balboa = 100 Centésimos | |

Papua-Neuguinea –	E
Papua-Nueva Guinea	
1 Kina = 100 Toea	

| Paraguay | S |
| 1 Guaraní = 100 Céntimos | |

| Peru – *Perú* | S |
| 1 Nuevo Sol = 100 Céntimos | |

Philippinen – *Filipinas, Las*	E/S
1 phil. Peso = 100 Centavos	
peso filipino	

Polen – *Polonia* E/D/F 1 Zloty = 100 Groszy	Seychellen – *Seychelles, Las* E 1 Seychellen-Rupie = 100 Cents *rupia de Las Seychelles*
Portugal E 1 Escudo = 100 Centavos	Sierra Leone – *Sierra Leona* E 1 Leone = 100 Cents
Rumänien – *Rumania* D/E/F 1 Leu = 100 Bani	Simbabwe – *Zimbabue* E 1 Zimbabwe-$ = 100 Cents *dólar de Zimbabue*
Russland – *Rusia* E/D/F 1 Rubel = 100 Kopeken *1 rublo = 100 copeques*	Singapur E 1 Singapur-$ = 100 Cents *dólar de Singapur*
Ruanda – *Ruanda* F 1 Rwanda-Franc = 100 Centimes *franco ruandés*	Slowakei – *Eslovaquia* D/E 1 slow. Krone = 100 Haleru *corona eslovaca*
Saint Kitts und Nevis – E *San Kitts y Nevis* 1 ostkarib. $ = 100 Cents *dólar del Caribe Oriental*	Slowenien – *Eslovenia* D/E Tolar
Saint Vicente/Grenadinen – E *San Vicente/Grenadina* 1 ostkarib. $ = 100 Cents *dólar del Caribe Oriental*	Somalia E Somalia-Shilling = 100 Centimes *chelín somali*
Salomonen – *Salomonas, Las* E 1 Salomon-$ = 100 Cents *dólar de Salomonas*	Spanien – *España* S Peseta
Sambia – *Zambia* E 1 Kwancha = 10 Ngwee	Sri Lanka E 1 Sri-Lanka-Rupie = 100 Cents *rupia de Sri Lanka*
Samoa E 1 Tala = 100 Sene	Südafrika – *Suráfrica* E 1 Rand = 100 Cents
San Marino E ital. Lira *lira italiana*	Sudan – *Sudán, El* E 1 sud. Pfund = 100 Piaster *1 libra sudanesa = 100 piastras*
Santa Lucia – *Santa Lucía* E 1 ostkarib. $ = 100 Cents *dólar del Caribe Oriental*	Surinam E 1 Surinam-Gulden = 100 Cents *florín de Surinam*
São Tomé und Principe – E *Santo Tomé y Príncipe* 1 Dobra = 100 Céntimos	Swasiland – *Suazilandia* E 1 Lilangeni = 100 Cents
Saudi-Arabien – *Arabia Saudí, La* E 1 Saudi-Riyal = 20 Qirshes *riyal saudí*	Syrien – *Siria* F/E 1 syrisches Pfund = 100 Piaster *1 libra siria = 100 piastras*
Schweden – *Suecia* E/D 1 schw. Krone = 100 Öre *corona sueca*	Taiwan – *Taiwán* E 1 Taiwan-$ = 100 Cents *dólar taiwanés*
Schweiz – *Suiza* D/F/E 1 Schweizer Franken = 100 Rappen *franco suizo*	Tadschikistan – *Tayikistán* E 1 Rubel = 100 Kopeken *1 rublo = 100 copeques*
Senegal – *Senegal, El* F 1 CFA-Franc = 100 Centimes *franco CFA*	Tansania – *Tanzania* E 1 Tansania-Shilling = 100 Cents *chelín tanzaniano*
	Thailand – *Tailandia* E 1 Baht = 100 Satang

Togo **F** 1 CFA-Franc = 100 Centimes *franco CFA*	Uruguay **S** 1 urug. Peso = 100 Centavos *peso uruguayo*
Tonga **E** 1 La'anga = 100 Jeniti	Usbekistan – *Uzbekistán* **E** 1 Rubel = 100 Kopeken *1 rublo = 100 copeques*
Trinidad und Tobago **E** 1 Trin. u. Tob.-$ = 100 Cents *dólar de Trinidad y Tobago*	Vanuatu **E/F** 1 Vatu = 100 Centimes
Tschad – *Chad, El* **F** 1 CFA-Franc. = 100 Centimes *franco CFA*	Vatikanstadt – **E/F/D/S** *Ciudad del Vaticano* 1 ital. Lira = 100 Centesimi *lira italiana*
Tschechische Republik – **D/E/F** *República Checa, La* 1 tsch. Krone = 100 Halern *corona checa*	Venezuela **S** 1 Bolívar = 100 Céntimos
	Vereinigte Arabische Emirate **E** *Emiratos Árabes Unidos* 1 Dirham = 100 Fils
Tunesien – *Túnez* **F** 1 tunes. Dinar = 1000 Millimes *dinar tunecino*	
Türkei – *Turquía* **F/D/E** 1 türkische Lira = 100 Kurus *lira turca*	Vereinigte Staaten von Amerika (USA) **E** *Estados Unidos de América (EEUU)* 1 US-$ = 100 Cents *dólar estadounidense*
Turkmenistan – *Turkmenistán* **E** 1 Rubel = 100 Kopeken *1 rublo = 100 copeques*	Vietnam **F/E** 1 Dong = 10 Hào = 100 Xu
Tuvalu **E** 1 austral. $ = 100 Cents *dólar australiano*	Weißrussland – *Bielorrusia* **E/D/F** 1 Rubel = 100 Kopeken *1 rublo = 100 copeques*
Uganda **E** 1 Uganda-Shilling = 100 Cents *chelín ugandés*	Zaire **F** 1 Zaire = 100 Makuta
Ukraine – *Ucrania* **E/D/F** 1 Karbowanez = 1 Rubel	Zentralafrikanische Republik **F** *República Centroafricana* 1 CFA-Franc = 100 Centimes *franco CFA*
Ungarn – *Hungría* **D/E** 1 Forint = 100 Filler	Zypern – *Chipre* **E** 1 Zypern-Pfund = 100 Cents *libra chipriota*

Register

Alphabetisches Register

M

Mahnung 197, 206; - an Rechtsanwalt 187; erste - 184, 185; dritte - 186; strenge - 187; zweite - 185, 186
Mängel 51; Anerkennung der - 202 ff.
mangelhafte Verpackung 190, 191
Mängelrüge 49, 50, 188 ff.; ablehnende Antworten auf - 199 ff.
Mappe 71
Markenartikelhersteller 213
Marketing 86 ff., 291 ff.
Marketing-Mix 292, 297
Marktanteil 140, 247
Marktbeschreibung 215, 216
Marktforschung 125, 216, 291 ff.; Anfragen für - 291
Marktforschungsinstitut 53
Marktlage im Vertreterbericht 240
Marktlage: allgemeine - 240
Marktpreis 113
Marktstudie: Anfrage auf Erstellung einer - 86, 291; Antwort auf Anfrage zur Erstellung einer - 87, 292, 293
Maßnahmen: vorbeugende - 207 ff.
Materialangabe 27
Materialzufuhr 174
Mehrlieferung 188, 199, 200
Mehrwertsteuer 72, 192; -Identifikationsnummer 244, 249
Menge 41, 152 f.; abweichende - 188, 189; Änderung der - 129; Auftrag für bestimmte - 167; entsprechende - nicht lieferbar 152, 153; Mindestabnahme- 152; tatsächlich gelieferte - 41; vorbeugende Maßnahme bei - 208
Mengenabweichung 188, 189
Mengenangabe 27, 28, 115; Anforderung von - 107; fehlende - 31
mengenmäßig beschränktes Angebot 124
Mengenrabatt 168, 177, 192, 193, 205, 206
Menüpreis 69
Menüvorschlag 69; - anfordern 282
Messe 66, 68, 273 ff.; Einladung auf - 66, 274; Fach- 273
Messegelände 69
Messehalle 66, 274, 275
Messestand 66, 273, 274, 275
Messeveranstalter 68
Mindestabnahme 27, 41, 107, 115, 125, 128, 130, 152
Mindestabnahmemenge 152
Mindestauftrag 126
Missverständnisse und Unklarheiten 193, 194; Antworten auf - 207

Mitteilung über Eröffnung eines Akkreditivs 46
Mittlere Reife 225
Monatsverdienst 213
Multivisionsanlage 71, 73
Muster 27, 28, 29, 33, 89, 114, 118, 119, 121, 207; -anforderung 107; Qualitätsabweichung vom - 189; Versandanzeige von - 117
Musterkollektion 117, 121, 214
Musterlieferung 201
Mustermappe 207
Musterversand: kein - 121

N

Nachbestellung 115
Nachforschungen 194, 195, 210
Nachfrage nach Lieferbedingungen 109
Nachfrage nach Sonderangebot 108, 124
Nachfrage nach Zahlungsbedingungen 109
Nachfragen 33, 105 ff.
Nachlass der Lagergebühren 40
Nachlieferfrist 48, 182
Nachnahme 42, 171
Nahverkehrsbereich 322
Nahverkehrstransport 332
Nässe 334
negative Antwort auf Angebot 34 ff., 110 ff., 128 ff.
negative Referenzerteilung 39, 141, 142
negoziierbare Dokumente 286
Nichtannahme der Mehrlieferung 199, 200
nicht eingehaltener Preisnachlass 192, 193
Nichteinhaltung der versprochenen Abzüge 192, 193
Nichterfüllung der Versicherung 184
Nichtlieferung 184
Notar 211
Notierung von Aktien 84, 85, 289

O

Obligation 84, 289
Optionspartie 312
Optionssendung 315
ordnungsgemäße Auftragsabwicklung 45 ff., 175 ff.
Organisation der Ausstellung 275